NOUVELLES PAGES TRIFLUVIENNES

SOUS LA DIRECTION DE

Jean Roy et Lucia Ferretti

NOUVELLES PAGES
TRIFLUVIENNES

SEPTENTRION

Pour effectuer une recherche libre par mot-clé à l'intérieur de cet ouvrage, rendez-vous sur notre site Internet au www.septentrion.qc.ca

Les éditions du Septentrion remercient le Conseil des Arts du Canada et la Société de développement des entreprises culturelles du Québec (SODEC) pour le soutien accordé à leur programme d'édition, ainsi que le gouvernement du Québec pour son Programme de crédit d'impôt pour l'édition de livres. Nous reconnaissons également l'aide financière du gouvernement du Canada par l'entremise du Programme d'aide au développement de l'industrie de l'édition (PADIÉ) pour nos activités d'édition.

Illustrations de la couverture: Embouchure de la rivière Saint-Maurice à Trois-Rivières, 30 octobre 1945, Archives du Séminaire de Trois-Rivières, 0064-03-01; Trois-Rivières, 1991, Gilles Roux.

Chargée de projet: Sophie Imbeault

Révision: Solange Deschênes

Correction d'épreuves: Carole Corno

Mise en pages et maquette de couverture: Pierre-Louis Cauchon

Si vous désirez être tenu au courant des publications
des ÉDITIONS DU SEPTENTRION
vous pouvez nous écrire par courrier,
par courriel à sept@septentrion.qc.ca,
par télécopieur au 418 527-4978
ou consulter notre catalogue sur Internet:
www.septentrion.qc.ca

Diffusion au Canada:
Diffusion Dimedia
539, boul. Lebeau
Saint-Laurent (Québec)
H4N 1S2

Dépôt légal:
Bibliothèque et Archives
nationales du Québec, 2009
ISBN 978-2-89448-592-7

Ventes en Europe:
Distribution du Nouveau Monde
30, rue Gay-Lussac
75005 Paris

Membre de l'Association nationale des éditeurs de livres

Présentation

AU PRINTEMPS DE 1948, l'éditeur du quotidien *Le Nouvelliste* caressait l'idée de dresser un inventaire des écrivains et des artistes de la Mauricie. Il donna suite à son projet en publiant, le mercredi 23 juin, un volumineux numéro spécial intitulé « Écrivains de la Mauricie », tout en renvoyant à plus tard une semblable publication sur les artistes.

Le responsable de ce numéro établit une liste de 26 auteurs, disparus ou vivants, et une collection d'ouvrages. Il confia ensuite la présentation de chacun soit à un d'entre eux, soit à une personnalité de la région. Nérée Beauchemin fut présenté par Clément Marchand, et lui-même par Guy Sylvestre. Hervé Biron en fit autant d'Alphonse Piché et de Raymond Douville, qui rendit la pareille à Biron.

Marcel Trudel, auteur de *Vézine*, fut chargé de commenter la collection « Pages trifluviennes ». Avec justesse, le jeune historien de l'Université Laval nota l'autorité des auteurs dans les domaines variés de la littérature, de la géographie et de l'histoire ainsi que la diversité de leurs propos. De même, il releva la couverture donnée à la Mauricie des villes et des villages. Il est possible d'ajouter que c'était là l'objet de la collection, celui de son directeur, l'abbé Albert Tessier, qui bien sûr eut droit à une notice que signa Raymond Douville. Par contre, Tessier ne figure pas parmi les signataires. Trouva-t-il peu délicat de choisir parmi ses auteurs, car il avait sollicité nombre d'entre eux pour rédiger un ouvrage ?

Le titre donné à ce recueil d'articles s'inspire directement de la collection née en ces temps de crise économique et sociale des années 1930. La motivation de son directeur était, comme on le lira plus loin dans ce livre, de préparer les fêtes du 300ᵉ anniversaire de Trois-Rivières et d'insérer cette ville dans une région dont l'histoire lui était inséparable.

Œuvre collective produite à l'occasion des fêtes entourant le 375ᵉ anniversaire de Trois-Rivières, la publication de *Nouvelles Pages trifluviennes* se fait, elle aussi, pendant une crise économique qui inquiète encore. Ces traits offrent donc plusieurs similitudes avec les *Pages trifluviennes* auxquelles cet ouvrage est un clin d'œil. Mais il s'en démarque également. Certes les auteurs ont eu, eux aussi, le choix du thème, mais le cadre spatial de l'enquête devait rester la ville de Trois-Rivières. De plus, c'est bien par exception que l'enquête a débordé l'espace urbain d'avant la fusion de 2001. Enfin, les auteurs ont tous privilégié le xxᵉ siècle.

Nouvelles Pages trifluviennes est le fruit d'une collaboration d'auteurs qui, bien qu'ils soient issus de disciplines diverses, placent l'histoire au cœur de leurs recherches. Cela même définit les études québécoises à l'Université du Québec à Trois-Rivières.

L'édition de ce livre a reçu l'appui de nombreuses personnes œuvrant dans les organisations suivantes : le Rectorat, le Centre interuniversitaire d'études québécoises, la Section d'histoire du Département des sciences humaines de l'Université du Québec à Trois-Rivières et le Comité organisateur des fêtes du 375ᵉ anniversaire de Trois-Rivières. Nous leur adressons nos remerciements, ainsi qu'à mesdames Nathalie Mailly et Marie Germain pour leur travail sur le manuscrit.

JEAN ROY et LUCIA FERRETTI

1re PARTIE

Trois-Rivières au début du XXe siècle

Pierre-Fortunat Pinsonneault vers 1934, à l'âge de soixante-dix ans (Archives de la famille Pinsonneault).

Pierre-Fortunat Pinsonneault, artiste-photographe-éditeur

GILLES ROUX[1]

PIERRE-FORTUNAT PINSONNEAULT (1864-1938) appartient à une famille de photographes. Comme tous les enfants du « deuxième lit » de Camille Pinsonneault[2] (1835-1920), de Saint-Jean-sur-Richelieu, il a pratiqué ce métier. Ses trois frères, sa sœur et lui y furent initiés grâce à l'aîné, Joseph-Laurent[3], dont l'habileté et la compétence les assuraient d'une bonne formation.

Après son apprentissage auprès de son frère, Pierre-Fortunat partit travailler pendant trois ans (1885-1888) au studio W.-J. Cady photographe à Holyoke, Massachusetts, précédant ainsi ses frères Émile et Alfred-Zénon. Allait-il là-bas pour s'instruire ou dans l'espoir de s'y établir ? Pour apprendre la langue anglaise ou pour lier des relations d'affaires, car il a agi quelque peu de ce côté[4] ? On ne saurait le dire.

À son retour, Pierre-Fortunat migra à Trois-Rivières. Cautionné par son père, il acheta la faillite du photographe Louis Grenier, équipement et local compris, sis au 178, rue Notre-Dame. Ce ne

---

1. Gilles Roux est photographe et cinéaste. Il a réalisé quatorze expositions de photographies solo. Il a aussi conçu et réalisé trois expositions historiques. Il s'intéresse à Pierre-Fortunat Pinsonneault depuis vingt-cinq ans et travaille à un long métrage sur celui-ci.
2. Réjean LAPOINTE, « Les grands studios », dans *Photo-Sélection*, janvier-février 1987, p. 16-17 ; janvier-février 1988, p. 42-45 ; juillet-août 1988, p. 15-17.
3. Joseph-Laurent (1862-1956) demeura à Saint-Jean-sur-Richelieu. Ses enfants Aimé, Luce et Marthe ont pris la relève du studio qui a existé de 1884 à 1966. Il a aussi initié Stanislas Belle de Rivière-du-Loup et B.-J. Hébert de Saint-Hyacinthe. Il fut un maître de la photographie au Québec. Sylvie BERGER, *Joseph-Laurent Pinsonneault, artiste-photographe, Saint-Jean-sur-Richelieu*, Musée régional du Haut-Richelieu, 1993.
4. *Le Trifluvien*, 4 août 1896, p. 3, col. 3 ; *ibid.*, 19 septembre 1905, p. 8, col. 3 ; *ibid.*, 3 octobre 1905, p. 8, col. 3.

fut que la première des adresses du studio qu'il eut jusqu'à sa mort en 1938.

Ses frères et sa sœur contribuèrent, à des degrés divers, à son œuvre trifluvienne et mauricienne. Alfred-Zénon[5] vint le rejoindre en 1896, mais tout à fait temporairement car il prit la direction de Victoriaville où Pierre-Fortunat venait d'ouvrir un studio. Celui-ci a également compté sur le travail d'Émile[6], en 1897-1898, avant qu'il n'aille rejoindre son autre frère Alfred-Zénon. Quant à Fabiola[7], elle a également laissé sa marque à Trois-Rivières. Même éloignés et vivant dans différentes villes, ils formèrent une véritable équipe. Et, à certains égards, faire le portrait de Pierre-Fortunat est dessiner un portrait de la famille.

Les techniques

Les liens étroits qui les unissaient se voient dans le partage de leurs secrets techniques. Ils utilisaient l'or massif pour donner un peu de jaune à leurs portraits sépia et ils connaissaient les papiers au platine. Ils se servaient de la lumière naturelle, des diffuseurs et des réflecteurs. Les fonds de scène qu'ils dessinaient eux-mêmes se ressemblaient. Ils retouchaient minutieusement les négatifs de verre sur des tables lumineuses avec des crayons de plomb, des couteaux et des aiguilles pour gratter l'émulsion de sels d'argent. Presque toujours, ils imprimaient les photos sur des papiers à noircissement direct sans révélateurs. Ensuite, ils passaient les images dans des solutions à base de sel pour les débarrasser des sels d'argent non exposés. Puis, les photographies

---

5. En 1901, Pierre-Fortunat vendit son studio de Victoriaville à J.-O. Dubuc. Alfred-Zénon acheta alors un studio à Sherbrooke au 11, rue Wellington, où il a travaillé jusqu'à sa mort.

6. Émile (1868-1911) a possédé son propre atelier à Trois-Rivières en 1897 ; il offrait « des portraits au crayon, au pastel ainsi que des gravures de toutes sortes et des peintures artistiques ». On dit aussi qu'il s'intéressait au cinéma. Il est allé rejoindre son frère Alfred-Zénon à Victoriaville en 1898, puis il a ouvert son propre studio à Danville dans les Cantons-de-l'Est. En 1901, il « a [eu] un sérieux accident de voiture en revenant d'une pratique de chant dans la municipalité de Clermont ». Il s'installa alors à Sherbrooke où il géra le Théâtre-Auditorium qu'Alfred-Zénon venait d'acquérir. Il est mort de la fièvre typhoïde à 43 ans. *Le Trifluvien*, 19 novembre 1897, p. 3, col. 4 ; *ibid.*, 4 novembre 1898, p. 3, col. 3 ; *ibid.*, 6 décembre 1901, p. 8, col. 2.

7. Fabiola (1873-1958) a aussi fait ses débuts sous la direction du frère aîné Joseph-Laurent. Elle a surtout travaillé avec Alfred-Zénon dans son studio de Sherbrooke. Elle est demeurée célibataire comme lui. Les petits-enfants de Pierre-Fortunat en gardent tous un très bon souvenir. Elle était la « bonne tante » présente à l'arrivée de nouveaux enfants, présente aussi lors des mauvais coups du destin, comme après l'incendie de 1908. Nous lui devons des images du Trois-Rivières des années 1930.

Maurice Duplessis âgé d'environ 15 ans, vers 1905 (Studio Pinsonneault).

étaient lavées dans plusieurs bassins d'eau successifs. Suivaient des virages à l'or et au soufre. Enfin, les photographies étaient relavées dans plusieurs bassins d'eau. L'ensemble de ces opérations exigeait une main-d'œuvre nombreuse qui, pour une partie, était certainement composée des apprentis de leur studio.

Photographe et commerçant

Comme presque tous les photographes de studio de cette époque, les Pinsonneault ont développé d'autres activités commerciales pour parvenir à joindre les deux bouts. Pierre-Fortunat a vendu du savon, du thé, des nouveautés et de la vaisselle. Joseph-Laurent offrait du matériel de photo, du papier de luxe, des cadres et du chocolat. Alfred-Zénon avait son théâtre. Stanislas Belle de Fraserville (Rivière-du-Loup) faisait le commerce d'instruments de musique. Jules Ernest Livernois (1851-1933) tenait en magasin du matériel de photo, même s'il pouvait aussi compter sur de lucratifs contrats gouvernementaux, mais rien de comparable aux fabuleux contrats obtenus des compagnies de chemin de fer par le studio Notman de Montréal.

Le marché

La réussite des Pinsonneault reposait sur plusieurs facteurs. La satisfaction d'une clientèle régionale exigeait de leur part une production d'images à prix populaire. S'imposait également un produit de qualité : des photographies pouvant résister au temps, comparables aux portraits des studios des grandes villes. Beaucoup de publications françaises et américaines[8] étaient alors accessibles pour appuyer la révolution technologique qu'était la photographie. Les Pinsonneault participaient à cette mouvance.

Les Pinsonneault avaient en commun des stratégies de mise en marché : en établissant des clubs sociaux, en faisant des mosaïques des bourgeois de la ville, en participant à des concours nationaux et internationaux[9]. Ils recouraient au même illustrateur, J.-S. Daigneault, artiste-peintre de Marieville. Tous publièrent dans *Le Monde illustré* et dans *L'Album universel*. Dès que les journaux commencèrent à publier des photographies, ils firent de l'édition. Ils se lancèrent dans l'aventure de la carte postale avec la même boulimie.

---

8. *Le Trifluvien*, 24 mai 1890, p. 2, col. 6-7.
9. Sylvie BERGER, *op. cit.*, p. 13 ; *Le Trifluvien*, 27 octobre 1896, p. 3, col. 4 ; *ibid.*, 8 août 1905, p. 8, col. 2 ; *La Patrie*, 3 août 1905.

4. - Monastère des Ursulines, Trois-Rivières, Canada

Le monastère des Ursulines vers 1900. Cette carte fait partie du premier lot imprimé, en 1903, à Nancy, France. Il fallut attendre 1904 pour qu'on permette l'écriture au verso. On reconnaît déjà le graphisme des Éditions Bergeret (ASTR, cote : 0154-02-163).

La carte postale

Il faut certainement rappeler que la période entre 1904 et 1918 est considérée comme l'âge d'or de la carte postale[10], facilitée par l'efficacité de la poste. Mais ce n'est pas le seul facteur. Outre leur compétence, la plupart des photographes de cette époque avaient en commun une grande volonté d'enregistrer des documents «pour la suite du monde». Lewis Hine (1874-1940) dénonçait, à travers ses photographies, le travail des enfants et montrait la dignité des travailleurs. Eugène Atget (1856-1927) illustrait les matins de Paris, et Bellocq (1873-1949) documentait la vie des bordels de La Nouvelle-Orléans.

Pour les Pinsonneault, 1903 fut une année charnière. Pierre-Fortunat édita *Souvenirs de Trois-Rivières, Qué.*, un petit livre format carte postale de 22 pages et de 40 photographies. L'impression d'une

---

10. Michel LESSARD, «Les grands studios. Parmi les familles québécoises de photographes : les Pinsonneault (1875-c.1960)», dans *Photo-Sélection*, 1986, p. 52-53.

très grande qualité fut faite par The Albertype Co., Brooklyn, N.Y. Avec son ami et collaborateur Jean-Baptiste Meilleur-Barthe, il publia aussi *Trois-Rivières – Album illustré – Histoire géographie industrie*[11], une brochure de format tabloïd de 38 pages et 68 photographies, la plupart de Pierre-Fortunat.

Cette année-là, Pierre-Fortunat devint l'agent général des éditions Bergeret pour le Canada[12]. Son entente avec le distributeur de ce grand producteur de cartes postales français lui donna accès à un imprimeur de grande qualité, l'imprimerie de Nancy. Celle-ci utilisait la « phototypie », un procédé qui permet la reproduction d'images sans trame d'une précision inégalée encore aujourd'hui. À partir de cette année 1903, les cartes postales des Pinsonneault et de leurs nombreux partenaires régionaux furent imprimées là-bas et redistribuées dans leur réseau de vente étendu[13].

Pour assurer l'édition et la distribution de leurs cartes, ils créèrent en peu de temps tout un ensemble de maisons d'éditions : « Pinsonneault, photo-édit, Trois-Rivières-Qué » pour Pierre-Fortunat, « Pinsonneault Frères édit., St-Jean & Sherbrooke », « Pinsonneault Frères édit., St-Jean P.Q. Can. », « Pinsonnaut, Édit. St-Jean, P.Q. », « A.-Z. Pinsonneault, photo » pour Joseph-Laurent et Alfred-Zénon. Cette structure reflète bien la forme de leurs liens : collaboration et indépendance[14], ce qui explique que la famille Pinsonneault a affronté avec succès de grandes compagnies britanniques et américaines.

Le chroniqueur visuel de son époque

D'autres photographes avaient précédé Pierre-Fortunat Pinsonneault, à Trois-Rivières. Trois d'entre eux sont connus : Carlton en 1848, Lambert qui, établi dans la rue Alexandre en 1865, aurait été à l'origine de la série d'images stéréoscopiques de Trois-Rivières, ainsi que Louis Grenier, qui a cédé son commerce à Pierre-Fortunat. Antonio

11. *Le Trifluvien*, 2 novembre 1897, p. 3, col. 3.

12. Jacques POITRAS, *La carte postale québécoise : une aventure photographique*, LaPrairie, Éditions Bouquet inc., coll. « Signature Plus », 1990, 206 p.

13. Voici quelques-uns de ces collaborateurs, pour comprendre l'étendue de leur réseau : B.-J. Hébert de Saint-Hyacinthe, Joseph-Donat Richard de Nicolet, Joseph-Odilon Dubuc de Victoriaville, Stanislas Belle de Rivière-du-Loup et Charles-Tancrède Desjardins de Sorel, les librairies Bilodeau et Campbell de Québec, J.-G.-A. Chagnon de Waterloo, A.-E. Fish d'Ayers Cliff et E.-E. Précourt du Petit-Lac-Magog.

14. Toutefois, Joseph-Laurent a développé seul une série historique portant sur les personnages du Québec : des patriotes comme Octave Crémazie, Denis-Benjamin Viger, Lugder Duvernay, Wolfred Nelson, Louis-Joseph Papineau, et des membres du clergé, Thomas Cooke, François-Xavier Cloutier.

Le studio de la rue Royale en 1908, après l'incendie. Fabiola Pinsonneault est assise sur le perron. Elle était venue prêter main-forte à son frère Pierre-Fortunat. Des commerçants sinistrés avaient trouvé refuge dans des dépendances de la rue Royale. (Photographie : Pierre-Fortunat Pinsonneault, collection Gilles-Roux).

Héroux (1883-1937), un photographe reconnu, très bon techniquement, spécialiste des images panoramiques a été son compétiteur, à partir de 1900. Actif principalement après l'incendie de 1908, il a légué de très bonnes images de la reconstruction de Trois-Rivières. Durant les années 1930, il a réalisé une série de photographies de Trois-Rivières qu'il a lui-même éditées. Ses deux fils Georges et Paul prirent la relève.

Pierre-Fortunat a été au centre de ce regroupement de photographes régionaux. Ses images les plus connues sont celles de l'inondation de 1896[15] et de l'incendie de 1908 qui a détruit son studio, brûlant du même coup vingt ans de photographies et de négatifs, et ses

---

15. *Le Trifluvien*, 24 avril 1896, p. 5, col. 5.

Villa Mon repos, en 1904. Cet endroit de villégiature était situé sur la rivière Millette, derrière l'institut secondaire Keranna (Photo : P.-F. Pinsonneault, collection Gilles-Roux).

illustrations de la villa Mon Repos[16]. Toutefois, c'est sa série de cartes postales sur des villes et des villages dans un rayon de 150 kilomètres autour de Trois-Rivières qui eut la plus grande ampleur. Accompagné de son frère Alfred-Zénon, Pierre-Fortunat a fait deux longs voyages de prises de vues en 1903 et 1905[17]. Ensemble, ils ont couvert un territoire allant du nord de Montréal jusqu'à Québec, village par village. Ils ont aussi photographié la rive sud du Saint-Laurent et la Haute-Mauricie. La majorité des images produites en cartes postales entre 1903 et 1908 proviennent de ces voyages. Elles portent en mémoire les communautés d'au moins quatre-vingts villages. Les cartes postales étaient numérotées selon la hiérarchie de l'époque. La première était

16. *Le Trifluvien*, 8 août 1905, p. 8, col. 23 ; *Le Soleil*, 5 août 1905, p. 1.
17. *Le Progrès de l'Est*, 21 mars 1905, p. 3, col. 1 ; *Le Trifluvien*, 14 juillet 1905, p. 5, col. 1 ; *Le Progrès de l'Est*, 8 août 1905, p. 3, col. 1.

Villa Mon repos, en hiver (AUTR, *Album Dufresne*, 9005-079).

l'église suivie du presbytère, des couvents, des maisons bourgeoises, des rues principales et des hôtels. Évidemment, la plus large couverture de cartes porte sur Trois-Rivières. Ces documents d'archives ont échappé à l'incendie de 1908 grâce à leur diffusion sous forme de cartes postales[18].

Conclusion

Pierre-Fortunat était bien intégré dans la société locale. Son engagement civique fut intense, notamment au Cercle Palamède[19], qui constituait en 1900 une véritable « maison de la culture » avec sa bibliothèque et ses activités de loisirs. De plus, son rôle d'éditeur et de photographe auprès des associations de citoyens a contribué à la

18. Maude ROUX-PRATTE, recherche iconographique réalisée lors de l'exposition *Pierre-Fortunat Pinsonneault, photographe-éditeur*, 1999.

19. Gilles ROUX, *Pierre-Fortunat Pinsonneault, photographe-éditeur*, exposition présentée une première fois à l'hôtel de ville de Trois-Rivières, du 4 mars au 6 septembre 1999.

Travailleuses de la Wabasso vers 1930. Les studios régionaux devaient faire à prix populaire des photographies pouvant résister au temps, comparables aux portraits

des studios des grandes villes (Photo : P.-F. Pinsonneault, collection Gilles-Roux).

reconstruction de la ville. En 1910, Pierre-Fortunat et Jean-Baptiste Meilleur-Barthe créèrent une deuxième brochure pour promouvoir la ville. Publiée par l'Association des citoyens des Trois-Rivières, son but était de promouvoir les intérêts de la ville et de faire valoir ses nombreux avantages comme centre industriel et commercial.

Les Pinsonneault se présentaient toujours comme des « artistes photographes ». Encore aujourd'hui, rares sont les photographes qui affirment autant leur nature d'artistes. Les images qu'ils ont laissées sont essentielles à beaucoup de livres d'histoire et il est regrettable qu'on néglige souvent de les considérer comme des artistes en arts visuels au même titre que les peintres ou les graveurs.

Quand Pinsonnault est mort en 1938, cinquante ans après son arrivée, Trois-Rivières comptait quarante mille habitants, presque cinq fois plus qu'à son arrivée. Imaginez le changement. Il avait préservé pour nous la senteur des bateaux de pommes, le vent sur le fleuve, la tranquillité des rues et la beauté des parcs. Il avait vu brûler sa ville et participé à sa reconstruction. Il avait vu l'implantation des usines et l'arrivée de milliers de familles à la recherche du bonheur. Il avait photographié leur jeunesse, leurs mariages et leurs enfants. Il nous a transmis leurs émotions.

Regards sur la population de Trois-Rivières il y a cent ans

CLAUDE BELLAVANCE ET FRANCE NORMAND[1]

U NE DES PREMIÈRES VILLES COLONIALES françaises en Amérique du Nord, Trois-Rivières est longtemps demeurée un simple poste de traite et un centre administratif. Au milieu du XIXe siècle, la ville connaît une première poussée industrielle, au moment où s'ouvre l'exploitation à grande échelle des ressources forestières de son arrière-pays. Le commerce du bois est sans contredit le moteur de l'économie régionale lorsqu'éclate la grande crise de 1870 qui frappe durement et de manière durable le commerce international. Jusqu'à la fin du siècle, l'activité industrielle reste fragile. La ville traverse alors une période difficile et se replie sur ses fonctions urbaines traditionnelles. À partir des années 1890 cependant, le contexte redevient nettement plus favorable au développement industriel et à la croissance urbaine. D'ambitieux projets sont imaginés par des promoteurs en relation avec les milieux d'affaires canadiens et américains. On cherche principalement à s'accaparer et à mettre en valeur les richesses naturelles du Bouclier canadien, l'énergie hydraulique et la matière ligneuse tout particulièrement, de même qu'à tirer profit de l'abondante main-d'œuvre disponible. Plusieurs scieries sont installées à l'embouchure de la rivière Saint-Maurice, à distance de marche du cœur de la ville, donnant du travail à plusieurs centaines d'hommes. Une entreprise moderne est érigée à la limite nord de la ville et vient renouveler l'ancienne filière sidérurgique mauricienne. À partir de 1907, la vocation industrielle de Trois-Rivières se confirme,

1. Claude Bellavance et France Normand sont membres du Centre interuniversitaire d'études québécoises et professeurs au Département des sciences humaines de l'Université du Québec à Trois-Rivières.

avec l'implantation d'une nouvelle génération d'établissements dans le secteur du textile et du papier notamment.

Profitant de l'abondance de l'emploi, la population de la ville augmente de façon remarquable durant le premier tiers du xxᵉ siècle. On vient de partout pour y travailler, de la campagne environnante comme des pays étrangers. Une telle effervescence n'a pas été sans exercer de fortes pressions sur les vieilles infrastructures urbaines héritées du xixᵉ siècle. Le grand incendie qui fait presque totalement disparaître le centre-ville en 1908 ne facilite certainement pas les choses. Près du tiers du bâti est touché, et la reconstruction représente un défi considérable aussi bien sur le plan des ressources que sur celui de l'organisation[2].

La présente étude s'intéresse à la décennie 1900-1910, une période de transition encore mal connue qui se situe entre les années de stagnation de la première phase d'industrialisation et le boom de la grande industrie qui suivra. Durant ces dix années, la population de l'agglomération trifluvienne augmente de plus du tiers. À ce jour, l'historiographie régionale s'est intéressée surtout à mettre en évidence le développement industriel de la capitale régionale de même qu'à cerner l'évolution du cadre bâti et du territoire urbain[3]. Pour notre part, nous souhaitons plutôt examiner la composition et les caractéristiques de la population de même que cerner de plus près la place qu'y occupent les groupes majoritaires et minoritaires. Grâce à des sources nouvellement accessibles, les listes nominatives des recensements du début du xxᵉ siècle, nous sommes en mesure, en effet, d'observer sur une base individuelle (et non pas compilée par quartiers) l'ensemble des habitants qui ont vécu à Trois-Rivières

---

2. Sur les ravages de l'incendie, voir le bulletin d'histoire de la Société de conservation et d'animation du patrimoine de Trois-Rivières (SCAP), Daniel ROBERT et Jean ROY, « 22 juin 1908. Le grand incendie de Trois-Rivières », *Patrimoine trifluvien*, nᵒ 15, juin 2005.
3. À propos de l'industrialisation de la ville, voir entre autres : Jacques BELLEAU, *L'industrialisation de Trois-Rivières, 1905-1925*, mémoire de maîtrise (études québécoises), UQTR, 1979, 99 p. ; SCAP, « Le patrimoine industriel et manufacturier de Trois-Rivières, xviiᵉ-xxᵉ siècles », *Patrimoine trifluvien*, nᵒ 12, juin 2002. Il existe également des études fouillées sur d'autres thèmes comme la gestion municipale, le logement ouvrier, la vie culturelle, les associations, etc. Voir par exemple Mireille LEHOUX, *Élus municipaux et promotion industrielle à Trois-Rivières, 1870-1920*, mémoire de maîtrise (études québécoises), UQTR, 1994, 120 p. ; Hélène DESNOYERS, *Le logement ouvrier à Trois-Rivières 1845-1945 : l'exemple du secteur Hertel*, mémoire de maîtrise (études québécoises), UQTR, 1988, 155 p. ; Alain GAMELIN et autres, *Trois-Rivières illustrée*, Trois-Rivières, La Corporation des fêtes du 350ᵉ anniversaire, 1984, 228 p.

Employés, dans la cour de l'hôtel Dufresne, rue du Fleuve (AUTR, 9005-018).

il y a une centaine d'années. Le traitement systématique de ces deux « photographies » que sont les recensements de 1901 et de 1911 permet non seulement de rendre compte des changements en cours, mais également de recomposer en partie les réseaux de relations dans lesquels s'insèrent ces dizaines de milliers d'individus.

Notre parcours se fera en trois étapes. Il nous faudra d'abord dresser un portrait d'ensemble des Trifluviens du début du XXᵉ siècle. Sont-ils issus du milieu urbain? S'agit-il d'une population jeune? Comment gagne-t-on sa vie? Nous examinerons de manière plus particulière ensuite les personnes engagées dans les secteurs de l'éducation et de la domesticité. Dans la troisième partie enfin, c'est le sort des groupes minoritaires qui retiendra notre attention.

Familles, âges de la vie et métiers : une vue d'ensemble

Ils sont un peu plus de douze mille à vivre à Trois-Rivières et dans ses environs en 1901, et 4 500 habitants se seront ajoutés dix ans plus tard. Il s'agit d'un véritable décollage pour la capitale mauricienne, dont les effectifs stagnent depuis les années 1870 (voir la figure 1). Certes, une partie de ces familles sont des agriculteurs[4]. Toutefois, ceux-ci sont fortement concentrés à la marge de la ville, notamment à Sainte-Marthe-du-Cap-de-la-Madeleine, dans le secteur du chemin des Forges de même que le long du fleuve et du chemin Sainte-Marguerite. Dans les autres sous-circonscriptions (les quartiers ou la cité), leur présence est par contre tout à fait marginale[5].

Figure 1
Les effectifs de population des sous-circonscriptions de Trois-Rivières
et de Cap-de-la-Madeleine entre 1851 et 1921

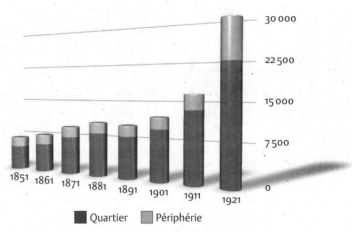

Sources : Les recensements publiés du Canada. La périphérie est composée des sous-circonscriptions de la paroisse de Trois-Rivières (secteurs Banlieue et des Forges) ainsi que de Sainte-Marthe-du-Cap-de-la-Madeleine.

Comme dans bien d'autres villes du Québec à cette époque, la population de Trois-Rivières est très jeune (figure 2). La moitié des gens n'ont pas atteint la majorité (21 ans) alors qu'une personne sur dix

---

4. En 1901, les chefs de 171 ménages se déclarent « cultivateurs » (7,7 % des ménages).
5. Elle représente 0,9 % des ménages en 1901 et 0,4 % dix ans plus tard. En 1901, on ne trouve que 14 agriculteurs chefs de ménage dans Saint-Philippe, six dans Saint-Louis, deux dans Notre-Dame et un dans Sainte-Ursule. Dans cette étude, sauf indication contraire, nos analyses et nos calculs porteront uniquement sur les sous-circonscriptions urbaines de Trois-Rivières (quartiers en 1901 et cité en 1911).

seulement a plus de 55 ans[6]. Le quart des habitants de la ville sont des enfants de 10 ans et moins[7]. On a peine à se représenter aujourd'hui dans nos sociétés vieillissantes une présence aussi massive, presque omniprésente, de la jeunesse, que ce soit au travail, dans les lieux publics ou à l'intérieur des domiciles.

Figure 2
Pyramide d'âge de la population des sous-districts de Trois-Rivières et de Cap-de-la-Madeleine en 1901

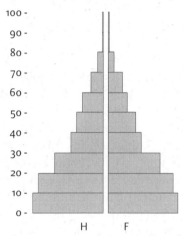

Source : Listes manuscrites du recensement du Canada de 1901. Calculs des auteurs.

Bon nombre de Trifluviens du début du siècle dernier sont des citadins de fraîche date[8]. En fait, plus de quatre adultes sur dix déclarent être nés à la campagne. Ils sont venus habiter la ville, attirés par le mode de vie urbain et l'offre d'emplois. Il faut dire que, depuis quelques décennies déjà, les campagnes n'arrivent plus à absorber la main-d'œuvre disponible, ce qui a eu pour effet d'entraîner des milliers de ruraux vers l'Ouest canadien et les États-Unis. L'urbanisation du Québec, à laquelle Trois-Rivières participe pleinement en ce début du xxᵉ siècle, freine progressivement ces courants migratoires[9].

---

6. Ces caractéristiques sont presque identiques en 1901 et en 1911.
7. C'est encore un peu plus marqué en 1911 (9 ans et moins).
8. Le taux est de 37 % si l'on compte aussi les enfants, contre 43 % pour les individus de 21 ans et plus. Cette information n'a été consignée qu'en 1901. Pour ne pas fausser les résultats, les membres des ménages dont le chef est agriculteur sont exclus de ces calculs.
9. Ils cesseront durant la décennie 1930-1940, en raison notamment de la crise économique.

Comment gagne-t-on sa vie à Trois-Rivières à la Belle Époque? On sait que les scieries situées à l'embouchure de la rivière Saint-Maurice embauchent un bon millier de travailleurs[10]. Depuis les années 1880, la municipalité tente d'attirer des entreprises manufacturières en leur concédant des exemptions de taxes ainsi que des terrains. Si elle a une influence négative sur les finances publiques, cette politique favorise l'implantation de manufactures dans des domaines assez variés, comme la fabrication de conduites d'eau, de haches, de pelles, de chaussures, etc. L'arrivée de la Wabasso en 1907 donne un nouvel élan à l'économie de la ville. Lors de son inauguration l'année suivante, on estime à 750 le nombre de personnes qui y seront bientôt employées[11]. Trois ans plus tard, l'entreprise de textile va créer Diamond Whitewear, une filiale spécialisée dans la confection de sous-vêtements féminins qui procure du travail à environ 250 personnes, dont 225 femmes.

Si la vocation industrielle de la ville s'affirme de plus en plus au début du XXe siècle, les commerces, les services et la construction sont également de gros pourvoyeurs d'emplois. La reconstruction du centre-ville après l'incendie de 1908 provoque une intense activité. En 1911 s'amorce la construction d'une grande usine de pâte chimique et de papier kraft (Wayagamack) sur l'île de la Potherie. L'année précédente, un groupe d'industriels américains[12] avait installé à Cap-de-la-Madeleine une usine de fabrication de pâte à papier[13]. Ces divers chantiers et l'impulsion qu'ils donnent au secteur résidentiel procurent du travail à quelques centaines d'ouvriers du bâtiment[14]. L'augmentation de la population stimule également l'activité commerciale et l'offre générale de services[15], lesquels fournissent à

---

10. L'ancienne scierie Baptist reconstruite en 1892 après un incendie employait probablement autour de 600 hommes en 1901. On estime par ailleurs à 1 500 le nombre de travailleurs engagés dans les scieries situées près de la ville en 1905, à plus d'un millier à l'été 1909. René HARDY, Normand SÉGUIN et autres, *Histoire de la Mauricie*, Québec, Institut québécois de recherche sur la culture, 2004, p. 573-575.

11. *Ibid.*, p. 575.

12. Il s'agit de Grès Falls Co. Ltd.

13. L'agrandissement de l'usine de Wabasso la même année a probablement dynamisé aussi le secteur de la construction.

14. En 1901, 210 individus déclarent un métier rattaché à la construction. Ils sont 323 dix ans plus tard. Ces chiffres sont vraisemblablement assez en deçà de la réalité cependant. En effet, une part significative des journaliers (secteur «indéterminé») sont probablement engagés sur les chantiers de la ville.

15. L'effervescence qui caractérise Trois-Rivières durant les premières décennies du XXe siècle a également des effets négatifs. Elle provoque notamment une crise structurelle

peu près un emploi sur deux en 1901 (figure 3). On peut penser que ce poids considérable du tertiaire est également un héritage du XIXe siècle, alors que les fonctions urbaines préindustrielles prévalent.

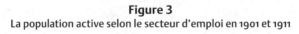

Figure 3
La population active selon le secteur d'emploi en 1901 et 1911

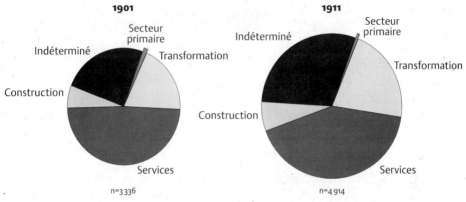

Source : Listes manuscrites des recensements du Canada de 1901 et de 1911. Calculs des auteurs.

La répartition sectorielle de l'emploi se transforme significativement durant la première décennie du XXe siècle. Les services reculent à un peu plus de quatre emplois sur dix au profit de l'industrie manufacturière et de ce groupe d'individus pour lequel les sources ne permettent pas d'attribuer un secteur d'activité particulier (secteur indéterminé). Il est à peu près certain cependant que la grande majorité de ces hommes et de ces femmes (dont 1 200 journaliers en 1911) travaillent dans les usines[16] et sur les chantiers de construction. La transition de la structure économique de la ville semble donc bel et bien amorcée. Elle se poursuivra durant les décennies 1910-1920 et 1920-1930 avec l'essor de la grande production industrielle[17].

---

du logement.

16. Seulement 180 individus ont pu être associés directement au sous-secteur du textile. Or, nous savons que la Wabasso employait à cette époque au moins 500 personnes, voire plus de 1 000. Pierre LANTHIER et Alain GAMELIN, *L'industrialisation de la Mauricie : dossier statistique et chronologique, 1870-1975*, Trois-Rivières, UQTR, Groupe de recherche sur la Mauricie, 1981, p. 452.

17. Signalons que Wayagamack Pulp and Paper n'a pas encore commencé sa production lorsque se tient le recensement de 1911. D'autres établissements de grande ampleur s'implanteront à Trois-Rivières au fil des ans, si bien que la ville s'octroiera vers 1930 le titre de « capitale mondiale de l'industrie des pâtes et papiers ».

Figure 4
La population active selon la catégorie d'emploi en 1901

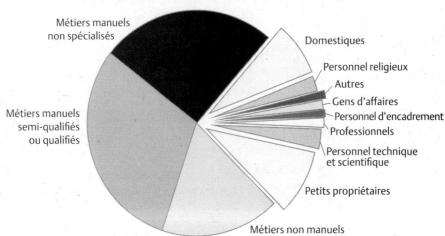

Source : Listes manuscrites du recensement du Canada de 1901. Calculs des auteurs.

Que ce soit dans les commerces et les services, dans la construction ou dans la production manufacturière, les petits métiers salariés sont prédominants (figure 4). Le salaire annuel de ces travailleurs est relativement peu élevé en 1901 ; de l'ordre de 72 $[18] pour les domestiques, de 290 $ pour les métiers manuels non spécialisés et de 300 $ pour les ouvriers plus qualifiés et les non manuels. Viennent ensuite le groupe des petits propriétaires – qui comprend quelque 310 commerçants et artisans – de même que le personnel technique et scientifique (92 individus) formé notamment d'ingénieurs, de comptables et de mesureurs de bois. Leur salaire, de même que celui de la trentaine de contremaîtres, gérants ou inspecteurs employés par les principales entreprises et quelques services publics, avoisine 600 $ en 1901. Enfin, les 34 professionnels et la trentaine d'industriels et propriétaires de grands commerces tirent des revenus annuels se situant autour de 1 500 $ à 1 800 $, soit 5 à 6 fois plus que ceux qui pratiquent les petits métiers[19].

---

18. Il s'agit du salaire annuel médian. La médiane est la valeur qui occupe le milieu d'une série ordonnée. Ainsi, dans un groupe donné, la moitié des individus gagnent le salaire médian ou moins, l'autre moitié ce même salaire ou plus. On utilise souvent la médiane comme mesure de centralité parce qu'elle est moins sensible aux valeurs extrêmes (ou aux anomalies) que la simple moyenne.

19. Le revenu médian des professionnels et des gens d'affaires représente de 20 à 25 fois celui du personnel domestique. Signalons que les salaires augmentent de manière significative

Figure 5
La population active selon le sexe et la tranche d'âge en 1901 et en 1911

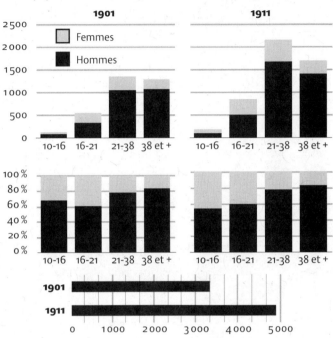

Source: Listes manuscrites des recensements du Canada de 1901 et de 1911. Calculs des auteurs.

Stimulée par l'activité économique, la population active croît nettement plus rapidement que la population en général durant la première décennie du XXᵉ siècle. En fait, les Trifluviens sont proportionnellement presque 8 % plus nombreux[20] à travailler en 1911 que dix ans plus tôt. Ce changement s'explique surtout[21] par une mobilisation plus grande des jeunes en âge de travailler de même que des jeunes adultes (figure 5). Par ailleurs, c'est le groupe des filles de 10 à 16 ans qui est, toutes proportions gardées, le plus sollicité. En 1911, elles sont même presque à parité avec les jeunes garçons. Globalement, les femmes accroissent leur participation au marché du travail de

---

durant la décennie 1900-1910 (33 % si l'on compare le salaire médian toutes catégories confondues). Celui des journaliers, par exemple, passe de 290 $ à 400 $. On peut penser que cette hausse correspond à celle du coût de la vie ou la surpasse légèrement.

20. La proportion d'individus déclarant un emploi passe de 33,4 % à 36 % entre 1901 et 1911.

21. On ne peut écarter l'hypothèse d'une plus grande propension des Trifluviens de 1911 à répondre aux questions relatives à l'emploi.

Magasin de vêtements et tissus Louis Badeaux, 1881 (CIEQ, coll. René-Hardy, Fonds Trois-Rivières, série Conrad Godin, 050).

manière encore plus significative que leurs vis-à-vis masculins (56 % comparativement à 44,5 %). Elles sont 1 200 ouvrières et employées en 1911, elles étaient 770 en 1901. Leur mariage, par contre, entraîne pour la quasi-totalité d'entre elles l'interruption de leur participation au marché de l'emploi[22]. Chez les adultes (21 ans et plus) en effet, seulement trois femmes mariées sur 100 déclarent un travail en 1901 (4 en 1911), alors qu'au moins une célibataire sur deux occupe un emploi.

L'éducation pour tous ?

Les plus récents travaux sur l'histoire de l'éducation en Mauricie[23] indiquent qu'au début du xxᵉ siècle le réseau scolaire primaire public est déjà bien implanté dans la région. Selon les chercheurs, l'éducation pour tous apparaît dès lors comme un véritable projet de société, même si les familles n'accordent pas toutes la même importance aux études. De manière générale, le dispositif de l'enseignement semble mieux développé en ville qu'à la campagne. Outre ses écoles publiques, Trois-Rivières dispose d'institutions d'enseignement privé de bonne réputation (le séminaire pour les garçons et le couvent des Ursulines pour les

22. Chez les veuves, le taux est de 21 % en 1901 et de 16 % en 1911.
23. Pour un bilan de l'éducation en Mauricie dans la seconde moitié du xɪxᵉ siècle, on consultera la monographie de Jocelyne MURRAY, *Apprendre à lire et à compter. École et société en Mauricie, 1850-1900*, Sillery, Septentrion, 1999, 278 p. Voir aussi la synthèse de René HARDY et Normand SÉGUIN dans *Histoire de la Mauricie...*, « L'Éducation dans la seconde moitié du xɪxᵉ siècle », p. 466-471 et « L'Éducation durant la première moitié du xxᵉ siècle », p. 776 et ss.

Les étudiants du Séminaire Saint-Joseph, 1894. Ils ont envahi « Le Berceau », situé dans le fond de la cour de récréation du séminaire. C'était le nom donné à un kiosque ou pavillon, élevé pour procurer de l'ombrage dans une cour plantée d'arbres encore jeunes. Il existait en 1878. *Prospectus du Séminaire, 1923-1924* (CIEQ, coll. René-Hardy, Fonds Trois-Rivières, série François Lajoie, 159).

filles)[24]. Or, bien qu'on considère que les écoliers trifluviens étaient en moyenne plus instruits que ceux du monde rural environnant, force est de constater qu'en 1901 la majorité ne parviennent toujours pas à compléter les quatre années de formation élémentaire prévues, et que bon nombre n'atteignent même pas la troisième année[25]. Pour toutes sortes de raisons – surpeuplement des classes, financement inadéquat des écoles, perception parfois négative de l'instruction ou du moins du prolongement des études au-delà de la première communion, en particulier chez les parents moins instruits, réticence des familles à se séparer des enfants capables de les soutenir dans les tâches ménagères, etc. –, le manque d'assiduité en classe freine considérablement

---

24. Notons qu'en 1908 les Ursulines ouvriront également une école normale dédiée à la formation des institutrices.
25. Jocelyne MURRAY, *Apprendre à lire et à compter*, tableau 7.5, « Inscription des élèves au cours élémentaire par degrés d'enseignement pour 1900-1901 », p. 203.

les apprentissages, retarde le cheminement et, à terme, favorise le décrochage.

Tirant profit des listes nominatives de recensement, nous allons à présent mettre en lumière l'évolution de la population scolaire durant la décennie 1900-1910, une période encore méconnue de l'histoire de l'éducation à Trois-Rivières.

Figure 6
Taux de fréquentation scolaire à Trois-Rivières en 1901 et en 1911 selon l'âge et le sexe[26]

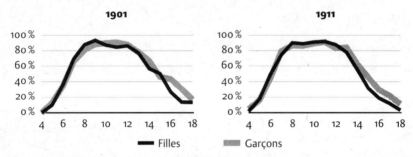

Source : Listes manuscrites des recensements du Canada de 1901 et de 1911. Calculs des auteurs.

Pour l'ensemble des années, on constate une forte concentration d'élèves dans la strate d'âge des 7 à 14 ans[27]. Comme l'illustre la figure 6, la vaste majorité des enfants de cette catégorie (approximativement 80 %) fréquentent alors l'école. En 1901, on remarque d'entrée de jeu

26. Les données illustrées se rapportent à l'ensemble des inscriptions, au public comme au privé, y compris les écoles anglaises protestantes. Pour établir la population scolaire (qui « va à l'école »), nous avons pris en considération toutes les déclarations attestant un statut d'élève, d'étudiant, d'écolier ou d'autres désignations semblables, ou les indications relatives à la durée de la fréquentation de l'école pendant l'année de recensement en cause (rapportées en nombre de mois). Nous obtenons ainsi une « population scolaire maximale ». Ainsi, un enfant pour lequel le père déclarerait un seul mois de présence en classe sera considéré ici comme étudiant. Précisons que les instructions fournies au recenseur prévoient uniquement de consigner les personnes dites « en âge d'aller à l'école, étant celles de plus de 5 ans et de moins de 21 ans ». Quoi qu'il en soit, cette directive n'a manifestement pas été respectée à la lettre, puisque les recenseurs signalent bel et bien la présence d'un certain nombre d'étudiants en dehors de cette classe d'âge, tant en 1901 qu'en 1911.

27. En ce qui concerne l'établissement des classes d'âge, le lecteur ne doit pas perdre de vue le décalage entre le calendrier scolaire et celui du recensement. Aux fins de dénombrement de population, l'année 1901 va de juin 1900 à juin 1901. Rappelons par ailleurs qu'au début du xxe siècle l'école n'est pas à proprement parler obligatoire, mais que les incitatifs à la scolarisation existent puisque les parents sont astreints à payer une cotisation, appelée « rétribution mensuelle » pour tous leurs enfants de 7 à 13 ans inclusivement, qu'ils aillent ou non à l'école.

Des commerçants de fruits au marché aux denrées de Trois-Rivières, 1890 (CIEQ, coll. René-Hardy, Fonds Trois-Rivières, série GRM, 353).

que le ratio «nombre d'enfants aux études par rapport à l'ensemble des enfants du même âge» grimpe plus rapidement en bas âge: seulement 35 % des tout-petits de 6 ans vont à l'école, contre 68 % chez les 7 ans et 85 % chez les 8 ans. La courbe de fréquentation atteint un plateau entre 9 et 12 ans, alors que la presque totalité des enfants font des études (près de 90 %), pour redescendre assez abruptement par la suite. L'entrée dans l'adolescence marque le plus souvent la fin de la scolarité. Ainsi, plus des trois quarts des jeunes de 13 ans sont étudiants, mais cette proportion chute brusquement à moins des deux tiers à l'âge de 14 ans, dès lors que les parents sont déchargés de l'obligation de cotiser pour les activités scolaires (voir la note 27). Découverte intéressante: contrairement à ce qu'avaient observé les autres chercheurs avant nous à propos des élèves du réseau public, nous pouvons voir que les garçons restent au total plus longtemps que les filles sur les bancs d'école une fois ajoutée la population scolaire du secteur privé.

À 17 ans, âge auquel l'écart entre les deux sexes est apparu le plus accusé, la proportion de garçons aux études est même deux fois plus élevée que celle des filles! Les jeunes hommes les plus instruits, comme on pouvait s'y attendre, appartiennent majoritairement aux couches sociales supérieures, et sont de toute évidence appelés à conserver une position avantageuse une fois leur formation terminée.

Qu'en est-il maintenant des enfants d'âge scolaire qui n'ont pas, comme tant d'autres, la chance de s'instruire? Pensons seulement aux quelque 360 jeunes de 7 à 14 ans qui ne fréquentent pas l'école en 1901 (19,2 % des jeunes de leur âge). Leur défection pourrait s'expliquer surtout par la pénurie de salles de classe disponibles, conséquence immédiate de la forte poussée démographique associée à l'industrialisation[28]. Mais qui sont ces enfants en marge de la vie estudiantine? Et que font-ils? Nos sources ne fournissent pas toutes les réponses à ces questions. Il faut dire que les activités « non productives » n'intéressent pas beaucoup l'État, et qu'elles échappent dans une large mesure aux inventaires, d'où la tendance à les sous-estimer. L'auxiliariat familial semble pourtant bien répandu. Vu la taille et la structure des ménages concernés, tout porte à croire que la plupart des enfants qu'on gardait à la maison devaient s'adonner à des travaux domestiques ou avoir la charge d'un membre de la famille (plus particulièrement un cadet ou un aïeul). Placés devant le choix de l'enfant à confiner au domicile, les parents, selon nos observations, se sont plus fréquemment tournés vers leur fille.

Les informations colligées par les recenseurs sur la situation d'emploi sont plus directement indicatives. Parmi les enfants absents de l'école en 1901, environ un sur cinq s'intègre déjà au prolétariat urbain par un emploi non qualifié ou semi-qualifié. Les garçons travaillent principalement comme journaliers, commis ou messagers, alors que les filles occupent des places de domestiques, de filles de chambre dans l'hôtellerie ou travaillent dans des manufactures (surtout à la confection de gants pour la Balcer Glove)[29]. Un certain nombre sont en voie d'adopter un emploi; quelques-uns apprennent le métier de leur père, alors que d'autres font leur apprentissage auprès d'un maître-artisan

---

28. Jocelyne MURRAY, « La scolarisation élémentaire en Mauricie (1850-1900): esquisse de la population scolaire et des résultats de ses apprentissages », *Revue d'histoire de l'Amérique française*, vol. 55, nº 4 (printemps 2002), p. 584.

29. Il faut savoir que, depuis 1885, la Loi sur le travail dans l'industrie permet d'embaucher les enfants qui savent lire à partir de l'âge de 12 ans pour les garçons, et de 14 ans pour les filles. En 1910, soit peu avant la fin de la période couverte par la présente étude, l'âge minimal pour le travail en usine sera porté à 14 ans. Durant les années qui nous préoccupent, la législation en vigueur ne prévoit rien pour éviter l'exploitation des enfants employés dans d'autres secteurs.

à l'extérieur du domicile familial. En somme, la demande en main-d'œuvre enfantine à bon marché existe dans divers secteurs de l'économie trifluvienne (sans compter le travail non déclaré). Près de 10 % des enfants qui ne vont pas à l'école en 1901 – et pratiquement tous ceux de moins de 10 ans – n'ont jamais reçu l'instruction de base, et ne savent ni lire ni écrire.

Ce premier état de la situation au début du siècle trahit bien l'étendue du chemin à parcourir avant d'en arriver à l'éducation pour tous. Cela étant, l'attitude des parents face à l'éducation ne semble pas du tout réfractaire, tant s'en faut. À en juger par le nombre infime de familles qui retiennent à la maison plus d'un enfant en âge scolaire (seulement deux ménages ouvriers à faibles revenus), il semble, au contraire, que les Trifluviens consentaient des efforts incontestables pour l'alphabétisation de leur progéniture, mais avec un succès mitigé. Le problème qui se pose n'est donc pas celui des mentalités; il serait plutôt d'ordre économique.

La scolarisation ne progresse guère durant la décennie 1900-1910, comme on peut le voir à la figure précédente (figure 6). Parmi la population en âge d'étudier (classe d'âge de 7 à 14 ans, établie sur la base de l'année de recensement), le taux de fréquentation scolaire augmente d'à peine 1,6 % sur 10 ans, un ralentissement appréciable par rapport aux statistiques disponibles pour la fin des années 1890[30]. Certes, les enfants commencent l'école en moyenne un peu plus tôt qu'auparavant (47 % des enfants de 6 ans sont inscrits en 1911, comparativement à 35 % en 1901), mais ils abandonnent collectivement les études beaucoup plus jeunes. Le portrait se dégrade encore si l'on tient compte de la réduction des effectifs à plein temps (base de 10 mois): selon les données du recensement, 85 % des élèves de 7 à 14 ans ont terminé leur année scolaire en 1901, contre seulement 77 % en 1911. La proportion d'enfants en âge d'étudier qui sont à la maison par rapport à ceux qui déclarent un emploi reste à peu près stable d'un bout à l'autre de la décennie. Le travail des enfants, toujours marginal, conserve le même rôle palliatif pour l'économie familiale. Il touche avant tout les ménages plus exposés à la pauvreté. Comme par le passé, les jeunes filles détiennent pour la plupart des emplois de domestiques ou de couturières dans les manufactures. La fabrication

---

30. Pour le secteur public seulement, Jocelyne Murray a calculé que le ratio est passé de 75 % en 1896 à 82 % en 1900-1901. Jocelyne MURRAY, « La scolarisation élémentaire en Mauricie », *op. cit.*, p. 584.

de gants demeure un débouché d'une certaine importance, mais l'ouverture récente de la Diamond Whitewear, grâce à sa politique d'apprentissage rémunéré et sa courte période de mise à l'essai, semble désormais attirer davantage les nouvelles recrues vers la confection de sous-vêtements[31]. Plus largement, comme nous l'avons vu plus haut, l'exploitation de la main-d'œuvre féminine en bas âge gagne du terrain : entre 1901 et 1911, le ratio des fillettes de 11 à 14 qui travaillent en usine va presque doubler.

Tel est donc le portrait global des Trifluviens du début du siècle dernier. Changeons maintenant d'échelle d'observation et voyons d'abord qui assure la formation de tous ces jeunes.

Enseigner et servir : deux vocations au féminin

La « vocation » enseignante

À l'encontre de la campagne avoisinante où les laïcs, affectés dans les écoles de rangs, sont toujours prédominants au début du xxᵉ siècle, l'éducation à Trois-Rivières est d'ores et déjà sous la responsabilité des communautés religieuses. En 1901, 85 % du personnel enseignant est composé d'ecclésiastiques (Ursulines[32] et frères des Écoles chrétiennes), leur position allant même en se consolidant au cours des années suivantes (92 % en 1911). Durant l'ensemble de la période, les effectifs professoraux augmentent collectivement plus vite que le reste de la population[33].

---

31. La Diamond Whitewear ouvre ses portes à Trois-Rivières en 1910. Dès le départ, l'entreprise utilise la presse régionale pour faire connaître les conditions de travail dans son usine et recruter ses travailleuses : apprentissage du métier à 2,25 $ par semaine, période d'essai variant d'un à deux mois, salaire pouvant aller de 6 $ à 9 $ par semaine pour les couturières confirmées. Le travail étant en pratique rétribué « à la pièce », les salaires versés s'avéreront, comme on s'en doute, nettement moins avantageux que ce qui avait été annoncé. D'après les informations tirées du recensement, en 1911, aucune de ces employées ne déclare un salaire hebdomadaire supérieur à 5 $ pour une semaine de 60 heures. *Le Bien public*, 28 octobre 1910, p. 6.

32. Outre leur pensionnat privé, les Ursulines vont assurer la direction de toutes les écoles publiques trifluviennes pour filles à compter de 1891. À certaines occasions, les religieuses feront appel au personnel laïc. J. MURRAY, *Apprendre à lire et à compter, op. cit.*, p. 106.

33. On dénombre 152 enseignants pour 9 980 individus résidant à Trois-Rivières au recensement de 1901, contre 284 sur 13 663 en 1911. Ceux-ci se déclarent, par ordre d'importance : instituteur ou institutrice, professeur ou professeure d'école, professeur ou professeure de musique, *high school teacher*, maître privé ou maîtresse privée et instructeur.

Tout au long de la décennie, les femmes occupent résolument l'avant-scène de la profession : à l'amorce du xxe siècle, 7 enseignants sur 10 sont des femmes, et la proportion passera à plus de 8 sur 10 une dizaine d'années plus tard. La primauté des femmes dans l'éducation n'a d'ailleurs rien d'étonnant puisque, selon les conceptions de l'époque, leurs qualités intrinsèques les prédisposeraient naturellement à pareille vocation. Les métiers féminins (institutrice, infirmière, sage-femme) devaient idéalement pouvoir s'inscrire dans le « prolongement des tâches maternelles » (pourvoir à l'éducation des enfants, prodiguer des soins, donner naissance). Mais l'idée que l'enseignement représentait simplement un travail temporaire pour les femmes – une occupation provisoire en attendant le mariage – n'en demeurait pas moins largement répandue dans le monde de l'éducation. D'après les études menées par Marta Danylewycz pour Montréal, l'argument du caractère intérimaire du métier aurait même été évoqué par les autorités scolaires afin de justifier le maintien des salaires d'institutrices aux plus bas niveaux[34]. Dans quelle mesure l'image de l'enseignante jeune, célibataire, et simplement de passage dans la profession correspond-elle à la réalité du milieu trifluvien ? Nous verrons que, dans les faits, les institutrices qui nous intéressent ne ressemblent en rien à la vision véhiculée par les commissaires.

Ignorons pour le moment la contribution des congrégations enseignantes : il va sans dire que ces religieuses et religieux qui ont choisi de vouer leur vie à servir l'œuvre d'éducation resteront fidèles à leur mission. L'instabilité n'est donc pas à rechercher de ce côté-là. Mais est-ce aussi le cas de la vingtaine d'institutrices laïques actives à Trois-Rivières au début du siècle ? En premier lieu, nos recherches ont révélé que ces dernières sont loin de se distinguer par leur jeunesse. En effet, la moitié des institutrices laïques présentes au recensement de 1901 ont plus de trente ans, et aucune d'elles n'a moins de 21 ans[35]. Impossible de préciser à quel moment exact celles-ci sont entrées dans la profession, mais nous savons que, dans bien des cas, leur engagement s'est avéré durable. Environ une institutrice sur deux reste en poste pendant plus de dix ans, certaines persistant même jusqu'à la

---

34. Marta DANYLEWYCZ, « Sexes et classes sociales dans l'enseignement : le cas de Montréal à la fin du xixe siècle », dans Nadia FAHMY-EID et Micheline DUMONT, *Maîtresses de maison, maîtresses d'école. Femmes, famille et éducation dans l'histoire du Québec*, Montréal, Boréal express, 1983, p. 93-118.
35. Rappelons qu'à Trois-Rivières, l'âge médian de la population active féminine est de 25 ans en 1901.

retraite. En 1896, mademoiselle Georgina A., maîtresse d'école, fait paraître dans le journal *Le Trifluvien* une publicité pour son école élémentaire du 41, rue Saint-Olivier[36]. Comme la jeune femme allait demeurer sur place pendant plusieurs années (l'école est située juste au nord de la zone qui sera un peu plus tard incendiée), il nous fut aisé de suivre sa trace à travers les recensements subséquents. Georgina est issue d'un milieu modeste (son père, simple jardinier, ne sait ni lire ni écrire). En 1901, notre institutrice n'a pas bougé ; elle habite chez ses parents, avec les 10 autres membres de sa famille, dans l'immeuble qui sert aussi de maison d'école. Dix ans plus tard, à 34 ans, Georgina est fidèle au poste. Restée célibataire, sa vie a néanmoins basculé depuis le départ de ses parents, alors qu'elle se retrouve seule responsable de deux nièces et d'un neveu qu'elle doit entretenir à l'aide de son unique revenu. Au moment de son décès, en 1934, celle-ci avait consacré plus de 40 ans de sa vie active à l'enseignement[37]. Le cas de Georgina n'a rien de singulier : bien d'autres institutrices allaient comme elle poursuivre leur carrière sans se marier, avec l'obligation de subvenir aux besoins de leurs proches.

Il n'est pas rare de rencontrer plus d'une vocation au sein d'une même famille. On peut d'ailleurs supposer qu'avant l'ouverture de la première école normale pour la formation des maîtres dans la région, la filière du tutorat entre sœurs devait représenter l'une des voies d'accès privilégiées à la profession. En 1901, Victoria V., 28 ans, et Clara, sa sœur cadette, toutes deux institutrices, habitent chez leur père (charretier sans instruction), dans un jumelé de la rue De Niverville. Au recensement de 1891, Victoria se déclarait « institutrice dans une école primaire ». Clara n'avait alors que 12 ans, et elle était aux études, mais son autre sœur Anna, 24 ans, enseignait elle aussi au primaire. L'expérience des trois sœurs G. présente certaines similitudes, celles-ci manifestant le même intérêt pour l'enseignement. En 1891, Hermine et Alphonsine, institutrices, ainsi qu'Elmire, couturière, toutes trois célibataires et orphelines de père, vivent sous le même toit que leur mère. Au dénombrement suivant, en 1901, Hermine, l'aînée de la famille, a dû remplacer sa mère (probablement décédée) à la tête du ménage. Hermine et Alphonsine sont toujours institutrices, mais voilà qu'Elmire a abandonné les travaux d'aiguille pour

36. *Le Trifluvien*, 28 août 1894, p. 3, col. 3. Tiré de « Mauricie. Bases de données en histoire régionale en ligne ».
37. SCAP, « Les petites écoles à Trois-Rivières, xviiᵉ-xxᵉ siècles », *Patrimoine trifluvien*, n° 5, avril 1995, p. 19.

suivre ses sœurs dans l'enseignement. Une décennie plus tard, elles sont encore ensemble dans leur logement de la rue Gervais. Après au moins vingt années de service, Hermine et Alphonsine, alors âgées respectivement de 55 et de 45 ans, n'ont jamais délaissé la profession, mais Elmire, la moins expérimentée des trois, n'a désormais plus d'emploi. Le même esprit de collaboration continue de régner au sein de la famille, du reste nouvellement agrandie par l'arrivée de la plus jeune sœur, Élisabeth, une veuve sans travail, et de son fils Albert. Par chance, leur neveu pourra contribuer au revenu du ménage grâce à son emploi de commis à plein temps dans une filature de coton.

Nous pourrions citer plusieurs exemples de carrières consacrées à l'enseignement. Bien que la quasi-totalité des institutrices que nous ayons pu suivre demeurent célibataires, plusieurs allaient éventuellement se retrouver soutien de famille. Or, avec un salaire type de 150 $ par an[38], les institutrices laïques ne pouvaient compter que sur une très faible rétribution, soit juste au-dessus des domestiques. Pour assurer leur subsistance, échapper à la précarité ou tout simplement pour s'acquitter de leur devoir filial, celles-ci devront recourir au partage des ressources et à la cohabitation entre parents.

Profession : servante

Généralement peu valorisé et perçu comme marginal, le travail domestique est mis à profit par les élites non seulement pour se délester de tâches fastidieuses, mais également pour se distinguer socialement. Les fonctions des domestiques recouvrent un vaste ensemble d'activités qui va de la tenue de maison (cuisine, entretien ménager, jardinage, menues réparations, etc.) aux soins des enfants et des corps. Au nombre de 254 individus au début du siècle[39], le personnel de maison voit toutefois son importance relative diminuer sensiblement par la suite. En l'espace de 10 ans, le pourcentage des effectifs dans la population baisse de plus de 40 %. Examinons d'un peu plus près la situation de la domesticité et voyons comment elle évolue au fil des ans.

---

38. Il s'agit ici du salaire médian versé aux institutrices trifluviennes des écoles francophones et anglophones des secteurs privé et public en 1901.

39. Nous incluons dans la catégorie « domestiques » tous les individus déclarant les métiers de domestique, bonne, serviteur, servante, cuisinière et de valet ou garçon d'écurie qui ont : 1- spécifié l'existence d'un lien d'emploi ; 2- indiqué leur situation de domestique à la question « relation avec le chef de ménage ». Les quelques mentions de femmes de ménage, homme de palier ou autres travailleurs assimilables œuvrant à leur compte ou embauchés dans le service d'hôtellerie ont été classés dans les « métiers manuels non spécialisés ».

Le service domestique, comme on le sait, constitue un secteur d'emploi primordial pour les femmes. En 1901, on constate que plus de 80 % des domestiques employés à Trois-Rivières sont des femmes ! Ces travailleuses forment, dans le cas présent, un groupe passablement homogène : la plupart sont jeunes ; presque toutes sont célibataires, vivent chez leur employeur[40] et perçoivent de ce fait des gages très modestes pour les tâches qu'elles accomplissent. Salariées, ces femmes peuvent évidemment circuler librement sur le marché de l'emploi, mais la précarité de leur condition – accentuée par un taux d'alphabétisation inférieur à la moyenne – représente dans les faits une véritable entrave à cette mobilité[41].

Ce qui particularise avant tout le travail domestique, c'est d'être exercé à résidence, dans la sphère privée – et hautement intime – du cadre familial. Il n'est pas facile d'imaginer les rapports que ces jeunes filles entretenaient avec leur nouvel espace de vie, mais on peut supposer que leur insertion dans leur milieu d'accueil, bien souvent, allait poser des défis de taille. De fait, au moins le tiers des domestiques actives au début du siècle n'étaient pas originaires de la place. Elles provenaient en majeure partie de la proche campagne[42] et, dans une moindre mesure, du reste du Canada ou de l'extérieur du pays. Comment ont-elles vécu ce changement d'environnement ? Les statistiques ne le disent pas, mais nos résultats suggèrent à tout le moins que les conditions de recrutement pouvaient s'avérer déterminantes pour l'adaptation des candidates. Ainsi, certains itinéraires nous sont apparus plus propices à une acclimatation rapide : l'embauche dans un ménage comportant d'autres serviteurs (37 % des cas observés), par exemple, devait favoriser l'établissement de relations sociales et, partant, faciliter l'intégration. De même, l'appartenance à un réseau familial, qu'on devine à travers des situations comme l'emploi à la

40. En croisant les variables «patronymes» et les «relations au chef de ménage», nous avons pu évaluer que seulement moins de 20 % des servantes en poste à Trois-Rivières demeuraient chez leur père.
41. Il nous est impossible, dans l'état actuel de notre recherche, de savoir combien de domestiques finiront par se marier et, le cas échéant, dans quelle proportion celles-ci auront conservé leur emploi.
42. L'affluence vers la ville de ruraux en quête d'emplois est un phénomène bien connu pour l'époque, mais en l'absence d'études précises sur les domestiques au tournant du siècle, rien n'indique si les candidates ont migré seules ou si elles ont suivi leur famille. Sur la question de l'exode rural vers Trois-Rivières, voir René HARDY et Normand SÉGUIN, «Les métamorphoses de Trois-Rivières, 1900-1950», *Histoire de la Mauricie, op. cit.,* chapitre 10, p. 573-600.

Famille bourgeoise, vers 1894 (CIEQ, coll. René-Hardy, Fonds Trois-Rivières, série Conrad Godin, 118).

charge d'un oncle ou d'un frère, ou encore la présence de plusieurs domestiques apparentés dans un foyer, aura sans doute permis d'assurer le maintien du lien affectif et d'éviter l'éclatement.

Si, comme nous l'avons vu, le modèle du service aux particuliers prédomine, une part non négligeable du travail domestique s'effectue malgré tout auprès des communautés religieuses – au séminaire, au couvent, à l'orphelinat ou dans d'autres institutions –, tant par des laïques que par des religieuses qui se déclarent elles-mêmes «servantes» (sans toutefois tirer de revenu de leur fonction). La forte participation des femmes aux activités domestiques n'exclut évidemment pas la présence masculine. En 1901 à Trois-Rivières, près d'une cinquantaine d'hommes exercent le métier de domestique. Contrairement aux femmes, les effectifs masculins se recrutent alors davantage parmi les individus d'âge mûr (environ le tiers ont plus de 38 ans) et bénéficient d'un salaire moyen au moins deux fois supérieur.

D'après nos investigations dans les recensements d'époque, la domesticité se transforme rapidement durant la première décennie du siècle. La forte contraction de la masse de travailleurs, telle qu'elle a été évoquée plus haut, n'est pas le seul indice du déclin de la profession que nous avons pu déceler. En effet, tandis que le nombre de ménages de l'agglomération trifluvienne progresse de plus du tiers entre 1901 et 1911, le nombre de ménages qui font appel au personnel de maison plafonne. Signe de l'afflux de familles ouvrières qui accompagne la récente relance de l'économie ou manifestation de l'abaissement du niveau de vie des couches sociales supérieures? Ce qui est certain, c'est que les ménages doivent désormais composer avec des effectifs réduits et que, dans l'ensemble, les employeurs tendent à occuper un rang moins élevé dans la hiérarchie (diminution des gens d'affaires au profit des petits propriétaires).

Parallèlement, l'évolution de la composition du groupe de domestiques résidants suggère un certain recentrage sur la main-d'œuvre moins qualifiée. À cet égard, deux mouvements divergents se dessinent: effondrement du service domestique masculin (baisse de plus de 95 % entre 1901 et 1911) et rajeunissement du personnel féminin (hausse d'environ 40 % des employées de moins de 16 ans).

Les groupes minoritaires

Au début du xxe siècle, la population francophone constitue bien entendu la très grande majorité des effectifs et pèse lourdement sur le devenir de la ville. Elle domine les grandes institutions et ses élites investissent massivement la vie politique locale et régionale[43]. Regroupant 97 % des fidèles, l'Église catholique exerce également une grande influence, sur le plan aussi bien matériel que symbolique et spirituel. Cela étant dit, la ville abrite également une petite communauté anglophone ainsi que des familles immigrantes d'origine très diversifiée.

Comparativement à Montréal ou à Québec, les anglophones sont relativement peu nombreux à Trois-Rivières, un peu moins de 500 individus en 1901, soit environ un habitant sur vingt[44]. C'est néanmoins suffisant pour leur permettre de constituer une communauté à part entière, dotée d'institutions de base (écoles et lieux de culte, notamment), de même que pour assurer leur reproduction au fil des générations (ils peuvent aisément recruter un conjoint au sein de la communauté ou en ayant recours au bassin anglo-saxon du Québec

---

43. François GUÉRARD, «Les notables trifluviens au dernier tiers du xixe siècle: stratégies matrimoniales et pratiques distinctives dans un contexte d'urbanisation», *RHAF*, vol. 42, n° 1, été 1988, p. 27-46.

44. Nous avons cerné la communauté anglophone de base à partir des déclarations d'origine et de nationalité.

L'intérieur du magasin de chaussure Corbeil, rue des Forges, Trois-Rivières, 1910 (CIEQ, coll. René-Hardy, Fonds Trois-Rivières, série P. Goudreault, 195).

ou d'ailleurs). Les anglophones trifluviens jouissent globalement d'une position sociale et de ressources nettement supérieures à la moyenne. Leur présence massive dans certains types d'emplois laisse à penser qu'ils sont beaucoup plus scolarisés que la majorité francophone[45]. Ils sont particulièrement nombreux au sein du personnel technique et scientifique (ingénieurs et mesureurs de bois, par exemple), de même que parmi le personnel d'encadrement (contremaîtres, gérants, etc.). Ils pratiquent volontiers les emplois non manuels (commis, teneurs de livres, etc.). À l'inverse, ils sont fortement sous-représentés dans le monde des métiers manuels (journaliers en particulier). Peu présents dans les petits commerces et l'artisanat, ils ont par contre un poids considérable au sein du groupe des gens d'affaires[46]. Leur revenu annuel est en moyenne environ le double de celui des autres Trifluviens (687 $ contre 321 $ en 1901[47]), et ils sont trois fois et demie

---

45. Nos sources ne permettent pas, hélas, de vérifier directement cette hypothèse.
46. Cela est particulièrement vrai en 1901.
47. Le salaire médian est respectivement de 400 $ et 240 $. En 1911, la moyenne se situe à 709 $ contre 380 $ et la médiane à 550 $ contre 314 $.

plus nombreux en proportion de leurs effectifs à figurer parmi les citoyens les mieux rétribués[48]. S'il n'y a pas à proprement parler de «quartier des Anglais» à Trois-Rivières au début du xxᵉ siècle, les membres de la communauté anglophone de base ont tendance à favoriser certains secteurs ou certaines rues de la ville.

La situation des autres groupes ethniques non francophones est radicalement différente. Leurs effectifs réduits (voir le tableau 1) et la diversité des cultures rendent précaires leur capacité de se reproduire comme communauté dans une ville de la taille de Trois-Rivières. Leur participation à la vie économique et sociale passe par la pratique quotidienne des langues française et anglaise. La transmission d'une génération à l'autre de la culture d'origine (la langue maternelle, notamment) repose entièrement sur la famille, l'école étant ici un puissant facteur d'assimilation et d'intégration.

Tableau 1
Origines ethniques des groupes minoritaires non anglophones[49]

	1901	1911
Allemands	20	12
Antillais, etc.	0	5
Autrichiens	8	0
Belges	0	7
Chinois	9	17
Français	26	66
Grecs	0	7
Hollandais	1	2
Hurons	5	0
Italiens	1	0
Juifs	11	18
Luxembourgeois	1	1
Norvégiens	0	14
Polonais	3	5
Syriens	5	29

Source: Listes manuscrites des recensements du Canada de 1901 et de 1911. Calculs des auteurs.

---

48. Les emplois les mieux rétribués ont été définis ici comme ceux appartenant au décile supérieur (10 % le plus élevé): 624 $ et plus en 1901 et 778 $ et plus en 1911.

49. Pour cerner l'ascendance ethnique, nous nous sommes servis, comme pour la communauté anglophone, des déclarations sur l'origine et sur la nationalité. Environ trois individus sur quatre sont nés à l'extérieur du Canada. Les autres sont le plus souvent des enfants de ces migrants. Seulement huit des 65 chefs de ménage du groupe sont nés au Québec (six d'entre eux déclarent une ascendance allemande, deux juive, le dernier est Huron).

Le groupe d'ascendance française est formé exclusivement d'immigrants de première génération. En 1911, 48 d'entre eux sont des membres d'une communauté religieuse enseignante venue un peu plus tôt s'installer à Trois-Rivières. Leur implantation explique la forte augmentation du contingent français et, pour une large part, celle de l'ensemble des groupes minoritaires non anglophones[50].

Dresser un portrait d'ensemble d'un groupe aussi disparate n'est pas une mince affaire. De manière générale, ces hommes et ces femmes occupent des emplois peu rémunérés. Leur salaire est le plus souvent environ la moitié de celui d'un journalier[51]. Certains réussissent néanmoins à tirer leur épingle du jeu, en ouvrant un petit commerce, par exemple. Ils sont d'ailleurs relativement nombreux à se lancer dans l'aventure, chacun y allant de sa spécialité.

Examinons de plus près quelques groupes particuliers. Cela nous permettra de constater qu'au-delà de leur grande hétérogénéité se dégage un certain nombre de traits communs.

Nous autres, Juifs, Syriens et Chinois

Établie à Trois-Rivières depuis la seconde moitié du xviiie siècle, la « dynastie Hart » est une figure emblématique de la population juive de la ville. Célèbres pour leur dynamisme et leur esprit d'entreprise, les Hart appartiennent à l'élite de la société. De père en fils, ceux-ci ont joué un rôle de premier plan dans l'économie régionale jusque dans les années 1880. Avec le temps, cependant, les descendants ne sont pas parvenus à conserver leur identité. Certains ont choisi d'émigrer, mais ceux qui se sont définitivement fixés ont été progressivement assimilés. Au début du xxe siècle, presque toutes les familles Hart encore présentes à Trois-Rivières se sont converties au catholicisme, sont passées à l'usage des deux langues officielles[52] et ont adopté la nationalité canadienne. Au recensement de 1901, seule la plus âgée parente, mariée à un richissime anglophone, se déclarait encore d'origine juive. Si l'expérience des Hart a su frapper notre imagination, celle-ci n'est

---

50. N'eût été des 48 religieuses francophones, l'augmentation du nombre de citoyens des groupes minoritaires non anglophones entre 1901 et 1911 aurait été d'environ 50 %, alors que la population trifluvienne croît de 37 % durant la même période.

51. Leur revenu annuel médian est de 150 $ en 1901 et de 200 $ en 1911. Celui du reste de la population est de 250 $ et de 350 $ pour les mêmes années.

52. La génération précédente était principalement anglophone et de religion protestante. Au recensement de 1901, les représentants de la famille Hart déclarent l'anglais comme langue maternelle, mais ils indiquent également parler couramment français.

Monsieur Rivard, comptable chez Bureau, Bigué, Lajoie. Mars 1912 (CIEQ, coll. René-Hardy, Fonds Trois-Rivières, série Léon Lajoie, 003).

pas du tout représentative du parcours typique des migrants qui se sont installés à Trois-Rivières.

Trois autres ménages juifs ont été recensés en 1901. À l'instar de bien d'autres étrangers, on constate que leur intégration n'a pas résulté en leur acculturation complète. La première famille est composée d'immigrants russes de première génération, arrivés au pays avec leur fils unique Moses, qui venait d'avoir vingt ans. Au fil des ans, le couple G. s'est implanté dans son milieu d'accueil et a commencé à en adopter les usages, mais sans pour autant se détourner de sa culture première. Sept enfants vont naître de leur union et grandir sur place. Le temps venu, chacun d'eux sera envoyé à l'école et apprendra le français et l'anglais (souvenons-nous qu'à l'époque l'anglais jouit d'une véritable force d'attraction dans le monde des affaires à Trois-Rivières). Néanmoins, tous les membres de la famille parlent couramment l'hébreu et conservent leur religion d'origine. Le père a choisi le petit commerce, un métier de proximité susceptible de favoriser son insertion. L'attitude des deux autres ménages de confession juive – il s'agit ici de Roumains et de Polonais d'expression allemande – est en tous points semblable. Seule différence significative : l'établissement du chef de famille a précédé d'au moins une année la venue des proches parents et de la domesticité.

C'est également vers les activités commerciales que se dirigeront par la suite la plupart des nouveaux arrivants d'ascendance juive, au point qu'en 1911 pratiquement tous les Juifs en âge de travailler déclarent une occupation de commerçant, de détaillant, de commis des ventes et de colporteur. L'un deux se démarque par l'importance de ses revenus : c'est justement Moses G., devenu propriétaire d'un magasin de nouveautés au centre-ville, en plein cœur du secteur commercial récemment reconstruit. Marié à une jeune Canadienne d'origine juive, il a fondé sa propre famille. Comme son père avant lui, celui-ci a transmis son héritage culturel à sa progéniture (langue natale et appartenance religieuse), tout en permettant à ses enfants de faire très tôt l'apprentissage du français et de l'anglais. Signe de son désir de se fondre dans la société ambiante ? Désormais, Moses a francisé son prénom pour Moïse.

Comparativement aux Juifs, les Syriens immigrent à Trois-Rivières en bien plus grand nombre dans la première décennie du XXᵉ siècle : en 1901, on retrouve un seul ménage syrien composé de cinq personnes, alors qu'en 1911 on compte 29 individus répartis dans cinq ou six ménages. Le comportement des Syriens n'est pas foncièrement différent pour autant. Il s'avère lui aussi fortement cohésif, et répond au même besoin d'assistance mutuelle. Presque tous les Syriens ont opté pour le mode de migration en chaîne. À plus vaste échelle, le schéma est le même que celui qui a été observé chez les Juifs d'origine roumaine et polonaise : d'abord, l'homme ou le jeune couple (jamais la femme seule) s'établit à demeure et ouvre un magasin de vêtements. Ensuite, après la naissance des premiers enfants, et une fois que le commerce aura suffisamment prospéré pour leur procurer un emploi stable et un logis, les parents sont appelés à les rejoindre. Peu à peu, ces derniers viendront grossir les rangs de la cellule de base et assureront à leur tour la pérennité du réseau familial. Parvenue à se perpétuer jusqu'à nous, l'une de ces familles occupe aujourd'hui l'avant-scène de la mode vestimentaire à Trois-Rivières !

La majorité des Syriens recensés à Trois-Rivières en 1911 sont de confession orthodoxe, mais un petit nombre se disent catholiques[53]. Le groupe maintient malgré tout ses distances par rapport à la communauté d'adoption. Durant les années qui nous intéressent, les Syriens se marient uniquement entre eux. Quant à l'unique individu d'âge mûr demeuré célibataire, on peut croire que lui aussi recherchait la présence de ses compatriotes puisqu'il choisit de s'installer comme logeur chez une jeune famille syrienne (sans lien de parenté apparent), arrivée au Canada peu après lui. L'importante concentration des ménages syriens établis dans le même périmètre ou à faible distance de marche les uns des autres laisse elle aussi entrevoir l'existence d'une forte solidarité ethnique.

Comment ces étrangers étaient-ils perçus du reste de la population trifluvienne? On a peu de traces de leur acceptation ou de leur rejet. Le témoignage d'un contemporain qui «estime que les colporteurs syriens et juifs devraient être taxés, mais hésite à voir pénaliser ces omis[54]», sous-entend néanmoins qu'ici comme ailleurs ces étrangers ont pu faire l'objet de certaines formes d'exclusion. Bien insérés dans l'activité économique, et trop peu nombreux pour représenter une menace, ces derniers n'ont par contre pas été victimes d'ostracisme ou de manifestations antisémites comme cela a pu être le cas dans d'autres plus grands centres urbains de la province[55].

---

53. Le processus de migration «syrienne-libanaise» de la fin du XIXᵉ siècle et du début du XXᵉ siècle est mieux compris grâce aux travaux de Brian Aboud. «À compter de 1882, des immigrants en provenance du Bilad al-Sham (la Syrie de l'époque) débarquent à Montréal. En l'espace de quelques années seulement, des familles d'origine syrienne essaiment dans plusieurs villes de la province, dont Trois-Rivières, Sherbrooke et Rouyn. La Syrie "historique" correspond grosso modo "aux territoires actuels de la Syrie, du Liban, de la Jordanie, d'Israël ainsi qu'aux territoires palestiniens occupés de Cisjordanie et de Gaza. Selon les statistiques canadiennes sur l'immigration, environ 6 000 personnes venant du Bilad al-Sham sont entrées au Canada avant 1915. On les inscrivit à titre d'Arabes, de Syriens ou de Turcs". [...] Contrairement à la croyance populaire, la majorité des premiers immigrants syriens-libanais étaient chrétiens et non musulmans. Ils appartenaient à l'une des nombreuses églises de rite oriental: grecque-melchite catholique, catholique maronite, orthodoxe d'Antioche (aussi appelée "syrienne" ou "grecque"), syriaque orthodoxe et catholique». Brian ABOUD, «Min Zamaan - Depuis longtemps. La communauté syrienne-libanaise à Montréal de 1882 à 1940», Centre d'histoire de Montréal, http://ville.montreal.qc.ca/portal/page?_pageid=2497,3090574&_dad=portal&_schema=PORTAL.

54. Voir Le Bien public, 8 avril 1910, p. 6. Tiré de «Mauricie. Bases de données en histoire régionale en ligne», http://mauricie.cieq.ca/, CIEQ, UQTR.

55. Un incident qui a fait couler beaucoup d'encre est le saccage des commerces de boutiquiers juifs à Québec en 1910, après l'allocution publique d'un antisémite notoire, Jacques-Édouard Plamondon. Le notaire incitait notamment son auditoire à pratiquer le

Les Chinois figurent également parmi les minorités « visibles » appelées à prendre leur essor durant les années 1900. Omniprésents dans le secteur de la buanderie[56], à peu près tous exercent un emploi lié au nettoyage et au repassage. Étant donné l'interdiction faite aux femmes d'entrer au pays, la population chinoise trifluvienne est exclusivement masculine, d'âge adulte, et, à une seule exception près, célibataire. Elle est disséminée dans l'ensemble des quartiers de la ville, suivant la demande de service de buanderie du milieu. Bien qu'ils soient dispersés, les Chinois ne semblent pas, eux non plus, disposés à rompre leurs relations avec leur communauté et à vivre dans l'isolement. Ils forment un groupe homogène, fonctionnent de façon autonome et s'emploient résolument entre eux. En 1911, sur 17 répondants originaires de Chine, 16 cohabitent à l'arrière de la boutique avec un autre Chinois. Pour l'ensemble des ménages, le lieu de résidence était aussi le lieu de travail.

Conclusion

Comme nous l'avions supposé au début de cette recherche, Trois-Rivières apparaît bien comme une ville en transition durant la première décennie du XXᵉ siècle. Si les fonctions urbaines tradition-nelles demeurent prégnantes, les signes de changements structurels décisifs se manifestent clairement, à commencer par la place grandis-sante de l'emploi industriel et la croissance rapide de la population qui s'ensuit. Les racines rurales d'une portion importante des Trifluviens sont en elles-mêmes l'expression d'une autre forme de transition, celle des transformations des rapports au temps partagé et à l'espace vécu qui accompagnent l'adoption de la ville comme cadre de vie et l'usine, le commerce ou le bureau comme lieux de travail.

À l'instar de ceux qui les ont précédés, les recensements du début du siècle dernier ont mobilisé des milliers de personnes sur un territoire immense dans le but de recueillir puis de compiler un vaste éventail de statistiques. L'objectif des instigateurs de cette

---

boycottage des commerces juifs. Sa conférence va susciter de vifs débats dans la presse locale. Plamondon sera finalement poursuivi en justice pour libelle diffamatoire, lors d'un procès fortement médiatisé. Rappelons qu'à l'époque Québec comptait autour de 75 familles juives, principalement actives dans le commerce. Voir Sylvio NORMAND, « Plamondon, Jacques-Édouard », *Dictionnaire biographie du Canada* en ligne (1921-1930), vol. XV, Université Laval et Université de Toronto, 2000.

56. Rappelons qu'au début du siècle on trouve des buanderies gérées par des Chinois partout au pays, sans doute en raison du faible coût de démarrage que nécessite ce type d'entreprise.

gigantesque opération, les fonctionnaires de l'État, était d'inventorier la population canadienne et d'en mieux connaître les caractéristiques. Après la diffusion des résultats, les contemporains se sont appuyés sur ces tableaux agrégés pour commenter et interpréter les grandes tendances de l'heure, donnant lieu à des débats souvent animés dont les journaux de l'époque ont gardé la trace[57]. Environ 90 ans plus tard, les listes manuscrites des recensements ont été à leur tour rendues publiques. Le recensement a alors connu une seconde vie, une vie qui va bien au-delà des visées initiales. L'accès direct à la déclaration originale allait désormais permettre aux historiens de mettre en relations, sur la base de chaque individu, l'ensemble des informations recueillies et jusqu'alors isolées de leur contexte. Mettant à profit cette riche documentation, nous avons pu dégager les grands changements structurels en cours tout en mettant en lumière les caractéristiques sociodémographiques et les conditions de vie de nombreux Trifluviens qui, en raison de leur métier ou de leur statut minoritaire, n'auraient autrement laissé que peu de traces dans la mémoire collective[58].

---

57. Claude BELLAVANCE et France NORMAND, «Documenter et "informer" les recensements canadiens: le dossier des données contextuelles de 1911 dans l'IRCS», *Cahiers québécois de démographie*, vol. 34, n° 2, automne 2005, p. 329-347.
58. Certaines pistes de recherches à peine entrevues ici mériteraient certainement d'être explorées plus à fond, dont les questions du logement, de la configuration des réseaux sociaux, des relations de voisinage et, plus largement, de la différenciation sociospatiale dans la ville. Dans cette perspective, nous avons récemment amorcé un vaste chantier sur l'histoire sociale de Trois-Rivières. La cartographie et le jumelage des données de recensements, des plans d'assurance, des rôles d'évaluation municipale et des annuaires de commerce de la ville sont présentement en cours.

Le Bureau d'emploi provincial de Trois-Rivières et le placement public des ouvrières et des ouvriers au temps des années 1920

FRANÇOIS BISSON[1]

AU COURS DE LA DÉCENNIE 1920-1930, qui succède aux années noires de la Première Guerre mondiale, les Trifluviens vivent une période historique dans l'ensemble prospère et festive, connue sous le nom des Années folles. La grande industrie nouvellement implantée dans la région et le secteur de la construction fonctionnent alors à plein régime. Trois-Rivières est à ce moment une ville moderne, avec ses commerces, son tramway et ses édifices récents, une capitale régionale qui bourdonne d'activités à l'image d'autres centres urbains. La cité trifluvienne est alors à l'époque des cabarets-théâtres, des hôtels animés du centre-ville, du cinéma muet, du charleston et de l'automobile.

Dans ce contexte sociopolitique effervescent, une nouvelle agence publique s'installe au centre-ville en 1919 : le bureau d'emploi gratuit du gouvernement provincial[2]. Ce service à l'intention des ouvriers et des employeurs a pour objectif de mettre en lien le travail et le capital ; il peut être considéré comme une première politique interventionniste de l'État provincial dans la supervision et la distribution de la main-d'œuvre des villes québécoises ; car, outre à Trois-Rivières, de tels bureaux sont ouverts à la même époque à Montréal, Québec, Hull et Sherbrooke.

---

1. François Bisson est chercheur postdoctoral associé au Centre interuniversitaire d'études québécoises de l'Université du Québec à Trois-Rivières.
2. Le bureau public est qualifié de « gratuit » pour bien le différencier des agences de placement privées, qui demandaient de l'argent à l'ouvrier ou à la servante en recherche d'emploi.

Cet article vise à présenter et à analyser cette politique telle qu'elle a été mise en vigueur dans la ville de Trois-Rivières. Quatre volets le divisent. Après avoir présenté la loi québécoise de 1910 et la mise en place des premiers bureaux publics d'emploi, nous verrons le rôle de celui de Trois-Rivières dans le placement des femmes et des ouvrières puis dans celui des hommes ; finalement, nous montrerons les limites du bureau gouvernemental ainsi que les services concurrents présents à la même époque.

Ce texte est tiré, en partie, des recherches historiques effectuées pour notre thèse de doctorat, qui porte sur les premières politiques gouvernementales pour soutenir l'emploi et sur la naissance du chômeur moderne au Canada[3]. Les sources principales qui fondent cette étude sont, en premier lieu, les rapports annuels du ministère des Travaux publics et du Travail du Québec de 1911 à 1931, conservés, entre autres, à Bibliothèque et Archives nationales du Québec. Rappelons que c'est ce ministère qui dirige et finance les bureaux d'emploi publics de l'époque. Ces documents annuels contiennent plusieurs informations importantes : des rapports produits par les inspecteurs des établissements industriels chargés de surveiller les bureaux de placement privés payants ; les comptes rendus institutionnels rédigés par les surintendants des bureaux de Montréal et de Québec qui résument les activités et les doléances des agences publiques ; des statistiques pertinentes sur les bureaux d'emploi et leurs clientèles. En deuxième lieu, le fonds du ministère fédéral du Travail (RG27) et les dossiers du Service d'emploi du Canada, conservés à Bibliothèque et Archives Canada, contiennent également une mine d'informations et de données sur les cinq bureaux de placement du Québec (règlements, administration, correspondance[4]). Finalement, en ce qui a trait à la portion trifluvienne de l'article, certaines sources

---

3. François BISSON, *L'État et le placement des chômeurs au Québec. Les premiers bureaux d'emploi publics, 1909-1932*, Thèse (Ph. D.), Université du Québec à Montréal, 2007, 354 p.

4. Voir, ANC, fonds du ministère du Travail (RG27), série H-1, volume 2112, dossier : 0-16-0-3-4, « Employment Service of Canada - Reports – Quebec, 1922-1932 » ; RG27, série H-1, volume 2067, dossier : Y9 « Employment Service of Canada Dept. of Labour - General Correspondence-R.A. Rigg, Director, 1936-1940 » ; RG27, série H-1, volume 2067, dossier : Y9, parties : 1, « Employment Service of Canada - Dept. of Labour - Weekly Reports, Section 1, 1938-1939 » ; RG27, série H-1, volume 2067, dossier : Y9, parties : 2-5, « Employment Service of Canada Dept. of Labour - Weekly Reports, 1939-1940 » ; RG27, série H-1, volume 2068, dossier : Y9, parties : 6-7-8, « Employment Service Reports, 1940 » ; RG27, série H-1, volume 2107, dossier : 9.0.5, parties : 1, « Employment Service - Private Employment Agencies-General Ontario, 1922-1929 » ;

furent tirées de l'outil de référence « Mauricie : bases de données en histoire régionale » et de documents historiques (brochures, revue *Patrimoine trifluvien*) produits par la Société de conservation et d'animation du patrimoine de Trois-Rivières (SCAP).

La loi provinciale de 1910 et les premiers bureaux de placement publics

La Loi relative à l'établissement de bureaux de placement pour les ouvriers est adoptée le 4 juin 1910 par l'Assemblée législative du Québec, sous le gouvernement libéral de Lomer Gouin[5]. Le Québec devient ainsi la première province canadienne à se doter d'un système gouvernemental de bureaux de placement des chômeurs et chômeuses, et l'un des premiers gouvernements du monde occidental avec la Grande-Bretagne et quelques États américains, notamment celui du Massachusetts[6].

La consultation des débats de l'Assemblée législative du Québec d'avril 1910 démontre qu'essentiellement ce sont les pressions du mouvement syndical – comme c'est d'ailleurs le cas aux États-Unis (Keyssar) – qui sont à l'origine de la loi des bureaux de placement[7]. À la séance du 19 avril, au cours de laquelle les parlementaires débattent du projet de loi, le ministre des Travaux publics, Louis-Alexandre Taschereau[8], explique que « du reste, dans ce bill nous n'avons fait autre chose que ce qui a été demandé par les syndicats ouvriers eux-mêmes, c'est-à-dire par le Congrès des métiers et du travail du Canada[9] ». Lui-même ainsi que le député ouvrier Joseph-Alphonse Langlois et le nationaliste Armand Lavergne donnent des renseignements sur l'origine et les visées du projet de loi[10]. Taschereau, qui est

---

et RG27, série H-1, volume 2111, dossier : 0-10-4-0, « Employment Service - Relations with Immigration Dept. re : Household Workers, 1924-1926 ».

5. Québec, Loi relative à l'établissement de bureaux de placement pour les ouvriers, S.Q. 1910, c. 19, art.

6. Précisons que l'Ontario possède en 1910, et jusqu'en 1915, uniquement des bureaux publics de placement de type municipal (ex. ville de Toronto). Voir, Ontario, *Report of the Commission on Unemployment*, 1916.

7. Québec, *Les débats de l'Assemblée législative*, 12ᵉ législature, 2ᵉ session, séance du 19 avril 1910.

8. Louis-Alexandre Taschereau, futur premier ministre de 1920 à 1936, occupe le poste de ministre des Travaux publics durant les années 1910 ; il sera l'un des instigateurs de la politique québécoise de bureaux d'emploi.

9. Québec, *Les débats de l'Assemblée législative*, 12ᵉ législature, 2ᵉ session, séance du 19 avril 1910.

10. *Ibid.*

le principal interlocuteur, rappelle que « les ouvriers se sont plaints souvent de l'absence de bureaux honnêtes, sous la direction du gouvernement. La présente loi est pour se rendre à leurs vœux [...]. D'une manière générale, ce bill vise à supprimer les abus, plus particulièrement à Montréal où, dans bien des cas, des ententes sont prises entre agents de placement et contremaîtres de manufactures et par lesquelles des ouvriers se font voler leur argent[11] ». Il poursuit en décrivant le détail des abus : « Des ouvriers paient $2 ou $3 pour se procurer un emploi quelconque. Après une semaine les patrons les mettent à la porte de la manufacture et les pauvres ouvriers sont de nouveau sur le pavé. Quant aux revenus, ils vont dans le gousset du contremaître et du chef du bureau de placement. »

La loi provinciale des bureaux de placement donne au lieutenant-gouverneur en conseil l'autorisation et le loisir d'établir et de maintenir, dans les cités et les villes du Québec, des bureaux de placement qui relèvent du ministre des Travaux publics et du Travail, et de nommer un surintendant pour diriger et administrer chacun d'eux[12]. Le fonds consolidé du revenu de la province, dégagé par le ministère des Finances, paie les dépenses d'implantation et de fonctionnement : locations de locaux, achat d'équipements (machine à écrire, coffre de sûreté, classeurs et papiers) et masse salariale[13].

Au cours de l'année 1911, suivant un modèle organisationnel ressemblant aux Public Employment Bureau établis quelque temps auparavant dans les villes industrielles de la Grande-Bretagne et dans celle de Boston par l'État du Massachusetts, le gouvernement du Québec ouvre les deux premiers bureaux de placement, à Montréal et à Québec. Le surintendant de celui de Montréal est Francis Payette, fonctionnaire et statisticien du travail, tandis qu'Alfred Crowe, un agent public compétent, dirige celui de Québec. Un autre bureau est ouvert à Sherbrooke en 1912, administré successivement par E.M. Biron et O. Begin.

La loi précise que les bureaux de placement publics sont ouverts exclusivement « aux ouvriers et aux ouvrières, sujets britanniques ou nés au Canada, résidant au Québec[14] ». Il s'agit donc d'un programme de portée limitée, restreint notamment par les prérogatives

11. *Ibid.*
12. Québec, Loi relative à l'établissement de bureaux de placement pour les ouvriers, S.Q. 1910, c. 19, art. 2520a.
13. *Ibid.*
14. *Ibid.*

du gouvernement fédéral en matière d'immigration. Ainsi, le bureau public ne traite pas la nombreuse main-d'œuvre immigrante qui débarque alors au Québec, particulièrement à Montréal, en provenance d'Europe centrale ou d'Europe de l'Est, ou de la Scandinavie. Celle-ci doit recourir aux agences d'emploi privées, donc payantes, pour immigrants. Cette situation changera en 1918 lorsque le gouvernement fédéral décidera d'ouvrir les bureaux à tous les ouvriers présents en sol canadien, qu'ils soient nationaux ou immigrants[15].

À la différence de ce que l'on observe dans les agences dirigées par des particuliers, le service du bureau public est entièrement gratuit. Aucune contribution, qui prend ailleurs la forme d'une cotisation aux agents d'emploi, n'est demandée aux ouvriers ni aux employeurs. La loi est claire : « Il est du devoir du surintendant, et des autres employés qui l'assistent, de recevoir et d'enregistrer, gratuitement, les demandes qui leur sont faites par les patrons et les employeurs qui requièrent les services d'ouvriers[16]. »

Chaque bureau provincial comprend un département des hommes et un département des femmes, contrairement à plusieurs agences privées qui se spécialisent soit dans le placement de servantes, soit dans celui d'ouvriers. Tous les solliciteurs d'emploi doivent remplir une fiche d'enregistrement, qui sert d'outil de compilation statistique de la population en chômage. Les employeurs, qui annoncent les postes à pourvoir et leurs offres d'emploi, sont également priés de s'enregistrer. Chaque chômeur ou chômeuse qui accepte un emploi affiché par le bureau reçoit une carte de référence qu'il doit présenter à son futur employeur, carte qui est ensuite retournée au bureau public pour confirmer ou réfuter l'embauche et ainsi compléter les données statistiques du ministère des Travaux publics et du Travail.

En 1918, en prévision de la démobilisation des militaires et de la prochaine mise à pied des travailleurs de l'industrie de guerre, le surintendant général des bureaux de placement publics, Joseph Ainey, reçoit l'instruction de préparer l'ouverture de deux nouveaux bureaux. Celui de Hull ouvre ses portes en avril 1919, suivi presque aussitôt de celui de Trois-Rivières, qui s'installe au 25, de la rue des

---

15. L'instauration de la Loi fédérale de coordination des bureaux de placement permet aux bureaux provinciaux d'être ouvert à *tous* les ouvriers et ouvrières des villes canadiennes. Loi de coordination des bureaux de placement, S.C. 1918, c. 21.
16. Québec, *Loi relative à l'établissement de bureaux de placement pour les ouvriers*, S.Q. 1910, c. 19, art. 2520e.

EMPLOYMENT SERVICE OF CANADA

PROVINCE OF QUEBEC

DEPARTMENT
OF
PUBLIC WORKS & LABOR

Free Employment Bureaux

JOSEPH AINEY
General Superintendent
63, NOTRE DAME ST. EAST
MONTREAL

Telephone : Main 8700 — Local 135

Bureaux in the Province

MONTREAL
MEN
F. PAYETTE, Superintendent
8 St. James Street.   Phone: Main 8700. Local 135
WOMEN
41 Notre Dame St. E.   Phone: Main 8700. Local 136
QUEBEC
A. CROWE, Superintendent
467 St. Paul Street.   Phone: 2-3933
SHERBROOKE
E. M. BIRON & O. BEGIN, Superintendents
31a King St. West.   Phone: 411
THREE RIVERS
C. B. MORRISSETTE, Superintendent
35 Des Forges Street.   Phone: 335
HULL
O. LATULIPPE, Superintendent
191 Main Street.   Phone: Sherwood 1731

Montreal, January 12th., *1928*

R.A.Rigg, Esq.,
Director Employment Service of Canada,
Regal Bldg.,
OTTAWA, Ont.

Department of Labour
Received
JAN 13 1928
EMPLOYMENT SERVICE

Dear Sir:-

      In accordance with clause "13" of the Memorandum of Agreement between the Federal and Provincial Departments of Labour, I am enclosing under this cover, the Annual Reports of our Employment Offices. They cover the operations of the last twelve months, until the 31st. of December,1927; they are prepared on our special forms mentioning placements only.

      Placements are divided in industrial groups and occupations. We have succeeded this year in effecting 26,681 placements, an increase over the previous report of 1,347.

      Yours truly,

                               GENERAL SUPERINTENDENT.

JA/AD

Lettre du surintendant général des bureaux de placement du Québec, Joseph Ainey, au directeur du Service d'emploi du Canada, Richard Rigg, janvier 1928. On peut lire, en haut à droite, la liste des bureaux d'emploi publics ouverts dans les villes québécoises. Le gouvernement fédéral, à partir de 1918, coordonne en partie et subventionne les bureaux d'emploi provinciaux présents dans les villes canadiennes (source : ANC, ministère du Travail, RG 27, Employment Service of Canada).

Forges et est administré par C.-B. Morissette, un fonctionnaire[17]. En juin 1919, Joseph Ainey écrit : « Je suis convaincu que ces bureaux donneront des résultats proportionnés à l'importance industrielle et agricole des territoires qu'ils sont appelés à desservir[18]. » À partir de ce moment, les cinq bureaux emploient un personnel d'une vingtaine de personnes et enregistrent plus de 25 000 ouvriers et ouvrières en chômage par année[19].

Le placement des femmes par le bureau public de Trois-Rivières

L'analyse globale des activités des bureaux d'emploi publics du Québec permet de constater que celui de la rue des Forges est, après celui de Montréal, le bureau qui place le plus de femmes durant les années 1920. De 1922 à 1931, 8 000 placements féminins y seront effectués et plus de 10 000 candidates y seront dirigées[20]. À titre d'exemple, pour la seule année 1928, si le bureau de Montréal recommande 4 348 femmes, et ceux de Sherbrooke, Hull et Québec respectivement 858, 318 et 565 femmes, le bureau de Trois-Rivières en recommande pas moins de 2 295, soit de 7 à 10 femmes par jour (tableau 1).

Il faut toutefois préciser que les personnes recommandées ne sont évidemment pas toutes engagées. L'agence montréalaise, par exemple, n'en place cette année-là que 3 900, et celle de Trois-Rivières, 1 047 seulement. C'est qu'il faut naturellement considérer que les candidates ne font pas toujours l'affaire : les employeurs font une sélection, parfois même serrée. Par ailleurs, les résidences

---

17. ANC, fonds du ministère fédéral du Travail, RG27, série H-1, volume 2112, dossier : 0-16-0-3-4, « Employment Service of Canada–Reports Quebec, 1922-1932 », Opérations des bureaux de la province de Québec pour l'année fédérale 1922.
18. Québec, ministère des Travaux publics et du Travail, *Rapport du surintendant général des bureaux de placement provinciaux*, juin 1919, p. 121.
19. Ajoutons que trois nouveaux bureaux d'emploi publics seront ouverts en 1929, ceux de Montréal-Nord, d'Amos et de Rouyn. Ainsi encouragé par la demande de main-d'œuvre forestière et par le développement de la région, le gouvernement du Québec institue deux nouveaux bureaux de placement dans les villes d'Amos et de Rouyn. Le bureau d'Amos était dirigé par le surintendant Jean-Baptiste Alarie. Celui de Rouyn, situé au 79, rue Principale, était administré par le surintendant Joseph Turcotte. Le développement de cette ville et la croissance des industries forestières et minières de la région, commandant de fortes demandes de main-d'œuvre, profiteront ainsi en partie des services du bureau d'emploi. Le comptoir public d'enregistrement de Rouyn participera, entre autres, au placement de la main-d'œuvre et des chômeurs engagés dans les politiques de colonisation du Québec dans les années 1930. Voir, à ce sujet, Québec, ministère du Travail, *Rapport annuel, 1928-1929*.
20. Québec, *Rapports annuels du ministère des Travaux publics et du Travail*, 1922 à 1931.

bourgeoises et les hôtels, qui emploient un grand nombre de domestiques, ne retournent pas toujours aux bureaux les cartes de référence. Le nombre réel d'embauches par l'entremise des bureaux publics est donc vraisemblablement plus élevé que ce qu'il paraît. Cela étant dit, le grand nombre de femmes recommandées donne une appréciation de l'activité féminine régnant au bureau de la rue des Forges dans les années 1920.

Tableau 1
Nombre d'hommes et de femmes référés à un emploi vacant chez un employeur par les cinq bureaux d'emploi provinciaux gratuits du Québec en 1928.

Nom de l'établissement	Hommes référés	Femmes référées	Total des candidats référés
Bureau de Montréal	10 897	4 348	15 245
Bureau de Hull	4 721	318	5 039
Bureau de Québec	3 670	565	4 235
Bureau de Sherbrooke	1 229	858	2 087
Bureau de Trois-Rivières	1 078	2 295	3 373
Total :	**21 595**	**8 384**	**29 979**

Source : ANC, Min. du Travail, RG27, série H-1, volume 2112, *Employment Service of Canada - Reports - Quebec, 1928.*

Les Trifluviennes placées comme domestiques par le bureau public

Tel qu'il a été souligné, les femmes inscrites au bureau de placement provincial de Montréal ou de Trois-Rivières, au cours de la période, sont embauchées essentiellement comme domestiques.

C'est en 1931 que le bureau d'emploi de Trois-Rivières atteint son record : 1 427 femmes placées (tableau 2). Le secteur des emplois domestiques privés compte pour une très large portion de ce nombre, qui se décompose en 1 265 servantes générales, 96 femmes de journée et 6 cuisinières. D'autres domestiques peuvent être embauchées comme filles de chambre, filles de table ou femmes de salle. Mentionnons également que la servante générale, en plus d'effectuer les travaux domestiques, peut servir à l'occasion de bonne d'enfants. Le bureau public de Trois-Rivières place aussi, plus rarement, quelques femmes comme gardes-malades dans les résidences bourgeoises.

De manière générale, les tâches assignées aux domestiques, au début du XXe siècle, varient selon qu'il n'y a qu'une seule servante dans la maison ou plusieurs. La domestique qui travaille seule doit habituellement faire le ménage, la cuisine et les courses en plus d'entretenir le jardin et de s'occuper des enfants. Sa journée de travail est donc en moyenne de 15 heures. Parfois, elle dure jusqu'à 18 heures, puisque les grands dîners ont lieu vers 19 h[21]. Par rapport aux autres travailleurs, les servantes sont pourtant parfois privilégiées, puisqu'elles sont nourries et logées et ont la possibilité de mettre un peu d'argent de côté.

Tableau 2
Professions des employées placées par le département des femmes du bureau d'emploi provincial gratuit de Trois-Rivières en 1931.

Secteurs d'emploi	Occupations	Nombre de femmes placées
Manufacture	Couturières	15
Manufacture	Opératrices papier	2
Services domestiques privés	Femmes de journée	96
Services domestiques privés	Cuisinières	6
Services domestiques privés	Servantes générales	1 265
Commerce et vente	Commis aux marchandises sèches	38
Commerce et vente	Commis de bureau	1
Commerce et vente	Caissières	4
Total :		1 427

Source : ANC, min. du Travail, RG27, série H-1, volume 2112, *Employment Service of Canada - Reports - Quebec, 1931.*

Des femmes trouvent aussi à s'engager dans le secteur du commerce et de la vente en recourant au bureau public. Ainsi, en 1931, celui-ci place quatre caissières, une commis de bureau et 38 commis aux marchandises sèches (tableau 2). Cette catégorie inclut aussi des commis aux nouveautés et des commis de magasin : on entend par là des vendeuses dans les boutiques, les grands magasins et autres commerces de détail, tout établissement en forte croissance depuis les années 1920.

---

21. Pour une histoire des servantes dans le Canada des premières décennies du xxe siècle : Varpu LINDSTROM, « 'I Won't Be a Slave !'. Finnish Domestics in Canada, 1911-30 », dans Jean Burnet, ed., *Looking into My Sister's Eyes : an Exploration in Women's History, 1986* ; Marilyn BARBER, « Sunny Ontario for British Girls, 1900-1930 », dans *ibid.* ; Marilyn BARBER, « Hearing Women's Voices : Female Emigration to Canada in the early Twentieth Century », *The Journal of the Oral History Society*, vol. 33, n° 1, printemps 2005, p. 68-76 ; Franca IACOVETTA, « Manly Militants, Cohesive Communities, and Defiant Domestics : Writing about Immigrant in Canadian Historical Scholarship », *Labour/Le Travail*, n° 36, automne 1995 ; et Magda FAHRNI, « Ruffled Mistresses and Discontented Maids : Respectability and the Case of Domestic Service, 1880-1914 », *Labour/Le Travail*, n° 39, printemps 1997.

Ces données révèlent que l'emploi industriel féminin passe très peu par le bureau de placement public. Les grandes manufactures, telles que Wabasso Cotton, de même que les entreprises de services et les commerces recourent peu à celui-ci. En revanche, le bureau place un nombre de plus en plus grand de servantes et de domestiques au cours de la période, ce qui peut paraître obsolète et anachronique alors que Trois-Rivières offre désormais aux femmes un grand nombre d'emplois en manufactures, dans les services et le commerce.

Deux ouvrières de la Wabasso, 1934 (collection Gilles-Roux).

Quelles sont alors les raisons générales du succès du département des femmes de Trois-Rivières dans ce champ de travail particulier ? Tout d'abord, il semble que le surintendant C.-B. Morissette et ses employées réussissent à persuader jeunes filles et bourgeoises du bien-fondé et de l'efficacité de leur service : autant les unes que les autres y laissent volontiers leurs coordonnées, ce qui accroît d'autant la pertinence du bureau dans ce secteur d'emploi. Par ailleurs, même si l'essentiel des offres provient de résidences privées, il est certain que les hôtels de la ville (ex. : Hôtel Victoria, Hôtel Saint-Louis, Hôtel Frontenac) viennent aussi y recruter, tout comme un large éventail de maîtresses de maison[22].

---

22. Il faut mentionner que le placement hôtelier n'est pas clairement spécifié dans les registres du bureau de Trois-Rivières qui note uniquement dans ses registres la catégorie des

Un des cercles d'employeurs de servantes :
la bourgeoisie trifluvienne et certains citadins

Quelle est donc cette classe bourgeoise de Trois-Rivières qui engage à sa résidence plusieurs domestiques grâce à l'agence publique ?

À partir du milieu du xixe siècle, la bourgeoisie d'affaires et industrielle et l'élite trifluvienne commencent à se bâtir de grandes maisons sur les rues Bonaventure, Royale, Radisson et Hart[23]. La construction de la cathédrale, de l'évêché et de l'hôtel de ville ainsi que l'aménagement du parc Champlain confirment le caractère élitiste de ce quartier de Trois-Rivières.

L'avocat Antoine Polette, le banquier P.-E. Panneton et l'éminent médecin et homme politique Louis-Philippe Normand, trois personnages importants et qui auront tous été maires, ont leur résidence dans la rue Bonaventure, tout comme l'homme d'affaires Alexander Baptist,

La maison de monsieur Edmond Dufresne, rue Bonaventure, 1913 (CIEQ, coll. René-Hardy, Fonds Trois-Rivières, série *Le Nouvelliste*, 313).

---

services domestiques privés, à la différence du bureau de Montréal qui inscrivait le placement hôtelier de servantes sous le code SH (service d'hôtel). Voir, entre autres, « Les hôtels de Trois-Rivières, xixe-xxe siècles », *Patrimoine trifluvien*, SCAP, n° 4, mai 1994.

23. Le boulevard Turcotte (terrasse) est également un secteur bourgeois recherché de Trois-Rivières à la fin du xixe siècle. Voir, entre autres, *Rue Bonaventure, rue bourgeoise*, brochure historique, Société de conservation et d'animation du patrimoine de Trois-Rivières (SCAP), 1984.

un riche propriétaire de scierie, et de nombreux médecins, notaires, avocats et hommes d'affaires prospères. D'autres grandes familles du monde des affaires et du commerce, les Hart et les Balcer, habitent de somptueuses résidences dans le même quartier, ainsi que certains diplomates étrangers, dont le consul américain et le consul français.

Toutes ces familles ont besoin d'un plus grand nombre de domestiques et de servantes, vu la taille des résidences à entretenir et le mode de vie qu'elles y mènent. Au début du xxᵉ siècle, la femme de la bourgeoisie doit idéalement engager au moins une bonne à tout faire pour que sa famille puisse se distinguer de la classe ouvrière et revendiquer tout au moins son appartenance à la classe moyenne inférieure[24].

Du reste, les demandes et la rareté de servantes de qualité sont des sujets de conversation quotidiens dans les familles bourgeoises de l'époque, et ce, depuis longtemps. À titre d'exemple, le journal *La Concorde* de Trois-Rivières écrit à la fin du xixᵉ siècle, à l'époque de l'émigration des Canadiens français aux États-Unis : « Au delà de 300 personnes, hommes, femmes et enfants, ont quitté notre ville lundi midi, par la voie du chemin de fer du Nord, en route pour les États-Unis. Il y avait quatre chars littéralement remplis. On dit que des chars ont été retenus pour en transporter encore douze cents. Toutes les Dames de la ville sont aux alarmes ; non seulement les servantes sont rares, mais il n'est plus possible de s'en procurer à n'importe quel prix[25]. » Plusieurs décennies plus tard, *Le Nouvelliste* pourra encore écrire : « Il devient en effet de plus en plus nécessaire aujourd'hui d'assurer à la mère la protection des soins qu'elle ne peut plus trouver au foyer, par suite de la crise ancillaire, de la rareté des servantes et de la cherté de leurs services[26]. »

Cependant, il est important de préciser que les nécessités de la bourgeoisie ne peuvent à elles seules expliquer que des centaines de servantes aient été placées par le bureau public. À l'époque, un très grand nombre de familles, même dans les milieux des petits commerçants ou des ouvriers qualifiés, ont recours au travail d'une bonne à tout faire pour assister les maîtresses de maison, surtout celles qui ne peuvent compter sur le travail de leurs filles encore trop jeunes. Par ailleurs, les congrégations religieuses ont aussi recours assez souvent à des servantes comme assistantes à la buanderie, à la couture, à la

---

24. Magda FAHRNI, « Ruffled Mistresses and Discontented Maids : Respectability and the Case of Domestic Service, 1880-1914 », *Labour/Le Travail*, n° 39, printemps 1997.

25. *La Concorde*, 3 novembre 1880, p. 2.

26. *Le Nouvelliste*, 1ᵉʳ octobre 1948.

cuisine, au jardin et dans d'autres ouvrages manuels; c'est le cas en particulier lorsque le nombre de postulantes, une année ou l'autre, ne suffit pas pour ces travaux.

C'est ainsi qu'au cours des années 1920 le bureau d'emploi provincial de Trois-Rivières par son département des femmes comble dans une large mesure les besoins en servantes, qui sont très nombreux à une époque où la rareté, voire l'absence, d'appareils ménagers rend les travaux domestiques si exigeants.

Maîtresses et servantes au bureau de placement public : un exemple de parcours quotidien

À l'époque des Années folles, bon nombre de dames bourgeoises trifluviennes, souvent accompagnées d'une de leurs filles ou de leur gouvernante, quittent chaque semaine leurs grandes résidences de la rue Bonaventure ou du boulevard Turcotte pour les boutiques du centre-ville ou encore le bureau de placement public de la rue des Forges. Arrivées en face de cette modeste agence, qui affiche plusieurs demandes d'emploi dans sa vitrine, elles sont accueillies par le surintendant C.-B. Morissette, qui leur présente sa directrice du département des femmes. Toutes se dirigent alors vers le bureau privé de cette dernière. Ce local, installé dans le but de préserver l'intimité, est clairement séparé de celui du département des hommes. Imaginons que la dame ait besoin d'une servante générale et d'une cuisinière. La directrice en prend bonne note, inscrit l'offre d'emploi, le salaire et les détails des conditions de travail. Elle enregistre également les coordonnées de la maîtresse de maison (nom, adresse, téléphone et personnel domestique) si celle-ci en est à sa première visite. Puis elle consulte son registre dans lequel sont classées toutes les fiches remplies par les demandeuses d'emploi. Elle assure la visiteuse qu'elle lui enverra des candidates de valeur sans tarder. Le surintendant et directeur du bureau, monsieur Morissette, la salue poliment et lui conseille d'être prudente sur le chemin du retour. Il demande à deux chômeurs du bâtiment qui attendent à la porte principale de bien vouloir se déplacer et laisser sortir, avec le respect qu'elle mérite, « cette dame de la haute » et sa compagnie.

À l'autre bout de l'échelle sociale, bon nombre de jeunes filles des quartiers ouvriers de Trois-Rivières tels que celui de Sainte-Cécile, ou arrivées récemment de la campagne, quittent chaque jour leur logement pour aller chercher du travail. Elles mettent pour l'occasion leur plus belle robe qui cache quelque peu leur condition. Jeunes et

Le magasin à rayons J.L. Fortin, 1918 (BANQ, Trois-Rivières O4T-P71P03).

énergiques, on les voit marcher et entrer dans les commerces et les boutiques de la rue Notre-Dame ou encore au bureau de placement public de la rue des Forges, où elles consultent les offres d'emploi et s'enregistrent au comptoir. Plusieurs sont prêtes à accepter un poste de servante, bien que ce ne soit pas toujours leur premier choix, car elles préféreraient un emploi dans le commerce et la vente, comme commis aux nouveautés ou caissière, ou dans le travail de bureau lorsqu'elles ont les compétences requises ; tous ces secteurs sont en expansion dans les années 1920. D'autres recherchent en premier lieu un emploi dans les services domestiques et possèdent, par exemple, une expérience de cuisinière qu'elles peuvent faire valoir. Lorsqu'une offre d'emploi affichée sur le mur l'intéresse, la demandeuse en fait part à la directrice. Cette dernière ou une autre employée lui donne alors les détails sur le poste à pourvoir. Elle lui remet ensuite une fiche de référence où sont inscrits l'adresse de la résidence, le nom de la dame à rencontrer et une note de recommandation officielle du bureau d'emploi provincial ainsi que l'adresse de ce dernier. Cette fiche est remise à l'employeuse qui est priée de la retourner au bureau après y avoir indiqué si l'embauche a été ou non conclue.

En résumé, cette description événementielle indique le fonctionne-ment du bureau et les liens qu'il tisse entre certaines employeuses et demandeuses d'emploi. Toutefois, il est important de préciser que la bourgeoisie trifluvienne est loin d'être la seule clientèle d'employeurs à se présenter au bureau public et que plusieurs représentants des communautés religieuses, services d'hôtels, familles commerçantes et d'ouvriers qualifiés feront un parcours semblable à l'agence de la rue des Forges. Dès lors, cette description, conçue essentiellement à titre démonstratif, ne doit en aucun cas imposer une image qui sur-représenterait la classe bourgeoise.

Le placement des ouvriers par le bureau d'emploi de Trois-Rivières

En plus des servantes et des maîtresses de maison ou autres employeurs de domestiques, des travailleurs de la construction et des contre-maîtres de chantier de Trois-Rivières utilisent les services du bureau de placement. Il n'est pas rare de voir des journaliers, des ouvriers manuels, des menuisiers charpentiers ou des peintres en bâtiment se présenter et attendre devant le 25, rue des Forges.

Si les chantiers de construction engagent encore beaucoup leurs ouvriers « à la journée » et directement à la porte de l'entreprise, certains contremaîtres font désormais appel au bureau d'emploi gratuit et vont quotidiennement enregistrer leurs demandes de personnel.

De ce fait, l'agence publique place, en moyenne, près de 1 000 ouvriers en construction par année en 1926 et 1927[27]. Les journaliers sont les plus nombreux (en moyenne 600), suivis des charpentiers menuisiers (environ 240), des peintres en bâtiment (90, en moyenne) et d'autres comme les plombiers tuyautiers, les polisseurs de ciment, les électriciens ou les briquetiers. Comme on l'a dit plus haut, ces chiffres sont probablement sous-estimés puisque toutes les fiches ne sont pas retournées par les employeurs.

La ville de Trois-Rivières, comme plusieurs autres villes du Québec, dispose d'un secteur de la construction et du bâtiment très actif durant les prospères années 1920. La ville bourdonne : nombre de bâtiments résidentiels et commerciaux poussent, le réseau téléphonique étend sa toile. L'administration municipale modernise et aménage les rues, développe le système d'aqueduc et rénove ses édifices publics, élec-trifie la ville, augmente le service de tramway, multiplie le nombre de lampadaires pour l'éclairage public. Tous ces travaux nécessitent beaucoup de main-d'œuvre.

---

27. ANC, ministère du Travail, RG27, série H-1, volume 2112, *Employment Service of Canada - Reports - Québec, 1926 et 1927*.

Le bureau de placement public profite, en partie, de ce contexte favorable à l'emploi. Il reflète, à une échelle modeste, cette réalité toute trifluvienne du monde de la construction de l'époque. Et pourtant, entre 1922 et 1931, c'est celui des cinq qui place le moins d'hommes. En comparaison, en 1928, année favorable entre toutes, le bureau de Montréal place 10 100 ouvriers, celui de Hull 4 700, celui de Québec 3 300 et celui de Sherbrooke près de 1 000 ; mais le bureau de Trois-Rivières n'en place que 780[28]. Autre exemple, 162 hommes placés à Trois-Rivières pour toute l'année 1922, contre 1 800 à Hull[29]. Pour l'ensemble de la période, 5 600 ouvriers contre 31 500, soit cinq fois plus pour Hull que pour Trois-Rivières[30].

Tableau 3
Nombre d'hommes et de femmes placés, et rapport des femmes placées, par le bureau d'emploi provincial gratuit de Trois-Rivières entre 1922 et 1931.

Années	Hommes placés	Femmes placées	Total des candidats placés	Femmes placées sur total
1922	162	318	480	66 %
1923	373	336	709	47 %
1924	186	447	633	71 %
1925	559	713	1 272	56 %
1926	1 252	796	2 048	39 %
1927	1 095	830	1 925	43 %
1928	787	1 047	1 834	57 %
1929	674	1 024	1 698	60 %
1930	417	1 036	1 453	71 %
1931	93	1 427	1 520	94 %
Total :	**5 598**	**7 974**	**13 572**	**59 %**

Source : Québec, Rapports annuels du ministère des Travaux publics et du Travail, 1922 à 1931.

Bref, 60 % des personnes placées par le bureau de Trois-Rivières sont des femmes, alors que, partout ailleurs, les hommes sont plus nombreux (tableau 3) et représentent 70 % de l'ensemble des candidats placés par les quatre autres bureaux[31] : mis à part dans le secteur de

---

28. ANC, ministère du Travail, RG27, série H-1, volume 2112, *Employment Service of Canada - Reports - Québec, 1922-1931.*
29. Québec, *Rapport annuel du ministère des Travaux publics et du Travail*, 1922.
30. Québec, Rapports annuels du ministère des Travaux publics et du Travail, 1922 à 1931.
31. ANC, ministère du Travail, RG27, série H-1, volume 2112, *Employment Service of Canada - Reports - Québec, 1922-1931.*

la construction, le bureau trifluvien semble être associé, autant par les ouvriers que par les patrons de la grande industrie, à une agence d'emploi gratuite dédiée essentiellement au placement des domestiques. Constatation encore plus inattendue, ce bureau, pourtant situé au cœur d'un important centre industriel du bois et des pâtes et papiers, ne place qu'un nombre infime d'ouvriers forestiers : 165 entre 1922 et 1931. Les grandes compagnies forestières et papetières, des filiales américaines et canadiennes-anglaises actives dans la région mauricienne, recrutent plutôt directement dans les quartiers ouvriers et les villages leur main-d'œuvre de journaliers employée dans les camps forestiers et le flottage de billots.

Pourquoi en est-il ainsi ? Dans une perspective globale, il semble que les ouvriers trifluviens n'aient pas vraiment besoin d'un tel bureau de placement public dans les années 1920, contrairement à leurs camarades hullois. De leur côté, les employeurs de la grande industrie du bois font très peu affaire avec les bureaux d'emploi public. Certaines entreprises possèdent leur propre service d'embauche : en effet, des réseaux d'engagement d'ouvriers forestiers et de travailleurs de l'industrie du bois sont bien établis à Trois-Rivières depuis le début du XXᵉ siècle. De plus, certaines entreprises industrielles utilisent, sans avoir recours au bureau provincial, le bassin abondant de main-d'œuvre provenant des quartiers ouvriers avoisinants.

Par ailleurs, le patronat industriel nord-américain n'apprécie guère en général le Public Employment Bureau, qu'il perçoit comme le produit d'une politique d'ingérence de l'État dans le marché libéral et l'entreprise privée. Dans l'ensemble, la grande industrie et le secteur manufacturier utilisent somme toute très peu les services de placement public, que ce soit à Montréal, à Boston ou à Trois-Rivières. Plusieurs industriels perçoivent ces bureaux et ces enregistrements comme une menace d'infiltration des organisations syndicales, qui dirigeraient supposément ces agences, et comme un contrôle indu de l'État dans leurs affaires et leur personnel. L'historien américain Udo Sautter constate que les manufacturiers américains ne font pas affaire avec les bureaux publics parce qu'ils les voient à la fois comme trop « captifs » – les employeurs devenant dépendants du service gouvernemental, souvent envahis de représentants syndicaux recrutant des membres chez les ouvriers inscrits et couramment administrés par d'anciens syndicalistes ou travaillistes récupérés par les instances publiques[32]. Ce qui fut, dans les faits, rarement le cas au Québec puisque les organisations syndicales, tout en étant en général favorables aux bureaux d'emploi publics et à la lutte contre les agences payantes, n'ont pas elles-mêmes utilisé ces agences dédiées essentiellement aux ouvrières et ouvriers non qualifiés et non organisés. En définitive, les chômeurs et les travailleurs en recherche d'emploi à Trois-Rivières s'inscrivent peu au bureau public dans les années 1920 car les offres de postes disponibles transmises par les patrons d'industries et les employeurs y sont relativement peu nombreuses.

Finalement, il semble que le surintendant du bureau public de Trois-Rivières, C.-B. Morissette, ne publicise pas beaucoup son service. Cela doit-il conduire à interroger sa compétence ? L'historien canadien James Struthers et l'historien américain Udo Sautter, dans *Three Cheers for the Unemployed*, traitent d'ailleurs cette question. Dans plusieurs bureaux publics en Amérique du Nord se sont faits sentir l'influence du patronage politique, le népotisme dans le choix des directeurs, ainsi que le manque de formation et les bas salaires des employés[33]. Nous n'avons pas pu retrouver de trace évidente de népotisme ou d'indices d'incompétence flagrante dans les bureaux publics du Québec. Néanmoins, on peut se demander si le très faible rendement du bureau de Trois-Rivières dans son placement masculin n'a pas à voir, en partie, avec l'incompétence ou du moins le grave manque d'initiative du surintendant C.-B. Morissette. En définitive, si certains bureaux sont alors dirigés par des surintendants efficaces, organisés et influents, tels que Francis Payette à Montréal, Alfred Crowe à Québec et O. Latulippe à Hull, d'autres semblent être administrés par des surintendants aux qualités moins évidentes.

Les limites du bureau d'emploi public et les services concurrents

Mais les piètres résultats du bureau trifluvien peuvent s'expliquer aussi par d'autres facteurs. Les bureaux d'emploi provinciaux qui sont fondés à partir de 1911 entrent alors en concurrence avec quatre instances de placement déjà présentes depuis la seconde moitié du XIXe siècle dans les grandes villes québécoises. Les journaux, les chantiers de travail, les agences d'emploi privées payantes et les services de placement charitables leur imposent leur présence.

---

32. Udo SAUTTER, *Three Cheers for the Unemployed*, Cambridge, New York, Cambridge University Press, 1991, p. 95.
33. J. STRUTHERS, *No Fault of their Own*, p. 20 et 39 ; Udo SAUTTER, *Three Cheers for the Unemployed*, p. 93 et p. 263.

Premier concurrent, les journaux et les quotidiens de l'époque, et plus particulièrement les rubriques des « petites annonces », qui présentent chaque jour un nombre appréciable d'offres de travail et de demandes d'emploi. Au début du xxᵉ siècle, consulter les journaux pour la recherche d'emploi fait déjà partie des habitudes courantes et des stratégies usuelles de l'ouvrier et de l'ouvrière en chômage. Les patrons d'entreprises et les propriétaires de commerces utilisent également ce médium de diffusion de l'information vers la classe ouvrière.

À Trois-Rivières, les hôtels, notamment, ne s'en privent pas, et ce, depuis longtemps. Le journal *La Concorde* annonce ainsi, à la fin du xixᵉ siècle : « Servantes demandées. On demande immédiatement trois ou quatre bonnes servantes pour servir la table, et se rendre généralement utiles. Le plus haut prix sera donné pour de bonnes servantes. S'adresser à M. Jos Riendeau. St-James Hôtel. Trois-Rivières, 12 août 1881[34]. » Le même journal annonce également des demandes de personnel provenant des résidences privées : « ON DEMANDE. Deux bonnes servantes trouveront de l'emploi en s'adressant à G. H. Hensharv, Ecr., rue des Champs, vis-à-vis le collège. On donnera de bons gages. Trois-Rivières, 3 août 1882[35]. »

Les industries et les chantiers de l'époque, qui engagent fréquemment leurs ouvriers à la porte de leur entreprise ou qui possèdent, plus rarement, leur propre bureau de placement (ex. : l'industrie ferroviaire du Canadien Pacifique) constituent un deuxième concurrent du bureau d'emploi du gouvernement. Les chômeurs ont l'habitude de se présenter quotidiennement à l'entrée des chantiers de construction et à la porte des usines. La classe nombreuse des journaliers, ces travailleurs manuels non qualifiés, porte d'ailleurs un tel nom en raison de cette pratique des engagements et des licenciements, faits « à la journée », et qui est très répandue dans le monde ouvrier nord-américain des premières décennies du xxᵉ siècle. Le bureau de placement public, qui se veut un moyen organisé offrant une alternative moderne à ces pratiques aléatoires de recherche d'emploi – tel qu'il avait été souhaité également en Angleterre par le socioéconomiste William Beveridge, un concepteur des *labour exchanges* –, peine à briser ces habitudes ouvrières et industrielles[36].

---

34. *La Concorde* de Trois-Rivières, 12 août 1881, p. 3.
35. *La Concorde* de Trois-Rivières, 30 août 1882, p. 3.
36. Voir à ce sujet William Beveridge, « Labour Exchanges and the Unemployed », *The Economic Journal*, vol. 17, 1907, p. 66-81.

Dans le cas plus précis de la grande métropole qu'est Montréal, les agences de placement privées payantes pour ouvriers et servantes font également une vive concurrence au bureau provincial. Le commerce est florissant dans le Montréal des années 1900[37]. Ainsi, en 1910, les inspecteurs du ministère québécois des Travaux publics y répertorient pas moins de 22 agences de placement privées payantes ayant pignon sur rue principalement dans le secteur des rues Craig et Saint-Antoine[38]. Ces agences sont pour la plupart dédiées aux hommes célibataires en recherche d'emploi dans les grands chantiers du chemin de fer et les projets de construction où qu'ils soient au Canada. Une douzaine de bureaux d'emploi pour les femmes et les jeunes filles récemment arrivées « en ville » existent également ; ils sont généralement spécialisés dans le placement de servantes et domestiques[39].

Les services de placement charitables pour jeunes filles, qui existent à Montréal depuis la fin du XIXᵉ siècle, mais aussi à une petite échelle à Trois-Rivières, sont un quatrième « concurrent » du bureau provincial. Certaines œuvres ouvrières et des communautés religieuses aident les jeunes femmes, abandonnées ou immigrantes, par un placement au travail et leur évitent ainsi les « périls » de la rue[40]. À Trois-Rivières, le journal *Le Bien public* écrit en 1914 à propos d'un service de placement tenu par une œuvre ouvrière trifluvienne : « Le Bureau de Placement pour les filles n'est pas, comme on l'avait d'abord cru et annoncé, l'œuvre des enfants de Marie, mais plutôt celle des collaboratrices de l'œuvre des ouvrières. Les filles désireuses de trouver de l'ouvrage soit dans les familles ou ailleurs n'ont qu'à donner leur nom au Bureau de Placement. Elles devront apporter un certificat de leur curé.

---

37. Lawrence FRIC, *Agences de placement à but lucratif, leur rôle sur le marché canadien de l'emploi*, Main-d'œuvre et Immigration Canada, octobre 1975, p. 10-11.

38. Québec, *Rapport annuel du ministère des Travaux publics et du Travail*, 1910-1911, p. 67.

39. Des agences de placement pour servantes sont présentes aussi dans les grandes villes européennes telles que Londres. Voir, à ce sujet, Edith ABBOTT, « Municipal Employment of Unemployed Women in London », *Journal of Political Economy*, vol. 15, p. 513-530 ; Québec, *Rapport annuel du ministère des Travaux publics et du Travail*, 1911-1912, *Inspection des bureaux de placement privés*, p. 79. L'inspecteur en chef Guyon écrit ainsi au ministre des Travaux publics et du Travail : « L'inspection annuelle de ces bureaux jointe à la visite des bureaux de placement pour servantes qui sont au nombre de 10 ou 12, nous impose un travail assez considérable. N'y aurait-il pas moyen d'en obtenir quelque revenu pour votre département ? »

40. Consulter, entre autres, une étude contemporaine de Paul POTTIER, « L'assistance par le travail », *Revue hebdomadaire*, n° 3, 1900, p. 529-545.

Trois servantes demandent de l'emploi. Deux sont de la campagne[41]. »
À Trois-Rivières également, la Corporation ouvrière catholique, un
syndicat confessionnel proche de l'évêché et ayant, à partir de 1913,
son siège social dans un édifice situé derrière la cathédrale, offre à ses
membres un service comparable d'aide au placement.

Conclusion

En définitive, les premiers bureaux d'emploi provinciaux ont touché
dans l'ensemble les secteurs « inférieurs » du monde de l'emploi tels
que les servantes et les journaliers non qualifiés. Il n'est alors pas sur-
prenant de voir apparaître dans le discours populaire québécois de la
période une expression qualifiant de manière révélatrice le bureau de
placement provincial d'« Œuvre du gouvernement » (*La Patrie*).

Le choc de la Grande Dépression économique des années 1930 et
le virage social-démocrate du gouvernement canadien favoriseront la
création et le financement d'un vaste programme fédéral d'assurance
chômage et de placement à partir de 1940, ce qui entraînera une croissance significative des établissements publics d'aide aux chômeurs
et une présence importante des travailleurs et des employeurs du
Québec dans ces services[42].

Les bureaux d'emploi publics créés en 1910 marquent néanmoins
une première incursion précoce du gouvernement québécois dans
ce champ de ses compétences constitutionnelles exclusives que sont
le marché du travail et la distribution de la main-d'œuvre ouvrière
féminine et masculine. Précédant la mise en place des premiers jalons
de l'État-providence par le gouvernement fédéral durant les années
1940 et les politiques de l'État social de 1960, les premiers bureaux
de placement provinciaux gratuits, sans être d'une taille imposante
ni d'une importance décisive pour l'ensemble du marché du travail,
constituent une création originale d'un État québécois se voulant timidement « interventionniste » et qui prendra sur ses épaules, dès 1910,
une certaine responsabilité face au problème du chômage ouvrier
féminin et masculin des grandes villes. Or, pour les chômeurs et les
chômeuses de Trois-Rivières du temps des Années folles, l'heure
des théories keynésiennes et de la fonction publique étendue, qui
viendra tisser la toile de l'État-providence canadien et de ses politiques à l'emploi, n'était pas encore venue.

---

41. *Le Bien public* de Trois-Rivières, 17 septembre 1914, p. 8.
42. Voir la Loi de 1940 sur l'assurance-chômage, S.C. 1940, c. 44.

2e PARTIE

Quelques enjeux scolaires et éducatifs

Le triomphe de l'Association des citoyens
lors des élections scolaires à Trois-Rivières en 1928

JOCELYNE MURRAY[1]

NTRE 1860 ET 1928, l'administration des écoles trifluviennes fonc-
tionne d'une manière unique au Québec. En effet, durant cette
période, la commission scolaire est formée non pas de commissaires élus par la population, mais des conseillers municipaux qui
ajoutent cette tâche à leurs autres responsabilités. Nulle part ailleurs
on ne retrouve une telle situation. Cette particularité, qui se voulait
au XIXe siècle affirmative de l'urbanité de Trois-Rivières, devient un
handicap, selon certains, dans une ville en plein développement. De
surcroît, des contribuables préoccupés par les questions d'éducation
considèrent que les affaires scolaires sont négligées et ne se discutent qu'en fin de séance du conseil. Ils en viennent à souhaiter une
commission scolaire autonome afin que l'instruction devienne une
priorité. Une conjoncture favorable à leur projet se présente lors d'une
contestation des citoyens orchestrée autour de la vie municipale.

La situation se présente à l'été 1927 alors que certains engagements
financiers proposés par le maire Arthur Bettez suscitent une vive
polémique au sein de la population. Des contribuables, réunis sous
la bannière de l'Association des citoyens, se mobilisent pour contrer
ces projets devant faire l'objet de deux référendums. Ils réclament du
gouvernement des modifications à la charte de la ville. Parmi les changements souhaités se trouve la création d'une commission scolaire
autonome. Après des débats enflammés, le législateur procède en
faveur des contestataires et décrète, entre autres choses, que les

---

1. Jocelyne Murray est docteure en études québécoises de l'Université du Québec à
   Trois-Rivières. Sa thèse, soutenue en 1999, s'intitule *La scolarisation au Québec
   (1850-1900). L'exemple de la Mauricie.* Elle est actuellement chercheuse en histoire.

affaires scolaires regagnent leur autonomie d'antan. En juillet 1928, les contribuables exercent leur droit de vote aux élections scolaires, une première en soixante-huit ans.

Un retour sur l'origine de l'Association des citoyens ainsi qu'une description du déroulement de la campagne électorale permettent la reconstitution des événements qui ont entouré le scrutin. Les débats rapportés dans le quotidien local, *Le Nouvelliste*, ainsi que les articles du chroniqueur commentant les questions scolaires demeurent des éléments clés pour décrire cette campagne. La participation de l'Association des citoyens à cette élection porte fruit car « son » équipe l'emporte avec de fortes majorités.

Au lendemain des élections, la nouvelle commission scolaire présente une image toute différente. Quelle influence son président et la nouvelle équipe ont-ils sur le développement du réseau scolaire et de la population écolière ? Sait-on respecter le programme électoral ? La création d'une commission pédagogique vient-elle reléguer les communautés religieuses enseignantes au second plan, elles qui supervisent l'enseignement des écoles jusqu'alors ? Trois-Rivières, ville moderne selon plusieurs aspirants commissaires, tire-t-elle profit de ce changement important ? Autant de questions sur lesquelles cet article attire l'attention et fournit des réponses.

Un état des lieux

Un conseil de commissaires d'écoles unique au Québec

Le 6 août 1860, en vertu d'un amendement à la loi scolaire[2], l'administration des écoles publiques catholiques de Trois-Rivières qui, depuis le 29 juillet 1845, avait été confiée à des commissaires d'écoles élus par la population, relevait dorénavant du conseil municipal[3].

---

2. Les Statuts refondus pour le Bas-Canada. Proclamés et publiés en vertu de l'acte 23 Vic. Cap. 74, A.D. 1860.

3. Archives nationales du Québec, Fonds E-13, ministère de l'Éducation, Correspondance reçue de Trois-Rivières : Lettre du secrétaire-trésorier P. E. Vézina en date du 13 février 1851 et « Liste des Commissaires d'Écoles en charge depuis le 29 juillet 1845 à ce jour » en date du 14 février 1851, documents 376, boîte 318, loc. 1A18 : 2205 B (identification valable en 1990-1991). Le nombre des commissaires varie de dix en 1845 à six entre 1846 et 1851. Voir Adrien PROULX, *Une commission scolaire dans la Cité*, Trois-Rivières, La Commission scolaire de Trois-Rivières, 1998, p. 16. A. Proulx fait plutôt commencer cet organisme en avril 1846. Voir aussi Jocelyne MURRAY, *Apprendre à lire et à compter. École et société en Mauricie, 1850-1900*, Sillery, Septentrion, 2003, p. 27. J. Murray indique que le système des conseillers municipaux-commissaires prend fin en 1929 au lieu de 1928.

Tous les conseillers municipaux catholiques héritaient de cette fonction tandis que le maire, s'il professait cette religion, devenait président d'office. Autrement, ces mêmes conseillers devaient en choisir un parmi eux. La raison sociale de l'organisme restait la même, soit « Les Commissaires d'école pour la cité des Trois-Rivières ». Pour sa part, en 1856, l'inspecteur des écoles, Petrus Hubert, avait demandé un statut particulier pour Trois-Rivières, à l'exemple des villes de Montréal et de Québec, qui étaient exemptées de diviser leur territoire en arrondissements scolaires[4].

Les écoles protestantes trifluviennes n'étaient pas touchées par cette modification. Elles demeuraient sous la responsabilité des syndics d'écoles protestants. Rappelons ici la dualité confessionnelle du système d'instruction publique, inscrite dans l'Acte de l'Amérique du Nord britannique. Le droit à la dissidence religieuse, limité aux catholiques et aux protestants, s'appliquait lors de la création d'une école et, par le fait même, lors de l'établissement d'une commission scolaire[5]. Dans un milieu donné, la majorité professant l'une de ces deux religions pouvait élire cinq commissaires d'écoles tandis que la minorité, appelée dissidente, se choisissait trois syndics d'écoles. Chaque organisme était autonome[6].

La double gestion des affaires municipales et scolaires par la même assemblée était alors un fait unique en cette province. Les commissions scolaires de Montréal et de Québec jouissaient cependant d'un statut particulier en comparaison des organismes ruraux. Dans ces villes, les six commissaires d'écoles étaient nommés en nombre égal

---

4. *Rapport du surintendant de l'Instruction publique* pour l'année 1856, *Extrait du Rapport de M. l'Inspecteur Hubert*, p. 169.
5. Il existe une exception. En 1930, le Département de l'instruction publique crée un précédent en permettant la création d'une commission scolaire juive à Montréal. Une loi intitulée Loi concernant l'éducation des enfants de croyance judaïque dans l'île de Montréal a été votée le 4 avril de la même année. Pour diverses raisons, les commissaires juifs préféreront s'associer avec la Corporation de commissaires protestants de Montréal et de Westmount ainsi qu'avec la Corporation de syndics d'Outremont. Elle conclura d'autres ententes selon les besoins par la suite. Faute d'administrer ses propres écoles publiques, l'existence de cette commission scolaire juive ainsi que le dénombrement des élèves juifs passent pratiquement inaperçus dans les rapports annuels du surintendant et dans la mémoire collective. Voir à ce sujet Arlette CORCOS, *Montréal, les Juifs et l'école*, Sillery, Septentrion, 1997.
6. Il a fallu attendre 1998 pour que, à la faveur d'un amendement constitutionnel, le gouvernement du Québec fasse de la langue, plutôt que de la religion, le critère d'établissement des commissions scolaires.

par le gouvernement et la ville[7]. En 1894, en raison de l'augmentation démographique à Montréal, l'État demande à l'évêché de nommer à l'avenir trois autres commissaires, élargissant d'autant le conseil montréalais. Dans ces deux villes, les commissaires provenaient habituellement des professions libérales ou étaient membres du clergé.

Après 1860, le nombre de commissaires trifluviens est apparu variable, entre cinq et douze, selon les résultats des élections municipales. Pour ces conseillers, ce cumul de fonctions fut reconduit officiellement en mars 1901. On peut lire dans les *Statuts refondus* que « tous les pouvoirs et devoirs des commissaires d'écoles pour la municipalité scolaire de la cité des Trois-Rivières continueront à être exercés par le maire et les échevins de la cité, qui seront *ex officio* commissaires d'écoles pour la cité des Trois-Rivières[8] ». Quant aux non-catholiques, le paragraphe 223 spécifie que les syndics continuaient, comme par le passé, à administrer les écoles protestantes de cette ville.

Cependant, en ce printemps de 1928, l'État accepte de modifier à nouveau la charte et une commission scolaire catholique indépendante renaît en juillet de la même année. Ce changement est le résultat favorable d'une protestation des citoyens regroupés en association, contestation articulée d'abord autour des affaires municipales.

L'Association des citoyens

Pour bien comprendre le regroupement de citoyens au sujet des affaires scolaires, il faut d'abord exposer la nature de son engagement civique et de son opposition au maire Arthur Bettez. L'Association des citoyens est fondée le 17 juin 1927. Elle réunit une partie de l'élite de Trois-Rivières, des membres des professions libérales et des hommes d'affaires. L'avocat Georges-Henri Robichon en devient président[9]. Chacun des quatre quartiers de la ville est représenté par deux membres. Parmi eux, le notaire J.-A. Trudel du quartier Saint-Louis

---

7. Marc DES ROCHES, *150 ans au service des Québécois. Histoire de la Commission des écoles catholiques de Québec*, Québec, CECQ, p. 32 ; Robert GAGNON, *Histoire de la Commission des écoles catholiques de Montréal*, Montréal, Boréal, 1996, p. 43.

8. *Les Statuts refondus de la province de Québec, 1909*. Tome IV Complément. Loi 1 Édouard VII, chap. 44, p. 162-165.

9. À ses côtés, on retrouve le député conservateur et ancien maire trifluvien, le Dʳ L. P. Normand, comme premier vice-président. Quant à l'homme d'affaires J. T. Tebbutt, il occupe le poste de second vice-président. Le trésorier est le comptable Henri Bisson et le secrétaire J. R. O. Dumont, un marchand qui sera engagé plus tard comme assistant secrétaire-trésorier à la nouvelle commission scolaire.

Le notaire J.-A.
Trudel, cheville
ouvrière de
l'Association
des citoyens.
Carte mortuaire,
12 janvier 1964
(ASTR, cote:
0064-76-09).

est appelé à devenir un candidat de choix lors de la campagne électorale scolaire.

L'association cherche d'abord à « promouvoir les intérêts de la cité
des Trois-Rivières, de la faire mieux connaître à l'étranger, d'y favoriser l'établissement d'industries nouvelles et d'aider toutes entreprises utiles à l'embellissement et à l'assainissement de la cité[10] ». Elle est
aussi « organisée de telle sorte qu'elle pourra prendre part, en cas de
nécessité, à toute œuvre municipale ». C'est ainsi que l'Association
des citoyens – en scrutant l'administration municipale des dernières
années – en vient à s'intéresser à la question des écoles.

Durant l'été de 1927, l'association mène une contestation en règle
contre la gestion municipale. Plusieurs assemblées de quartier, tenues
dans la deuxième moitié du mois d'août, veulent convaincre les
contribuables de rejeter les trois règlements d'emprunt lors des référendums prévus les 1er et 2 septembre. Le maire Bettez compte ainsi
faire approuver une série de projets nécessitant un investissement

10. *Le Nouvelliste*, jeudi 18 août 1927, p. 1.

d'un million et quart de dollars. Parmi ceux-ci, il y a des réparations aux quais de la traverse et du marché à poisson, un tunnel pour le Canadien Pacifique, un incinérateur, un troisième poste de police et de pompiers, etc. Ces projets sont vus par les uns comme essentiels et, par les autres, comme superflus ou prématurés. Le conseil est divisé quant à la pertinence des dépenses qu'ils entraînent. Selon l'échevin Robert Ryan, les contribuables doivent s'opposer aux emprunts parce que la ville, avant de s'imposer de nouvelles obligations, devait d'abord s'acquitter d'une dette de 485 000 $ contractée illégalement envers la Banque Canadienne Nationale[11]. La contestation dépasse les frontières de la ville et les questions litigieuses atteignent finalement la scène du Parlement à Québec. L'Association des citoyens en profite pour inclure les affaires scolaires dans les changements souhaités à l'administration municipale.

Survol des débats parlementaires

Les débats s'amorcent sous la forme d'un « bill privé » présenté par le député de la circonscription de Champlain, Willy E. Grant. Le premier ministre, Alexandre Taschereau ainsi que l'honorable Athanase David s'avèrent de solides partisans des réformes réclamées par les contestataires pour les questions tant municipales que scolaires. Par l'entremise de leur quotidien, les Trifluviens suivent le déroulement des débats qui se tiennent à l'Assemblée législative. Arrêtons-nous à la question des affaires scolaires.

Les partisans d'une administration scolaire autonome sont représentés par quatre personnes : les avocats Philippe Bigué, L. D. Durand et André Taschereau ainsi que le notaire L.-P. Mercier de l'Association des citoyens. L'évêque de Trois-Rivières, Mᵍʳ François-Xavier Cloutier, les appuie. Les défenseurs déposent en preuve une lettre du prélat, puis un télégramme expédié de Miami, dans lequel il réitère son soutien à l'établissement d'une commission scolaire autonome[12].

Parmi les opposants à ce projet figurent, entre autres, le maire Arthur Bettez et l'avocat Oscar Boulanger ainsi que le député de Trois-Rivières, Maurice Duplessis. Ce dernier obtient l'appui de T.-D. Bouchard, député renommé de Saint-Hyacinthe. Duplessis s'oppose à cette réforme des affaires scolaires non pas tant sur le fond que sur la forme. Il préfère que cette décision revienne au conseil municipal.

---

11. *Le Nouvelliste*, mercredi 31 août 1927, p. 3.
12. *Le Nouvelliste*, vendredi 9 mars 1928, p. 1.

Le journaliste du *Nouvelliste* rapporte « qu'il s'est fait un travail de coulisse considérable » qui donna lieu à de chaudes luttes oratoires.

Les arguments en faveur d'une commission scolaire autonome sont diversifiés. D'abord, l'avocat Durand fait remarquer que Trois-Rivières est la seule ville de la province à conserver ce régime « vieilli et suranné qui, ni au point de vue administratif, ni au point de vue de l'intérêt éducationnel, ni au point de vue religieux ne peut convenir à une ville de l'importance de Trois-Rivières[13] ». Car la question est aussi religieuse. Elle soulève, en effet, le problème de l'appartenance confessionnelle des électeurs. En conséquence, l'appui des autorités religieuses apporte un poids déterminant aux arguments en faveur de la séparation. Le fait que des électeurs non catholiques élisent des « échevins » catholiques est présenté comme une faille importante dans ce système de gestion scolaire, voire une anomalie, selon Louis D. Durand. Il frappe ensuite l'imagination en posant en hypothèse l'existence d'une commission scolaire dont le nombre de commissaires catholiques serait inférieur à cinq. Un tel scénario improbable, rien de tel en soixante-huit ans, produit néanmoins un certain effet[14]. De plus, il insiste sur le fait que les affaires scolaires ne sont traitées qu'en fin de séance, « comme si elles étaient secondaires ». Sa conclusion est toute trouvée : les élus n'apportent aucun intérêt aux affaires scolaires. Or, de renchérir Bigué, le budget scolaire est aussi important que celui de la municipalité, ce qui justifie à ses yeux la nécessité de constituer deux administrations séparées.

Le député Maurice Duplessis combat jusqu'à la fin cette modification à la charte dénonçant l'imprécision à propos de la composition de la nouvelle organisation scolaire. Il déplore un tel empiètement sur l'autonomie de la ville. Les arguments de l'opposition parlementaire ne convainquent pas suffisamment les députés et le projet de loi 117 est adopté le 15 mars 1928 par un vote de 40 contre 18. L'Association des citoyens obtient satisfaction sur toutes ses revendications, y compris celle du rétablissement d'une commission scolaire indépendante.

Le Nouvelliste et la campagne électorale

Après un silence de trois mois et demi ayant suivi l'adoption de la Loi modifiant la charte de Trois-Rivières, *Le Nouvelliste* du samedi 30 juin 1928 sonne le rassemblement en vue des élections scolaires.

---

13. *Ibid.*, p. 1.
14. Le cas advenant, on peut supposer que le Département de l'instruction publique aurait comblé la vacance par nomination.

Jusqu'à maintenant la question était restée absente de la scène publique. Compte tenu de l'importance de l'événement, le quotidien ouvre ses pages à cette question d'actualité concentrée sur moins de deux semaines, les élections ayant été fixées pour le lundi 9 juillet. *Le Nouvelliste* ne se limite pas à relater les assemblées partisanes et à publier les annonces des candidats, il donne l'occasion à son journaliste de participer au débat. Son chroniqueur dont on ne connaît pas l'identité, comme le veut l'usage à cette époque, se fait tour à tour animateur, critique et reporter. Le quotidien devient le témoin incontournable de cette campagne.

Le candidat idéal

Dans son premier article, le journaliste montre ses couleurs. Il favorise la création d'une commission scolaire autonome, indépendante du conseil de ville, dirigée par des individus entièrement dédiés à l'administration des écoles. Il souligne que, en élisant les échevins, l'électorat « ne se préoccupait guère s'ils pourraient aussi faire de bons commissaires d'écoles[15] ». Sans souhaiter « de lutte autour de la commission scolaire », il invite néanmoins les gens compétents et intéressés par l'instruction à se présenter. À dix jours du scrutin, déplore-t-il, « aucune candidature ne se dessine ». Chose rare, il termine son article en interpellant ses concitoyens. « D'aucuns accepteraient volontiers d'aller siéger à la commission scolaire, mais il leur répugne à faire la lutte. [...] La chose publique vaut bien qu'on lui consente le sacrifice d'un peu de ses aises. » Et pourtant, au cœur des quartiers de la ville, les élections scolaires en intéressent plus d'un.

Presque une semaine plus tard, une dizaine de candidats se font connaître. Le chroniqueur en profite pour esquisser le portrait du candidat idéal[16]. Selon lui, la population doit rechercher chez un commissaire deux qualités fondamentales : une instruction supérieure et un intérêt manifeste pour une éducation de qualité. Il renchérit en affirmant que, parmi les candidats en lice, « plusieurs devraient être éliminés sans le moindre scrupule. Ils n'ont ni l'instruction, ni la largeur de vues, ni la connaissance du problème scolaire que l'on est en droit d'exiger d'un bon commissaire d'école ». Dans un second article sur le même sujet, il lance ce cri du cœur : « Pas d'éteignoirs à

---

15. *Le Nouvelliste*, samedi 30 juin 1928, p. 4.
16. *Le Nouvelliste*, vendredi 6 juillet 1928, p. 4 et samedi 7 juillet, p. 4. Ces articles sont intitulés, « Faisons un choix de premier ordre » et « Pas d'éteignoirs à la commission scolaire ».

la commission scolaire. » Ce rappel des troubles causés par des contribuables refusant de payer l'impôt scolaire, à la fin des années 1840 et au début des années 1850, se veut une mise en garde contre des candidats valorisant les seuls aspects financiers de l'éducation au détriment d'autres questions.

Le mode de scrutin

Une attitude aussi ferme au sujet de la qualification des commissaires trouve son explication, en partie, dans le fait que les élections se feront à main levée, sans délai entre la mise en nomination des candidats et le suffrage. Le journaliste souhaiterait qu'une période d'au moins huit jours sépare ces deux procédures afin de laisser du temps aux électeurs de faire le bon choix. Ce système vaut peut-être dans le monde rural, mais pas dans une ville de 35 000 habitants, clame-t-il. Il espère que ce sera le dernier « scrutin improvisé ».

Il faut donner raison au journaliste. Le Code scolaire de 1919 prévoit déjà le vote au scrutin secret dans les municipalités où le maire et les conseillers sont élus de cette façon. Cependant, « la présentation des candidats doit avoir lieu dix jours francs avant le premier lundi juridique du mois de juillet ». Dans le cas qui nous occupe, il est possible que personne n'ait porté attention à ces détails ou n'ait pensé à organiser ces élections. Normalement, c'est le secrétaire-trésorier de la corporation qui annonce l'assemblée générale et le déroulement du scrutin. À Trois-Rivières, rien de tel n'a été fait ni par le secrétaire-trésorier en poste, ni par d'autres contribuables, ni même par le lieutenant-gouverneur en conseil.

L'Association des citoyens et la campagne électorale

Forte de son expérience acquise lors de la mobilisation de la population autour des questions municipales, l'Association des citoyens s'engage résolument dans les élections scolaires. Après une série de rencontres dans chacun des quartiers de la ville pour recruter des candidats compétents, l'association a fixé son choix sur cinq Trifluviens qui constituent aux yeux du président, Georges-Henri Robichon, « un groupe d'étiquette » car « ils sont les meilleurs hommes de leurs quartiers ». Il s'agit de Paul Boisvert, contremaître, Omer Boisvert, menuisier, J.-A. Pichette, agent d'assurances, Ludger Tellier, professeur à l'École technique de Trois-Rivières, et J.-A. Trudel, notaire. Robichon n'approuve pas le scrutin à main levée, mais se dit confiant de voir « ses » candidats l'emporter. Puis, l'association organise quatre assemblées publiques afin de faire connaître «son» équipe triée sur le volet[17].

La diversité des candidats

Parmi la dizaine de candidatures, on dénombre un notaire et un dentiste, un professeur et un agent d'assurances, trois marchands, deux ouvriers qualifiés, un commis et un journalier. Le métier d'un seul candidat est inconnu. La plupart des concurrents n'ont pas d'organisation électorale comme celle qui est mise en place par l'Association des citoyens.

Face à une organisation aussi bien rodée, *Le Nouvelliste* cherche à mettre de l'avant les autres candidats. Elle prend soin d'encadrer un article de la une annonçant «toutes les candidatures[18]» par deux photos: celle du notaire J.-A. Trudel et celle du Dʳ Frédéric Houde, candidat «indépendant». Le quotidien va plus loin lors du reportage d'une assemblée tenue sous l'égide de l'association. Cette fois, le quotidien présente uniquement la photo de deux adversaires, J.-A. Saint-Pierre, «quincaillier de la rue St-Maurice», et J.-A. Charbonneau, «libraire de la rue Notre-Dame».

Brève, cette campagne électorale n'en est pas moins moderne. Plusieurs candidats font paraître une publicité dans le journal, soit sous la forme d'une carte professionnelle, soit par un texte plus long où certains exposent leur programme électoral[19]. Le plus élaboré est celui de Trudel qui est repris par l'équipe des cinq candidats, mais épuré des références personnelles sur le notaire. Pour sa part, une annonce de l'Association des citoyens invite les lecteurs à deux «grandes assemblées» où les cinq candidats qu'elle appuie prendront la parole.

Les programmes électoraux

Le programme préparé par J.-A. Trudel connaît une bonne diffusion à la faveur des assemblées partisanes. Lors de ces rencontres qui

---

17. *Le Nouvelliste* couvre deux des quatre assemblées. La rencontre à l'école Saint-Philippe est rapportée dans le journal du samedi 7 juillet 1928, tandis que celle tenue le dimanche à l'école Saint-Paul prévue initialement à l'école Saint-François-Xavier est relatée le lundi 9 juillet 1928, jour des élections.

18. «Une dizaine de candidats vont se présenter à la commission scolaire. L'Association des citoyens fait connaître officiellement les candidats qu'elle appuie», *Le Nouvelliste*, vendredi 6 juillet 1928, p. 1.

19. On retrouve ces annonces dans une seule édition, celle du samedi 7 juillet, p. 5, 11, 12, 14.

ELECTION

— DES —

COMMISSAIRES D'ECOLE

GRANDES ASSEMBLEES

SAMEDI SOIR, 7 Juillet   DIMANCHE SOIR, 8 Juillet

A 8 heures   A 8 heures

HOTEL DE VILLE   ECOLE St-Frs-Xavier

EN FAVEUR DES CANDIDATS CHOISIS DANS
LES DIVERS QUARTIERS DE LA VILLE ET OFFI-
CIELLEMENT APPUYES PAR L'ASSOCIATION
DES CITOYENS.

OMER BOISVERT, Menuisier, 509 St-Frs-Xavier
PAUL BOISVERT, Contremaître, 118 St-Frs-Xavier
J. A. PICHETTE, Agent d'Assurance, 261 Notre-Dame
LUDGER TELLIER, Professeur, 8 Ste-Cécile
J. A. TRUDEL, Notaire, 36 Rue Alexandre

PLUSIEURS ORATEURS ADRESSERONT LA PAROLE

QU'ON SE RENDE EN GRAND NOMBRE ENTENDRE LA DISCUS-
TION RELATIVE A LA NOUVELLE COMMISSION SCOLAIRE

ANNONCE

Invitation de l'Association des citoyens à deux assemblées publiques, *Le Nouvelliste*, samedi 7 juillet 1928, p. 14.

rassemblent une assistance nombreuse, les cinq candidats mettent l'accent sur leurs talents personnels tout en promouvant le programme de l'équipe, basé sur l'honnêteté d'une administration saine et progressive. Peu abordent la vie scolaire ou les questions pédagogiques, si ce n'est L. Tellier qui dit vouloir encourager le personnel enseignant à façonner les âmes et les intelligences des enfants. La question des édifices et des finances intéresse davantage les orateurs. Le souhait d'avoir des écoles hygiéniques et bien aérées qui ne coûtent pas trop cher est un argument traité par quatre des candidats.

C'est sous les applaudissements de la foule que Trudel prend la parole. Il rappelle l'importance du moment «parce que c'est la première fois qu'il y a une élection spécialement pour la commission scolaire», ce qui laisse supposer qu'il ignore l'existence d'une précédente commission entre 1845 et 1868. En homme de loi, il expose que la première tâche des nouveaux commissaires sera d'exiger une modification de la loi scolaire afin de l'adapter aux besoins particuliers de la ville de Trois-Rivières. Par ailleurs, Trudel précise ses idées quant aux plans de construction d'écoles dont les architectes doivent prévoir qu'elles puissent être agrandies selon les besoins. Il rappelle que l'équipe actuelle est unie tout en étant indépendante de l'association malgré l'appui que celle-ci lui donne. On sent déjà la stature d'un futur président.

Trudel, dans ces assemblées, ne précise pas sa conception du rôle du commissaire telle qu'elle figure dans son programme électoral écrit. La rareté d'un tel témoignage mérite que l'on s'y arrête. Il décrit ainsi cette fonction :

> Il n'est pas nécessaire, il me semble, de dire l'importance de l'instruction que l'on doit donner à nos enfants dans une ville comme la nôtre. Si le père de famille se dépense sans compter dans l'espérance que ses enfants seront plus instruits qu'il n'a eu l'avantage de l'être ; [...] pour leur laisser en mourant un patrimoine qui ne se dilapide pas, il a le droit de compter sur les commissaires d'écoles qu'il a choisis pour l'aider à mettre cette tâche à bien, et c'est pourquoi il cherche à trouver des hommes assez dévoués pour lui apporter l'assistance de leur expérience et de leurs connaissances.

Sa compréhension de la tâche du commissaire d'écoles s'appuie sur une idéologie qui n'est pas sans rappeler celle qui est véhiculée par l'Église qui, au nom des parents catholiques, défend des principes en matière d'éducation. Dans cette optique, l'État joue un rôle d'exécutant des politiques de l'Église en regard de l'instruction publique, il n'est pas le maître d'œuvre de projets éducatifs.

Ludger Magny, J.-A. Saint-Pierre et Frédéric Houde proposent des programmes plus ou moins élaborés[20]. Magny s'inquiète de l'absentéisme des élèves alors que Saint-Pierre veut représenter les intérêts de la classe ouvrière tout en favorisant une administration économe. Dans son *Manifeste* arborant sa photo, le dentiste Houde cherche visiblement à se distinguer. Il dit espérer pouvoir diminuer les taxes, construire des écoles hygiéniques, rendre les enfants plus sensibles à leur environnement et les préparer à des études supérieures. Tous

---

20. Ludger Magny, marchand de chaussures tandis que J.-Émile Dessurault, dont on parle plus bas, est commis. Information tirée du *Guide des Trois-Rivières, 1917-1918*, Trois-Rivières, Le Bien public, 1917.

soulignent leur indépendance de parti. Un autre candidat, J.-Émile Dessurault, signifie simplement son intention de briguer les suffrages et annonce qu'il publiera son programme dans la prochaine édition du journal. Mais il faut croire qu'il y a finalement renoncé car nous n'en avons pas trouvé de trace.

Le jour du vote, le lundi 9 juillet, dans son article intitulé «C'est un devoir de voter aujourd'hui», le journaliste semble prendre position: «La liste des candidats mis en nomination cet avant-midi n'offre peut-être pas un choix extraordinaire. Elle n'en contient pas moins des candidats s'imposant contre tous leurs rivaux par leur compréhension des problèmes scolaires et leur sens des affaires. Ce sont ceux-là qu'il importe de choisir comme commissaires d'école.» L'appel sera entendu.

Le résultat du scrutin

«Le "ticket" de l'Association des citoyens élu en bloc» titre en grosses lettres Le Nouvelliste dans sa première page du mardi 10 juillet. On peut voir dans le tableau ci-dessous que l'équipe appuyée par l'Association recueille à l'unanimité l'assentiment populaire.

Élections scolaires du 9 juillet 1928
Nombre d'électeurs: 666
Résultats du scrutin

Notaire J.-A. Trudel, élu	498
Paul Boisvert, élu	480
J.-A. Pichette, élu	469
Ludger Tellier, élu	448
Omer Boisvert, élu	395

J.-A. Saint-Pierre recueille, quant à lui, 248 votes. Il aura plus de succès en 1932 alors qu'il entreprendra une carrière de commissaire qui durera douze ans. Frédéric Houde obtient 155 voix et le libraire Charbonneau, 76[21].

Le journal relate la fin de cette journée d'élections où, après le décompte des voix, la foule s'est rassemblée devant le perron de l'hôtel de ville pour entendre les discours des nouveaux commissaires ainsi que ceux des deux représentants de l'association. Robichon souligne alors la très forte majorité des candidats élus et se dit heureux que cette lutte se soit «faite sans acrimonie et que l'on a[it] su mettre l'intérêt de

---

21. Quant aux autres candidats, voici les résultats: Émile Carrette 128 voix, Émile Dessurault et Ludger Magny en ont respectivement 82 et 78, et H. Guillemette 70.

l'éducation au-dessus des questions de parti[22] ». L.-P. Mercier, celui-là même qui avait participé aux débats parlementaires quelques mois auparavant, renchérit en insistant sur « le fait que lui libéral avéré a appuyé le notaire Trudel conservateur de tradition », puis il dresse le bilan de cette journée d'élections. Il indique qu'on avait éliminé de la liste électorale les protestants et les contribuables qui avaient des arrérages. Le scrutin a duré six heures. Comparativement au vote sur les règlements d'emprunt, auquel presque autant d'électeurs ont participé, mais en deux jours, voilà qui démontre, selon lui, l'intérêt du public pour l'instruction de ses enfants. Il se félicite qu'on ait su choisir les meilleurs commissaires.

Fidèle à sa pratique, *Le Nouvelliste* laisse aussi la parole à un candidat défait en transmettant « Un message » du docteur Houde qui remercie les citoyens qui lui ont accordé leur soutien. Il dit regretter le scrutin ouvert qui favorise l'intimidation et restreint les droits des citoyens. Toujours à la une, G.-H. Robichon manifeste, quant à lui, sa fierté en tant que président d'une association puissante. Finalement, le chroniqueur clôt cette période mémorable en observant que c'est probablement la dernière fois que l'on assiste à un scrutin ouvert. Il félicite ses concitoyens pour le très bel exemple d'esprit civique qu'ils ont manifesté en exerçant leur droit de vote.

La Commission scolaire des écoles catholiques de Trois-Rivières

Les membres de la nouvelle commission scolaire s'empressent de prendre les choses en mains. Ils ont une structure administrative à mettre sur pied et des écoles à gérer. C'est pourquoi leur premier geste sera de rencontrer sans délai l'ancienne équipe afin « [d']obtenir un modus vivendi entre la commission scolaire et le conseil municipal[23] ». Puis, viendra le temps d'affronter les défis : doter la commission d'une nouvelle charte, mettre en marche des constructions d'écoles, trouver des locaux adéquats pour installer les bureaux de la commission, analyser les budgets et réaliser les promesses électorales. La nouvelle équipe ne perd pas de temps pour se mettre au travail.

Mise en place harmonieuse de la nouvelle équipe des commissaires

La première réunion officielle se tient le 18 juillet 1928. Deux jours auparavant, à l'hôtel de ville, les nouveaux commissaires et les

22. *Le Nouvelliste*, mardi 10 juillet 1928, p. 1.
23. *Le Nouvelliste*, mardi 17 juillet 1928, p. 1.

conseillers municipaux se réunissent afin d'assurer une transition harmonieuse. Le Conseil municipal accepte que la commission scolaire utilise la salle de l'hôtel de ville et que les fonctionnaires municipaux compétents en affaires scolaires initient le personnel que la commission engagera. Le 18 juillet, en présence « d'un bon nombre de contribuables[24] », le maire Bettez procède à l'assermentation des nouveaux commissaires. Puis ces derniers choisissent à l'unanimité J.-A. Trudel au poste de président. C'est le greffier de la ville, Arthur Béliveau, qui est engagé comme secrétaire-trésorier temporaire. Dans le registre des procès-verbaux, on sent à peine le changement de direction. Seul le nom des commissaires change ainsi que leur nombre. L'intitulé de l'organisme reste le même, en attente des modifications à la Loi sur l'Instruction publique.

Dès la campagne électorale et probablement depuis plusieurs mois, le notaire J.-A. Trudel apparaissait comme le pivot du renouveau des affaires scolaires trifluviennes. Traçons un bref portrait du personnage. Le notaire Joseph-Arthur Trudel est né à Batiscan dans la circonscription de Champlain le 6 décembre 1881[25]. Il est âgé de 46 ans lorsqu'il est élu commissaire d'écoles. Il a fait ses études au Séminaire Saint-Joseph de Trois-Rivières et, en 1907, il a commencé ses études du droit auprès du notaire P.-O. Guillet. Du point de vue professionnel, il est membre de la Chambre des notaires à compter de 1921, siège à son conseil d'administration pendant plusieurs mandats et en assumera la présidence à partir de juillet 1933. Le monde de la politique l'intéresse ; son biographe note qu'il s'est « toujours mêlé de politique fédérale, provinciale et municipale ». Trudel souligne lui-même cet intérêt dans son discours le jour de l'élection scolaire en disant sur un mode humoristique « qu'il avait un peu l'habitude des défaites », mettant ainsi en évidence une victoire longtemps attendue. Tout au long de sa carrière comme président de la commission, on tiendra le notaire Trudel en haute estime. Voici quelques faits qui en témoignent.

En 1933, à la suite du décès du sénateur Philippe-Jacques Paradis, représentant du district de Shawinigan au Sénat canadien, la Commission pédagogique proposera, mais en vain, la candidature de Trudel au gouvernement fédéral[26]. L'année 1937 sera plus fructueuse

---

24. *Le Nouvelliste*, jeudi 19 juillet 1928, p. 1.
25. *Almanach trifluvien: invitation au troisième centenaire*, Trois-Rivières, Chroniques de la Vallée du Saint-Maurice, 1933, p. 173.
26. Le remplaçant ne sera nommé qu'en 1935. Il s'agit de Charles Bourgeois de Trois-Rivières qui meurt en fonction en 1940.

en honneurs pour J.-A. Trudel[27]. En janvier, il deviendra membre du comité catholique du Conseil de l'instruction publique (CIP), la plus haute instance du Département de l'instruction publique[28]. Le conseil des commissaires y verra une juste récompense pour le dévouement de son président tandis que c'est avec fierté que la Commission pédagogique recevra cette nomination « dont l'éclat rejaillit sur notre organisation scolaire et sur tous nos concitoyens[29] ». Cette nomination témoigne de l'engagement significatif de Trudel dans les affaires scolaires et de sa connaissance de l'École technique de Trois-Rivières, dont on attend qu'il la mette au profit du CIP puisque la même année un nouveau programme d'études sera mis sur pied et que le comité catholique espérera un rapprochement entre l'enseignement primaire et l'enseignement technique[30]. Le notaire Trudel présidera la commission scolaire pendant 13 ans jusqu'en 1941.

À l'exemple du président, les autres membres de la commission scolaire afficheront pour la plupart des mandats de longue durée. Les cinq membres de l'équipe élue en 1928 seront tous réélus au moins une fois. C'est Ludger Tellier, enseignant à l'École technique, qui effectuera le plus long mandat, il siégera pendant 19 ans, soit jusqu'en 1947. Les autres commissaires siégeront pendant au moins deux mandats, exception faite de Paul Boisvert qui, réélu sans opposition en 1929 en raison de la rotation imposée par la loi, n'effectuera qu'un seul autre mandat de trois ans[31].

---

27. Rappelons également qu'en 1937 le président Trudel recevra le titre de chevalier commandeur de l'Ordre de Saint-Grégoire-le-Grand conféré par le pape Pie XI. Cette reconnaissance lui aura sûrement été attribuée en tant que catholique engagé et défenseur de l'idéologie véhiculée par l'Église en matière d'éducation.

28. Il comble le poste laissé vacant par le juge Wilfrid Mercier décédé. *L'Enseignement primaire*, 58ᵉ vol., 1936-1937, p. 453. Rappelons que le comité catholique, organisme du Département de l'instruction publique, est composé de tous les évêques de la province qui y siègent d'office ainsi qu'un nombre égal de laïcs.

29. Archives de la Commission scolaire du Chemin-du-Roy, Registre des procès-verbaux du 22 janvier 1937 et Registre de la Commission pédagogique, dossier 6309-12 3442, résolution du 28 janvier 1937.

30. Normand BAILLARGEON, « Les programmes de 1937 à 1941 », dans Michel Allard et Bernard Lefebvre, dir., *Les programmes d'études catholiques francophones du Québec*, Montréal, Les Éditions Logiques inc., 1998, p. 510.

31. En 1942, à la faveur d'une modification à la loi scolaire, les femmes propriétaires peuvent être élues au poste de commissaire d'écoles. En 1961, la loi permet aux parents d'enfants d'âge scolaire d'être candidats. Voir Jean-Pierre PROULX, « L'évolution de la législation relative au système électoral québécois (1829-1989) » dans *Historical Studies in Education/Revue d'histoire de l'éducation*, 10, nᵒˢ 1-2, 1998, p. 20-47. Il faut attendre 1965 pour qu'une première femme soit élue commissaire à Trois-Rivières. Il s'agit de Jacqueline Hébert-Argall. Elle en sera présidente de 1970 à 1972. Le scrutin universel

Une nouvelle charte conforme aux changements souhaités

En mars 1929, neuf mois après leur entrée en fonction, les commissaires confient à un avocat trifluvien, maître Joseph Barnard, le mandat de suggérer des modifications à la charte afin de répondre aux exigences d'une ville en plein essor. On lui recommande de mener une étude comparative avec d'autres villes. Presque deux ans plus tard, en décembre 1930, une proposition détaillée est entérinée par les commissaires avant d'être transmise au gouvernement. La première modification concerne la nouvelle appellation : la Commission des écoles catholiques de Trois-Rivières. Calquée sur celle de sa consœur de Montréal et un peu sur le Bureau des commissaires d'écoles catholiques romains de la cité de Québec, elle met en évidence le caractère confessionnel des écoles trifluviennes. D'autres changements touchent, entre autres, le mode de scrutin lors des élections scolaires, la nomination d'officiers nécessaires à l'administration et la création d'un comité spécial appelé « Commission pédagogique » à l'exemple de Québec (1926) et de Montréal (1928). On demande également la nomination de visiteurs d'écoles rémunérés qui feront la tournée des écoles une fois tous les six mois. Plusieurs mesures concernent l'administration des finances[32]. Ces modifications à la charte donnent un caractère urbain à la commission scolaire tel qu'il a été souhaité durant la campagne électorale. L'attente de la nouvelle charte n'entrave cependant pas le travail des commissaires.

Une décennie de réalisation
L'administration des affaires scolaires

La lecture des procès-verbaux représente une sorte d'entrée en matière dans la connaissance approfondie d'une telle institution malgré les propos laconiques des transcriptions et la non-disponibilité des documents annexes comme la correspondance, les rapports présentés au conseil ou les engagements de personnel. Néanmoins, à travers les résolutions adoptées une trame apparaît et laisse entrevoir le cheminement de l'administration des affaires scolaires trifluviennes.

Les nouveaux commissaires ne perdent pas une minute et passent à l'action rapidement. Ils doivent administrer 16 écoles qui accueillent 5 636 élèves répartis dans 150 classes. Dix écoles offrent le cours

---

établi en 1971 permettra à d'autres femmes d'accéder à cette fonction longtemps limitée aux hommes.

32. Les modifications effectuées lors de la session de la Législature 1930-1931 figurent dans la loi 21 Geo V.

supérieur et trois autres, le cours complémentaire. On manque d'espace, si bien que la commission devra, selon l'inspecteur A. Auger, construire trois écoles, en agrandir deux et louer au moins un local dans la paroisse Saint-Philippe.

Dès la deuxième réunion, le 27 juillet, il est question d'achat de terrains pour y bâtir une école destinée aux enfants catholiques anglophones et, le 15 août, on fixe les conditions d'admission des élèves canadiens-français dans cet établissement. Entretemps, l'école Saint-Patrice, le nom étant habituellement francisé dans les registres, est logée dans un édifice appartenant à la Corporation épiscopale rue Royale[33]. Une première promesse électorale est en voie d'être remplie. Un deuxième projet de construction se prépare au printemps de 1929, l'école Saint-Sacrement. D'autres suivront bientôt, les écoles Sainte-Marguerite et Saint-François-d'Assise, tout comme seront louées des classes à proximité d'autres écoles afin de répondre à la croissance démographique.

Pour les aider dans leurs tâches, les commissaires décident de former des comités, chargés, par exemple, de l'engagement du personnel enseignant laïque ou des employés d'entretien des édifices. Eux-mêmes s'occupent principalement des questions financières. Ainsi, le 6 septembre 1928, la taxe scolaire augmente de 0,10 $, portant le taux à 1,00 $ pour chaque 1 $ d'évaluation des propriétés foncières. Les commissaires entérinent la résolution d'abolir la taxe des locataires prise par l'ancien conseil en décembre 1927 et entrant en vigueur en 1928. Par contre, ils rétablissent la rétribution mensuelle. Cette taxe est de 0,35 $ par mois pour chacun des dix mois de l'année scolaire payable pour tous les enfants «en âge de fréquenter l'école», soit entre 7 et 13 ans révolus qu'ils aillent ou non à l'école. Les écoliers de 5 et 6 ans et ceux de 14 et 15 ans doivent également payer cette mensualité. Cette taxe pèse lourd sur les familles nombreuses et celles à faible revenu. D'ailleurs plus de la moitié des parents ne réussiront pas à l'acquitter[34].

En décembre 1928, l'autonomie de la nouvelle commission scolaire se manifeste par l'embauche d'un secrétaire-trésorier, le notaire J.-U. Grégoire. Le personnel permanent compte aussi un assistant secrétaire-trésorier, un sténographe, un surintendant des écoles. La

---

33. Selon A. PROULX, *Une commission scolaire dans la Cité*, Trois-Rivières, la Commission scolaire de Trois-Rivières, 1998, p. 21, les élèves anglophones occupaient le 3ᵉ étage du marché aux denrées rue des Forges.

34. *Le Nouvelliste*, lundi 17 mai 1937, p. 3. Propos tenus par le président Trudel lors de l'inauguration de la bénédiction du nouvel immeuble le dimanche précédent.

commission scolaire rémunère également un médecin et un dentiste qui font la tournée des classes. D'autres gestes contribuent à distinguer clairement commission scolaire et conseil municipal : la prise de possession des livres comptables et la location d'un immeuble en janvier 1929.

Dans les questions touchant l'enseignement ou la vie pédagogique, rarement commentées dans les registres, la tradition se maintient fort probablement, c'est-à-dire que les communautés religieuses qui dirigent les écoles sous le contrôle des commissaires continuent d'orienter l'enseignement comme elles le font depuis le XIXe siècle. Les rapports de l'inspecteur des écoles sont toujours élogieux quant à la qualité du personnel et à la tenue des classes. Le visiteur ecclésiastique partage la même opinion.

La Commission pédagogique (1932-1958)

La nouvelle charte de la commission scolaire prévoit la création d'une commission pédagogique, ce qui constitue un changement notable au sein de l'administration des écoles. Cet organisme doit conseiller les commissaires sur toutes les questions touchant l'éducation. Son mandat est vaste, citons-en les principales composantes : la surveillance non seulement du mode d'enseignement et du cours des études, mais également du personnel enseignant ; l'agrément d'une liste de livres pour les écoles de filles et celles des garçons ; la réception des rapports des visiteurs d'écoles et le règlement des différends pouvant survenir dans les établissements scolaires, etc. Dans son mandat, on indique non seulement qu'elle peut faire toutes les suggestions utiles aux commissaires, mais qu'elle doit s'inspirer de ce qui se fait de mieux ailleurs. Ainsi elle doit :

> Faire à la commission scolaire toutes suggestions utiles dans le but de porter au plus haut degré possible l'efficacité de l'enseignement dans les écoles [...] et s'inspirer de l'expérience acquise par les meilleures institutions enseignantes d'ailleurs, pour appliquer [...] les méthodes les plus modernes, tant sous le rapport éducationnel que sous le rapport des conditions hygiéniques des classes et des écoles[35].

Le président siège d'office à cette commission composée, en 1932, de quatre ecclésiastiques et d'un frère enseignant : les abbés Henri-A. Vallée, principal de l'École normale, Donat Baril de la paroisse du

---

35. Archives de la Commission scolaire du Chemin-du-Roy, Registre des procès-verbaux. 19 décembre 1928, Résolution intitulée : Projet d'amendement à la loi de l'instruction publique de la province de Québec, bill 137, article 223g, paragraphe k.

Très-Saint-Sacrement, représentant les curés du diocèse, Eddie Hamelin, professeur au Séminaire Saint-Joseph, représentant le supérieur de cet établissement ainsi que Philippe Normand, desservant des catholiques de langue anglaise. Le frère Hébert (Ernest Rochette), frère des Écoles chrétiennes, directeur de l'Académie De La Salle, représente les religieux enseignants. Aucune religieuse enseignante ne fait partie de la liste élaborée à l'article 223c. Les procès-verbaux montrent néanmoins que les religieuses seront, à l'occasion, consultées sur des points concernant les écoles sous leur direction.

On peut s'imaginer que ce n'est pas sans regret que les religieuses se voient exclues des travaux qui concernent la gestion de l'enseignement dans les écoles publiques de Trois-Rivières. Officiellement, elles ne semblent pas protester. Cependant, lorsqu'un sous-comité de la commission sera formé, en juillet 1948, réunissant toutes les directrices et tous les directeurs d'écoles afin de faire « toutes les suggestions respectueuses » « en vue du bien commun », la supérieure des ursulines acceptera d'y participer non sans rappeler la longue collaboration des sœurs dans le domaine de l'éducation.

> Comme les Ursulines sont les plus anciennes institutrices des Trois-Rivières, il nous fait plaisir d'inviter le Sous-comité à tenir ici ses séances et nous avons l'espoir qu'on répondra volontiers à l'invitation des religieuses qui ont à leur crédit une expérience deux fois et demie séculaire[36].

Ses procès-verbaux laissent voir que la tâche de la Commission pédagogique est variée dès sa première réunion, tenue le 29 avril 1932. Donnons quelques exemples. Ainsi, le 25 mai 1932, une résolution est adoptée dans le but de proposer à l'évêque de Trois-Rivières d'admettre à la communion solennelle les élèves de la ville non plus d'après leur âge, mais uniformément dans le cours de leur quatrième année du programme, à la suite d'un examen écrit sur l'ensemble du petit catéchisme de la province de Québec dans lequel ils auront conservé au moins 60 % des points. En octobre de la même année, il est proposé de transmettre une lettre circulaire aux directeurs et directrices d'écoles demandant d'aviser les instituteurs et les institutrices laïques qu'il ne leur est pas permis de travailler dans les

---

36. Archives de la Commission scolaire du Chemin-du-Roy, Dossier Commission pédagogique, 6309-12 3442. Lettre expédiée par la supérieure des ursulines de Trois-Rivières en date du 24 septembre 1948. La réunion se tiendra à son monastère le 27 septembre suivant.

magasins, restaurants et autres endroits du même genre, ni d'occuper un autre emploi incompatible avec la dignité de leur profession. On constate également que le frère Hébert, directeur de l'Académie De La Salle, trouve à la Commission pédagogique une tribune de choix pour promouvoir l'enseignement dispensé par sa communauté et surtout obtenir l'affiliation de son établissement à l'Université Laval. Enfin, la Commission pédagogique promeut et organise les examens au certificat d'études pour les élèves de 6e et de 8e année mis sur pied par le Département de l'instruction publique.

Parallèlement à tous les projets centrés sur l'éducation ou la gestion des finances, les commissaires en mènent un autre: rendre la commission scolaire visible dans l'espace public.

Un siège social définitif et un blason

Posséder ses propres locaux puis son propre édifice et se doter d'un blason: par ces gestes, la commission scolaire devient une véritable institution indépendante reflétant une image de marque. Donnons brièvement quelques détails. Après avoir quitté l'hôtel de ville, la commission scolaire occupe, dès le mois de janvier 1929, des locaux temporaires au 25a de la rue Hart, à l'ombre de la mairie. En juin suivant, elle déménage au numéro 4 de la même rue, mais doit bientôt quitter cet immeuble promis à la démolition en vue de l'agrandissement du parc Champlain[37]. Les commissaires construisent, en 1936-1937, un édifice au 1243 de la rue Hart.

Lors de son inauguration, le 1er mai 1937, *Le Nouvelliste* ne tarit pas d'éloges sur cet «édifice moderne» conçu par les architectes Gascon et Parant (*sic*). Sa façade en pierre massive «à la manière qu'on s'imagine pouvoir donner aux monuments de la forte Allemagne» est ornée d'une porte en fer forgé, œuvre des artisans Lebrun de cette ville. Le journaliste émerveillé livre une description minutieuse de tout l'immeuble: plancher en terrazo, éclairage tamisé «style japonais», une rampe d'escalier en aluminium fabriquée par les Lebrun, etc. Tout mérite son attention, jusqu'aux voûtes de la cave. Il tait cependant les armoiries sur la façade, peut-être ont-elles été posées plus tard. Un marcheur attentif peut encore voir aujourd'hui ce blason, un genre d'emblèmes qu'arborent seulement quelques édifices à Trois-Rivières, ce qui dénote d'autant plus la fierté qui animait alors les commissaires

---

37. Archives de la Commission scolaire du Chemin-du-Roy, Dossier Propriété rue Hart, boîte 6323-12 3455.

Les armoiries de la Commission des écoles catholiques de Trois-Rivières. On y retrouve les emblèmes habituels de l'identité du Canada français : le castor travailleur, la feuille d'érable, la croix d'espérance, ainsi que le livre, symbole de l'instruction à acquérir.

d'école. Quinze jours plus tard, l'évêque du diocèse, Mᵍʳ Comtois, bénit l'édifice. Dans son discours, maître Trudel précise que les commissaires sont « heureux d'offrir à la population [...] un édifice que nous croyons digne d'elle et digne de la grande cause de l'éducation[38] ». La commission scolaire est désormais bien ancrée dans la vie de Trois-Rivières.

Conclusion

Ce rappel des événements entourant les élections scolaires de 1928 nous a permis d'exposer l'intérêt des Trifluviens pour l'instruction publique et d'illustrer un pan insoupçonné de la vie sociopolitique de leur ville. Deux joueurs de taille, l'Association des citoyens et *Le Nouvelliste*, participent à la renaissance d'une commission scolaire indépendante et à l'élection de commissaires d'écoles dévoués exclusivement aux affaires scolaires. Les assemblées de quartier et le choix des candidats qui en résulte, les commentaires formulés par le

---

38. *Le Nouvelliste*, lundi 17 mai 1937, p. 3.

chroniqueur sur les questions scolaires ainsi que ses comptes rendus des assemblées publiques en vue du scrutin, sans oublier les annonces publicitaires des candidats dans ce quotidien, tout concourt à faire de l'école – durant une courte période – un enjeu social de première importance. La modernité des moyens ne surprend pas car les acteurs de cette histoire ne cessent de mesurer Trois-Rivières aux autres villes importantes.

Durant la campagne électorale, peu de blâmes sont adressés aux échevins-commissaires ; les propos parlent d'avenir, de budgets scolaires bien administrés et de construction d'écoles, avec, à l'avant-scène, une charte adaptée au monde urbain. Sans nul doute, le bilan de la campagne électoral est positif. Les candidats élus remplissent rapidement leurs promesses électorales. Avec la nouvelle charte, les commissaires mettent sur pied la Commission pédagogique, posant ainsi les assises d'une administration scolaire élaborée. Afin de répondre aux besoins d'une clientèle qui s'accroît de 300 nouveaux élèves chaque année, selon monsieur Trudel, les constructions d'écoles s'enchaînent et la vie pédagogique s'adapter à ce qui se fait de mieux ailleurs.

Le choix du notaire J.-Arthur Trudel s'avère plus que judicieux. Celui-ci possède l'envergure qu'il faut pour diriger ce projet de commission scolaire autonome. Président de la Chambre des notaires en 1933, il saisit l'importance de se mettre au diapason des villes de Montréal et de Québec et de doter Trois-Rivières d'une structure administrative efficace pour gérer les seize écoles accueillant près de six mille élèves, population écolière en constante augmentation. L'idéologie conservatrice de maître Trudel semble convenir à la population, d'autant plus qu'il est en accord avec les principes de l'Église catholique en matière d'éducation, ce qui lui vaut la reconnaissance du Vatican. L'engagement de maître Trudel envers les affaires scolaires lui mérite par ailleurs sa nomination au sein du Conseil de l'instruction publique.

Le nouvel édifice construit en 1937 et l'adoption d'un blason reprenant certains symboles des armoiries de la ville de Trois-Rivières témoignent d'une manière éloquente de la pérennité que les nouveaux commissaires ont voulu donner aux questions scolaires à compter de 1928. Dorénavant, la Commission des écoles catholiques de Trois-Rivières occupera une place de choix dans la vie de cette cité, son évolution le prouvera.

La place du sport et de l'activité physique dans l'éducation des couventines, des collégiens et des collégiennes à Trois-Rivières entre 1900 et 1980[1]

JUSQU'À CE JOUR, l'historiographie québécoise nous a donné peu de résultats de recherche consistants sur le thème du sport et des pratiques corporelles dans le milieu de l'éducation. Par les travaux de Donald Guay[3], nous savons toutefois que l'activité sportive est présente dans les collèges classiques vers 1870. De son côté, Roger Boileau[4] rapporte les échos d'une pratique du cricket (1854) et de la crosse (1860) au collège Sainte-Marie de Montréal quelques décennies auparavant. Existe dès le XIXᵉ siècle, au Québec, une intention de former et d'éduquer non seulement l'intellect mais aussi le corps. C'est à Mᵍʳ Langevin, principal de l'École normale Laval, que revient le mérite d'un premier ouvrage pédagogique où il est notamment question d'éducation physique : « L'éducation pour être complète doit s'occuper de toutes les dimensions de l'enfant ; elle doit tendre à perfectionner son être tout entier. On appelle éducation physique celle qui s'occupe spécialement du corps ; éducation intellectuelle celle qui s'applique aux facultés de l'esprit ; enfin éducation morale

---

1. L'auteur remercie de leur collaboration les Services des archives du monastère des Ursulines et du Séminaire Saint-Joseph.
2. Pierre Richard est professeur au cégep de Trois-Rivières et chargé de cours au Département des sciences de l'activité physique de l'Université du Québec à Trois-Rivières. Il est l'auteur de *Curling ou le jeu de galets : son histoire au Québec, 1807-1980*, Paris et Montréal, L'Harmattan, 2007, 344 p.
3. Donald GUAY, *La conquête du sport. Le sport et la société québécoise au XIXᵉ siècle*, Outremont, Lanctôt Éditeur, 1997, 244 p.
4. Roger BOILEAU, *L'Église et le sport au Québec à la lumière du concept d'acculturation*, Thèse de doctorat, Université Laval, 2007, p. 362.

celle qui a rapport au cœur[5]. » Ainsi, le vocable éducation physique[6] doit être interprété dans un sens très large. Cette conception « hylé-morphique[7] » appliquée à une éducation du physique constituera le pilier principal de toutes les formes d'activités physiques qui seront déployées dans les couvents et les collèges catholiques au cours du XXe siècle. L'ouvrage synthèse[8] du docteur Antoine Paplauskas-Ramunas en 1954 en retrace l'évolution et réaffirme cette position de l'Église.

Selon quelles nécessités les pratiques corporelles se développeront-elles dans les établissements scolaires? Ou si l'on pose la question plus simplement, comment justifie-t-on, au XXe siècle, qu'il faut éduquer le corps? L'historiographie fournit des pistes de réponse. Guay[9] a repéré quelques courants de pensée qui traduisent bien les attentes de l'époque en matière d'éducation physique: le militarisme, l'hygié-nisme et l'humanisme intégral. On fortifie le corps dans le but de créer des constitutions solides pour la guerre, pour la préservation de la santé ou simplement par souci éducatif de développer harmonieuse-ment un homme complet. Des jeux physiques, des sports, de la gym-nastique et des mouvements tels la marche et la course constituent les moyens dont disposent les collèges afin de remplir cette mission d'éduquer le physique. C'est donc un faisceau d'influences qui sous-tend cette pratique d'activité physique, sans oublier que les méthodes européennes, les gymnastiques suédoises, allemandes et françaises, elles-mêmes tributaires de certaines intentions précises, sont elles aussi connues et appliquées au Québec.

Par conséquent, notre ambition sera de situer la naissance de l'édu-cation physique dans le milieu scolaire trifluvien, d'en saisir la logique de développement et de reconnaître les influences qui l'ont marquée. Dans une sorte de mise en parallèle, nous avons tourné notre regard vers deux établissements qui constituent de véritables institutions dans le paysage scolaire de la Mauricie: le Séminaire Saint-Joseph et le collège Marie-de-l'Incarnation. Cette stratégie s'imposait d'elle-même,

5. *Ibid.*, p. 269.
6. À l'époque, ce vocable ne décrit pas un champ disciplinaire universitaire et une profes-sion comme c'est le cas aujourd'hui.
7. Selon cette formulation aristotélicienne et thomiste, le corps (*ùλ*, matière) et l'âme (μορφ, forme) ne peuvent être dissociés.
8. Antoine PAPLAUSKAS-RAMUNAS, *L'éducation physique dans l'humanisme intégral*, 2e édition, Ottawa, Les Éditions de l'Université d'Ottawa, 1960, p. 75.
9. Donald GUAY, *L'histoire de l'éducation physique au Québec*, Chicoutimi, Gaëtan Morin éditeur, 1981, 149 p.

car il ne peut y avoir une histoire de l'éducation physique au Québec tant soit peu complète sans que la contribution des femmes soit mieux connue. Ajoutons que cette approche ne cherche pas à établir la supériorité d'un groupe sur l'autre. Nous savons, et l'historiographie[10] le confirme, que les loisirs des garçons diffèrent de ceux des filles. La musique, le chant et la peinture occupent en bonne place les moments de détente de celles-ci. La naissance tardive du collège Marie-de-l'Incarnation en 1935 pouvait encore faire obstacle à notre démarche d'analyse, mais c'était sans compter sur l'existence et la longue tradition du couvent des Ursulines qui a offert une première matière à réflexion[11]. Bien sûr, notre étude ne se prétend pas exhaustive : l'école publique devra également faire l'objet de recherches. Un certain nombre de documents ont donc été dépouillés dans les deux établissements. Au séminaire, les prospectus annuels reliés de 1875 jusqu'à 1968 forment la principale source de référence. Chez les Ursulines, nous nous sommes retrouvés devant un corpus plus varié, composé notamment de prospectus de l'école, de journaux étudiants, de programmes scolaires et de photographies anciennes. En périphérie, les registres de la congrégation des Enfants de Marie (1894-1912) et les Annales des Ursulines (1920-1948) ont été examinés. Enfin, il a été possible de réaliser quelques entrevues avec des témoins, élèves des années 1940, 1950 et 1960.

Que cherchions-nous au juste ? Il ne fallait pas s'attendre à découvrir un programme d'éducation physique élaboré en toute netteté, un peu comme le ministère de l'Éducation en conçoit aujourd'hui. Nous avons dû étendre le champ de nos investigations à un univers beaucoup plus vaste, c'est-à-dire celui de la cour de l'école ou de la salle de récréation et examiner toutes les formes d'activités physiques qui contribuent à « éduquer le physique » selon une chronologie étendue qui va des débuts du séminaire jusqu'aux années 1980. Sur ce terrain encore inexploré de l'histoire de l'éducation physique, les études de longue durée nous semblent un passage obligé avant les investigations plus ciblées sur des périodes plus restreintes. Le travail se divise donc en quatre parties qui correspondent à un découpage temporel particulier : avant 1900, du début du siècle jusqu'aux années 1940, la guerre et l'après-guerre, la Révolution tranquille.

---

10. Thérèse GERMAIN, *Les Ursulines de Trois-Rivières au XXᵉ siècle*, Sillery, Éditions Anne Sigier, 2000, 337 p.
11. Ainsi, avant 1935, nous désignerons les élèves présentes par l'appellation couventines. Elles s'appelleront collégiennes par la suite.

Avant 1900

À cette époque, y a-t-il eu une pratique significative d'activité physique au sein des établissements concernés ? Au Séminaire Saint-Joseph, la cour de récréation s'anime dès ses débuts, et vers 1870 un drôle de jeu s'y déroule : « la galoche ». Hybride entre le cricket et le baseball, il ne nécessite qu'un bout de planche, un bâton et une balle. « Mais pour se donner la chance de prendre la main plus souvent, les élèves se partageront par groupe de vingt, trente, quarante joueurs à peu près d'égale force et l'on verra parfois pas moins de 6 ou 7 jeux de galoche en même temps. Les balles croisent alors le Platon en tout sens[12]. » Quand la galoche perd de l'intérêt, d'après l'abbé Richard, des jeux de course prennent la relève ainsi que de la gymnastique, spécialement par les exercices du saut en hauteur et du saut en longueur. Toutefois, c'est bien le baseball qui devient le fer de lance des sports au séminaire, lorsque Arthur J. Gélinas, un élève franco-américain, y arrive en 1884. Selon les propos de l'annaliste rapportés par l'historien Jean-Marc Paradis[13], celui-ci s'institue « professeur de sport ». Deux équipes, le Castor et le Saint-Joseph, sont alors organisées. À Trois-Rivières, entre 1884 et 1893, le baseball n'est joué qu'au séminaire mais la fréquence des parties nous est inconnue[14]. On reconnaîtra à ces premières manifestations un caractère plutôt épisodique.

La décennie 1890 est éloquente à plus d'un égard. Le prospectus de 1891-1892 mentionne pour la première fois l'existence d'un comité des jeux et, en fin d'année, des prix sont décernés. Pourquoi pas plutôt un comité des *sports* ? Le mot sport voisine avec la langue anglaise. À cette époque et jusqu'au milieu du XXe siècle, les autorités de l'école resteront aux aguets sur la question de la francisation du vocabulaire sportif[15]. L'année 1894 voit naître une première ligue civile de baseball, dont les équipes du séminaire font partie[16]. L'année suivante, le prospectus différencie clairement les clubs de baseball : le Castor, le Montagnais et le Forestier. Sans que la fréquence des compétitions ait atteint son rythme de croisière, la stabilité des équipes de baseball

---

12. L. RICHARD, *Histoire du Collège de Trois-Rivières, première période de 1860 à 1874*, Trois-Rivières, P.V. Ayotte, 1885, 521 p.
13. Jean-Marc PARADIS, *100 ans de baseball à Trois-Rivières*, Trois-Rivières, 1989, p. 14.
14. *Ibid.*, p. 14-15.
15. À partir de l'étude des prospectus, nous avons constaté que, lorsqu'un sport nouveau fait son entrée au séminaire, le nom anglophone d'origine et le vocabulaire de ce sport ne survivent qu'un temps.
16. Cette ligue ne fera pas long feu. Paradis affirme qu'en 1897 les équipes du séminaire ne jouent qu'entre elles. Jean-Marc Paradis, *100 ans..., op. cit.*, p. 18.

témoigne d'un changement significatif dans le processus de sportivation. Timidement, le hockey fait son apparition[17] en 1895-1896. Il n'y aura pas une équipe d'élite engagée dans la compétition avant 1913, mais, à partir de témoignages d'anciens[18], on peut supposer que le sport a été pratiqué dans l'intervalle sur une base plutôt récréative. Les sports de la cour de récréation constituent dorénavant l'élément principal de la pratique d'activité physique au séminaire. Cependant, on ne peut faire abstraction de l'enseignement de l'hygiène. Sans qu'un cours soit officiellement inscrit dans le programme scolaire de l'école, des lectures ont été données aux élèves du séminaire par le docteur E.-F. Panneton durant l'année scolaire 1891-1892[19]. Le médecin recommande d'ailleurs qu'on attende au moins une demi-heure après les repas avant de commencer les exercices dans la cour de récréation. Difficile de croire que sa recommandation ait été suivie ! Les deux récréations suivant les repas ne seront pas allongées et on peut imaginer que, dans leur hâte de commencer un match, les élèves n'en tiendront pas compte. Le docteur Panneton considère que le patinage qui profite des vertus du grand air est le loisir physique par excellence. Seulement, il recommande de ne jamais exécuter les exercices au point de ressentir trop de fatigue. « Délassez-vous, mais ne vous fatiguez pas[20]. » Ce conseil sera repris par la quasi-totalité des médecins hygiénistes dans la première partie du xxᵉ siècle. Il nous est impossible de dire si les lectures hygiénistes du docteur Panneton se sont poursuivies au-delà de l'année 1892. Les bulletins d'élèves ne signalent pas cette matière.

Pendant ce temps au couvent des Ursulines... il faut reconnaître qu'il n'y a pas la même animation dans la cour de récréation. À vrai dire, on ne relève aucune pratique sportive avant 1900. Tout cela est à l'image de la société globale où les femmes sont très peu engagées dans cette forme d'activité[21], les Canadiennes françaises encore moins que les Canadiennes anglaises. Néanmoins, dans l'annuaire de 1892, sous la rubrique « cours d'étude », on peut lire que le manuel d'hygiène[22]

17. Prospectus de 1895-1896.

18. Onésime HÉROUX, « Jeux et amusements collégiaux d'autrefois », *Le Ralliement*, tome II, Trois-Rivières, 1932-1933, p. 153.

19. E.-F. PANNETON, *L'hygiène au dortoir, à l'étude, au réfectoire et en récréation*, Joliette, Imprimerie de l'étudiant, du couvent et de la famille, 1892, 19 p.

20. *Ibid.*, p. 18.

21. Ann HALL, *The Girl and the Game*, Peterborough, Broadview Press, 2002, p. 9.

22. Joseph-Israël DESROCHES, *Traité élémentaire d'hygiène privée et publique*, Montréal, Cadieux et Derome libraires-éditeurs, 1888, 186 p.

du docteur Desroches figure comme manuel de référence dans le programme. Dans tous ces manuels d'hygiène rédigés par des médecins[23], un chapitre est habituellement consacré à la locomotion ou à l'exercice. Pour les personnes dont le mode de vie est sédentaire, une pratique modérée d'exercices est unanimement recommandée. La marche et la gymnastique sont les exercices privilégiés. « La gymnastique consiste en une série de mouvements intelligemment imprimés à nos muscles. Elle est indispensable à l'homme de cabinet, surtout à la jeunesse qui étudie[24]. » Elle s'exécute à l'aide d'appareils ou simplement à main libre. Le catéchisme du docteur Desroches fournit la description d'une série d'exercices. De fait, les exercices proposés ressemblent à ce qu'on retrouverait aujourd'hui sous le vocable de « conditionnement physique ». Y a-t-il lieu de croire que ces prescriptions hygiénistes aient été suivies chez les Ursulines ? Une anecdote rapportée par l'annaliste du couvent lors de la venue des Filles de Jésus en 1903 confirme cette impression. En effet, après les discours de circonstance, « les élèves exécutent différents mouvements et font les exercices des bras avec les haltères ; puis un morceau d'orchestre et une déclamation par les toutes petites alternent avec les proclamations de notes[25] ». Bien que la cour de récréation ne soit pas le lieu d'expression d'une vie sportive, le prospectus de 1893 insiste particulièrement sur les conditions hygiéniques favorables des aires de vie des couventines. « Les cours des élèves sont ornées de magnifiques arbres formant de petits bosquets, à l'ombre desquels les jeunes amatrices de croquet se livrent à ce jeu, ou à d'autres de leur choix. Des bascules, une belle promenade couverte, de larges allées bien entretenues permettent aux élèves de prendre leur récréation en plein air, dans un lieu tout à fait salubre et attrayant[26]. » On pourrait donc conclure qu'à cette époque les religieuses démontrent une sensibilité pour l'hygiène de leurs élèves. En accord avec la vision hylémorphique, il faut donner au corps les soins qu'il nécessite. Dans un ouvrage collectif, Nadia Fahmy-Eid en vient à un constat similaire pour la communauté des Ursulines de Trois-Rivières : « Les religieuses

---

23. Les Archives du Séminaire de Nicolet comptent une collection respectable de recueils d'hygiène datant de la fin du xixᵉ siècle et du début du xxᵉ. Parmi les médecins qui se sont consacrés à la question, mentionnons les noms des principaux auteurs : les docteurs J.-I. Desroches, S. Lachapelle, P. Maisonneuve, H. Pallardy, E.-F. Panneton et J.-G. Paradis.

24. Joseph-Israël DESROCHES, *Catéchisme, op. cit.*, p. 77.

25. Thérèse GERMAIN, *Les Ursulines de Trois-Rivières au xxᵉ siècle, op. cit.*, p. 76.

26. Prospectus du couvent des Ursulines de 1892-1893, p. 2.

paraissaient constamment préoccupées de la santé des enfants qu'on leur confiait[27]. » Les taux épouvantables de mortalité infantile due aux maladies contagieuses à la fin du XIXᵉ siècle ne pouvaient qu'alimenter ce sentiment.

Le club de baseball Le Castor, 1907 (ASTR, Fonds du séminaire, cote : 0021-M6-49-08).

Du début du siècle jusqu'à la Seconde Guerre mondiale

À l'aube du XXᵉ siècle, tout est baseball au Séminaire Saint-Joseph. Selon les prospectus, le baseball figure comme l'unique sport organisé parmi les sociétés d'élèves. Rappelons-le, le hockey structuré ne refait surface qu'en 1913-1914. Le tennis s'installe la même année. Par la suite, il faudra attendre les années 1930 avant que l'offre sportive se diversifie réellement : la balle-molle et le billard (1932), la crosse (1933), le tennis de table (1933), le jeu de paume (1937). Et à la fin de la décennie, pour la première fois, on mentionne que les élèves ont

27. Nadia FAHMY-EID, « Vivre au pensionnat : le cadre de vie des couventines » dans Micheline DUMONT et Nadia FAHMY-EID, dir., *Les Couventines. L'éducation des filles au Québec dans les congrégations religieuses enseignantes 1840-1960*, Montréal, Boréal Express, 1986, p. 57.

joué au ballon à la volée (volleyball) et au ballon-panier et qu'ils ont participé à des épreuves de sauts et de lancers apparentées aux disciplines olympiques.

Les jeux de drapeau, de fers et d'anneaux complètent cette gamme de divertissements. L'hiver, si l'on ne joue pas au hockey, il est tout de

Le club de hockey du Séminaire Saint-Joseph (1920-1921) (ASTR, Fonds du séminaire, cote : 0021-M6-51-08).

même possible de patiner. Le mot sport est maintenant mieux accepté et il entre dans les pages du prospectus. Toutefois, c'est une vigilance de tous les instants qui s'exerce dans le vocabulaire sportif et les éducateurs demeurent sans merci à l'endroit des appellations anglaises. Ainsi, en 1916-1917, pour le baseball on écrira balle-au-camp et pour le hockey, gouret. Ces dénominations tiendront jusqu'au milieu des années 1950. Malheureusement, Maurice Richard ne joue pas au gouret !

Dans l'introduction nouvellement amendée du prospectus de 1936-1937, les autorités du séminaire indiquent clairement leur choix d'offrir aux collégiens « une formation intellectuelle et physique ». On souligne que « l'association des jeux s'intéresse à la vie physique des élèves[28] » avec l'objectif de les distraire et de les entretenir en bonne santé. S'il y a une préoccupation hygiéniste, c'est donc par l'intermédiaire des activités sportives et physiques récréatives que le besoin sera comblé. Roger Boileau en arrive à un constat similaire[29]. En aucun cas, il n'est question de cours d'hygiène offerts aux étudiants et les vœux jadis exprimés par le docteur Panneton d'un enseignement formel de l'hygiène sont restés sans appel. Cependant, le sport n'est pas le seul moteur d'une pratique d'activité physique. Parce qu'on ne peut faire abstraction d'un contexte social où les grandes nations entrent en guerre, l'éducation s'en trouve influencée. Déjà en 1907, la direction de l'école autorise la formation d'un corps de bataillon dans ses murs[30]. Quelques années plus tard, le fonds Strathcona est mis en place à l'échelle canadienne. Grâce à l'initiative du très fortuné Donald A. Smith, Écossais nommé Lord Strathcona, ce fonds de 500 000 $ est entièrement constitué en 1910 avec l'objectif d'encourager l'entraînement physique et militaire de la jeunesse scolaire au Canada[31]. D'ailleurs, le prospectus de 1928-1929 souligne que la médaille Strathcona a été décernée au meilleur cadet[32]. Il y a alors cinq pelotons encadrés par des instructeurs officiers. L'expression « culture physique[33] » a fait son entrée dans le prospectus. En 1936-1937, ce volet culture physique est dissocié de l'association des jeux. Ce sont toujours des militaires qui donnent les cours et, cette année-là, 18 élèves obtiennent un brevet de capacité et le prix Strathcona est toujours octroyé. Certains élèves du séminaire ont donc été mis en contact avec cette forme d'entraînement physique où le sport est absent. Sans prétendre que l'exercice des militaires constitue l'acte fondateur d'un enseignement de l'éducation

---

28. Prospectus de 1936-1937, p. 4.
29. Roger BOILEAU, *op. cit.*, p. 323.
30. Archives du Séminaire Saint-Joseph (Document M1, C30).
31. Gerald REDMOND, « Apart from the Trust Fund: Some Other Contributions of Lord Strathcona to Canadian Recreation and Sport », dans *Canadian Journal of History of Sport and Physical Education*, Windsor, University of Windsor Press, vol. 1-2, 1970-1971, p. 59-69.
32. Archives du Séminaire Saint-Joseph. Prospectus de 1928-1929.
33. L'expression culture physique n'est pas nouvelle. Le livre intitulé *Manuel de culture physique à l'usage des écoles* date de 1911. Largement diffusé, ce manuel est la traduction française par la Fondation Strathcona d'un ouvrage scolaire britannique qui recourt aux mouvements conduits de la gymnastique suédoise.

physique, on doit y reconnaître une contribution à une meilleure efficience physique des élèves et il paraît vraisemblable que la méthode militariste a éveillé chez certains élèves une conscience nouvelle du corps par l'entraînement.

Chez les Ursulines, l'examen du prospectus de 1912 laisse voir la mention suivante : « Les exercices de callisthénie viennent faire une heureuse diversion aux heures de classe[34]. » Callisthénie, voilà un mot plutôt inusité ; selon l'étymologie, c'est l'agencement des mots beauté et force. Sans avoir pu déterminer l'arrivée[35] exacte de ce néologisme chez les Ursulines, nous savons que le vocable a été utilisé par plusieurs communautés religieuses de femmes pendant la première partie du xxe siècle. Il désignait une pratique d'exercices physiques faits par différentes parties du corps souvent agrémentée par de la musique ou du chant.

Quelle tournure l'activité physique des couventines prendra-t-elle à cette période ? La gymnastique, bien sûr. S'appuyant sur un rapport adressé au Département de l'Instruction publique, on apprend qu'en 1916 elle est enseignée à l'école normale des Ursulines à toutes les élèves institutrices, mais à titre de matière facultative. « À notre école, l'enseignement de la gymnastique et de l'économie domestique est obligatoire et gratuit[36]. » Considérant ce fait, il est permis de croire que cet enseignement se rend jusqu'aux couventines. L'annaliste des Ursulines rapporte ainsi pour le mois d'avril 1934 : « Séance de callisthénie au pensionnat. Sœur Pleau fait son début comme professeur de sport[37] ! » C'est une des premières mentions du mot sport, quoi qu'elle soit faite dans un sens erroné[38]. Et, effectivement, il faut s'interroger : la cour de récréation va-t-elle s'animer autant que celle des garçons ? Non. Toutefois, documents photographiques à l'appui, on peut dire que le sport s'y pratique. Le tennis est l'activité principale à l'automne et au printemps. L'hiver, il y a possibilité de faire du patinage et à cette époque, peut-être, joue-t-on déjà un peu au hockey. Cette programmation de loisirs actifs se compare à celle qui a été trouvée à Québec ou à Montréal, avec comme dénominateurs communs des installations modestes, des équipements rudimentaires et un choix de sports qui ne heurte jamais la féminité

---

34. Archives des Ursulines (Document IV-A-17-001).
35. Le terme est en usage en Europe, mais aussi aux États-Unis au xixe siècle.
36. Archives des Ursulines (Document IV-A-09-018).
37. Archives des Ursulines (Document IV-A-09-018).
38. Erroné parce que la callisthénie ne possède pas le caractère compétitif associé à tout sport.

Manifestations de sports aux Ursulines, vers 1930 (AUTR, cote P044.0497, cote P042.0158).

ni la modestie de l'habillement[39]. Le peu d'informations récoltées sur le sport à cette période laisse penser que l'activité est irrégulière et accessoire dans les loisirs des élèves. Quand les occurrences ne se matérialisent pas, il faut tâcher de les interpréter.

De la Seconde Guerre mondiale jusqu'aux années 1960

Pendant que les collégiens continuent de s'approprier le sport dans une concordance presque parfaite avec l'idée de l'affrontement, d'un combat viril sans ménagement des forces, un stéréotype qui colle bien à la masculinité, la société convie plutôt la femme à pratiquer les sports avec grande modération. « Il y a abus quand la femme s'entraîne à certains jeux qui ne conviennent qu'à l'homme : lutte, boxe, base-ball, hockey[40]. » C'est le rejet du modèle de la « garçonne ». Les collégiennes pensionnaires se réaliseront à travers la callisthénie, la gymnastique rythmique et, si elles ne peuvent résister à l'envie de faire du sport, c'est à des modèles de grâce et d'élégance comme la patineuse Barbara Ann Scott qu'elles s'identifieront bientôt[41].

Au Séminaire Saint-Joseph, le sport de la cour et de la salle de récréation demeure la locomotive d'une pratique d'activité physique. Les années 1940-1960 sont celles de quelques transformations d'importance sur l'échiquier sportif. Le mot sport semble de mieux en mieux accepté dans le jargon puisque le prospectus de 1940 titre

39. Témoignages d'anciennes élèves provenant d'autres collèges. Nadia FAHMY-EID, « Souvenirs du pensionnat », dans *Les couventines, op. cit.*, p. 275-286.
40. Document intitulé *Culture physique* qui date du milieu des années 1930. On cite les pensées de Pie XI et du cardinal Villeneuve. Archives des Filles de Jésus.
41. Ann HALL, *The Girl and the Game, op. cit.*, p. 111.

dorénavant « Sports et jeux ». Un premier gala sportif hivernal est organisé la même année à la fête de Saint-Thomas-d'Aquin et le comité des jeux distribue des prix lors de sa séance annuelle. L'abbé J.-Edmond Dubé résume bien dans le prospectus de 1939-1940 la position de l'institution sur le sport : c'est un soutien à la pratique du sport, mais cet encouragement n'est pas inconditionnel. Il faut que l'ambition disparaisse pour que l'esprit sportif et la courtoisie la remplacent. « Ne point pratiquer le sport est une erreur, le pratiquer trop, l'exalter plus qu'il ne vaut, est une erreur encore plus grave[42]. » Boileau a interprété cette position de l'Église et des clercs comme étant un discours conditionnel d'acceptation du sport[43].

Les pratiques corporelles continuent de se diversifier : badminton (1940), gouret de salon, golf miniature (1943) et des jeux, balle-au-chasseur (1940), mississipi (1942), pneu-tennis (1943). Dès 1945, deux activités, le ballon-volant et le ballon-panier, gagnent une popularité nouvelle avec la formation de circuits de compétition. Cinq ans plus tard, le ballon-panier fait partie des principaux sports au séminaire avec la balle-au-camp, la balle-molle et le gouret, dont l'appellation se transforme en hockey en 1954[44]. Deux sports se pratiquent hors les murs : les quilles (1957) et le ski. Dès 1940, le ski fait l'objet d'une mention dans le prospectus, mais ce n'est véritablement qu'avec la formation d'un regroupement appelé « les Équipiers des cimes » que le ski trouve enfin son créneau en 1959. Dernier sport à s'inscrire sur la liste, le football « canadien ». Dans le prospectus de 1959-1960, on lira : « Depuis deux ans, ce sport intéresse vivement les élèves. » Le sport demeure l'outil le plus efficace pour faire bouger les élèves, ce qui reçoit l'aval de la direction du séminaire.

Au sport s'ajoute la création d'un service d'éducation physique en 1943-1944. Le prospectus présente ainsi sa mission : « Pour aider les Autorités à poursuivre leur but de culture intégrale des étudiants, la J.E.C. a créé un nouveau service dans l'ordre physique[45]. » La méthode naturelle de Georges Hébert[46] vise « la formation et l'entretien physique » des 255 élèves inscrits. Des cercles d'études tant

---

42. Archives du Séminaire Saint-Joseph. Prospectus de 1939-1940.
43. Roger BOILEAU, op. cit., p. 284.
44. Archives du Séminaire Saint-Joseph. Prospectus de 1954-1955.
45. J.E.C. est l'abréviation de jeunesse étudiante catholique. Archives du Séminaire Saint-Joseph. Prospectus de 1943-1944.
46. Georges HÉBERT, L'éducation physique, virile et morale par la méthode naturelle, tome I, Paris, Librairie Vuibert, 1936, 492 p.

théoriques que pratiques sont organisés. Un examen médical passé, dès le mois d'avril, les exercices commencent au dortoir à l'heure du lever. Des séances d'exercices se déroulent alors sur toutes les semaines. Le groupe conclut sa première année d'existence en émettant un vœu: « Nous espérons que l'an prochain, dès septembre, l'éducation physique sera au programme au même titre que les autres branches de l'éducation[47]. » Faut-il établir un lien entre ce service et la création en 1943 d'un comité national canadien[48] voué à rehausser le niveau physique des Canadiens? Nous n'avons pas d'indications particulières qui nous permettent de l'affirmer. Malgré tout, cette inquiétude[49] a pu être ressentie jusqu'au séminaire. Le taux d'inaptitude au recrutement des soldats atteint alors 50 %.

Le même service réapparaît dans le prospectus de 1950-1951. Cette fois, on retrouve un moniteur en chef, Émile Juneau, et dès l'année suivante Jean Panneton en devient l'aumônier. Les intentions du service restent les mêmes, mais on désire aller un peu plus loin en précisant « la noble fonction du corps dans le service du prochain et les moyens afin de spiritualiser cette édification du corps ». Le service engage donc en 1952 un maître en culture physique, Roméo Gauthier, qui vient donner ses cours aux élèves de la salle des grands, deux fois par semaine, pendant 16 semaines.

Le Service d'éducation physique représente ainsi une forme sociale nouvelle de la décennie 1940-1950. Sur quel contenu de socialisation se fonde-t-il? Le besoin d'un physique performant pour la guerre, mais aussi pour autre chose[50], une sensibilité nouvelle à l'égard de l'entraînement et des réactions de l'organisme, la recherche d'un apprentissage plus efficient dans la pratique des sports au moment où les performances d'un Émile Zatopek en athlétisme international impressionnent. Toutes ces hypothèses sont recevables, mais, selon le témoignage de Jean Panneton, l'entraînement pour l'obtention de meilleures performances sportives n'est pas l'idée forte dans la présence de ce nouveau service. D'ailleurs, ce ne sont pas les sportifs assidus de l'école qui participent le plus aux activités. On y retrouve plutôt des élèves soucieux de leur santé et d'un développement harmonieux du

---

47. Archives du Séminaire Saint-Joseph. Prospectus de 1943-1944.
48. C'est par l'intermédiaire du National Fitness Act que ce comité est créé.
49. René Chaloult, député de Lotbinière, a dénoncé le piètre état physique des Canadiens français devant l'Assemblée législative en 1941. Donald GUAY, *L'histoire de l'éducation physique au Québec, op. cit.*, p. 105.
50. Dans les prospectus, il ne sera plus question du prix Strathcona après 1945.

corps et de l'esprit, des élèves moins attirés vers des délassements à caractère compétitif comme les sports, mais simplement séduits à l'idée d'un dépassement personnel. C'est la mise en pratique de la doctrine de Georges Hébert[51] : on établit une fiche-type individuelle d'épreuves avec performances cotées. La formation physique sait prendre quelque distance du sport sans pour autant le rejeter. Tout compte fait, pendant les années 1940 et 1950, on retrouve l'expression d'une pensée analogue dans une revue comme *Collège et famille*[52]. Des articles plutôt flatteurs font l'apologie du sport et de la culture physique qui doivent rester de l'ordre des moyens afin de développer l'individu dans son intégralité.

À la même époque au collège Marie-de-l'Incarnation, le sport et l'activité physique s'affirment un peu plus que lors des décennies précédentes. En 1948, le journal étudiant *Horizons* présente, dans son édition de juin, une page complète résumant les moments forts de l'année. Sous la responsabilité d'un comité des jeux, on a joué au tennis à l'automne jusqu'aux neiges et ensuite le tennis de table a été pratiqué. Pendant l'hiver, les collégiennes ont profité d'un anneau de glace et le patin de fantaisie trouva ses adeptes et ses modèles, sans oublier la glissade. Au printemps, la balle-molle a pris le relais et enfin, durant la dernière semaine des cours, il y eut un grand tournoi de tennis[53]. Témoin de l'époque, sœur Giselle Marchand, alors élève chez les grandes, raconte que c'est avec enthousiasme que les collégiennes profitaient des moments de récréation qui se passaient surtout au grand air[54]. Le badminton commence à être joué à la même époque. En 1950, le journal étudiant fait état de la pratique du ballon-panier et du ballon-volant dans la cour de récréation. À l'occasion, des tournois s'organisent avec les autres écoles de la ville, publiques ou privées. En comparant la pratique d'activités physiques de Marie-de-l'Incarnation à celle d'autres établissements de Montréal et Québec[55], on remarque

51. Georges HÉBERT, *L'éducation physique…, op. cit.*, p. 12.
52. Nous avons effectué un dépouillement systématique de ce périodique entre 1944 et 1969. Aucune mention véritablement négative, discordante, sur le sport n'a été recensée. Laval GIRARD, « À l'école du sport », *Collège et famille*, vol. VI, n° 1, janvier 1949, p. 23-30. Théo CHANTRIER, « Pédagogie. L'âme d'un collège », *ibid.*, vol. VII, n° 1, février 1950, p. 19-30. Joseph LALIBERTÉ, « Humanisme classique. L'enseignement secondaire dans le Québec », *ibid.*, vol. XVII, n° 5, décembre 1955, p. 197-205.
53. Journal *Horizons*, juin 1948 (Archives des Ursulines, document IV-A-17-099).
54. Propos recueillis auprès de Giselle Marchand, élève au collège Marie-de-l'Incarnation entre 1946 et 1952.
55. Nadia FAHMY-EID, *loc. cit.*, p. 287-296.

que les besoins des élèves y sont peut-être mieux comblés qu'ailleurs. Du moins, très peu de collégiennes ont à se plaindre de l'accès aux installations.

Le hockey féminin ne serait pas en reste à cette période et il trouve des adeptes à Marie-de-l'Incarnation ainsi qu'à l'école Saint-Louis-de-Gonzague, aussi dirigée par les Ursulines. Accompagnées d'un entraîneur officiel et d'un médecin, «les Hirondelles» participent à quelques tournois à l'aréna de Trois-Rivières[56]. En fait, dans ces années d'après-guerre, on remarque que les élèves sont de plus en plus friandes de sport[57]. Elles souhaitent être informées par une chronique régulière dans le journal étudiant, où l'on peut lire: «Quel est le premier office d'un sport chrétiennement compris et pratiqué? Cultiver la dignité et l'harmonie du corps en développant la santé, la vigueur, l'agilité et la grâce[58].» S'exprime ainsi l'idéal d'un sport féminin différencié qui met en évidence une conception particulière de l'effort physique chez la femme et traduit un stéréotype déjà bien ancré. Moins épuisantes que celles des hommes, les activités sportives des collégiennes se feront à l'enseigne de la grâce et de la beauté. Les religieuses tolèrent, mais restent perplexes quant à leur participation au hockey sur glace et au baseball. Prenons le témoignage d'une élève sportive de l'époque, engagée dans la brève aventure du hockey à Marie-de-l'Incarnation: «Oui, les religieuses toléraient, plutôt dire qu'elles enduraient que nous pratiquions le hockey. On vivait avec la crainte d'être renvoyée. Cependant, nos parents nous appuyaient dans cette démarche et venaient nous voir jouer. Une fois convaincue de faire partie de l'équipe, la fille du juge était devenue notre caution et nous nous sentions un peu plus en sécurité[59].» Le même phénomène se remarque ailleurs. Tout en dénonçant la tenue vestimentaire, les lectures superficielles, sœur Sainte-Madeleine des Anges pointe aussi l'excès dans la façon de se divertir chez la collégienne: «Les sports violents font ses délices[60].»

---

56. Louise-Hélène ALBERT, Lucia FERRETTI et Valéry COLAS, *Ursulines de Trois-Rivières. Collège classique et collégiennes*, Québec, Éditions Anne Sigier, 2006, 134 p.

57. Témoignages de Ruth Laliberté et de Marie Berlinguet, élèves au collège Marie-de-l'Incarnation entre 1943 et 1953.

58. Journal *Horizons* 1949 (Archives des Ursulines, n° IV-A-17-099).

59. Propos recueillis auprès de Marie Berlinguet.

60. Sœur Sainte-Madeleine des Anges, «Problèmes féminins. Histoire d'une évolution», *Collège et famille*, vol. V, n° 1, janvier 1948, p. 21-29.

Callisthénie (AUTR, cote: P041.0297).

Dans ce contexte, la callisthénie reste viable et se maintient dans le programme de vie. Selon un témoignage[61], le dimanche en fin de matinée, après les obligations religieuses, une sœur énergique convie les collégiennes réunies dans la salle de réception à la pratique de la gymnastique. Les pensionnaires s'exécutent alors non sans quelques réticences, car, tout endimanchées, elles ne peuvent éviter un peu de transpiration. Il n'est aucun costume déterminé à ce moment-là, si ce n'est le port de l'espadrille. Et cette callisthénie prend encore une tournure un peu différente quand, en 1954, le journal *Horizons* rapporte : « À l'aide d'une musique appropriée, et avec l'aide de notre professeur de gymnastique, Mère Saint-Jean Bosco, une sorte de chorégraphie spectacle a été montée par des pensionnaires et présentée un peu plus tard à l'automne devant la communauté, les Mères et les élèves. Pendant cette chorégraphie, on imite des mouvements du balayage, de la préparation des pâtes et autres activités tant des religieuses que des élèves. Après ce premier succès, en novembre, on en vint à l'achat et l'utilisation d'un costume spécifique : meddy blanc et jupe bleu marin. En décembre, on chorégraphia la naissance de Jésus[62]. »

61. Propos recueillis auprès de Giselle Marchand.
62. Journal *Horizons*, 1953-1954 (Archives du CMI, n° IV-A-17-099).

Badminton à partir d'installations rudimentaires, 1958-1959 (AUTR, cote: P042.0287).

Le programme scolaire de cette période n'offre pas encore un cours d'hygiène. En fait, on vise la même formation classique que celle qui est dispensée chez les garçons où ce genre de cours n'existe pas. Et, surtout, il ne peut être question d'un programme différencié où des matières secondaires comme l'hygiène et l'art ménager absorberaient le temps accordé aux matières dites sérieuses. Les collèges classiques de jeunes filles sont engagés dans un plaidoyer farouche pour une formation classique équivalente chez la femme[63]. Le défi est de taille, on revendique aussi l'accès aux études supérieures et la possibilité d'exercer une vie professionnelle : « La femme a le droit de gagner sa vie en rapport avec ses goûts et ses aptitudes[64]. » Devant cette urgence, l'équité dans les sports apparaît comme une question un peu contingente. Une autre propagandiste du droit à l'égalité pour la femme

---

63. Mémoire des collèges classiques de jeunes filles du Québec à la Commission royale d'enquête sur les problèmes constitutionnels, *La signification et les besoins de l'enseignement classique pour jeunes filles*, Montréal, Fides, 1954, p. 29.
64. Monique BÉCHARD-DESLANDES, « Problèmes féminins. La femme et les humanités classiques », *Collège et famille*, vol. XII, n° 3, juin 1955, p. 99-104.

l'exprime ainsi : « À première vue, il y a trois choses que l'on reproche à la femme moderne : la mode, le sport et l'étude. Nous laisserons de côté la question de la mode, pas trop sérieuse, et aussi la question du sport bien qu'elle soit d'un grand intérêt[65]. » Et en toile de fond à ces revendications légitimes de formation, se profile un enjeu de taille, celui du financement des collèges classiques féminins où ces derniers n'ont jamais eu voix au chapitre pour ne pas dire qu'ils ont subi une injustice en étant complètement exclus des programmes de subvention pendant près de 50 ans[66]. Les installations de la cour de récréation auraient certainement pu en bénéficier.

Avec la Révolution tranquille...

À peine entrons-nous dans la décennie 1960-1970 que l'abbé Jean Trudel Hébert devient « professeur de culture physique dans les syntaxes » au séminaire. Le prospectus révèle aussi que les élèves de première année (élément) ont reçu des cours d'éducation physique. L'année suivante, les cours s'étendent aux élèves de la dixième année (méthode) et le nouveau gymnase est enfin réalité. Gabriel Robert, diplômé de la marine de guerre française et diplômé en gymnastique médicale, devient le professeur d'éducation physique. Charles Thiffaut et Yvon Lamarche entrent à l'emploi du séminaire dans les années suivantes, de sorte que l'éducation physique couvre désormais les cinq premières années du cours classique. Nous sommes en 1963. Renforcée par la venue de diplômés universitaires, l'éducation physique a donc fait une entrée discrète mais remarquable dans les collèges privés du Québec avant que le rapport Parent (1964) ne confirme sa nécessité et sa présence obligatoire dans tous les établissements secondaires du Québec. À la même époque, le collège Marie-de-l'Incarnation n'est pas en retard sur le séminaire. Selon le témoignage d'une ancienne étudiante[67], des cours formels d'éducation physique existent au début des années 1960 et un costume précis a fait son apparition. De plus, le collège Marie-de-l'Incarnation procède à son tour à un agrandissement, entre autres pour loger de nouvelles installations sportives : un grand gymnase et même des allées de quilles. Sans que la cour d'école

---

65. Françoise MAILLET-LAVIGNE, « Problèmes féminins. La femme est avant tout une personne humaine », *Collège et famille*, vol. VIII, n° 4, octobre 1951, p. 175-182.
66. Mémoire des collèges classiques de jeunes filles du Québec à la Commission royale d'enquête sur les problèmes constitutionnels, *op. cit.*, p. 15.
67. Propos recueillis auprès de Louise Gabias, élève au collège Marie-de-l'Incarnation entre 1960 et 1967.

y ait été l'hôtesse d'autant d'activités sportives que celle du séminaire pendant la première moitié du XXᵉ siècle, l'enseignement de l'éducation physique s'y dispense à partir des mêmes années. Tout compte fait, les deux établissements affiliés à l'Université Laval reçoivent des directives similaires concernant le contenu des programmes et ils appliquent ces dernières avec rigueur.

Qu'en est-il du sport pendant les récréations? Le séminaire demeure résolument « sportif ». Toutefois, la grande popularité du baseball professionnel des années 1950[68] finit par jouer un mauvais tour à l'activité du séminaire. On peut supposer que les collégiens doués, les meneurs de ce sport, préfèrent maintenant jouer pour des équipes civiles dans un calendrier qui couvre tout l'été. Ce sport pionnier, qui a fait les beaux jours de l'école pendant près de 100 ans, cède maintenant la place à une activité mieux intégrée dans le calendrier scolaire, le football canadien. Le sport au séminaire s'inscrit donc sous le signe de la continuité avec un service[69] particulier qui intègre désormais le sport intramural.

Au début de la décennie 1960-1970, le sport pratiqué au collège Marie-de-l'Incarnation ne revêt pas encore la même importance qu'au séminaire. D'ailleurs, selon le témoignage de Louise Gabias, c'est avec philosophie que sont vécus le sport et la compétition. On n'en fait pas une question existentielle. Pendant cette période, les premiers entraîneurs laïques font leur entrée à l'école et, graduellement, l'enjeu de la victoire va trouver toute sa signification. Au début de la décennie 1970-1980, trois sports, le basketball, le volleyball et le handball, permettent la formation de quatre équipes interscolaires. Les succès en basketball sont rapides et les équipes se hissent parmi les meilleures d'un circuit qui comprend les autres écoles secondaires publiques[70]. Quand le collège tient son gala des mérites sportifs[71] en 1980, on constate que le rattrapage sportif amorcé au cours des années 1950 est complété. Les collégiennes de Marie-de-l'Incarnation comprennent et vivent la compétition de la même façon que les garçons. Les autorités de l'école en prennent acte et les programmes sportifs deviennent un atout supplémentaire dans la promotion de l'établissement.

---

68. Jean-Marc PARADIS, *100 ans...*, *op. cit.*, p. 87.
69. Le comité des jeux change de nom en 1963. Il se nommera dorénavant service des sports.
70. Journal étudiant *Glèbe* (Archives des Ursulines, document IV-A-17-104-9).
71. Feuillet du Gala des mérites sportifs (Archives des Ursulines, document IV-A-17-198-6).

Match de football entre le collège de Berthier et le Séminaire de Trois-Rivières, en 1957 (ASTR, Fonds du séminaire, cote: 0021-M6-053A-01).

Conclusion

Nous pouvons donc conclure qu'en 1980 le Séminaire Saint-Joseph et le collège Marie-de-l'Incarnation sont arrivés par des voies différentes au même niveau de développement du sport et de l'enseignement de l'éducation physique.

Pendant la première moitié du XXe siècle, le sport exerce un attrait considérable chez les garçons et il occupe presque tout l'espace des loisirs. Accepté des clercs quand on le pratique avec une certaine modération, il représente un outil de formation aux multiples vertus. Dans une école qui comptait déjà plus de 200 élèves en 1880 et dont le nombre ne fera qu'augmenter par la suite, il permet l'occupation efficiente, rationnelle, du temps libre par des activités de masse. C'est une nécessité que d'assurer le contrôle social de cette aire de vie. Des formes de mouvement sans compétition, les exercices militaires et l'hébertisme existent aussi dans une moindre mesure et poursuivent les mêmes finalités.

Chez les Ursulines, une sensibilité hygiéniste[72] réelle se traduit par des pratiques corporelles distinctes pour les jeunes filles : callisthénie,

---

72. Rappelons que les Ursulines de Trois-Rivières ont été aussi des religieuses hospitalières.

gymnastique et présence beaucoup plus timide du sport. Après la Seconde Guerre mondiale, les autorités religieuses admettent toujours difficilement les sports virils, leur préférant tout ce qui ne choque pas l'expression de la féminité ou de la modestie. La véritable mutation de cet établissement vers le sport s'amorce donc au cours des années 1960 et elle s'affermit dans la décennie suivante. Le séminaire ne vit pas le même phénomène. Le sport s'y est consolidé depuis longtemps. Toutefois, pour les deux institutions, la Révolution tranquille marque un passage important : la responsabilité de l'organisation des sports incombe dorénavant à des professeurs d'éducation physique laïques.

Il en va de même avec les cours formels d'éducation physique ; les nouveaux diplômés universitaires du domaine prennent le relais des premiers moniteurs formés de manière plutôt aléatoire. Par contre, notre recherche a révélé que les premiers appels pour un enseignement de l'éducation physique sont venus dès 1943, avec la création du Service d'éducation physique au séminaire. À juste titre, la mise sur pied de ce service peut être considérée comme un acte fondateur. Sans statut pédagogique officiel, il n'en constitue pas moins le premier pas vers l'enseignement reconnu de l'éducation physique. C'est aussi une affirmation du vocable car la plupart du temps, à cette époque, on ne parle que de culture physique au Québec. Quinze ans s'écouleront avant l'avènement de cours véritables. Pourquoi une aussi longue attente ?

On peut avancer l'hypothèse que l'absence d'une formation universitaire de haut niveau à cette époque en est la cause. L'Université McGill a formé ses premiers éducateurs physiques au cours des années 1920. Par la simple statistique[73] du nombre de gymnases à Montréal en 1944, nous savons que de l'éducation physique est offerte dans les établissements anglophones du Québec au cours de ces années. Les premiers francophones sortiront de l'Université d'Ottawa au milieu des années 1950 et l'engagement et la direction qu'ils apporteront seront par la suite une source d'inspiration pour tout le domaine de l'éducation physique québécoise.

---

73. Donald GUAY, *L'histoire de l'éducation physique au Québec, op. cit.*, p. 106.

Reynald Rivard, un psychologue au service des enfants exceptionnels et de leurs familles (1947-1968)

LUCIA FERRETTI ET CHANTAL BOURASSA[1]

ENTRE 1947 ET 1968, la carrière de l'abbé Reynald Rivard trouve son fil conducteur dans les réponses qu'il apporte aux questions suivantes : quelles sont les conditions de la pleine croissance physique, intellectuelle, morale, sociale, émotive et religieuse des enfants ? Comment les assurer aussi à ceux qui vivent avec un handicap ou sont privés d'une famille dite normale selon les critères du temps ? Quelle éducation donner à ces enfants pour les préparer à devenir des adultes chrétiens capables de contribuer à la société dans toute la mesure de leurs talents[2] ?

Reynald Rivard est né en 1919 à Trois-Rivières. Dès son ordination à la prêtrise, en 1944, il commence à travailler étroitement avec l'abbé Charles-Édouard Bourgeois, le grand organisateur des services à l'enfance sans soutien dans le diocèse de Trois-Rivières. À partir de 1947, il cumule trois fonctions. En effet, il est assistant aumônier à l'orphelinat pour les garçons de six à douze ans, directeur de la clinique d'hygiène mentale qui ouvre ses portes cette année-là, et directeur adjoint de l'agence diocésaine de service social. Après ses études universitaires, il s'impose rapidement comme une référence au Québec pour ce qui concerne la psychologie de l'enfance appliquée à l'éducation.

Artisan de la réforme des principaux orphelinats trifluviens, Rivard est aussi le maître d'œuvre des premières classes spéciales organisées dans le diocèse, et un pionnier de la formation des éducateurs des

---

1. Un merci chaleureux à madame Anita Cadotte, qui a constitué le fonds Rivard pendant plus de cinquante ans et l'a déposé au service des Archives du Séminaire Saint-Joseph (ASTR), où il est conservé sous la cote FN 0733. Lucia Ferretti est historienne et professeure à l'Université du Québec à Trois-Rivières ; Chantal Bourassa est professionnelle de recherche.
2. R. RIVARD, « Exposé général des besoins des enfants désavantagés », *Deuxième Congrès - 1954*, Montréal, Caritas-Canada, 1954, p. 79-85.

enfants dits alors désavantagés ou inadaptés. À l'époque, les débats sont en train de reprendre sur la valeur respective des diverses formes de prise en charge des enfants en difficulté. Les organismes relevant de l'Église et les ministères concernés réunissent des groupes de réflexion sur l'adoption, les moyens de prévenir la dislocation des familles, le placement en foyer nourricier et celui en institution ; Reynald Rivard est toujours invité à y participer. Jusqu'à ce qu'il quitte la prêtrise en 1969 et devienne professeur la même année à la naissante Université du Québec à Trois-Rivières, on peut donc dire qu'il s'est donné sans compter au service des enfants exceptionnels et de leurs familles.

Le riche fonds d'archives du prêtre psychologue permet de reconstituer sa réflexion et ses actions au long de ces deux décennies. Au nombre des documents dépouillés, plusieurs ouvrages, des brochures, des prospectus, des enquêtes sont autant de sources d'inspiration de sa pensée. Ses thèses, ses articles et les textes de ses nombreuses conférences révèlent sa conception de l'enfance et de l'éducation. Enfin, sa correspondance, les programmes et les comptes rendus de colloques et de congrès auxquels il a assistés, les procès-verbaux des réunions et les rapports des divers organismes qui s'occupent à cette époque de la prise en charge des enfants en difficulté témoignent de l'ampleur et de la variété de son action dans ce secteur.

Cet article est une contribution à l'histoire de la protection de l'enfance à Trois-Rivières. Il comprend quatre parties. Après avoir vu comment se présente, en 1947, le système que l'abbé Bourgeois a instauré à Trois-Rivières pour venir en aide aux enfants sans soutien, nous mettons en évidence la réflexion que mène l'abbé Reynald Rivard, dès le début de sa carrière, sur l'enfance et les finalités de l'éducation. Rivard a agi sur tous les fronts : réforme des orphelinats, éducation des familles, promotion de mesures de soutien dans le milieu ; le cœur de l'article est donc consacré à son engagement multiforme, qui a contribué à transformer la vie des enfants exceptionnels et celle de leurs familles. Sur un point cependant, l'effort de Rivard s'inscrit à contre-courant des tendances de fond des années 1950 et surtout 1960 : là où il persiste à croire à la supériorité d'institutions repensées et modernisées au moins pour le soin de certaines catégories d'enfants, le Québec choisit au milieu des années 1960 de presque tout miser sur les foyers nourriciers. C'est l'un des facteurs qui le conduit alors à réorienter sa vie professionnelle.

Le placement des enfants à Trois-Rivières à la fin des années 1940

À partir de 1930, l'abbé Charles-Édouard Bourgeois met sur pied à Trois-Rivières un système de placement des enfants sans soutien qui comporte essentiellement deux volets: l'adoption et l'orphelinat[3]. Pour les bébés et les enfants abandonnés, l'abbé Bourgeois recherche des familles adoptives. Il est d'ailleurs prêt s'il le faut à aller très loin pour les trouver. Plusieurs voyages chaque été le conduisent un peu partout en Mauricie et jusqu'en Gaspésie, en Abitibi et parfois même au Nouveau-Brunswick. Il y égrène les enfants dans les presbytères des différents villages où les curés ont convaincu des familles de donner à ces jeunes «un papa, une maman[4]». Quant aux enfants que leurs familles ne peuvent garder, l'abbé Bourgeois les fait entrer à l'orphelinat. Ils y résident le temps que la situation familiale se rétablisse, et comme parfois elle ne se rétablit pas, bien des jeunes finissent par grandir en institution. Le système trifluvien ne compte pratiquement pas sur les foyers nourriciers. C'est voulu, l'abbé Bourgeois n'a pas dû tout confiance dans ce type de placement: il y faut selon lui tellement «de charité, de douceur, de tact, de dévouement, d'affection [que nous] devons garder une extrême prudence en choisissant ces personnes qui devront jouer le rôle de vrais parents auprès de petits qui ne leur appartiennent pas[5]». Enfin, dans les cas où les enfants souffrent d'un handicap mental ou physique, comme il n'y a pas de ressources professionnelles dans le milieu, il faut le plus souvent les interner dans des établissements spécialisés, qui sont tous situés en dehors du diocèse. Ce système de protection de l'enfance est en croissance nette et continue tout au long des années de la crise puis de la guerre. En 1947, par exemple, Bourgeois place 235 enfants pour adoption, 27 nouveaux foyers nourriciers sont trouvés en Mauricie essentiellement pour des tout jeunes, tandis que les deux crèches et

---

3. L'agence de service social fondé par l'abbé Bourgeois a changé de nom quelques fois. Les rapports annuels du Placement de l'Orphelin (1931-1938), de l'Assistance à l'enfant sans soutien (1939-1952) et du Centre de service social du diocèse de Trois-Rivières (à partir de 1953) étaient publiés, souvent intégralement, dans *Le Nouvelliste*, à une date variable à la fin de janvier ou au début de février, toujours à la p. 3. Quelques-uns sont conservés au Service des archives de la Ville de Trois-Rivières et plusieurs rapports du CSS sont disponibles à la bibliothèque de l'UQTR.
4. Charles-Édouard BOURGEOIS, *Donnez-nous... un papa... une maman*, brochure, 1936 (ASTR, FN 0560, fonds Charles-Édouard-Bourgeois).
5. Sous divers titres, publication *in extenso* du *Rapport annuel de l'Assistance à l'enfant sans soutien pour 1947*, dans *Le Nouvelliste*, 1er, 3, 4, 5, 9 et 11 mars 1948.

les quatre orphelinats de Trois-Rivières peuvent désormais accueillir à peu près 900 enfants (en 1948).

Mais la guerre a changé bien des choses : à Trois-Rivières et ailleurs au Québec, elle a favorisé l'augmentation du nombre d'enfants nés de mères célibataires à cause de la présence en ville des soldats et, ajoute le clergé, du travail des jeunes filles au côté des jeunes hommes dans les filatures et les usines de munitions[6] ; partout en Europe, le conflit a aussi multiplié les orphelins. Que faire de tous ces enfants ? Dans quel milieu pourront-ils le mieux se développer et s'épanouir ? Adoption, foyer nourricier, institution, la réflexion reprend partout en Occident sur ces diverses formules. Sur fond d'une constatation patente pour tous : la vie en institution favorise ou aggrave les carences affectives ainsi que les retards pédagogiques.

En 1944, le Conseil canadien du bien-être social affirme donc qu'il faudra désormais mieux tenir compte de la tendance de plus en plus marquée du service social à réserver les institutions aux enfants « infirmes, aveugles, sourds-muets et arriérés » et à placer les enfants « normaux » de tous âges, y compris les adolescents, plutôt dans des foyers nourriciers. Le Conseil recommande par ailleurs aux travailleurs sociaux de choisir ceux-ci selon une liste de critères bien précis qu'il établit alors et qui correspondent en tous points au mode de vie idéal des classes moyennes en émergence. Il espère ainsi contrer la principale critique de ceux qui imputent facilement aux familles la tentation de prendre des jeunes chez elles seulement pour l'argent ou la force de travail que cela leur procure, et se servent de cet argument pour privilégier le placement institutionnel[7].

Au même moment, devant la Commission de l'assurance maladie du Québec, l'abbé Bourgeois s'élève contre les lois « laïcisantes » que le gouvernement libéral d'Adélard Godbout vient de faire voter sur la protection de l'enfance. Sans nier, de manière tout à fait rhétorique, la valeur des foyers nourriciers, il plaide plutôt en faveur d'une hausse substantielle et sans condition des subventions gouvernementales aux établissements dirigés par des communautés religieuses. Cela permettrait à celles-ci, dit-il, d'améliorer le cadre de vie et les services

---

6. « 300 enfants à la crèche Gamelin », *L'Action catholique*, 9 février 1944.
7. Conseil canadien du bien-être social, *Enquête et surveillance des foyers nourriciers*, document préparé par Marie Hamel, dir. des services de langue française, août 1944, 23 p. (ASTR, FN 0733, Boîte 1, chemise « Foyers nourriciers – Standards professionnels ». À l'avenir, la référence sera notée seulement à partir de la boîte, sous la forme B. nº, ch. « titre »).

qu'elles offrent aux jeunes[8]... et à l'Église de garder le système de bien-être social sous son contrôle[9]. Ces lois de Godbout n'entreront jamais en vigueur vu le retour au pouvoir de l'Union nationale de Maurice Duplessis, un proche de Bourgeois, à peine quelques mois plus tard.

C'est dans ce contexte que l'abbé Reynald Rivard commence une carrière au service de l'enfance exceptionnelle qui va durer plus de vingt ans.

L'enfant et son éducation : la réflexion d'un psychologue

L'acquisition d'une expertise scientifique et professionnelle

Embauché en 1947 comme assistant aumônier à l'Orphelinat Saint-Dominique et adjoint de l'abbé Bourgeois à l'Assistance à l'enfant sans soutien, l'abbé Rivard ajoute sans tarder à sa tâche la direction du nouveau service que cette agence sociale se donne cette année-là et qui devient autonome après quelques mois sous le nom d'Institut psycho-social. Cette clinique de psychologie et d'orientation se donne le mandat de dépister et de traiter les troubles mentaux des enfants, qu'ils vivent dans leur famille ou en institution[10]. Pour mieux y parvenir, Rivard est presque aussitôt envoyé à l'Université d'Ottawa poursuivre des études en psychologie[11].

Déjà, le jeune prêtre est convaincu que le problème principal des enfants internés, d'où découlent tous les autres, est leur instabilité

---

8. « Éloquent plaidoyer de M. l'abbé Bourgeois en faveur de l'enfance », *Le Devoir*, 8 mars 1944.

9. « Dans certains milieux, on s'étonne parfois que l'Assistance à l'enfant sans soutien ne développe pas sur une plus grande échelle ce système de foyers de pension. On nous accusera même d'opposition aux foyers nourriciers, affirmant que nous demeurerions des années en arrière et que nous bloquerions la tendance du service social qui favorise le foyer nourricier, de préférence à l'institution. [Ce n'est pas le cas.] Cependant, nous combattrons jusqu'à la mort ces pseudo sociologues qui, définissant l'institution religieuse du Québec comme une œuvre archaïque et désuète, prennent tous les moyens pour diminuer son influence et tentent de limiter son rôle à la protection des infirmes et des idiots. L'expérience nous a appris qu'une bonne organisation de la protection de l'enfance comporte d'abord un service d'assistance institutionnelle et ensuite un service de placement familial », entrevue de Bourgeois dans « L'art de former les enfants en vue de l'avenir », *Le Nouvelliste*, 23 avril 1948, p. 3 et 9.

10. *Rapport annuel 1949*, Trois-Rivières, Institut psycho-social, 1949, 16 p. Ce rapport et presque tous les suivants sont conservés à la bibliothèque de l'UQTR.

11. Chanoine Georges PANNETON et abbé Antonio MAGNAN, *Le diocèse de Trois-Rivières, 1962. Biographies sacerdotales, organisation diocésaine, etc.*, Trois-Rivières, éditions du Bien public, 1962, 513 p., à l'entrée « Rivard, Reynald ».

émotive, qu'il présume plus grande que celle des jeunes vivant dans leur propre foyer. Des tests réalisés pour son mémoire et sa thèse lui permettent de confirmer ce fait. Il établit aussi que plus est intense leur sentiment d'avoir été rejetés par leurs parents qui les ont placés, plus les enfants souffrent d'instabilité, au point que les orphelins complets sont finalement les moins perturbés. Enfin, Rivard remarque que certains aspects de l'organisation des orphelinats peuvent diminuer l'effet des facteurs d'instabilité[12]. Ces observations sont au fondement des transformations qu'il encourage dès lors les Dominicaines du Rosaire à mener dans leurs maisons pour enfants.

En 1955, l'abbé Rivard devient le premier docteur en psychologie, une discipline alors en plein essor, à exercer à Trois-Rivières. Cela lui donne une légitimité scientifique et professionnelle de plus en plus recherchée, et nécessaire pour intervenir auprès d'enfants dont les problèmes semblent désormais requérir la maîtrise de connaissances théoriques et techniques.

L'inscription dans un réseau international dynamique

Mémoire et thèse dialoguent avec une lignée d'études internationales auxquelles Reynald Rivard continuera longtemps de faire référence. Qu'il s'agisse des travaux de spécialistes européens tels John Bowlby et le père Jean Rimaud, américains comme Sophie van Senden Theis, ou encore canadiens-anglais – il cite souvent Margaret Stevenson –, Rivard saisit toutes les occasions de s'informer des plus récentes découvertes de la psychologie de l'enfance et de les diffuser. Il se dit guidé autant par les encycliques *Casti connubii* (sur le mariage chrétien) et *Divini illius magestri* (sur l'éducation chrétienne de la jeunesse) que par la documentation scientifique ou d'inspiration humaniste comme les *Principes d'Oslo* sur les soins des enfants en foyer nourricier élaborés dans un *Seminar* des Nations unies en 1952, car «ces documents ont tous un même but: le plus grand bien de l'enfant». Parmi ses autres sources d'inspiration, on compte aussi l'exemple de don Jean Bosco, qui croyait qu'un des buts de l'éducation est d'ancrer

---

12. R. RIVARD, *L'instabilité émotionnelle chez les protégés des orphelinats ordinaires de la province de Québec*, thèse présentée en vue de la maîtrise ès arts, Université d'Ottawa, 1951, 69 p.; *id.*, *L'instabilité émotive dans les grands orphelinats de la province de Québec*, thèse de doctorat, Université d'Ottawa, 1955, 132 p. Pour le test, voir Fred Brown, *Personality Inventory for Children*, traduit et adapté sous la dir. de R.-H. Shevenell, o.m.i, les éditions de l'Université d'Ottawa, 1946 (B. 11, ch. «Tests et techniques. L'inventaire de la personnalité Brown-Ottawa»).

les jeunes dans la joie, les Standards de Genève pour le placement des enfants établis par la Société des nations en 1938, et les principes en voie d'être codifiés dans la Déclaration des droits de l'enfant qu'adoptera l'ONU en 1959[13].

Par ailleurs, grâce à monseigneur Bourgeois, qui en devient le vice-président en 1952, Reynald Rivard est d'emblée inséré dans le réseau de réflexion et d'échanges qu'est le Bureau international catholique de l'enfance (BICE). Fondé en France en 1947, le BICE est reconnu depuis 1948 par le Saint-Siège comme organisation catholique internationale vouée à l'étude de l'enfance sous tous ces aspects, sauf celui strictement scolaire; il jouit aussi d'un statut consultatif auprès du Conseil économique et social des Nations unies et auprès de l'UNESCO[14]. Pendant plusieurs années, l'abbé trifluvien entretiendra un contact assidu et fructueux avec les spécialistes associés à cet organisme, que ce soit par correspondance, collaboration scientifique ou participation à divers colloques et congrès. En 1952 par exemple, le président du BICE lui ouvre les portes d'établissements pour enfants dans diverses capitales européennes, ce qui lui fait connaître leur organisation et leurs principes d'action. La même année, Rivard est l'un des deux représentants du Bureau au congrès de Londres sur les enfants privés de famille, organisé avec le concours du gouvernement britannique par le Centre international de l'enfance, un organisme gouvernemental français[15]. Des expériences faites en Espagne, en Suisse, dans les Pays-Bas, en Belgique et un aperçu global sur la situation en Afrique et en Amérique du Sud y sont rapportés. On y réfléchit sur les manières de prévenir la dislocation des foyers, les villages d'enfants, l'orientation professionnelle des protégés de l'assistance publique, la formation du personnel, la réforme des orphelinats, le rôle de l'État, et sur les avantages et les inconvénients des

---

13. R. RIVARD, *La psychologie de l'enfant privé de famille. Principales recherches faites dans le monde*, conférence aux religieuses, 23-27 août 1954 (B. 16, ch. «Cours de perfectionnement aux religieuses, Ville-Joie Saint-Dominique»); *id.*, « Diverses conceptions actuelles concernant la prise en charge de l'enfance privée de milieu familial normal», *L'enfant dans l'Église et le monde d'aujourd'hui*, travaux du VIe congrès du Bureau international catholique de l'enfance (Montréal, 2-8 septembre 1957), Paris, éditions Fleurus, 1960, p. 223-232.

14. On trouve ces informations en 3e page de couverture du bulletin du BICE, *L'enfance dans le monde*; quelques exemplaires en sont conservés dans la B. 8, dans diverses ch. Pour un court historique de l'organisme, voir: www.bice.org.

15. *Journal de voyage en Europe – 1952* (B. 18, enveloppe jaune).

diverses formes de placement[16]. En 1957, le BICE tient même pour la première fois son congrès hors d'Europe : pendant une semaine, 1 500 congressistes de 35 pays, dont Rivard, se réunissent à Montréal, Québec et Trois-Rivières[17].

« Éduquer un enfant, c'est le préparer à être réellement heureux plus tard[18]. »

De son expérience quotidienne dans les orphelinats de Trois-Rivières et à l'Institut psycho-social, de ses études et de l'ensemble des influences qu'il reçoit, l'abbé Rivard tire sa conception de l'enfant et de l'éducation à lui donner : « Le principe qui commande et éclaire tout le problème est celui-ci : l'enfant est une personne, avec tous les droits et devoirs attachés à cette qualité. [...] La personne se définit par l'autonomie, c'est là son droit. L'enfant, étant une personne, est une fin et ne peut être traité en moyen : aucune institution, pas même la famille, ne peut le considérer comme tel. [...] L'enfant a aussi un devoir, celui d'atteindre sa fin dernière, de répondre au plan personnel que Dieu a voulu pour lui[19] », en vue de la marche harmonieuse de la société et pour son propre bonheur.

L'enfant, être unique, est donc placé au centre de sa propre vie, et la famille, première responsable de son éducation, doit pourvoir à ses besoins. Dans une entrevue au *Devoir* en 1957, le prêtre psychologue expose sa conception de l'éducation idéale. Les parents doivent, en dispensant d'une manière équilibrée l'amour et l'autorité, la joie et la justice, développer la sécurité émotive de leurs enfants, veiller à leur développement « intégral » sur tous les plans, aussi loin que les capacités de leurs enfants le leur permettent et être profondément unis

---

16. B. 3, ch. « Enfants privés de famille. Colloque de Londres (9 au 18 juin 1952) ».

17. « Le 6ᵉ congrès du BICE : L'enfant dans l'Église et le monde d'aujourd'hui », dans *L'enfance dans le monde*, 5ᵉ année, n° 9, 1957, p. 19-30 (B. 8, ch. « Projet de cours pour éducateurs spécialisés »).

18. Cette phrase est la dernière image du film *Vers une éducation intégrale*, un film de la Ciné-photographie. Direction technique : R. Rivard, ptre, de l'Institut psycho-social. Réalisation et textes : Michel Vergnes. Prises de vue : Fernand Rivard, s.d. [tout début des années 1950]. Ce film est conservé dans les archives de la congrégation des Dominicaines de la Trinité, à Montréal (à l'avenir ADT).

19. R. RIVARD et Gilles LACROIX, *Essai de normes professionnelles des foyers nourriciers*, Montréal, Caritas-Canada, 1958, 64 p. (B. 1, ch. « Foyers nourriciers – Standards professionnels »).

dans le dévouement l'un pour l'autre et dans le partage égal des responsabilités familiales[20].

Mais cette pensée idéaliste s'accompagne d'une bonne dose de réalisme : l'abbé Rivard voit très bien que les enfants et les familles qu'il rencontre tous les jours dans sa pratique professionnelle ne correspondent pas à ce modèle. D'où l'importance que l'Église et l'État pallient les insuffisances de la famille. Ces deux institutions, précise-t-il bien, ne peuvent pas elles non plus se servir de l'enfant, elles ne doivent « intervenir que pour l'aider à réaliser sa destinée[21] ». Si, pour monseigneur Bourgeois, l'investissement de ressources publiques dans l'éducation et la rééducation des jeunes en difficulté se justifie surtout dans la perspective de faire d'eux des citoyens utiles et respectueux de l'ordre social, et que toute action de l'État se mesure toujours à l'aune du respect des prérogatives de l'Église en matière d'assistance sociale[22], Rivard déplace l'objectif : les parents et leurs auxiliaires, l'Église et l'État, ont le devoir d'aider chaque enfant à se réaliser, et l'éducation doit être organisée en fonction des besoins de chacun.

Au service des enfants exceptionnels et de leurs familles : une action sur tous les fronts

La réforme des orphelinats

Compte tenu que l'institution est au cœur du système de placement à Trois-Rivières au moment où l'abbé Rivard commence sa carrière, on ne s'étonne ni qu'il ait consacré ses premières recherches au problème des enfants internés, ni que son premier souci ait été d'entreprendre la réforme des orphelinats trifluviens.

On a dit ailleurs l'ampleur des transformations survenues au tournant des années 1950 dans les orphelinats des Dominicaines du Rosaire[23]. Tout y est alors repensé : l'organisation matérielle, l'éducation des jeunes, la formation professionnelle des religieuses. Il faut

---

20. « Le problème des enfants sans foyer. Le parfait équilibre de l'enfant dépend directement d'une dynamique familiale. Entrevue de Mario Cardinal avec l'abbé Reynald Rivard, Ph. D. », *Le Devoir*, 12 octobre 1957.

21. R. RIVARD et G. LACROIX, *Essai de normes professionnelles des foyers nourriciers*, *op. cit.*

22. Charles-Édouard BOURGEOIS, *Une richesse à sauver : l'enfant sans soutien*, Trois-Rivières, éditions du Bien public, 1947, 256 p.

23. L. FERRETTI, *Histoire des Dominicaines de Trois-Rivières. « C'est à moi que vous l'avez fait »*, Sillery, Septentrion, 2002, p. 115-122.

dire que le prêtre psychologue dispose de vrais alliés. Les sœurs en effet désirent grandement offrir à leurs protégés un milieu aussi favorable que possible à leur développement. Par ailleurs, l'abbé Bourgeois a une capacité hors du commun d'attirer sur leurs établissements les dons du public, les allocations familiales du gouvernement fédéral, et surtout les subventions et les largesses du député trifluvien et premier ministre du Québec, Maurice Duplessis. Reynald Rivard peut donc mettre en application un programme complet de réformes visant à imprimer à ces grandes maisons pour enfants délaissés le caractère sinon du foyer familial, au moins d'un foyer de groupe.

Tout d'abord, Rivard convainc les Dominicaines, en 1948, de changer les noms de leurs orphelinats, d'en faire des Ville-Joie[24]. L'espace est aussi réorganisé entièrement. Les murs et le mobilier sont peints de couleur claire et se font plus souriants. Chaque groupe vit désormais dans des locaux bien à lui et d'ailleurs la taille de ces groupes diminue pour se rapprocher au plus près, quoique pas encore assez, des standards idéaux de l'époque. Les sœurs de la Providence délaissant progressivement leur œuvre des orphelines, les Dominicaines forment des groupes mixtes à Ville-Joie du Rosaire, qui accueille les petits de trois à six ans. C'est absolument inédit dans le Québec des années 1950. Des équipements nouveaux, gymnase, piste d'hébertisme et piscine intérieure entrent à Ville-Joie Saint-Dominique, boulevard du Carmel, où résident les garçons de six à douze ans.

Parallèlement, on revoit l'éducation. Afin d'amoindrir le sentiment des jeunes d'être rejetés, on cherche désormais à mieux maintenir leurs liens familiaux avec leurs parents, leurs frères et sœurs restés au foyer et ceux qui sont placés ailleurs. Dans ce but, les religieuses invitent à l'occasion les familles dans leurs orphelinats et encouragent aussi les parents à venir chercher leurs jeunes pour des sorties. Elles jumellent avec des familles amies ceux qui sont sans parents ni parenté. Pour faire expérimenter le succès aux enfants, source d'épanouissement et de joie, un véritable programme d'activités parascolaires est mis sur pied : échanges sportifs entre les orphelins et les élèves des autres écoles, théâtre, danse, cours de diction, sorties culturelles,

24. R. RIVARD, *Projet « Ville-Joie »*, 11 mars 1948, dact., 6 p. (ADT Montréal, cahier 408). À Trois-Rivières, les Dominicaines du Rosaire possédaient également le Patronage Saint-Charles, ouvert en 1937 ; cet établissement est vendu en 1951. L'orphelinat pour les filles, tenues par les sœurs de la Providence, prendra le nom de Ville-Joie Providence en 1954 ou 1955 : *Rapport du Centre de service social du diocèse de Trois-Rivières pour 1955*.

séances d'observation de la nature et des oiseaux, bricolage. Des spécialistes sont embauchés pour la gymnastique et pour les arts. Les groupes sont divisés en équipes de six ou sept garçons qui, comme les scouts, développent les uns vis-à-vis des autres un sentiment de responsabilité personnelle et collective devant les tâches qui leur sont confiées. Les sœurs multiplient aussi les mesures pour favoriser le développement de la personnalité individuelle : cela passe entre autres par l'abandon du costume remplacé par la confection de trousseaux personnels, l'octroi de temps, de jeux et de casiers bien à soi. Enfin, à côté des classes ordinaires, des classes spéciales sont ouvertes dans les deux orphelinats des Dominicaines et au Patronage Saint-Charles, les premières du diocèse. Reynald Rivard, qui en est le promoteur et l'organisateur, cherche ainsi à offrir aux enfants « mésadaptés, difficiles ou anormaux[25] » testés à l'Institut psycho-social une formation sur mesure. Certes, dans ces classes, les jeunes acquièrent des connaissances ; mais ils développent aussi des habitudes de vie et se préparent à la maîtrise de tâches manuelles susceptibles de leur assurer dans l'avenir le plus d'autonomie possible et même un gagne-pain.

Autre aspect de la réforme et non le moindre : la formation professionnelle des religieuses, à laquelle le prêtre psychologue va consacrer plusieurs années de réflexion et des programmes de plus en plus élaborés. Aux Journées sociales organisées à Ville-Joie Saint-Dominique entre 1949 et 1959, puis dans les cours « de mères de groupe » conçus avec l'Université d'Ottawa à partir de 1959, lui-même ainsi qu'une équipe de professeurs enseignent au fil des ans à des centaines de religieuses du diocèse de Trois-Rivières et de partout au Québec des notions de psychologie, de psychopédagogie et des techniques de loisirs[26].

C'est l'ensemble de ces mesures, dont certaines ne sont même pas encore pleinement déployées au moment où Gérard Pelletier fait son enquête en 1950, qui conduit celui-ci à décrire les orphelinats

---

25. *Rapport annuel 1949*, Trois-Rivières, Institut psycho-social, 1949, 16 p.

26. La documentation conservée dans le fonds Reynald-Rivard sur les formations offertes aux religieuses est considérable. Pour les Journées sociales B. 16, ch. « Cours de perfectionnement aux religieuses, Ville-Joie Saint-Dominique » : il y en a une pour chacune des dix années d'existence de ces cours. Pour les cours de « mères de groupe » : B. 16, documents hors ch. ; R. RIVARD, « École de formation des mères de groupe », dans *L'enfance exceptionnelle. Mémoire présenté à la Commission royale d'enquête sur l'éducation par le Conseil des œuvres de Montréal*, avril 1962, p. 339-346 ; et aux ADT Trois-Rivières, *Cours de Mère de groupe*, 4 cahiers, 1964 à 1967 (Archives personnelles de sr Bernadette Lavergne, o.p.).

Examen de psychologie au milieu des années 1950. On reconnaît des Dominicaines du Rosaire, des sœurs de la Providence et des Filles de Jésus (ASTR, fonds 0733, Reynald-Rivard).

réformés par Rivard comme étant « progressistes[27] ». Même si les religieuses et le prêtre psychologue sont les derniers à croire que les orphelinats remplacent adéquatement le foyer que les enfants n'ont plus, ils peuvent désormais espérer leur offrir un milieu éducatif et affectif supérieur à celui de certains foyers nourriciers.

Mais évidemment leur propre famille, naturelle ou adoptive, est l'élément dans lequel les jeunes sont le mieux à même de croître et de s'épanouir tout à fait. Il faut donc continuer à encourager l'adoption. Et, les spécialistes en sont désormais convaincus, il faut aussi éduquer les parents pour qu'ils évitent certaines erreurs psychologiques susceptibles de provoquer chez leurs enfants des troubles de développement.

---

27. Pelletier parle ainsi de Ville-Joie Saint-Dominique, qu'il n'identifie évidemment pas. Son enquête sur les orphelinats du Québec a été publiée d'abord sous la forme d'une série d'articles dans le quotidien *Le Devoir*, puis sous le titre *Histoire des enfants tristes. Un reportage sur l'enfance sans soutien dans la province de Québec*, Montréal, L'Action nationale, s.d. [1950], 95 p.

L'abbé Reynald Rivard enseigne à l'École des parents, vers 1953. Les dernières connaissances de la psychologie mises au service des parents, des infirmières, des institutrices et des autres personnes intéressées (ASTR, fonds 0733, Reynald-Rivard).

L'éducation des familles

Parler de révolution culturelle serait sans doute un peu fort; et pourtant, après la guerre, le discours éducatif se transforme profondément. Contrairement à une très ancienne tradition, qui avait privilégié la séparation d'avec les parents et l'enfermement au pensionnat comme les meilleurs moyens d'instruire et de former la jeunesse, désormais, à moins qu'on l'estime gravement dégradée, la famille semble le milieu le plus propice à l'éducation des enfants. Les catholiques partagent cette conviction. D'année en année, le BICE, par exemple, répète que « la meilleure des institutions ne peut remplacer la véritable famille[28] ».

L'abbé Rivard, lui aussi, croit à la valeur irremplaçable de la famille. En tant que directeur de l'Institut psycho-social, on le voit donc

---

28. C'est l'une des conclusions du congrès de 1953, tenu à Constance, en Allemagne. Voir B. 9, ch. « 2ᵉ congrès 1964, Conseil du Québec de l'enfance exceptionnelle », *Série de conclusions (recommandations) des congrès du BICE.*

s'engager directement dans tout ce qui, de près ou de loin, peut aider les enfants à y grandir heureux.

Par exemple, il accepte régulièrement les invitations des divers groupes de l'École des parents. Comme d'autres psychologues et praticiens de l'enfance – après tout, on est à l'ère du docteur Spock[29] –, l'abbé Rivard est convaincu qu'en éduquant les parents on prévient les troubles chez l'enfant. Alors que la société change et, avec elle, ce qu'on attend de l'éducation des enfants, des couples plus prospères nourrissent à l'égard des leurs, moins nombreux, des aspirations élevées, parfois irréalistes. D'autres, surtout dans les milieux modestes ou pauvres, continuent de pratiquer une autorité perçue dorénavant comme trop stricte. Rivard souhaite inculquer à tous des notions de base en psychologie, leur apprendre que les enfants sont des êtres libres qui existent pour eux-mêmes, encourager les pères à mieux partager avec leur épouse la responsabilité de l'éducation ; ainsi, dans une perspective bien personnaliste, répète-t-il souvent que « ce n'est pas normal que la mère soit seule éducatrice et le père pourvoyeur d'argent uniquement[30] ». Toujours, il fait passer les notions théoriques sur le développement de l'enfant à travers un propos très pratique. À Shawinigan, par exemple, il recommande aux parents d'organiser la maison pour faire place aux jeux de l'enfant, une idée encore peu répandue et qui vise à donner à celui-ci « l'impression d'être quelqu'un ». Une autre fois, il les entretient des bandes dessinées dans les livres et à la télévision et comment, si elles sont bien choisies, l'enfant peut s'identifier au héros : « Il y a un fait à accepter : les *comiques* font maintenant partie de notre vie. » En avril 1956, il insiste sur la nécessité pour les parents de faire l'éducation sexuelle de leurs jeunes : « Au point de vue éducation sexuelle, nous devons presque tous refaire nos positions devant les données que nous apportent aujourd'hui les sciences de la morale, de la psychologie et de l'éducation. » En 1957, enfin, devant l'amicale des anciennes de Shawinigan Falls, il traite de « la télévision et des problèmes qu'elle pose à la femme d'aujourd'hui, soit comme mère de famille, soit comme éducatrice[31] ».

29. Qui n'a pas entendu parler du célèbre docteur Benjamin Spock, auteur en 1946 de ce qui deviendra un des plus grands succès de librairie mondiaux de l'éducation des enfants : *Common sense book of baby and child care* (traduit en français en 1952 sous le titre *Comment soigner et éduquer son enfant*). Combien de mères québécoises des années 1950 ont élevé leurs enfants à l'aide de ce volume !
30. R. RIVARD, « Le problème des enfants sans foyer... », *loc. cit.*
31. « À l'École des parents, l'abbé Reynald Rivard parle de la nécessité du jeu pour les enfants », *Le Nouvelliste*, 26 février 1952 ; *Les « comiques » sont-ils utiles ou nuisibles ?*,

On le constate, Rivard n'est pas de ceux qui parlent pesamment de la doctrine de l'Église. Son propos est concret, il colle aux préoccupations quotidiennes des parents : une formule si appréciée qu'en 1953 il doit refuser 101 invitations d'un peu partout au Québec[32].

L'éducation des familles prend encore une autre forme. En cette période d'urbanisation, de prospérité et de repliement sur une famille nucléaire qu'on idéalise, les couples désireux d'adopter recherchent désormais plus souvent l'enfant idéal. On s'inquiète de la provenance, du caractère et de la santé du bébé qu'on projette d'adopter. Déjà en 1943 et de nouveau en 1945, l'abbé Bourgeois a dû rassurer les parents : « Le service de placement et d'adoption présente toutes les garanties que l'on peut désirer et, grâce aux tests de tout genre, on peut choisir en toute connaissance l'enfant selon ses tendances » ; « Pour les tares physiques, mentales et morales, plus rien à craindre aujourd'hui. Les tests réussissent à merveille, et lorsque l'enfant est remis à des parents adoptifs, le médecin signe un certificat attestant que l'enfant ne souffre d'aucune maladie acquise ou héréditaire[33]. » Cette recherche de l'enfant idéal s'accentue dans les années 1950. De leur côté, les travailleurs sociaux, qui s'occupent de plus en plus souvent des adoptions, sont plus regardants que les aumôniers de crèches surpeuplées, qui seraient encore prêts à trouver acceptable à peu près n'importe quelle famille biparentale recommandée par son curé. Ils cherchent le foyer idéal, fixent souvent des exigences arbitraires de bien-être matériel et de statut social. Caritas-Canada se penche sur cette question préoccupante pendant toutes les années 1950 et produit finalement un document, que l'abbé Rivard est invité à commenter avant publication, et qui appelle tout le monde à plus de réalisme en vue de faciliter les adoptions[34]. Avec quelques rares autres spécialistes, le prêtre psychologue va plus loin : malgré la résistance générale, il semblerait prêt à reconnaître que, pour l'enfant, le foyer de

conférence à l'École des parents du Québec, section Shawinigan, année 1952-1953, dact., 5 p. ; *Les responsabilités des parents dans la formation de la conscience de leurs enfants*, Saint-Tite, 19 avril 1956, dact., 8 p. ; *Lettre de Sr Dorothée de Jésus s.g.c, à Reynald Rivard*, Shawinigan Falls, le 4 novembre 1957 (tous ces documents sont dans B.1, ch. « Conférences »).

32. Liste des *Cours et conférences donnés en 1953*, 3 p. (B. 23, ch. « Divers »).

33. « 25 orphelins à placer pendant le mois de mai », *Le Nouvelliste*, 4 mai 1943, p. 3 ; « Les deux crèches de notre ville pleines à déborder », *Le Nouvelliste*, 3 juillet 1945, p. 3.

34. Caritas-Canada, commission Enfance, *Adoption, normes professionnelles*, Montréal, Secrétariat national, 1963, 102 p. (la version avant publication est dans B. 3, ch. « Adoption »).

sa mère célibataire peut surpasser la vie en institution[35]. Là encore, il y a un gros travail d'éducation à faire pour changer les mentalités.

Mais si de bonnes familles, naturelles ou adoptives, sont le milieu idéal pour les enfants, encore faut-il soutenir celles-ci. Comment s'étonner sinon que, devant les difficultés, des parents débordés soient contraints de placer les leurs?

Le développement de mesures de soutien

Car la culture du placement est bien ancrée dans les mentalités, héritée de décennies où le couvent, le collège et, pour les pauvres, l'orphelinat ont été des auxiliaires appréciés des familles nombreuses. Parfois, les parents placent simplement parce qu'il n'y a pas de garderies et que les mères travaillent: entre 1944 et 1958, on trouve dans les papiers de Reynald Rivard plusieurs échos des sollicitations adressées au gouvernement par les travailleurs sociaux, y compris l'abbé Bourgeois lui-même, pour l'établissement de garderies[36]. Plus souvent, la pauvreté et le veuvage motivent le placement. Ou encore l'absence de services aux enfants handicapés ou difficiles non internés: «Les parents qui ont un problème avec leur enfant le présentent presque toujours comme un placement à faire. Alors, il s'agit de ne pas détruire d'emblée l'idée, mais de la faire évoluer pour en arriver que tous partagent la même sur ce qui est le mieux pour lui[37].» En 1958, l'abbé Rivard préside justement la séance du congrès de Caritas-Canada sur «les exigences de la charité envers l'enfant reçu par nos services sociaux», dans laquelle on voit comment la travailleuse sociale s'y prend pour convaincre madame X, une veuve de 39 ans venue discuter du placement de ses cinq enfants, de finalement tous les garder[38]!

35. R. RIVARD, *La psychologie de l'enfant privé de famille. Principales recherches faites dans le monde, op. cit.*
36. «Éloquent plaidoyer de M. l'abbé Bourgeois en faveur de l'enfance», *Le Devoir*, 8 mars 1944. Aussi: *Procès-verbal d'une réunion de la commission Enfance, Comité spécial sur les foyers nourriciers*, Caritas-Canada, 12 février 1958, dact., 6 p. (B. 1, ch. «Normes professionnelles – Foyers nourriciers»).
37. *Rapport de la Commission II* de la session d'étude, tenue sous les auspices de la Commission française du Conseil canadien du bien-être social à l'Université de Montréal, 27 et 28 novembre 1953 (B. 1, ch. «Foyers nourriciers – Standards professionnels»). On remarque la même chose en France: Pascale Quincy-Lefebvre, *Familles, institutions et déviances. Une histoire de l'enfance difficile, 1880-fin des années 1930*, Paris, Économica, 1997, p. 367-374.
38. Caritas-Canada, «*La charité dans la charité*», *Sixième congrès – 1958, Compte rendu des conférences*, Montréal, Secrétariat national, 1958, p. 112-125.

Or, une telle transformation des habitudes ne peut réussir sans l'instauration d'une panoplie de mesures que tous les intervenants sur le terrain réclament désormais. Les thèmes retenus aux congrès annuels de Caritas-Canada par sa commission Famille et sa commission Enfance sont à cet égard très explicites : les services aux familles et aux enfants désavantagés (1954), la famille moderne et ses besoins (1955), la prévention de la désintégration familiale (1956), la sécurité sociale et la famille : solutions de sécurité pour les enfants désavantagés (1959)[39]. Comme le dit la commission française du Conseil canadien du bien-être social : « Les services de la conseillère familiale et de l'aide-ménagère, les services destinés aux futures mères, les garderies, les cliniques d'orientation des enfants, les prestations d'assurance sociale, voilà autant de mesures préventives et nous souhaitons vivement les voir se propager au besoin[40]. »

Prévention, dépistage, traitement et soutien à l'établissement de services et d'organismes dans le milieu, c'est la mission même de l'Institut psycho-social (IPS) que dirige l'abbé Rivard[41]. Pour la réaliser, l'Institut se dote au fil du temps de nombreux outils pour venir en aide aux enfants exceptionnels et à leurs familles.

Avec d'autres professionnels de l'IPS, Rivard multiplie les conférences devant toutes sortes de publics. Ces cours ou causeries (qui leur prennent 137 heures en 1949, mais pas moins de 1 496 heures en 1962) sont donnés non seulement aux parents, mais aux éducateurs, aux infirmières et à des groupes ciblés comme la JOC, les fiancés des cours de préparation au mariage, les scouts, les guides[42]. D'année en

---

39. Les Actes des congrès de Caritas-Canada ont tous été publiés. En 1956, pour une seule année, les deux commissions sont réunies.

40. *Rapport de la Commission II* de la session d'étude, *op. cit.* Lorsqu'on évoque les mesures d'assistance publique, c'est pour en dénoncer l'insuffisance : Thérèse Morisset, « Les réalisations actuelles dans le domaine de la prévention en faveur de la famille », Caritas-Canada, « *Ut sint unum* », *Quatrième congrès – 1956, Compte rendu des conférences*, Montréal, Secrétariat national, 1956, p. 96-97.

41. « Fondation de l'Institut psycho-social de Trois-Rivières, une œuvre pour enfants infirmes ou déficients », *Le Nouvelliste*, 18 novembre 1948, p. 3. Sensibilisé aux problèmes de santé mentale qui affectent la population du pays et décidé à bâtir l'État-providence par des empiétements sur les compétences constitutionnelles exclusives des provinces, le gouvernement fédéral s'est engagé dans un programme de prévention et de soins qui passe notamment par l'ouverture de cliniques d'hygiène mentale dans les principales villes canadiennes. Celle de Trois-Rivières, financée en vertu d'une entente fédérale-provinciale, est la première du genre à voir le jour au Québec.

42. Institut psycho-social, *Rapport quinzième anniversaire, 1963*, Imprimerie du Bien public, janvier 1964, 52 p. (On y dresse une sorte de bilan de l'action de l'IPS.) ; R. RIVARD, *La garde-malade et l'hygiène mentale*, conférence à l'hôpital sanatorium

année, des centaines de personnes sont rejointes, d'autant plus que l'Institut utilise aussi la radio et la télévision à partir du milieu des années 1950. Il s'agit en effet d'entraîner tous ceux qui sont susceptibles d'être en contact avec les enfants à détecter dès que possible les signes d'inadaptation, car dépister tôt, donc traiter tôt, revient à accroître les chances de laisser l'enfant dans son milieu familial. C'est aussi dans ce but que l'abbé Rivard, entre 1953 et 1956, est membre du sous-comité du Comité catholique du Conseil de l'instruction publique chargé d'élaborer le programme de psychologie qui fera désormais partie de la formation des maîtres dans les écoles normales et leur enseignera comment reconnaître les causes des retards scolaires des élèves[43].

Après le dépistage, le diagnostic. À l'IPS, toute une batterie de tests permet de diagnostiquer les troubles physiques, plusieurs types de troubles mentaux, et de faire des évaluations psychosociales. Les jeunes sont ainsi classés soit parmi les enfants normaux, soit dans l'une des catégories de l'enfance exceptionnelle : famille anormale, problèmes de personnalité, handicapés physiques, sociaux ou affectifs, surdoués, sous-doués, retardés pédagogiques, déficients éducables ou non, entre autres[44]. Ils sont 203 à être ainsi examinés en 1948, 698 en 1959, 1 496 en 1962 ; en 1966, avant son virage plus net vers la psychiatrie, l'Institut pourra estimer avoir suivi plus de 10 500 jeunes Trifluviens et Mauriciens, dans l'édifice du boulevard du Carmel et les filiales ouvertes progressivement dans les principales villes du diocèse[45].

Puis c'est le traitement. Il consiste soit en conseils et suggestions, soit en séances hebdomadaires de psychothérapie individuelle

---

Cooke, le 11 novembre 1951, dact., 4 p. et *Cours d'été à des religieux* (tous des hommes) (B.1, ch. « Conférences ») ; *Cours aux prêtres éducateurs, Journées d'étude pour les prêtres des séminaires du diocèse de Trois-Rivières, du 28 juin au 3 juillet 1954 au Séminaire de Trois-Rivières* (B. 11, ch. « Psycho-pédagogie ») ; « Début des cours de psychologie aux institutrices à La Pérade », *Le Nouvelliste*, 6 octobre 1954.

43. Plusieurs lettres sur la participation de Rivard à ce sous-comité dans B. 6, ch. « Nouveau programme des écoles normales – Correspondance » ; Voir aussi : B. 6, ch. « Nouveau programme des écoles normales – Cours à l'étude » ; et B. 7, ch. « Nouveau programme des écoles normales – Projets ».

44. Annexe 2 à la *Lettre de Louis-Philippe Audet, directeur des études au ministère du Bien-être social aux membres du Comité d'études sur l'enfance exceptionnelle*, Montréal 14 mars 1960 (B. 8, ch. « Éducation de l'enfance exceptionnelle. Formation des éducateurs »). R. Rivard fait partie de ce comité. Les classifications des exceptionnels peuvent varier.

45. Tous ces chiffres sont tirés des rapports annuels.

poursuivie pendant plusieurs mois, soit, beaucoup plus fréquemment, en sessions de psychothérapie par le groupe; soit, enfin, en offre de programmes scolaires spéciaux et placement en classes spéciales. L'époque, en effet, est à la séparation; à chaque type de problème, on veut faire correspondre une thérapeutique spécialisée, dispensée dans un milieu particulier, et sur laquelle on mise pour aider l'enfant ou l'adolescent à développer son plein potentiel tout en allégeant la tâche des familles. On espère par là inciter celles-ci à garder leurs jeunes handicapés ou difficiles.

L'abbé Rivard s'engage personnellement beaucoup dans ce dossier. À la demande de l'Association des parents d'enfants handicapés, il persuade la Commission scolaire de Trois-Rivières d'ouvrir en 1959 ses premières classes spéciales. Seulement trois autres au Québec offrent un tel service cette année-là. En 1962 et 1963, au moment des travaux de la commission Parent, l'Institut psycho-social peut s'enorgueillir que la Mauricie, avec une trentaine de classes spéciales dont 18 à Trois-Rivières même, est l'une des régions les mieux dotées sous ce rapport[46].

Rivard s'intéresse aussi de très près à plusieurs petites écoles, cliniques ou services de garde privés qui voient le jour en ces années dans la ville. Dans ses papiers, on trouve le dépliant de la clinique régionale du Centre de réhabilitation des enfants infirmes de la vallée du Saint-Maurice, fondée en 1954 par l'avocat Jacques Bureau, ainsi que le premier rapport annuel de la Clinique de réhabilitation qui prend la relève en 1960. Sont aussi conservés un article du *Nouvelliste* sur une ancienne institutrice, qui offre à l'école Louise-de-Marillac des cours de rattrapage pour les enfants souffrant de blocage psychologique, et un autre sur ces mères de Cap-de-la-Madeleine qui ont ouvert une garderie communautaire où elles s'occupent à tour de rôle de leurs adolescents trop handicapés pour être acceptés même dans une classes spéciale. L'abbé Rivard a gardé aussi la documentation relative à une école qui dispense des cours à 43 enfants handicapés en 1960, et dans lequel son directeur engage l'Institut psycho-social[47]. Autour des

---

46. *Lettre de Rémi Carbonneau, vice-président de l'Association des parents des enfants handicapés à l'abbé R. Rivard*, Trois-Rivières, 15 juillet 1959 (B. 8, ch. « Classes pour enfants handicapés »). Marie-Paule Malouin, *L'univers des enfants en difficulté au Québec entre 1940 et 1960*, Montréal, Bellarmin, 1996, p. 229; *Examen de psycho-pédagogie de l'enfant privé de famille normale*, juin 1963, 7 p. (B. 11, ch. « Psychologie de l'orphelin »).

47. Dépliant de la Clinique régionale du Centre de réhabilitation des enfants infirmes de la vallée du Saint-Maurice, 1954; « Mme Alphonse Auger et l'enseignement correctif. "Je n'ai pas été gâtée par la vie mais quelqu'un m'a aimé" », *Le Nouvelliste*, s.d., [probablement

mêmes années, les enfants infirmes du diocèse peuvent aussi bénéficier d'un séjour en colonie de vacances[48].

Ainsi, après une quinzaine d'années d'un intense travail, l'abbé Rivard a contribué à fournir aux enfants exceptionnels de Trois-Rivières et de la Mauricie des traitements et des services susceptibles parfois de les guérir, toujours au moins de les aider et de faciliter la tâche de leurs parents. Même si les jeunes les plus handicapés doivent encore être placés dans des institutions spécialisées, de nombreux autres peuvent désormais espérer grandir dans leur propre famille. Quant aux enfants sans handicap mais que leurs parents ou parenté ne peuvent garder, au moins ceux qui entrent dans les orphelinats des Dominicaines du Rosaire y trouvent un milieu où l'on s'efforce activement de promouvoir leur développement[49].

Cependant, depuis les années 1950, la conviction ne cesse de se renforcer chez les travailleurs sociaux, parmi les fonctionnaires et dans la société, qu'au vu des lacunes des institutions le placement en foyer nourricier s'avère une solution bien préférable.

La métamorphose du système de placement trifluvien et le départ de Reynald Rivard

Les premières transformations

Si monseigneur Bourgeois maintient son opposition aux foyers nourriciers sauf, à la limite, pour le soin des tout-petits, son jeune collègue

---

entre 1959 et 1962] ; *École d'enfants handicapés de Trois-Rivières*, dact., 1 p. ; *La Clinique de réhabilitation pour enfants handicapés inc., Premier rapport annuel : avril 1960 au 31 mars 1961*, dact., non paginé, [43 p.] ; Claire Roy « Pour donner un peu de joie à de petites âmes obscures », *Le Nouvelliste*, 16 avril 1962, p. 13 et 30 (B. 8, ch. « Classes pour enfants handicapés »). Voir aussi : « Le Club Richelieu inaugure sa campagne », *Le Nouvelliste*, 30 mai 1967 (B. 15, documents libres).

48. *Cahier des procès-verbaux des réunions du conseil d'administration de Caritas-Trois-Rivières, du 17 septembre 1959 au 28 novembre 1966*, assemblées du 19 mai 1962 et du 16 mars 1965 (Archives de Centraide Mauricie, 100A.0168).

49. Les rapports annuels du Centre de service social de Trois-Rivières sont très laconiques sur Ville-Joie Providence où, à partir de 1950, ne résident plus qu'environ 150 orphelines d'au moins six ans. En 1953 et 1955, on laisse voir qu'il n'y a là ni service social personnel ni classes spéciales. Quant au Patronage Saint-Charles, qui accueille les garçons de plus de douze ans, sa situation est loin d'être reluisante. Aurélien Bernard, s.v., « Problèmes des orphelins de 12 à 18 ans », dans *Rapport de la sixième journée d'étude diocésaine de la Commission des œuvres de Caritas-Trois-Rivières, sous le distingué patronage de Son Excellence Monseigneur Georges-Léon Pelletier, évêque de Trois-Rivières*, 19 mai 1962, p. 46 ; et Bertrand Roy, « Étude psychologique de la population du patronage », annexe XII du *Rapport du Comité d'étude sur le Patronage Saint-Charles, Trois-Rivières*, Caritas-Trois-Rivières, 1963, dact., 23 p.

ne partage pas entièrement ses préventions. Dans sa thèse, déjà, Rivard reconnaît sans ambages que cette formule devrait être retenue plus souvent pour les enfants normaux non adoptés de moins de six ans; en 1957, il reporte l'âge à huit ans[50]. Reste qu'il rejette la généralisation de cette solution et qu'il évolue dans un milieu plutôt enclin à s'en méfier. Les travaux du Centre international de l'enfance de 1951 et les présentations faites au colloque que cet organisme laïque organise à Londres en 1952 montrent que le placement familial en Europe n'est guère pratiqué encore qu'en Grande-Bretagne et dans les pays nordiques, de tradition protestante. Partout ailleurs, et notamment dans les pays catholiques, on semble préférer diverses formes repensées de placement institutionnel[51].

Dans le Québec du milieu des années 1950, une minorité d'intervenants sont déjà pleinement convaincus de la supériorité des familles nourricières, si bien qu'ils ne préconisent le placement en institution des déficients mentaux, y compris ceux qui sont classés comme éducables, que parce qu'on manque de foyers d'accueil[52]. Mais la grande majorité des autres partagent les réserves de leurs confrères européens. C'est notamment le cas de la commission française du Conseil canadien du bien-être social. Cette commission rassemble des représentants de sociétés d'adoption et d'agences sociales diocésaines, congréganistes et municipales, des universitaires, des religieuses en charge d'institutions, des représentants de la Cour du bien-être social, de divers ministères québécois, ainsi que du service fédéral des allocations familiales. L'abbé Rivard joue un rôle central dans la réflexion de cette commission sur le choix du placement. En 1953, par exemple, c'est lui qui préside le sous-groupe de 43 spécialistes qui invitent le Conseil à retrancher en quelque sorte sur ses positions de 1944 : le foyer nourricier n'est plus recommandé que pour les bébés et les enfants d'âge préscolaire, et pour les autres jusqu'à l'adolescence à condition qu'ils ne présentent ni problème de comportement, ni

50. R. RIVARD, « Diverses conceptions actuelles concernant la prise en charge de l'enfance privée de milieu familial normal », *loc. cit.*

51. Exposés de René de Cooman (Belgique), président de la Fédération internationale des communautés d'enfants; de Hanni Waeber (Suisse) et de la docteure Schouten (Pays-Bas) au colloque de Londres (B. 3, ch. « Enfants privés de famille. Colloque de Londres (9 au 18 juin 1952) »).

52. Gérard L. BARBEAU, « Le débile mental », *Rapport des Journées d'étude sur la protection de la jeunesse, tenue à Montréal par le ministère du Bien-être social et de la jeunesse*, 14 et 15 oct. 1952, 120 p. (B. 7, ch. « Enfance déficiente »). Le docteur Barbeau est directeur scientifique de Mont-Providence et professeur à l'Université de Montréal.

handicap d'aucune sorte, ni qu'ils fassent partie d'une fratrie que le placement familial obligerait à disperser[53]. Un tel avis est même plus restrictif que l'évaluation personnelle du prêtre psychologue.

La réflexion continue. En 1955, aux journées d'études tenues cette fois par le ministère du Bien-être social et de la Jeunesse, on sent que le consensus est en train de se fissurer. D'un côté, les travailleurs sociaux dans les agences poussent de plus en plus nettement en faveur des foyers nourriciers, ce que le ministre Paul Sauvé ne peut s'empêcher de juger comme une solution bien chère. De l'autre, Reynald Rivard réaffirme les conclusions de 1953 et profite de la présence du ministre pour expliquer que, quelle que soit la formule retenue, toutes impliquent des coûts nécessaires puisqu'il faut d'abord évaluer quel type de placement convient pour chaque enfant, et ensuite soit choisir avec soin le foyer nourricier et en assurer la surveillance rigoureuse, soit fournir aux jeunes placés en institution toutes les occasions de se développer[54].

Le branle en faveur des foyers nourriciers est cependant donné, et même dans le diocèse de Trois-Rivières la tendance ne trompe pas. En décembre 1953 par exemple, en plus de superviser 957 enfants placés dans les deux crèches et les quatre orphelinats de la ville, le Centre de service social assure le suivi de 235 autres qui vivent dans des familles surtout à Saint-Maurice, Saint-Narcisse et Saint-Luc-de-Vincennes; mais, en décembre 1962, les nombres sont passés respectivement à 818 et 765[55]. À l'échelle du Québec, sur les 31 000 enfants, chiffres ronds, sous la responsabilité du ministère de la Famille et du Bien-être

---

53. *Nos enfants sans foyer, où iront-ils?*, session d'études tenue à l'Université de Montréal par la Division de la famille et de l'enfance et par la commission française du Conseil canadien du bien-être social, nov. 1953, 46 p.; aussi K. Phyllis Burns, secrétaire de la Division de la famille et de l'enfance, Conseil canadien du Bien-être social, « À certains enfants, il faut les cadres d'une institution », *Bien-être social canadien*, vol. V, n° 5, décembre 1953, p. 1-3 et vol. VI, n° 1, janvier 1954, p. 8-9 (ces documents sont dans B. 1, ch. « Foyers nourriciers – Standards professionnels »).

54. *Rapport des journées d'étude sur la protection de la jeunesse, tenues du 26 au 28 sept. 1955 par le ministère du Bien-être social et de la Jeunesse*, Montréal, 94 p. (B. 1, ch. « Foyers nourriciers – Standards professionnels »). On trouve dans la même chemise le texte détaillé de la conférence de R. Rivard, intitulée *Les normes professionnelles des foyers nourriciers*, dact., 11 p.

55. *Rapport annuel du Centre de service social du diocèse de Trois-Rivières pour 1953*; Blanche Houle, t.s.p., « Tendance du placement », dans Caritas-Trois-Rivières, *Rapport du Comité d'étude sur le Patronage Saint-Charles, Trois-Rivières*, Trois-Rivières, Caritas, 1963, appendices, p. 5 (disponible à la bibliothèque de l'UQTR).

social en 1961-1962, presque 15 000 sont en institution et un peu plus de 16 000 sont en foyers nourriciers[56].

Aussi, il devient indispensable d'établir des standards profession-nels pour ces foyers. En 1955, sur la recommandation de monsei-gneur Bourgeois, Caritas-Canada demande au psychologue Rivard et à son collègue au Centre de service social, le travailleur social Gilles Lacroix, de préparer un document qui pourrait servir de référence à toutes les agences sociales du Québec. Une première version est prête en 1958[57]. Les représentants des agences en discutent ensuite pendant deux ans dans plusieurs réunions du comité spécial sur les foyers nourriciers formé par la commission Enfance de Caritas-Canada. On sent la persistance d'une certaine méfiance, nourrie de l'expérience ou des échos de problèmes concrets vécus dans la pratique du place-ment familial : exploitation de la force de travail des jeunes dans les fermes où ils sont placés, conflits de loyauté qui peuvent perturber ceux qui sont pris entre leurs parents naturels et leurs parents nour-riciers, impossibilité mais parfois aussi mauvaise volonté patente des commissions scolaires d'accueillir ces enfants dans les écoles, abus manifestes de quelques familles qui tirent leurs revenus en acceptant un trop grand nombre d'enfants, placements à répétition infligés à certains autres[58].

Rivard et Lacroix croient néanmoins à la valeur du placement nourricier pour quelques catégories d'enfants. Mais, pour réduire le risque, ils ont placé la barre très haute. Par exemple, ils disent qu'on devrait sélectionner les familles en fonction d'abord des qualités psy-chologiques des parents, puis de critères économiques (au sens où le foyer substitut ne devrait pas être trop différent du foyer naturel sous ce rapport) et enfin du milieu environnant. Ils recommandent de faire effectuer la surveillance des foyers par deux travailleurs sociaux,

---

56. Guy MARCOTTE, t.s.p., *Enfance exceptionnelle. Enfants privés d'un milieu familial normal*, exposé au premier congrès du Conseil du Québec de l'enfance exceptionnelle, Montréal, 31 octobre, 1er et 2 novembre 1963 dact., 6 p. (B. 8, ch. «Conseil du Québec de l'enfance exceptionnelle»). Guy Marcotte est alors le directeur du Service de l'en-fance au ministère de la Famille et du Bien-être social.

57. R. RIVARD et G. LACROIX, *Essai de normes professionnelles des foyers nourriciers*, *op. cit.*

58. *Procès-verbal d'une réunion de la commission Enfance, comité spécial Foyers nourri-ciers*, Caritas-Canada, 12 février 1958, dact., 6 p.; d'autres réunions du même comité les 2 mai 1958, 27 nov. 1958, le 19 mars 1959 et le 15 déc. 1960; Ministère du Bien-être social, Service de l'enseignement, *Rapport d'enquêtes sur quelques foyers nourriciers*, 7 novembre 1960, 6 p. (tous ces documents dans B. 1. ch. «Normes professionnelles – Foyers nourriciers»).

l'un attaché à la famille et l'autre, à l'enfant. Ces travailleurs sociaux, du reste, il faudrait limiter le nombre de cas qu'ils ont à suivre, afin qu'ils puissent leur assurer une présence de qualité. C'est dire que les auteurs sont bien conscients que leurs standards correspondent à un idéal qui coûte cher. Comme l'explique l'abbé Rivard : « Les exigences des droits de l'enfant que nous avons à garantir taxent les possibilités, mais il faut hausser les possibilités et non pas réduire les exigences[59]. » En 1961, le ministère de la Famille et du Bien-être social adopte ses propres normes pour les foyers nourriciers, qui reprennent pratiquement celles qui ont été élaborées par les deux Trifluviens[60]. Les fera-t-il appliquer ? Malheureusement, les gouvernements ont tendance à toujours trouver qu'ils en font suffisamment pour la protection de l'enfance dès lors qu'ils s'en soucient minimalement.

Les changements s'accélèrent

Pendant ce temps, on place de moins en moins d'enfants dans les orphelinats ordinaires, mais leurs cas sont plus lourds. Il se passe en quelque sorte l'inverse que ce que le prêtre psychologue aurait souhaité. Pour lui, de bons services dans le milieu représentaient une garantie qu'à part dans les situations de handicap vraiment grave tous les enfants ayant des parents pourraient grandir à la maison. Quant aux jeunes normaux mais sans soutien familial, de bons foyers nourriciers mais surtout de bonnes institutions recréeraient pour eux, autant que possible, le climat familial perdu.

Mais, au début des années 1960, le Québec ne fait pas ce choix-là. Au contraire. Sous-financés depuis si longtemps et laissés sans directives gouvernementales, délaissés aussi par la recherche universitaire et celle qui s'est faite dans les agences sociales, la très grande majorité des orphelinats ordinaires présentent des carences très considérables et il en coûterait tant pour les réformer que la solution paraît être de les fermer progressivement, tout simplement[61]. Reynald Rivard n'est pas d'accord. On l'entend souvent, à cette époque, rappeler que les

---

59. *Projet de rapport d'une journée d'étude des représentants des services sociaux faisant du placement en foyers nourriciers, tenue par le Comité spécial Foyers nourriciers de la commission Enfance de Caritas-Canada*, 2 mai 1958, dact., 13 p. (B. 1. ch. « Normes professionnelles – Foyers nourriciers »).

60. *Projet de normes pratiques de placement en foyers nourriciers*, ministère de la Famille et du Bien-être social, 12 p. (B.1, ch. « Normes professionnelles – Foyers nourriciers »).

61. Gabriel Blanchard, f.c., responsable du secteur institutionnel au ministère de la Famille et du Bien-être social, *Orphelinats d'aujourd'hui et de demain*, exposé au 3ᵉ congrès du Conseil du Québec de l'enfance exceptionnelle, déc. 1965, dact. 3 p. (B. 6, cartable vert).

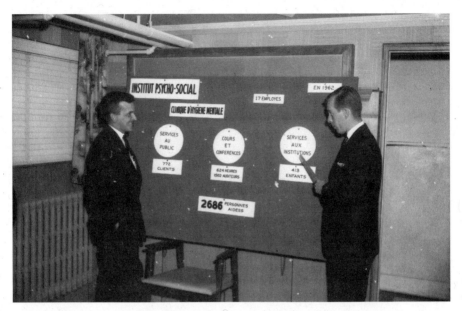

La situation de l'Institut psycho-social en 1962. À noter, la part de plus en plus grande prise par les consultations externes aux institutions. C'est l'époque où les grands orphelinats commencent à se vider. Les enfants qui en ont besoin demeurent dans leur famille en bénéficiant du soutien d'un travailleur social ou sont dirigés vers les foyers nourriciers, de plus en plus nombreux (Archives du *Nouvelliste*, n° 20759).

deux types de placement répondent à des besoins différents, qu'ils sont tous deux nécessaires et exigent l'un comme l'autre un ensemble complexe de services auxiliaires coûteux confiés à des spécialistes professionnels[62]. Lui-même conçoit alors une formation universitaire pour les éducateurs spécialisés destinés à travailler spécifiquement dans les institutions pour enfants. Ce programme est enseigné à partir de 1964 au Centre d'études universitaires de Trois-Rivières[63]. En 1963-1964, en plus des 133 enfants pour qui le Centre de service

---

62. R. RIVARD, *Évaluation du travail de l'Institut psycho-social dans le système de classes spéciales pour déficients* (mot rayé et remplacé par inadaptés) *mentaux des institutions du diocèse de Trois-Rivières*, préparation d'un exposé, manuscrit, 4 p. (B. 7, ch. «Classes spécialisées»); *id.*, *Les services auxiliaires nécessaires au développement équilibré des enfants privés de famille normale*, exposé au premier congrès du Conseil du Québec de l'enfance exceptionnelle, Montréal, 31 octobre, 1er et 2 novembre, 1963, dact., 5 p.
63. Prospectus de l'école d'aide sociale de Trois-Rivières, section Éducateurs de groupe, 1964; et Prospectus du Département d'éducateurs de groupe de la Faculté des sciences de l'éducation du CEU Trois-Rivières (tous deux dans B. 15, Articles-thèse).

social a trouvé une famille adoptive, 839 vivent en foyers nourriciers, c'est-à-dire exactement 100 de plus que dans les orphelinats de la ville[64]. À Trois-Rivières comme ailleurs, le temps de ces établissements achève.

Le ministère tranche : les orphelinats vont disparaître[65]. En 1967, sur les 35 000 protégés au Québec, il n'en reste que 5 000 en institution. On parle de transformer leurs bâtiments en pavillons d'unités familiales[66]. À Trois-Rivières, la crèche de la Providence a été la première à fermer ses portes, dans les années 1950, en faveur de celle de l'Hôpital Sainte-Marie, qui disparaît à son tour à la fin des années 1960. En 1967, Ville-Joie du Rosaire cesse ses activités, tous les petits sont désormais systématiquement placés en foyers nourriciers ; l'édifice sera converti en 1969 en un centre d'accueil et de formation pour les déficients mentaux. Les sœurs de la Providence mettant un terme à leur œuvre des orphelines au milieu de la décennie, les groupes de filles qui y restaient encore entrent donc à Ville-Joie Saint-Dominique, devenu assez grand pour les accueillir maintenant que moins de garçons y sont hébergés. Au début des années 1970, cet établissement deviendra un centre public à vocation régionale pour enfants et adolescents présentant des problèmes graves d'adaptation. En 1966, l'Institut psycho-social se donne une vocation plus nettement psychiatrique ; il sera intégré à l'Hôpital Sainte-Marie en 1974[67]. Le Patronage Saint-Charles ferme à son tour en 1970, les bâtiments sont démolis. Les jeunes ayant besoin d'un placement institutionnel seront désormais hébergés dans le nouveau Carrefour des Vieilles-Forges, bientôt rebaptisé Pavillon Bourgeois. Le nom de Reynald Rivard sera donné plus tard à un autre pavillon du Centre jeunesse de la Mauricie et du Centre-du-Québec.

---

64. *Rapport annuel du Centre de service social du diocèse de Trois-Rivières pour 1963-1964.*
65. Bonne analyse du processus ayant conduit à la fermeture des orphelinats dans M.-P. MALOUIN, *L'univers des enfants en difficulté, op. cit.*, surtout le chapitre X.
66. « Sur 35 000 enfants hors foyer, il s'en trouve encore 5 000 dans les orphelinats », *Le Petit Journal*, 4 juin 1967.
67. « Ville-Joie du Rosaire sera converti en Centre de psychiatrie infantile », *Le Nouvelliste*, 24 novembre 1967 ; « Ville-Joie Saint-Dominique : une œuvre qui s'adapte aux besoins de la jeunesse », cahier spécial du *Nouvelliste*, « Célébrons notre héritage, 1887-1987. Dominicaines de la Trinité. Présence et générosité », 9 octobre 1987, p. 8A et 9A ; *Rapport annuel de l'Institut psycho-social pour 1966* ; Louise MICHAUD, « Le Centre hospitalier Sainte-Marie : d'abord un refuge pour les mères célibataires », *Le Nouvelliste*, 24 octobre 1981, p. 19A.

Conclusion

Reynald Rivard s'est investi pendant plus d'une vingtaine d'années dans tous les domaines de la protection de l'enfance à Trois-Rivières et en Mauricie : adoption, placement en foyer nourricier, réforme en profondeur des institutions, éducation des parents, mise sur pied de programmes de formation pour les éducatrices et les éducateurs, ouverture de classes spéciales dans les commissions scolaires, développement des services à l'enfance partout dans la région. Il s'est intéressé à tous les types de jeunes exceptionnels. Il était désireux de leur permettre de développer leur plein potentiel et, comme don Bosco, de les ancrer dans la joie. Il a cherché aussi à faciliter la tâche des familles.

Mais, en 1969, il réoriente sa vie personnelle et professionnelle. L'Université du Québec à Trois-Rivières a hérité du professeur Rivard la coloration bien particulière de ses programmes d'enseignement et de recherche en génagogie, en psychoéducation et en loisirs. Le cégep de Trois-Rivières lui doit ses premiers programmes de techniques en éducation spécialisée. Et, en Mauricie, les commissions scolaires, les établissements qui ont continué après 1968 d'accueillir les jeunes en difficulté, le Centre des services sociaux ainsi que l'Hôpital Sainte-Marie ont intégré la philosophie d'intervention qu'il a promue.

Une partie de Trois-Rivières et une île à l'embouchure du Saint-Maurice, prise d'une tourelle du Séminaire Saint-Joseph. Vers 1900, le quartier Notre-Dame est quasi inoccupé sauf dans sa partie la plus rapprochée du fleuve. Les scieries bordent encore les rives de la rivière Saint-Maurice, l'île Saint-Quentin est forestière (ASTR, cote : 0064-10-14).

Moulin à vent, vers 1895, avant que la construction des quais ne l'éloigne des rives du fleuve. Il sera coiffé d'une couverture en 1934. Photo de P.-F. Pinsonneault (ASTR, cote : 0064-62-4).

Avant 1908, vue de l'hôpital : le jardin potager, le clocher de la cathédrale et celui de l'église paroissiale (CIEQ, coll. René-Hardy, Fonds Trois-Rivières, série Conrad-Godin, 100).

Au premier plan, la cour du Séminaire Saint-Joseph et, à son bout, « Le Berceau », vers 1878 (CIEQ, coll. René-Hardy, série François-Lajoie, 179).

L'église paroissiale et, à droite, le mur d'enceinte du cimetière, à la fin du XIXᵉ siècle (AUTR, *Album Dufresne*, 9005-084).

Le carré Champlain en 1875, au cœur de la sociabilité urbaine (ASTR, 0064-07-09).

L'église anglicane et le dôme de la chapelle des Ursulines (AUTR, *Album Dufresne*, 9005-063).

Le boulevard Turcotte sous la neige, fin du XIXe siècle (AUTR, *Album Dufresne*, 9004-078).

Pendant l'inondation d'avril 1896, une livraison d'aliments. P.-F. Pinsonneault a su capter ici l'« instant privilégié », une théorie photographique qui sera développée par Henri Cartier-Bresson cinquante ans plus tard (ASTR, 0064-19-05).

La rue Notre-Dame, entre des Forges et Saint-Antoine, en 1896. Pierre-Fortunat Pinsonneault était dans la mouvance des photographes documentaires de son époque. Il avait exposé cette image dans la vitrine de son commerce (AUTR, *Album Dufresne*, 9004-004).

Visite du chef du Parti libéral Wilfrid Laurier, en mai 1896; à l'issue de cette campagne électorale, il deviendra premier ministre du Canada, une première pour un Canadien français. Vue de la foule et de l'hôtel Shortiss (AUTR, *Album Dufresne*, 9004-065).

Démonstration des volontaires de la guerre des Boers dans la cour du Séminaire Saint-Joseph vers 1901 (AUTR, *Album Dufresne*, 9005-091).

La rue des Forges vers 1900, P.-F. Pinsonneault (AUTR, *Album Dufresne*, 9004-89).

La rue Bonaventure vers 1900 (AUTR, *Album Dufresne*, 9004-086).

L'incendie de juin 1908. Des hommes tirent sur une corde pour accélérer la démolition des murs (ASTR, cote : 604-06).

L'incendie de 1908. Des ruines de la rue Notre-Dame.
Photographie de P.-F. Pinsonneault (ASTR, cote : 0064-17-8).

Exhumation
des ossements
qui reposaient
sous l'église
paroissiale,
incendiée
(ASTR, cote :
0064-08-06).

La reconstruction de la rue du Platon, 1909 (SCAP, Fonds A.-Héroux).

La rue Notre-Dame et le port de Trois-Rivières en 1934. Au bas de la photo, cachée à la vue, la rue des Forges ; le tracé du tramway prend à droite, sur la rue Saint-Roch (ASTR, cote : 0064-03-06).

1934 : le bureau de poste et, devant lui, sur la rue Notre-Dame, l'édifice Ameau, le plus haut gratte-ciel de la ville, construit en 1929 (ASTR-0064-23-06).

Le marché à foin, à l'angle des rues Saint-Roch et Saint-Philippe, vers 1935. Fabiola Pinsonneault contribua à l'œuvre de son frère Pierre-Fortunat (ASTR-0064-35-06).

Trois-Rivières en 1950. L'ouest de la ville et les coteaux sont en développement : secteurs Spémont et Normanville, notamment (Prisma-Fonds Gilles-Roux).

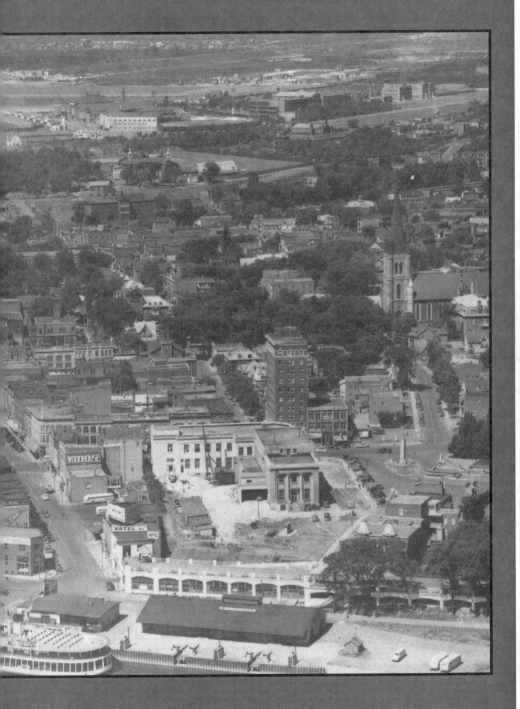

Le pont et, au loin, le lac Saint-Pierre (BANQ, Trois-Rivières, Fonds Pont-Laviolette).

L'état d'avancement des travaux, vue sur la rive nord, 1967 (Fonds BANQ, Trois-Rivières, Fonds Pont-Laviolette).

Début des travaux en 1964, et inauguration officielle le 20 décembre 1967. Son architecture diffère de beaucoup de celle qui figure dans la propagande.

3ᵉ PARTIE

Figures de la vie littéraire

Albert Tessier en 1934.

Albert Tessier et les « Pages trifluviennes » (1932-1939)

MAUDE ROUX-PRATTE[1]

E N 1932, LORSQUE L'ABBÉ ALBERT TESSIER fonde les Éditions du Bien public[2], il est préfet des études du Séminaire de Trois-Rivières, photographe et cinéaste autodidacte, mais aussi journaliste au *Bien public* et secrétaire de la Société d'histoire régionale (1926). Il se sert de ces différentes tribunes pour travailler à la préparation des fêtes du tricentenaire de Trois-Rivières, qui auront lieu en 1934. En collaboration avec l'hebdo régional *Le Bien public* et avec la société historique, Tessier crée les « Pages trifluviennes », première collection des Éditions du Bien public. Cette série de 39 volumes[3], lancée deux ans avant les festivités, vise à « faire connaître et aimer les choses et les gens de notre région trifluvienne[4] ». Dans cet esprit, l'éditeur souhaite faire preuve d'un « effort de vulgarisation ». D'ailleurs, la première brochure est née d'un concours dans les pages du *Bien public* invitant les historiens amateurs à répondre aux questions du public sur l'histoire locale.

---

1. Maude Roux-Pratte est docteure en histoire de l'Université du Québec à Montréal. Sa thèse, soutenue en 2007, s'intitule *Le Bien public (1909-1978): un journal, une maison d'édition, une imprimerie. La réussite d'une entreprise mauricienne à travers ses réseaux.* Elle a aussi été commissaire de l'exposition « À la Librairie générale de Trois-Rivières », présentée en 2009 par Bibliothèque et Archives nationales du Québec (Centre de la Mauricie et du Centre-du-Québec).
2. Cette maison d'édition existe jusqu'en 1978. Pour en savoir plus au sujet de l'entreprise: Maude ROUX-PRATTE, *Le Bien public (1909-1978): un journal, une maison d'édition, une imprimerie. La réussite d'une entreprise mauricienne à travers ses réseaux*, thèse de doctorat en histoire, Université du Québec à Montréal, 2008, 357 p. La correspondance qui sera citée dans cet article se trouve principalement dans le fonds Albert-Tessier (0014) aux Archives du Séminaire de Trois-Rivières.
3. Voir la liste des titres parus dans cette collection en fin de texte.
4. Armour LANDRY, *Bribes d'histoire*, Trois-Rivières, Éditions du Bien public, coll. « Pages trifluviennes », série A, n° 1, « présentation ».

Personnage influent parmi les notables locaux, Tessier pourra compter sur des appuis régionaux de taille au moment de lancer les «Pages trifluviennes». Il suscite également un intérêt pour sa collection à l'extérieur de la Mauricie, grâce aux contacts qu'il a su établir dans les milieux intellectuels québécois, que ce soit en participant à des soirées littéraires à Montréal et Sherbrooke, en se joignant à la société historique de la métropole ou à l'équipe de la revue montréalaise *L'Action nationale*. Un réseau, par définition, permet aux individus qui en font partie de mettre en commun des ressources, d'échanger divers services. Grâce à la riche correspondance de l'éditeur, je tenterai ici de montrer l'utilisation que fait Tessier de son impressionnant réseau de relations lorsque vient le temps de recruter des auteurs, de publiciser les «Pages trifluviennes», de vendre et de financer celles-ci. Ouvrons d'abord une parenthèse sur les années qui précèdent le lancement des «Pages trifluviennes», puisque Tessier possède déjà une expérience du métier d'éditeur et un rayonnement certain dans sa région et à l'échelle de la province avant d'entreprendre cette longue aventure éditoriale.

Albert Tessier avant les Éditions du Bien public

Après des études classiques au Séminaire de Trois-Rivières, Albert Tessier entreprend en 1916 des cours de théologie et de spiritualité au grand séminaire. Le préfet, l'abbé Joseph-Gérin Gélinas, qui devient son mentor, lui confie le poste nouvellement créé de secrétaire-archiviste. Occupé à classer les articles de périodiques rassemblés pour la préparation des cours d'histoire, Tessier lit chaque semaine *Le Bien public* dont il devient lui-même un collaborateur occasionnel sous des pseudonymes variés[5]. Il part ensuite étudier en Europe. Après deux ans de théologie à Rome (1921-1922) et deux ans de lettres à Paris (1923-1924), il revient à Trois-Rivières et reprend ses écrits dans *Le Bien public*. Le 22 octobre 1925, il inaugure une page consacrée à «la Grande et la Petite histoire», visant à préparer la population de Trois-Rivières au tricentenaire de la ville. Sous le pseudonyme d'Historicus, Tessier utilise cette vitrine pour solliciter des documents pouvant enrichir les archives régionales et recruter des passionnés d'histoire pour une future société historique, qui sera fondée en mai

---

5. Dans ses mémoires, Tessier en énumère quelques-uns: «Laper (La Pérade), Le Tisserand, Glaçon, Le passé, A. du Terroir, Jean Rivard, Je me souviens, Le Dernier des Mohicans, Madelon, Jacques». Albert TESSIER, *Souvenirs en vrac*, Trois-Rivières, Les Éditions du Boréal express, 1975, p. 73.

1926. L'année suivante, à l'âge de 32 ans, il devient préfet du séminaire. Ce poste important ne l'empêche toutefois pas de poursuivre son apostolat, de cultiver chez lui l'amour de la région du Saint-Maurice à travers chacun de ses engagements sociaux.

Grâce à une participation régulière et aux soins qu'il porte au *Bien public*, Tessier devient l'un des collaborateurs-vedettes, voire un conseiller important des dirigeants. En 1933, lorsque le journal est menacé de faillite, il suggère à l'évêque, Mgr François-Xavier Cloutier, de donner le périodique à deux individus en qui il a confiance, Raymond Douville, son petit-cousin[6], et Clément Marchand, son ancien élève. Le premier est un passionné d'histoire, le second lui doit son intégration aux cercles littéraires et peut-être l'emploi de journaliste au *Bien public* qu'il obtient en 1932, dès sa sortie du séminaire. Avec ces jeunes hommes à la tête du journal, Tessier sait qu'il pourra continuer à y promouvoir l'histoire régionale sans les responsabilités exigées par le poste de directeur. Il aura ainsi le temps nécessaire pour mettre sur pied une maison d'édition rattachée à l'hebdo.

Au début du xxe siècle, un éditeur cumule plusieurs fonctions. Il repère des auteurs, propose des améliorations aux manuscrits, cherche du financement et des points de vente, s'assure d'une bonne publicité dans les périodiques ou à la radio. Albert Tessier expérimente ces diverses tâches à quelques reprises dès sa jeune vingtaine, parfois pour des ouvrages dont il est l'éditeur officiel, d'autres fois de façon bénévole, à titre de conseiller. Michelle Le Normand lui offre l'occasion d'une «première expérience réussie de propagande littéraire canadienne[7]». En 1916, il propose à l'écrivaine de vendre 100 exemplaires de son volume *Autour de la maison* à son entourage. Deux mois plus tard, mission accomplie, il lui envoie un chèque. Par la suite, Michelle Le Normand fera de Tessier un guide littéraire. Puis, à sa sortie du grand séminaire, Tessier publie à l'enseigne de la Compagnie du «Bien public» le recueil de son ami et ancien confrère de classe Louis-Georges Godin (*Les «Dicts» du passant*, 1921).

À son retour d'Europe, quatre ans plus tard, il s'exerce de diverses façons au travail d'éditeur. Il est appelé notamment à vendre les publications d'amis écrivains, à solliciter du financement pour leurs ouvrages et à les publiciser. Par exemple, en 1927, il vient en aide

---

6. Leurs grands-mères étaient sœurs (R. DOUVILLE, entrevue réalisée par Jacques Michon et Dominique Garand à Québec le 28 février 1986, AGRÉLQ, chemise Bien public.)
7. Albert TESSIER, *Souvenirs en vrac*, p. 71.

Moïsette Olier

CHA8INIGANE

Bois gravé de Rodolphe Duguay

Pages trifluviennes   Les éditions du
Série C — No 6   Bien Public

Les Trois-Rivières
1934

Page couverture de
Cha8inigane.

à l'une des collaboratrices du *Bien public*, Moïsette Olier[8], qui publie *L'homme à la physionomie macabre* chez Édouard Garand. Il écrit des critiques élogieuses de son roman et écoule des exemplaires de son livre. L'auteure apprécie également son rôle de conseiller et prend bonne note de ses suggestions : « J'ai envoyé des livres, barbouillé du papier, vu des gens, etc. ». Tessier lui apporte le même soutien pour son deuxième roman, *Cendres*, qui paraît d'abord sous la forme d'un feuilleton dans *Le Bien public* avant d'être publié aux Éditions Albert Lévesque en 1932. Entretemps, il avait offert un appui similaire au poète Nérée Beauchemin, qui dira : « Sans vous, je ne me serais jamais décidé à publier [*Patrie intime*][9]. » À partir de 1928, il publie aussi les meilleurs travaux de la Société d'histoire régionale sous la forme de fascicules. Le premier cahier, écrit par Montarville Boucher de la Bruère, s'intitule *La naissance des Trois-Rivières* (1928).

Par la suite, plusieurs auteurs font appel à Tessier pour vendre des exemplaires de leurs volumes. Au début des années 1930, Tessier offre son aide au jésuite montréalais Joseph-Papin Archambault[10]. Ce dernier s'occupe alors entre autres de l'administration et du recrutement des abonnés pour la revue *L'Action nationale*. Il compte

8. Lettres de Moïsette Olier à A. Tessier, les 20 et 21 octobre 1927, 3 novembre 1927 et 14 septembre 1933.

9. Lettre de N. Beauchemin à A. Tessier, le 17 février 1928.

10. Lettres de Joseph-P. Archambault à A. Tessier, les 18 novembre 1932 et 20 janvier 1933.

sur le préfet pour vanter la publication dans les réunions auxquelles il prend part. Tessier sera d'une grande efficacité dans les murs de son école, en plus d'être le meilleur vendeur auprès des politiciens: «Je vous remercie pour les nouveaux abonnements. Vous avez le record pour les députés.» Durant les mêmes années, Lionel Groulx[11], membre lui aussi du groupe de *L'Action nationale*, le sollicite pour vendre sa brochure sur Dollard (mai 1932), puis son livre écrit sous le pseudonyme d'Alonié de Lestre (octobre 1932). Omer Héroux, rédacteur en chef du *Devoir*, reçoit un soutien semblable pour son volume *En Louisiane*[12], de même que l'historien Gérard Malchelosse pour sa série de 21 volumes sur Benjamin Sulte.

Ainsi, l'abbé Tessier ne découvre pas le travail d'éditeur en lançant les «Pages trifluviennes». Il a déjà une expérience dans le domaine et de nombreux contacts, à Trois-Rivières mais aussi à l'extérieur de sa région, notamment grâce aux soirées littéraires. En effet, à partir de la fin des années 1920, les poètes, journalistes, éditeurs et critiques se réunissent chez quelques membres de cette communauté littéraire. Parmi les hôtes montréalais, on trouve Jovette Bernier, Émile Coderre, Olivar Asselin, Albert Lévesque et Albert Pelletier. À l'extérieur de la métropole, des réunions sont organisées par Alfred DesRochers à Sherbrooke et par Albert Tessier lui-même. Le réseau qu'il s'efforce alors d'alimenter est celui qui contribuera au mouvement régionaliste: les auteurs aptes à publier une page d'histoire mauricienne, les journalistes prêts à les faire connaître, les directeurs de périodiques souhaitant lui donner la parole et les politiciens désireux de financer ses projets. Au début des années 1930, Tessier possède donc le bagage nécessaire pour fonder une maison d'édition.

Les «Pages trifluviennes», une collection mobilisatrice

En pleine crise économique, l'entreprise éditoriale de Tessier possède plusieurs clés pour percer dans le monde du livre. D'abord, Albert Tessier profite d'un engouement pour le tricentenaire de Trois-Rivières en lançant une collection qui glorifie l'histoire régionale et ses personnages[13]. L'éditeur tire également profit de la loi Choquette de 1925 obligeant les commissions scolaires à acheter des livres canadiens pour au moins la moitié des prix de fin d'année remis dans les écoles de la province. Les «Pages trifluviennes» ne sont pas destinées

---

11. Lettres de Lionel Groulx à A. Tessier, les 8 mai 1932 et 29 octobre 1932.
12. Lettre d'Omer Héroux à A. Tessier, le 23 novembre 1931.
13. Voir la liste des titres à la fin de l'article.

spécialement à la jeunesse, mais se prêtent bien aux institutions scolaires puisque plusieurs traitent d'histoire et de géographie, deux matières qui prennent une importance croissante[14]. Ajoutons que le fait d'être situé à Trois-Rivières ne constitue pas un obstacle pour le nouvel éditeur. En effet, avant 1940, le Québec littéraire est formé de plusieurs centres relativement autonomes : Montréal n'est pas encore ce foyer culturel où se concentrent presque tous les appareils de distribution[15]. C'est néanmoins tout à l'avantage de Tessier d'entretenir des contacts nombreux dans la métropole montréalaise et dans des villes comme Québec, Sherbrooke et Ottawa. Voyons maintenant comment l'abbé trifluvien exploite ses connexions pour assurer le démarrage et la survie de sa maison d'édition.

Le recrutement des auteurs

Dans ses Mémoires, Tessier écrit : « Tous les amis capables de tenir une plume furent mobilisés de force[16] » pour publier une brochure dans les « Pages trifluviennes ». Sur les 30 individus recrutés, au moins 16 l'ont côtoyé au Séminaire de Trois-Rivières à titre de professeurs ou d'étudiants, 14 ont été membres avec lui de la Société d'histoire régionale des Trois-Rivières et quatre, de la Société historique de Montréal (tableau 1)[17]. De plus, la moitié (16) collaborent ou ont collaboré au journal *Le Bien public* dans les mêmes années que Tessier. Enfin, la majorité des auteurs résident soit à Trois-Rivières (13), soit dans une localité périphérique (6). Et, parmi ceux qui habitent à Montréal (7) ou à Ottawa (2), la moitié sont membres avec Tessier de la Société historique de Montréal (4). Sauf Raymond Tanghe, ceux qui résident à l'extérieur sont originaires de la région mauricienne (Desbiens) ou ont fait leurs études au séminaire (Dubé et Brouillette).

Si Tessier trouve dans son entourage de nombreux individus prêts à consacrer temps et énergie à ses projets, c'est qu'il a su rendre service à plusieurs d'entre eux. En effet, certains ont déjà une dette envers le préfet lorsqu'ils acceptent de produire une « page trifluvienne ». C'est le cas de Moïsette Olier et de Jeanne L'Archevêque-Duguay.

---

14. *Histoire de l'édition littéraire au Québec au XXᵉ siècle*, vol. 1 : *La naissance de l'éditeur* (sous la direction de Jacques Michon), Les Éditions Fides, 1999, p. 383.
15. Jacques MICHON, « L'édition littéraire à Montréal depuis 1940 » dans *Marseille-Montréal, centres culturels cosmopolites*, Paris, L'Harmattan, 1991, p. 228-229.
16. A. TESSIER, *Souvenirs en vrac*, p. 164.
17. Les nombres présentés excluent bien sûr Tessier lui-même, alors que les totaux du tableau l'incluent, puisqu'il est l'auteur de trois volumes dans sa propre collection.

Tableau 1
Les «Pages trifluviennes» et leurs auteurs

Auteurs	BP	STR	SHRTR	SHM	Résidence
Audet, Francis-J.				X	Ottawa
Barrette, Victor		X			Ottawa
Bellemare, P.-A.-Adélard		X			Batiscan
Biron, Georges (abbé)		X	X		Champlain
Boucher de la Bruère, M.	X		X	X	Montréal
Bourgeois, Marguerite	X				Trois-Rivières
Breton, P.-Émile (o.m.i.)			X		Cap-de-la-Madelaine
Brouillette, Benoît		X			Montréal
Desaulniers, J. (abbé)	X				Trois-Rivières
Desbiens, Lucien					Montréal
Désilets, Auguste		X	X		Grand-Mère
Dubé, Dollard	X	X	X		Trois-Rivières
Dubé, Rodolphe	X	X			Montréal
Dugré, Alexandre (s.j.)	X	X			Pointe-du-Lac
Giroux, Télesphore		X	X		Trois-Rivières
Godbout, A. (o.f.m.)			X		Trois-Rivières
Godin, Louis-Georges	X	X	X		Trois-Rivières
Hamelin, Eddie (abbé)	X	X	X		Trois-Rivières
L'Archevêque-Duguay, J.	X				Nicolet
Landry, Armour	X		X		Trois-Rivières
Marchand, Clément	X	X			Trois-Rivières
Massicotte, É.-Zotique				X	Montréal
Olier, Moïsette	X				Shawinigan
Panneton, Auguste	X	X	X		Trois-Rivières
Plante, Hermann (abbé)	X	X			Sainte-Geneviève
Poulin, Gonzalve (o.f.m.)	X				Trois-Rivières
Surveyer, E.-Fabre				X	Montréal
Tanghe, Raymond			X		Montréal
Tessier, Albert (abbé)	X	X	X	X	Trois-Rivières
Trudel, Hervé (abbé)		X	X		Shawinigan
Vallée, Henri (abbé)	X	X	X		Trois-Rivières
31 auteurs	**17**	**17**	**15**	**5**	

BP: collabore au Bien public; STR: a fréquenté ou enseigne au Séminaire de Trois-Rivières; SHRTR: fait partie de la Société d'histoire régionale des Trois-Rivières; SHM: fait partie de la Société historique de Montréal.

La première doit beaucoup à Tessier, qui l'a aidée à faire vendre son premier roman. La seconde a tant bénéficié de la générosité de l'abbé Tessier envers sa famille qu'elle ne peut lui refuser son soutien. En effet, l'éditeur constitue pour son mari, le peintre Rodolphe Duguay[18], un véritable mécène, lui commandant des toiles et vantant l'artiste auprès des membres de son réseau. En produisant une brochure pour sa collection, Jeanne L'Archevêque-Duguay répond à une commande de Tessier, qui souhaite un livre pour enfants dans un cadre trifluvien[19]. Il s'agit également pour l'auteure d'un moyen supplémentaire de nourrir sa famille, en visant le marché plus lucratif des écoles.

En ce contexte économique difficile, les occasions pour l'abbé Tessier de tendre la main aux amis dans le besoin ne manquent pas. Au cours de cette décennie de misère, le préfet du séminaire aide deux autres individus, futurs auteurs de sa collection, à conserver ou à obtenir un emploi. En 1930, il écrit des notes louangeuses concernant Dollard Dubé, un de ses anciens élèves, pour qu'il obtienne un poste au *Devoir*. Aucun emploi de rédacteur n'est alors disponible[20], mais Dubé conserve une « vive reconnaissance[21] » envers l'éditeur et accepte de produire pour lui une brochure. Tessier intervient également en faveur de Francis-J. Audet lorsque son travail de chef de l'information aux Archives publiques du Canada est menacé. Tessier écrit en effet au secrétaire d'État du Canada[22] et à Maurice Duplessis. Grâce à ses démarches, Audet[23] obtient une année de sursis avant de prendre sa retraite, ce qui lui permet de fournir une quatrième brochure pour les « Pages trifluviennes », le centre d'archives étant le lieu de ses recherches.

Afin de profiter du battage publicitaire entourant les fêtes du tricentenaire, il fallait lancer le plus grand nombre de numéros avant les festivités. Pour quelques auteurs, le défi d'un volume vite fait est plus facile à relever. Par exemple, Édouard-Zotique Massicotte, qui retrouve dans ses tiroirs des notes sur le village natal de son père[24], n'a

---

18. Certaines brochures faisant partie des « Pages trifluviennes » sont illustrées par ses dessins.
19. Lettre d'A. Tessier à Jeanne L'Archevêque-Duguay, le 19 janvier 1933, Séminaire de Nicolet, fonds Jeanne-L'Archevêque-Duguay, F377/A2/7.
20. Lettre d'Omer Héroux à A. Tessier, le 3 septembre 1930.
21. Dollard DUBÉ, *Les vieilles forges il y a 60 ans*, Trois-Rivières, Éditions du Bien public, coll. « Pages trifluviennes », 4A, 1933, préface.
22. Lettre d'A. Tessier à Charles-Hazlitt Cahan, le 1ᵉʳ mars 1934.
23. Lettres de Francis-J. Audet à A. Tessier, les 3 mars 1934, 7 mars 1934 et 12 septembre 1934.
24. Lettre d'Édouard-Z. Massicotte à A. Tessier, le 6 mars 1935.

qu'à terminer un travail de recherche bien amorcé. C'est le cas également de Montarville Boucher de la Bruère et de Benoît Brouillette, qui adaptent leurs «thèses» pour la publication. Toutefois, lorsque Tessier demande de rédiger un ouvrage de A à Z, en quelques semaines, même les amis les plus coopératifs peuvent démissionner. Par exemple, Alfred DesRochers[25] refuse de produire un recueil bâclé de 75 à 80 pages à l'intérieur d'un mois et demi. Il propose plutôt d'écrire un petit fascicule qui prendrait pour titre *Métabéroutin*, mais il ne livre jamais le manuscrit en question et il le regrette profondément, plusieurs années plus tard. Il en va de même pour Omer Héroux[26], rédacteur en chef du *Devoir*, qui abandonne le projet d'écriture soumis par Tessier en 1933 et rêve encore en 1937 de trouver les heures nécessaires pour pondre la brochure. En effet, les échanges épistolaires montrent que les auteurs pressentis par l'abbé éditeur hésitent à faire faux-bond à l'important personnage.

Pour convaincre une trentaine d'auteurs de produire un texte, Tessier fait preuve d'une grande détermination. Aux passionnés d'histoire, il souligne l'importance de faire découvrir aux jeunes leur patelin, d'instruire les gens de tous âges sur les personnages et les événements marquants du passé local. Aux écrivains de sa région, l'éditeur évoque le bel incubateur qu'est la Mauricie pour lancer leur carrière et, surtout, la nécessité de préparer les esprits pour les fêtes du tricentenaire.

Ainsi qu'on vient de le voir, l'approche de l'éditeur Tessier s'avère fructueuse. Aussi va-t-il encore favoriser le recours à ses connaissances et à ses amis dans le domaine du journalisme pour publiciser les publications.

La publicité

Pour assurer une bonne publicité à sa collection, Tessier ne se contente pas de poster des exemplaires aux critiques littéraires des différents journaux, à Montréal, Québec, Sherbrooke et Ottawa. La correspondance montre qu'il s'adresse presque toujours à des gens qu'il a déjà fréquentés, lors de soirées littéraires ou dans différentes associations. Nous verrons dans cette section comment l'abbé Tessier mobilise les membres de son réseau pour assurer une vitrine publicitaire adéquate aux publications des Éditions du Bien public.

---

25. Lettres d'A. Tessier à Alfred DesRochers, les 14 janvier 1934, 24 avril 1934 et 28 avril 1942.
26. Lettre d'Omer Héroux à A. Tessier, les 30 mai 1933 et 21 octobre 1937.

En Mauricie

Bien sûr, *Le Bien public*, dirigé par Clément Marchand et Raymond Douville à partir de septembre 1933, demeure le plus fidèle complice de la maison d'édition. Chaque collaborateur de l'hebdomadaire côtoie l'abbé Tessier, souvent depuis plusieurs années, et adhère au mouvement régionaliste mauricien, auquel s'associent l'hebdomadaire et la collection des « Pages trifluviennes ». D'ailleurs, à la suite des fêtes du tricentenaire, un encadré publicitaire rappelle que la devise du *Bien public*, « L'organe du réveil trifluvien », « prend un sens, quand on connaît la trentaine de brochures publiées spécialement pour faire connaître Trois-Rivières et toute la région[27] ».

Au fil des ans, par différents moyens, l'hebdomadaire tente d'inciter ses lecteurs à acheter ces volumes. D'abord, *Le Bien public* présente périodiquement une liste exhaustive des titres de la collection, sur deux colonnes ou une page complète. De plus, lorsqu'un nouveau volume est publié, des critiques souvent élogieuses paraissent dans les semaines suivantes. Le journal lance également, l'été du tricentenaire, un concours portant sur l'histoire de Trois-Rivières[28]. Chaque semaine, une série de questions est soumise aux lecteurs qui, pour répondre correctement, sont appelés à consulter les « Pages trifluviennes ». Ce concours a sans doute été mis sur pied par Albert Tessier lui-même, ce dernier étant responsable dans les années 1930 de la page consacrée à l'histoire régionale.

En fait, l'éditeur dispose, au *Bien public* comme au quotidien trifluvien *Le Nouvelliste*, d'un réseau d'intimes pour publiciser sa collection. Nul besoin d'écrire de longues lettres pour obtenir le soutien désiré. En effet, le directeur du *Nouvelliste*, Émile Jean, fait partie des compagnons trifluviens de Clément Marchand, Raymond Douville et Albert Tessier. En 1934, les quatre individus se rencontrent régulièrement au sein du « comité publicité » des fêtes du tricentenaire[29]. Amis de la cause régionaliste, leurs entreprises respectives gagnent à ce que les festivités de 1934 aient bel et bien lieu. Le quotidien et l'hebdomadaire se sont associés très tôt à cet événement et tout ce qui peut contribuer à sa réalisation trouve un écho dans leurs pages. La collection dirigée par l'abbé Tessier obtient donc dans *Le Nouvelliste* un accueil très favorable. Chaque fois qu'une nouvelle brochure sort des

---

27. Encadré publicitaire, *Le Bien public*, 11 octobre 1934, p. 1.
28. *Le Bien public*, 14 juin 1934, p. 7.
29. *Le Nouvelliste*, 27 avril 1934, p. 3.

Bal costumé lors des fêtes du tricentenaire, 1934 (ASTR, cote: 0064-65-01).

presses, un article louangeur paraît. L'éditorialiste, Onésime Héroux (Bourgainville)[30], qui côtoie Albert Tessier à la Société d'histoire régionale, incite également les commissions scolaires à se procurer des «Pages trifluviennes[31]».

À la même époque, le mensuel du Séminaire de Trois-Rivières, *Le Ralliement*[32], apporte son soutien aux «Pages trifluviennes». Notons que l'éditeur est l'un des principaux collaborateurs et qu'il signe la majorité des comptes-rendus et critiques portant sur les brochures de sa collection. Tessier prend parfois pour prétexte les «Nouvelles des anciens» ou les «Activités littéraires de nos anciens», signalant que tel individu ayant jadis étudié au séminaire vient de faire paraître un volume sur la région du Saint-Maurice. Le préfet ne se gêne pas non plus pour utiliser une pleine page destinée à faire valoir les nouvelles parutions et souligner l'importance de la série qu'il édite. La revue étant distribuée à 3 000 personnes, dont plusieurs ont côtoyé l'abbé

---

30. Il s'agit du frère d'Omer Héroux, rédacteur en chef du *Devoir*.
31. *Le Nouvelliste*, 27 avril 1934, p. 2.
32. *Le Ralliement*, 2, 1 (septembre-octobre 1930); 2, 15 (novembre-décembre 1932); 2, 17 (mars-avril 1933); 2, 18 (mai-juin 1933); 3, 1 (septembre-octobre 1933).

Tessier lors de leur passage au collège, il s'agit d'une vitrine importante pour faire connaître les volumes mauriciens.

Dans la seconde partie des années 1930, *Le Mauricien*[33] (1936-1939) met également en valeur les « Pages trifluviennes ». Il est possible que d'autres périodiques de Trois-Rivières et ses environs aient participé à la promotion de cette collection, celle-ci constituant une source de fierté régionale sans pareille dans la grisaille de la crise. Les revues et les journaux consultés suffisent à démontrer les appuis dont dispose l'éditeur en Mauricie. Maintenant, comment gagne-t-il le soutien des périodiques à l'extérieur de la région, alors que le troisième centenaire et la vocation régionaliste des Éditions du Bien public ne suscitent pas d'emblée la ferveur des journalistes ?

À l'extérieur de la région

De tous les périodiques qui, à l'extérieur de la Mauricie, confèrent aux « Pages trifluviennes » un traitement avantageux, *Le Devoir* est sans doute celui qui démontre le plus d'enthousiasme. Il faut dire que Tessier dispose de précieux alliés au sein de ce quotidien, principalement le rédacteur en chef, Omer Héroux, ancien du Séminaire de Trois-Rivières, et Lucien Desbiens, auteur d'une brochure aux Éditions du Bien public.

En octobre 1932, Héroux[34] annonce à Tessier qu'il fera paraître deux articles prochainement : un sur les fêtes du tricentenaire, écrit par Louis D. Durand, avocat membre de la Société historique de Trois-Rivières, et un sur les « Pages trifluviennes », produit par Rodolphe Dubé (François Hertel), poète qui a signé un recueil dans cette collection. Puis, en février 1933, Héroux confie officiellement à Lucien Desbiens le rôle de couvrir les titres parus au Bien public. Même si ce journaliste originaire de La Tuque se présente comme un bon ambassadeur pour les « Pages trifluviennes », Tessier ose encore solliciter Héroux à quelques reprises, étant donné son statut au sein du quotidien. L'homme devra toutefois avouer à Tessier : « Les bonnes gens commencent, j'en ai bien peur, à être fatiguées de m'entendre parler des Trois-Rivières. En tant que rédacteur du journal, je suis

---

33. La revue *Le Mauricien* est fondée en novembre 1936 par Joseph Barnard (directeur) et Charles-Auguste Saint-Arnaud (rédacteur). En 1937, Saint-Arnaud propose la direction de son périodique à Clément Marchand et Raymond Douville, ses amis, après avoir accepté un poste au *Droit* d'Ottawa. Albert Tessier collabore à la revue.
34. Lettres d'Omer Héroux à A. Tessier, les 17 octobre 1932, 6 février 1933, 14 mars 1933 et 3 octobre 1934.

naturellement obligé de porter mes regards sur beaucoup d'autres choses.» De plus, Héroux considère qu'il manquerait d'objectivité s'il critiquait certaines publications du Bien public dont il a connu les auteurs. Il donne l'exemple de Moïsette Olier : « Je serais bien tenté de glisser dans l'appréciation une note peut-être un peu personnelle. Je me rappelle trop vivement la gamine de 6 ou 7 ans qui courait au bord du Saint-Maurice.» Desbiens ne cache pas non plus son amitié pour les auteurs («mon ami Sylvain[35]») et son amour pour la Mauricie. En fait, il chante ni plus ni moins les trésors de sa région et les vertus du régionalisme qui s'y développe. À partir d'octobre 1933, le journaliste propose en effet une série de textes publicitaires, «À la gloire de la Mauricie» ou «L'épopée de la Mauricie», dans lesquels il louange la collection et résume chacune des nouvelles brochures[36].

Jusqu'aux fêtes du tricentenaire, Desbiens remplit parfaitement le mandat que lui a donné Héroux de faire connaître les brochures mauriciennes. Lorsque prennent fin les festivités, le journaliste se fait cependant plus discret, au grand déplaisir de Tessier, devant qui il devra s'expliquer : «Certains de mes collègues m'ont demandé de "laisser reposer" les lecteurs du *Devoir* pendant quelque temps avec mon "enthousiasme sur la Mauricie". Cela m'a piqué un peu, mais j'ai compris qu'ils avaient peut-être un peu raison et qu'il ne me fallait pas oublier que je travaille pour un journal montréalais[37].» Cette lettre met fin aux échanges épistolaires qu'entretient Tessier avec Héroux et Desbiens. *Le Devoir* continue tout de même de parler des nouvelles publications trifluviennes, mais rien d'équivalent à la publicité des années 1933 et 1934.

Néanmoins, la collection trouve encore un écho favorable dans certains périodiques montréalais. En septembre 1934, le rédacteur en chef de *La Revue moderne*, Jean Bruchési, écrit à son ami Clément Marchand pour obtenir un exemplaire de chacune des brochures éditées aux Éditions du Bien public, dans le but d'en faire une recension[38]. Finalement, les articles sur les «Pages trifluviennes» ne sont

---

35. *Le Devoir*, 15 juin 1933, p. 1.
36. Voici les dates où paraissent ces articles publicitaires. En 1933 : 30 octobre (p. 4) et 4 novembre (p. 4). En 1934 : 27 janvier (p. 7), 10 février (p. 2), 17 février (p. 2), 28 février (p. 7), 3 mars (p. 7), 19 avril (p. 6), 12 mai (p. 6), 23 mai (p. 6), 6 juin (p. 4), 14 juillet (p. 4).
37. Lettre de Lucien Desbiens à A. Tessier, le 2 septembre 1935.
38. Lettre de Jean Bruchési à C. Marchand, le 14 septembre 1934, collection personnelle de Clément Marchand.

pas nombreux[39], mais ils sont signés par Bruchési lui-même, dans sa chronique sur « Le monde des lettres », et ils mettent en valeur la collection et son éditeur. Il faut dire que le journaliste, grâce aux soirées littéraires chez Clément Marchand, a créé un lien privilégié avec les écrivains trifluviens. Dans ses lettres à Marchand, il prend des nouvelles des uns et des autres. Ses liens d'amitié avec des auteurs de la région mauricienne l'ont certainement incité à porter une attention spéciale à leurs publications.

À la même époque, Robert Rumilly[40] assure à l'abbé Tessier sa pleine collaboration en tant qu'éditorialiste du *Petit Journal* : « À votre disposition si je puis en quoi que ce soit vous être agréable, et seconder, même dans une mesure infime, les beaux efforts que vous accomplissez. » Par la suite, comme Bruchési d'ailleurs, Rumilly ne se contente pas d'écrire de bons mots dans son journal à propos des récentes publications trifluviennes, il le souligne à grands traits à l'éditeur chaque fois qu'il signe un article sur sa collection.

Les « Pages trifluviennes » bénéficient également d'un espace publicitaire dans la revue *L'Action nationale*, à laquelle Tessier collabore. À l'automne de 1935, deux textes vantent concrètement sa collection. L'un, signé François Hertel, affirme que la société historique, les brochures, le journal *Le Bien public*, les conférences et les films du préfet font partie d'un tout destiné à entretenir « le culte intelligent du coin de pays où l'on vit[41] ». L'autre article, produit par Lionel Groulx, accorde autant de mérite à son ami abbé : « Il aura plus fait, pour la Mauricie, que tous les barrages et toutes les usines[42]. » Groulx recommande la dernière brochure de Tessier.

À Québec, les publications des Éditions du Bien public sont aidées par l'abbé Émile Bégin, de *L'Action catholique*. Il faut dire que, dans les années 1930, ce journaliste collabore également, aux côtés de Tessier, à la revue *L'Action nationale*. Les deux hommes partagent un certain engouement à l'égard du régionalisme : « À lire toutes ces pages trifluviennes, il nous prend une ferveur qui fait penser à l'enthousiasme des vieux amis de 1860. Vous êtes comme animateur, un autre abbé

---

39. Entre 1933 et 1937, trois articles portent sur les « Pages trifluviennes » dans *La Revue moderne* : novembre 1934 (16, 1, p. 9) ; avril 1935 (16, 6, p. 12) ; juillet 1935 (16, 9, p. 8).
40. Lettres de Robert Rumilly à A. Tessier, les 16 juin 1933 et les 3, 14 et 20 mai 1935.
41. *L'Action nationale*, octobre 1935, p. 114-115.
42. *Ibid.*, 133.

Casgrain... Et je ne vous fais pas ici un petit éloge[43]!» Il le considère donc comme un propagandiste influent et se fait un devoir de saluer le dynamisme de l'éditeur mauricien, non seulement dans *L'Action catholique*, mais aussi dans la revue *L'Enseignement secondaire*.

À l'extérieur du Québec, Tessier possède également quelques contacts privilégiés. L'année du tricentenaire, les «Pages trifluviennes» gagnent des appuis au *Droit* d'Ottawa, parmi les journalistes qui connaissent déjà les auteurs mauriciens. Par exemple, Victor Barrette et Pierre Daviault souhaitent faire valoir la collection en produisant l'un et l'autre des critiques. En février 1934, Barrette, qui rédige au même moment une brochure pour Tessier, parle du livre de Dollard Dubé et le note fièrement à son éditeur: «Aujourd'hui, dans le "Droit", un mot pour vous faire plaisir[44].» La même année, son confrère Pierre Daviault, un ami de Clément Marchand, promet de saisir toutes les occasions de parler des publications du Bien public dans ses chroniques du *Droit*. «J'admire ce que vous avez accompli à Trois-Rivières[45]», confie-t-il à l'éditeur trifluvien.

À la veille du tricentenaire, Tessier dresse le bilan de sa campagne publicitaire: «J'ai près de 150 articles consacrés par nos journaux et nos revues à l'activité littéraire trifluvienne...[46]» À force de persévérance, voire d'acharnement, et grâce à un capital social impressionnant, le directeur des Éditions du Bien public a pu persuader une ribambelle de journalistes d'écrire sur sa collection. Voyons maintenant comment s'y prend Tessier pour financer et vendre ses publications.

Le financement et la vente

Jusqu'en décembre 1933, Tessier affirme que les factures de l'Imprimerie Saint-Joseph sont payées par *Le Bien public*[47]. Après cette date, c'est l'éditeur qui avance les montants nécessaires à l'impression des brochures, de même que les frais de circulaires, de timbres, de papeterie, d'emballage, etc. Certains auteurs paient une partie de l'impression. Par exemple, Francis-J. Audet assume les coûts de 50 exemplaires, pour chacun de ses quatre volumes[48]. D'autres commandent des brochures

---

43. Lettre d'Émile Bégin à A. Tessier, le 5 juin 1934 et une lettre sans date.
44. Lettre de Victor Barrette à A. Tessier, le 12 février 1934.
45. Lettre de Pierre Daviault à A. Tessier, le 3 octobre 1934.
46. Lettre d'A. Tessier à Louis-D. Durand, le 26 mai 1934.
47. Lettre d'A. Tessier à Louis-D. Durand, le 26 mai 1934.
48. Lettre de Francis-J. Audet à A. Tessier, le 21 février 1934.

pour distribuer dans leur entourage, ce qui permet à Tessier d'imprimer sans crainte un plus grand nombre d'exemplaires.

Tableau 2
Factures d'imprimerie payées par Albert Tessier entre 1933 et 1937 pour des « Pages trifluviennes »

Date	Titres	Auteurs	Éditeurs	Quantité	Total ($)
09/06/28	La naissance des Trois-Rivières	Boucher de la Bruère	Bien public	1 028	83,05
09/01/33	Légendes indiennes du St-Maurice	Dollard Dubé	Bien public	1 100	159,74
30/11/33	Députés de Trois-Rivières (1792-1808)	F.-Surveyer/Audet	Bien public	500	111,19
30/01/34	Députés de St-Maurice et Buckinghamshire	F.-Surveyer/Audet	Bien public	500	124,66
15/03/34	Nérée Beauchemin	Gonzalve Poulin	Bien public	1 200	206,91
27/03/34	En flânant dans les portages	Sylvain	Bien public	800	151,63
18/04/34	Députés de T-R 1808-1838	F.-Surveyer/Audet	Bien public	550	108,24
19/04/34	Députés de St-Maurice et Champlain	F.-J. Audet	Bien public	550	124,01
05/05/34	Jacques Buteux	Albert Tessier	Bien public	1 200	215,69
24/05/34	Écrin	J.-A. Duguay	Bien public	1 000	195,57
25/05/34	Députés de la région des Trois-Rivières	F.-J. Audet	Bien public	600	148,18
05/07/34	La Pointe-du-Lac	Alexandre Dugré	Bien public	1 000	218,52
14/07/34	Les pionniers de la région trifluvienne	Archange Godbout	Bien public	500	128,88
17/08/34	Cha8inigane	Moïsette Olier	Bien public	1 000	157,94
15/10/34	Le comté de Maskinongé 1853-1867	F.-J. Audet	Bien public	550	82,46
19/01/35	En flânant dans les portages (2ᵉ édition)	Sylvain	Bien public	700	114,54
26/01/35	Légendes indiennes du St-Maurice (2ᵉ édition)	Dollard Dubé	Bien public	700	132,86
29/03/35	La Belle au bois dormant	Marguerite Bourgeois	Bien public	800	156,27
02/11/35	Tableaux d'histoire trifluvienne	Victor Barrette	Bien public	600	83,05
1936	Ste-Geneviève de Batiscan	E.-Z. Massicotte	Bien public	?	179,30
1937	St-Justin	Hermann Plante	Bien public	?	227,25
01/12/35	Les Trois-Rivières. Quatre siècles d'histoire	Albert Tessier	Nouvelliste	?	930,48

Sources : Chemises portant le nom des auteurs dans le fonds Albert-Tessier (0014) aux Archives du Séminaire de Trois-Rivières. Voir aussi chemise regroupant des documents divers, dont le « Survol économique » préparé par A. Tessier en 1967 (Q2-117).

Page couverture de *La Belle au bois dormant*. La belle, c'est la ville de Trois-Rivières.

Si les dépenses incombent principalement à l'abbé Tessier, les montants provenant des ventes lui reviennent aussi. En effet, l'éditeur ne semble accorder comme droits d'auteur que des exemplaires gratuits[49]. Il faut dire qu'il doit débourser des montants importants, seulement en frais d'imprimerie (tableau 2). D'après les factures qui ont pu être retracées, l'abbé trifluvien aurait dépensé au moins 3 813,17 $ entre 1933 et 1937. Ce montant représenterait environ la moitié des sommes investies par le préfet pour l'impression de volumes, puisque nous ignorons les coûts des autres brochures.

Pour faire face à de telles dépenses, Tessier possède son revenu de préfet des études (245 $ par année)[50]. Les 52 conférences prononcées à travers la province en 1933 et 1934 lui rapportent 318 $. Il obtient en 1935 une redevance pour son ouvrage paru aux Éditions du Zodiaque (150 $ et 0,10 $ par exemplaire vendu)[51]. Il s'agit là des principaux revenus de l'abbé Tessier. Même si ces montants ne sont pas exhaustifs, on peut néanmoins constater la marge considérable qui existe entre l'argent personnel dont dispose l'éditeur et les frais

---

49. Nous savons que Tessier offre à titre de droit d'auteur 50 exemplaires à Montarville Boucher de la Bruère et 20 à Lucien Desbiens. (Lettres de Montarville Boucher de la Bruère à A. Tessier, les 1er février et 6 mars 1933 ; Lettre d'A. Tessier à Lucien Desbiens, le 24 mai 1933.)
50. Lettre d'A. Tessier à Louis-D. Durand, le 26 mai 1934.
51. Lettres d'Eugène Achard à A. Tessier, les 14 mai 1934, 4 juillet 1934 et 2 juillet 1936.

d'impression fort élevés dont il prend alors la responsabilité. En fait, il n'aurait pu prendre de tels risques sans les subventions et les commandes de livres dont il a bénéficié. Les apports financiers qui ont permis aux « Pages trifluviennes » de voir le jour sont nombreux et ils ne peuvent être tous présentés. Il y a cependant lieu de mettre en relief le rôle des réseaux dans la diffusion et le financement des publications mauriciennes.

Librairies, bibliothèques et centres d'archives

À Montréal, l'abbé Tessier peut compter sur quelques individus bien intentionnés. Par exemple, son ami Gérard Malchelosse, qui travaille pour la librairie Ducharme, fait acheter par le commerce une douzaine d'exemplaires des dernières brochures mauriciennes. Tessier bénéficie également du soutien de deux compagnons de la société historique, Aegidius Fauteux[52] et Pierre-Georges Roy, qu'il fréquente depuis les années 1920. Le premier occupe le poste de conservateur de la Bibliothèque de la ville de Montréal. Entre 1933 et 1936, il achète tous les numéros de la collection trifluvienne, pour la bibliothèque et pour lui-même. Roy[53] fait de même à partir des Archives de la province. Bien qu'il soit limité par les règles de son institution, il assure à Tessier : « Notre département ne peut souscrire d'avance aux publications canadiennes et autres, seulement quand vous publierez quelque chose envoyez-le-moi toujours avec un compte et nous serons heureux de l'acheter. » Comme Fauteux, Roy s'assure de compléter sa propre collection des « Pages trifluviennes ». Il en distribue également à ses parents et amis. En 1932 et 1933, l'archiviste commande six fascicules différents et le nombre d'exemplaires varie entre 4 et 25. Cependant, dès novembre 1933, le fonctionnaire de Québec explique qu'il ne peut faire davantage pour la série trifluvienne, ne disposant plus du budget nécessaire. En cette période de crise, le gouvernement provincial aide les chômeurs et donne moins de crédits aux Archives, au Musée provincial et à la Commission des monuments historiques.

La même année, Tessier sollicite également le bibliothécaire du Parlement, Félix DesRochers, pour qu'il achète trois exemplaires des dix dernières brochures parues. À l'automne précédent, l'éditeur avait

52. Lettre d'A. Tessier à Aegidius Fauteux, le 14 juin 1933 ; lettres d'Aegidius Fauteux à A. Tessier, les 5 octobre 1933, 6 novembre 1934, 29 novembre 1935 et 15 janvier 1936.
53. Lettres de P.-Georges Roy à A. Tessier, les 5 octobre 1932 et 21 novembre 1933 ; lettre d'A. Tessier à P.-Georges Roy, le 13 juin 1933.

obtenu une telle commande pour les trois premiers volumes, grâce à l'intervention du député fédéral de Trois-Rivières, l'avocat Charles Bourgeois[54]. Ce dernier connaît l'abbé Tessier depuis une dizaine d'années au moins. En effet, les deux hommes faisaient partie en 1921 du comité en faveur de la bonne presse dans le diocèse de Trois-Rivières. Soulignons que Tessier utilise le même intermédiaire pour convaincre le responsable des Archives publiques du Canada, A.-G. Doughty, ce dernier ne faisant pas partie de son cercle d'amis[55].

Nous verrons que l'éditeur, dans sa région, possède un réseau très riche qui lui permet, dans la majorité des cas, de s'adresser directement aux responsables des comités et des commissions scolaires.

Subventions du Comité du tricentenaire

Le 18 avril 1932, un comité provisoire est mis sur pied pour organiser les fêtes du tricentenaire. Il a notamment pour mandat de servir d'agent de liaison entre les citoyens, le conseil de ville et les diverses associations de la ville[56]. Il doit également publiciser ces fêtes, par des causeries à la radio, des correspondances avec les écrivains et les sociétés d'histoire, des articles, etc. À ce comité siègent, parmi d'autres, Louis-Delavoie Durand (directeur), Armour Landry et Auguste Panneton. Les deux derniers font partie des auteurs de « Pages trifluviennes ». Tous trois collaborent au journal *Le Bien public* et sont membres de la Société d'histoire régionale. Ce sont donc des individus sensibles au mouvement régionaliste et déjà convaincus de l'importance de la collection dirigée par le préfet du séminaire. De surcroît, cette année-là, Tessier est responsable des communications et secrétaire du comité. Dès la mise en place de ce dernier, « environ 150 $ » sont alloués à l'éditeur pour payer les 500 exemplaires de sa collection destinés au service de presse. En effet, ces numéros seront distribués à 35 périodiques, au Canada et aux États-Unis[57].

Deux ans plus tard, le comité chargé de l'organisation du tricentenaire a gagné de nombreux membres. Le comité exécutif, qui prend les décisions financières, compte à lui seul 26 personnes[58]. Parmi elles, sept appartiennent à la Société d'histoire régionale, notamment

54. Lettre d'A. Tessier à Félix DesRochers, le 13 juin 1933.
55. Lettre d'A. Tessier à A.-G. Doughty, le 13 juin 1933.
56. *Le Nouvelliste*, 27 février 1933, p. 3.
57. Lettre d'A. Tessier à Louis-D. Durand, le 26 mai 1934.
58. La liste des membres du Comité du tricentenaire en 1934 figure sur le papier à lettres de Louis-D. Durand.

le président (Louis-D. Durand), le trésorier (Édouard Langlois), le secrétaire (Victor Abran) et l'assistant secrétaire (Armour Landry). S'ajoutent à ces historiens amateurs deux politiciens bien connus du préfet, le maire de Trois-Rivières, Georges-Henri Robichon, et Philippe Bigué, qui a dirigé en 1929 la campagne financière pour la reconstruction du séminaire de Trois-Rivières. En mai 1934, l'éditeur, membre du «comité publicité», déclare qu'il devra abandonner le service de presse pour sa collection s'il n'obtient pas un nouveau soutien financier: «Depuis décembre, je mène la barque seul. J'ai ajouté 10 brochures à la série et je me suis débattu pour en placer le plus possible! Assez pour couvrir environ 60% de mes frais d'impression...» Tessier réclame 200$ supplémentaires, soulignant l'importance de ce battage publicitaire pour le succès des «Pages trifluviennes» et pour la ville de Trois-Rivières. Il reçoit finalement 500$, pour «défrayer les dépenses que [lui] occasionne ce travail si intelligent et si profitable pour toute [la] région[59]». Cette réponse montre bien les appuis qu'il possède au sein du comité exécutif.

Malheureusement pour l'éditeur, le Comité du tricentenaire, si coopératif, disparaît à la suite des festivités. Par la suite, ce sont surtout les commandes de livres qui permettent aux Éditions du Bien public de se développer. À ce titre, les commissions scolaires forment une clientèle importante.

Commissions scolaires

En 1932, alors que sa collection est encore à l'état embryonnaire, Tessier veut s'assurer de l'intérêt des commissions scolaires pour son projet. Il espère de la Commission scolaire de Trois-Rivières une commande de 25$ pour chacune des dix premières brochures, qui serviraient de prix de fin d'année pour les élèves[60]. Selon *Le Nouvelliste*, il aurait effectivement obtenu une «commande intéressante des différentes brochures qui ont vu le jour[61]». Il faut dire que l'éditeur dispose d'un allié naturel, puisque le président de cette commission scolaire, le notaire J.-Arthur Trudel, fait partie des membres fondateurs de la Société d'histoire régionale des Trois-Rivières, laquelle collabore étroitement à la publication des «Pages trifluviennes». Trudel endosse donc sûrement le projet de collection élaboré par le préfet du séminaire, qui vise notamment à faire connaître l'histoire régionale

---

59. Lettre de Louis-D. Durand à A. Tessier, le 2 juin 1934.
60. Lettre d'A. Tessier à J.-Arthur Trudel, le 19 août 1932.
61. *Le Nouvelliste*, 8 avril 1933, p. 3.

aux jeunes[62]. En 1934, les brochures des Éditions du Bien public sont « données en prix [...] dans toutes les écoles de la ville[63] ». Selon cet article du *Nouvelliste*, les Commissions scolaires de Grand-Mère et de Sainte-Flore font de même. Et il est probable que les écoles de La Tuque aient également offert des brochures à leurs élèves cette année-là, puisque le préfet entretient alors un contact privilégié avec le président : « Mon bon ami le D[r] [Lucien] Ringuet est bien aimable de plaider la cause de nos "pages trifluviennes" devant la Commission scolaire de La Tuque[64]. »

Les fêtes du tricentenaire terminées, Tessier sollicite de nouveau cette clientèle, mais en usant d'une autre stratégie. Il prétend cette fois que les livres reçus par les élèves ne sont pas nécessairement gages d'une meilleure connaissance de la région, puisque les jeunes ne lisent pas toujours les brochures distribuées comme prix de fin d'année. Ce serait en effet « quelque chose de plus direct encore comme propagande[65] » si les professeurs intégraient à leurs cours des notions d'histoire et de géographie portant sur la région. La collection trifluvienne serait, dans cette perspective, un outil de premier choix pour instruire les enseignants. Ainsi, en novembre 1934, Tessier écrit au président de la Commission scolaire de La Tuque, qu'il appelle « cher Lucien » : « Je viens de faire cette argumentation auprès de la Commission scolaire de Grand-Mère et j'ai gagné mon point sans difficulté. » Celle-ci aurait acheté 1 500 exemplaires et la ville de La Tuque, 350[66].

Auprès de la Commission scolaire de Shawinigan, Tessier connaît toutefois un demi-succès. L'éditeur proposait trois brochures à fournir à tous les professeurs, à partir de la troisième année : *Jacques Buteux*, *Cha8inigan* et *Trois-Rivières (1535-1935)*. Or, seules les directrices des 33 écoles de filles de Shawinigan manifestent le désir de consulter les trois fascicules (un exemplaire de chacun) et la commission scolaire décide de ne pas imposer les brochures aux écoles de garçons[67]. En avril 1935, le fondateur et directeur de *L'Écho du Saint-Maurice*, Elzéar Dallaire, dénonce le piètre encouragement donné aux « Pages trifluviennes » à Shawinigan. Il met en relief le soutien des autres localités mauriciennes pour convaincre les élus de sa ville

62. *Le Bien public*, 7 juin 1934, p. 1.
63. *Le Nouvelliste*, 19 mai 1934, p. 3.
64. Lettre d'A. Tessier à Pierre-Georges Roy, le 28 mars 1933.
65. Lettre d'A. Tessier à Lucien Ringuet, le 2 novembre 1934.
66. *Le Bien public*, le 11 avril 1935, p. 5 et le 18 avril 1935, p. 7.
67. Lettre de J.-O.-Stanislas Brunet à A. Tessier, le 19 mars 1935.

de faire volte-face. Son article, repris dans *Le Bien public*, semble porter fruit puisque la semaine suivante, Dallaire note que les autorités des écoles de garçons ont finalement accepté que la collection de Tessier forme une « large part des livres de récompense ». La même année, la Commission scolaire de Trois-Rivières s'est probablement procuré elle aussi les 200 brochures proposées par l'éditeur[68], puisque J.-Arthur Trudel, confrère de Tessier à la société historique trifluvienne, occupe encore le poste de président.

Ainsi, entre 1932 et 1935, les discours de l'éditeur évoluent pour mieux convaincre les commissions scolaires d'acheter des « Pages trifluviennes », pour les élèves d'abord, puis pour les professeurs. Afin d'obtenir les précieuses commandes des écoles de la région, Tessier connaissait fort bien au moins deux des responsables, Ringuet à La Tuque et Trudel à Trois-Rivières. Comment s'y prend-il pour avoir le soutien de la municipalité de Trois-Rivières ?

Conseil municipal trifluvien

Le conseil municipal de Trois-Rivières avait offert 25 $ pour chacune des dix premières brochures parues aux Éditions du Bien public. Lorsque les célébrations du troisième centenaire sont terminées, Tessier revient à la charge. En novembre 1934, il écrit à l'un des conseillers, Arthur Béliveau, membre fondateur avec lui de la Société d'histoire régionale des Trois-Rivières : « Tâchez de plaider pour au moins une commande-souscription de 100 $. Il y a longtemps que je n'ai pas achalé le conseil[69] ! » L'éditeur reçoit probablement ce qu'il souhaite puisqu'il ne fait aucune demande d'aide financière en 1935. C'est du moins ce qu'il soutient dans une lettre au maire de Trois-Rivières, l'année suivante[70].

En 1936, une mésentente entre le directeur des Éditions du Bien public et Georges-Henri Robichon paraît mettre un terme aux commandes de brochures de la part du conseil de ville de Trois-Rivières. Robichon aurait reproché à l'abbé Tessier de faire une mauvaise publicité à la municipalité en déclarant que celle-ci devrait investir davantage dans la réalisation de certains progrès, notamment l'embellissement des espaces publics. L'éditeur, insulté, considère avoir

---

68. Lettre d'A. Tessier à J.-Arthur Trudel, le 5 novembre 1934.

69. Lettre d'A. Tessier à Arthur Béliveau, le 5 novembre 1934, ASTR, fonds A. T., 0014-P3-74.

70. Lettres d'A. Tessier à G.-H. Robichon, les 5 novembre 1934 et 30 décembre 1936, ASTR, fonds Maurice-Duplessis, FN-0019-C-09.0916.

amplement servi les intérêts trifluviens avec les « 40 000 » brochures et volumes distribués. À l'avenir, il refusera toute aide du conseil de ville : « Aussitôt que j'aurai attrapé de nouveau quelques économies, je continuerai à mes frais la publication des "pages trifluviennes" et leur distribution gratuite aux visiteurs étrangers et aux revues et journaux de la province comme de l'extérieur. »

Ainsi, après le tricentenaire, les actes de générosité à l'endroit des « Pages trifluviennes » se raréfient. Nous verrons qu'il en va de même lorsque Tessier sollicite l'appui du gouvernement du Québec.

Gouvernement provincial

En 1932, Tessier s'adresse à Athanase David[71], secrétaire de la province, qui lui offre 10 $ pour chacune des six premières brochures. Un an plus tard, l'éditeur réclame que certains fascicules de sa collection soient lus dans les écoles primaires du district trifluvien : « Si je pouvais compter sur une commande assez forte, je doublerais le tirage de chaque brochure et je choisirais un certain nombre de sujets plus accessibles aux jeunes. » Athanase David s'était alors engagé à soutenir l'œuvre de Tessier, mais, tant qu'il ne fait pas une promesse chiffrée, l'éditeur tente de multiplier ses appuis parmi les inspecteurs d'école. Tessier écrit également à Duplessis[72] pour qu'il intercède auprès du secrétaire de la province : « Si l'honorable A. David mettait 1 200 $ à ma disposition, je lui fournirais, d'ici mai, 3 000 brochures soignées, choisies pour les jeunes, consacrées à des choses de chez eux par des auteurs de chez eux ! » La journée même, David promet... 200 $. Déçu, l'éditeur prie Duplessis de solliciter un montant plus élevé. Ce qui fut fait, puisque le politicien écrit fièrement au préfet qu'une somme minimale de 700 $ lui sera remise et qu'il fera « des démarches pour que cette subvention additionnelle soit augmentée ». Elle l'a été, car Tessier remercie cordialement Athanase David pour les 800 $ obtenus en 1934.

Duplessis a donc travaillé très fort en faveur des Éditions du Bien public pour démontrer à Tessier sa bonne volonté. Une raison est que les activités du tricentenaire battent leur plein et que cet événement permet à l'homme politique d'encourager le mouvement régionaliste mauricien qui suscite alors l'adhésion de la population et des notables

---

71. Lettres d'Athanase David à A. Tessier, les 6 octobre 1932, 12 décembre 1933 et 8 janvier 1934 ; lettres d'A. Tessier à Athanase David, les 8 décembre 1933 et 3 novembre 1934.
72. Lettres d'A. Tessier à Maurice Duplessis, les 24 juin 1933 et 8 janvier 1934 ; lettre de Maurice Duplessis à A. Tessier, le 18 janvier 1934.

locaux. L'éditeur lui fournit des occasions en or de faire ses preuves comme député, chef de l'opposition et aspirant premier ministre. En échange, Tessier écrit sur lui d'élogieux papiers dans l'hebdomadaire trifluvien, ce qu'il prend soin de rappeler : « Je n'oublie pas ton beau travail à Québec. Je l'ai d'ailleurs signalé de façon très nette dans le *Bien public*. Et ce que je t'écris s'inscrit dans les mêmes intentions que les propos échangés dans ma chambre l'autre jour. »

Soulignons que, dès 1933, Tessier connaît suffisamment Duplessis pour en faire une description humoristique dans *L'Action nationale*, au moment où il remporte la chefferie conservatrice et devient chef de l'opposition provinciale. Dans cet article, Tessier ose dire du nouveau chef qu'il « lui a manqué une culture générale suffisamment approfondie, une ampleur de vision capable d'envisager les problèmes sous tous leurs aspects [...]. C'est ce qui explique pourquoi il n'a pu créer encore de programme strictement original[73] ». Tessier raconte dans ses Mémoires que le politicien savait très bien qu'il était l'auteur de ce portrait. Un peu offusqué, Duplessis demandera tout de même à l'éditeur de lui conseiller des livres d'histoire pour se cultiver : « À la fin de la veillée, nous causions comme des copains. Maurice me dit l'intérêt qu'il avait porté au réveil mauricien et aux célébrations du troisième centenaire ; il attribuait même une part de ses succès à l'esprit neuf créé par cette longue campagne de fierté locale[74]. » Ainsi, bien que Tessier vouait une sympathie à la Ligue d'Action nationale, qui appuyait plutôt son adversaire Paul Gouin, il avait su établir de bonnes relations avec Duplessis et pouvait compter sur son appui dans sa recherche de financement. Il apparaît clairement que les deux hommes avaient avantage à faire équipe.

Un an après les fêtes du tricentenaire, l'éditeur doit néanmoins accepter de s'endetter pour continuer la publication des brochures. En effet, en 1937, l'éditeur mentionne à Duplessis qu'il fait face à un déficit de 300 $ sur ses cinq ou six dernières brochures[75]. Tessier est bien conscient de l'aide importante qu'ont déjà reçue les Éditions du Bien public, mais il rêve tout de même d'un dernier coup de pouce pour l'année 1937 : « Le Secrétariat de la Province m'a acheté – sur ton intervention – pour environ 1 000 $ par an durant deux années [1933-1934]. Après un intermède de deux ans [1935-1936], ça me sauverait

---

73. *L'Action nationale*, novembre 1933, p. 173-174.
74. A. TESSIER, *Souvenirs en vrac*, p. 186.
75. Lettres d'A. Tessier à Maurice Duplessis, les 7 mai 1937 et s.d., ASTR, fonds M. Duplessis, FN-0019-C-09.0916.

Le monument de Mgr Laflèche, en 1934. Le sculpteur montréalais Elzéar Soucy et l'architecte trifluvien M.D.A. Gascon conçurent ce monument à 4 faces, dévoilé le 26 septembre 1924 (ASTR, cote : 0064-23-02).

et ça me permettrait de donner un nouveau coup à la Mauricie si je recevais une commande un peu substantielle [300 $].» Qu'en est-il ? Cette année-là, Jean Bruchési[76], ancien rédacteur en chef de *La Revue moderne*, obtient le poste de sous-secrétaire d'État de la province et en avertit Tessier sous le couvert de la confidence. L'éditeur sera alors nommé visiteur des écoles ménagères (instituts familiaux) et profitera de ce nouveau titre pour proposer des livres de récompense, notamment des monographies publiées par lui. Ainsi, pour l'année scolaire 1937-1938, le Secrétariat de la province souhaite acheter trois « Pages trifluviennes » (pour un total de 800 exemplaires) destinées aux instituts familiaux. Or, les brochures en question ne sont pas disponibles dans les quantités demandées et Tessier doit suggérer d'autres titres. Dès la rentrée suivante, les budgets du ministère ne permettent plus des commandes aussi importantes. Avec la crise économique qui s'éternise, l'argent manque pour encourager les éditeurs. La maison d'édition trifluvienne, pour survivre, devra modifier son catalogue.

---

76. Lettres de Jean Bruchési à A. Tessier, les 27 avril 1937 et 19 février 1938 ; lettre d'A. Tessier à Jean Bruchési, le 14 janvier 1938.

La fin des « Pages trifluviennes » et après

Après les festivités du tricentenaire, la propagande de Tessier en faveur des « Pages trifluviennes » est de moins en moins efficace et le nombre de publications suit une pente descendante. Alors que quatorze brochures paraissent en 1934, seulement trois sont publiées en 1935, une en 1936, deux en 1937 et une dernière en 1939. Dès 1936, Tessier fait face à un déficit et se voit forcé, pour maintenir en vie la maison d'édition, de délaisser un peu les sujets régionaux pour atteindre un plus vaste lectorat. En effet, l'éditeur refuse alors des propositions de textes qui se seraient inscrits parfaitement dans sa collection. Par exemple, il ne donne jamais suite à la suggestion d'Édouard Fabre-Surveyer de publier une version retravaillée des biographies collectives de députés mauriciens[77], ni à celle de Léo-Paul Desrosiers, qui souhaite produire une synthèse sur l'histoire de Trois-Rivières[78]. L'écrivaine Michèle Le Normand, qui veut fournir une brochure sur un sujet trifluvien[79], voit également son offre déclinée. Tessier ayant jusque-là harcelé les personnes de son entourage pour qu'elles fournissent un volume sur la Mauricie, ces premiers refus sont révélateurs d'un véritable changement de cap. Les titres édités au Bien public entre 1938 et 1940 confirment les nouveaux critères de sélection de l'éditeur.

D'abord, Tessier privilégie des livres tout désignés pour le marché scolaire, assuré que ces publications ne le ruineront pas. Par exemple, la réédition du livre vedette de Michelle Le Normand, *Autour de la maison* (1939), est considérée comme un coup sûr et Tessier convainc facilement son ami Jean Bruchési, sous-secrétaire de la province, d'obtenir des commandes du Département de l'Instruction publique. En mars 1939, Bruchési propose d'acheter 1 000 exemplaires du livre de Michelle Le Normand, pour un total de 800 $[80]. Tessier, dès 1940, a récupéré son argent et peut se lancer dans un nouveau projet d'édition.

La publication de son propre livre pour enfant, *Ouvre les yeux et regarde*, en fait partie. Tiré à 3 000 exemplaires, cet album a lui aussi l'avantage d'intéresser les commissions scolaires. D'ailleurs, dans un article du *Bien public*, il est dit que l'éditeur fera des prix de

---

77. Lettre d'Édouard-F. Surveyer à A. Tessier, le 29 avril 1937.

78. Lettres de Léo-Paul Desrosiers à A. Tessier, les 6 mai 1937, 7 septembre 1937 et 18 décembre 1939.

79. Lettre d'A. Tessier à Michelle Le Normand, le 1ᵉʳ avril 1937, BANQ-M, Fonds Michelle-Le Normand et Léo-Paul-Desrosiers, 026/010/017.

80. Lettre de Jean Bruchési à A. Tessier, le 28 mars 1939.

rabais de quantité aux maisons d'enseignement[81]. En Mauricie, Tessier s'adresse à celles-ci par l'intermédiaire de Dollard Dubé, inspecteur d'écoles. Ancien du Séminaire de Trois-Rivières, Dubé est aussi l'un des membres fondateurs de la société historique. De plus, il a déjà publié une brochure au Bien public en 1933. Il collabore également au journal *Le Bien public*. Comme inspecteur, il souhaite proposer l'achat massif du dernier livre de Tessier : «Oh! que je voudrais voir ce petit livre entre les mains des 6000 écoliers de mon district d'inspection[82].» L'homme décède en 1940 sans avoir pu achever ce travail de propagande, mais l'album de Tessier aura néanmoins bénéficié de son appui durant quelques mois.

En avril 1940, la maison d'édition trifluvienne publie également les *Artisans du Québec* de Jean-Marie Gauvreau, directeur de l'École du meuble de Montréal. L'ouvrage connaît une vente record de 6000 exemplaires en moins d'une année. C'est du moins ce que Tessier affirme dans un article du *Devoir*, dans lequel il lance un appel aux «parents, éducateurs et animateurs» afin que «cette vague se continue et s'accélère[83]». Le volume a probablement trouvé un débouché dans différentes institutions d'enseignement, notamment les écoles d'art de la province.

Toujours en 1940, forte du succès du premier livre jeunesse de Tessier, Jeanne L'Archevêque-Duguay produit un album destiné aux enfants. *Comme nous sommes heureux* se vend très bien. Sortis des presses en décembre 1940 et présentés comme le cadeau idéal du jour de l'an pour les petits[84], les 2000 exemplaires disparaissent en l'espace de quelques semaines[85], sans que l'éditeur ait demandé l'aide du Secrétariat de la province. Tessier songe dès lors à une réédition (18000 exemplaires) et, cette fois, il cherche le soutien de son ami Bruchési : «Nos inspecteurs d'école se plaignent souvent du petit nombre d'ouvrages de prix adaptés aux âges de leurs écoliers. Vous avez là une bonne occasion de leur en fournir[86].» Tessier n'obtient pas la commande souhaitée (500 exemplaires pour 375 $), mais cet album de Duguay s'écoule tout de même grâce aux commandes des

---

81. *Le Bien public*, 4 avril 1940, p. 1.
82. Lettre de Dollard Dubé à A. Tessier, le 8 avril 1940.
83. *Le Devoir*, 22 février 1941.
84. Encadrés publicitaires parus dans *Le Bien public* (19 décembre 1940, p. 16 et 27 décembre 1940, p. 12).
85. Lettre d'A. Tessier à Jeanne L'Archevêque-Duguay, le 1er janvier 1941, Archives du Séminaire de Nicolet (ASN), fonds Jeanne-L'Archevêque-Duguay, F377/A2/7.
86. Lettre d'A. Tessier à Jean Bruchési, le 12 janvier 1941.

écoles. En effet, en 1943, lorsque le Secrétariat de la province propose d'en acheter 2 000 exemplaires[87], Tessier suggère plutôt l'achat d'une autre publication de l'auteure (*Cinq Petits Enfants*)[88], ce qui permet de croire qu'il ne reste pas suffisamment d'exemplaires de *Comme nous sommes heureux*[89].

Ainsi, les titres édités au Bien public à la fin des années 1930, en dehors des « Pages trifluviennes », possèdent un point en commun : ils comportent peu de risques d'endettement ou font appel à des auteurs qui peuvent assumer une partie des frais d'impression ou de distribution. C'est le cas de Raymond Douville (*Aaron Hart*, 1938) et Clément Marchand (*Courriers des villages*, 1939), propriétaires de l'Imprimerie du Bien public depuis 1937, qui travaillent eux-mêmes à la réalisation du produit fini, ce qui réduit les coûts de production de leur volume. Pour sa part, la riche poétesse américaine Sarah Larkin ne demande aucune aide de l'éditeur pour financer l'impression de ses deux livres (*Radisson*, en 1938, et *Dimo* en 1940). De plus, elle se charge de la distribution des 400 exemplaires destinés aux librairies et à la presse américaine[90]. Quant aux *Confidences d'écrivains canadiens-français* (Adrienne Choquette, 1939), il s'avérait peu coûteux d'en faire un livre puisque le texte avait déjà été composé pour la revue *Horizons*, également imprimée sur les presses du Bien public.

En somme, Tessier a dû faire des choix judicieux à la fin des années 1930 pour enrichir le catalogue du Bien public sans pour autant vider son portefeuille. Au cours de la décennie suivante, les seules factures de l'Imprimerie du Bien public transmises à Albert Tessier se rattachent à des livres publiés chez des éditeurs de Montréal (Éditions La Famille, Fides) et de Nicolet (Centre marial canadien). Le fait de déléguer certaines responsabilités (par exemple, la publicité ou la distribution) à un éditeur officiel lui permet de se consacrer à son rôle d'inspecteur des écoles ménagères. Le changement de gouvernement en 1939 a pu également l'inciter à délaisser temporairement les Éditions du Bien public[91], dont le journal associé appuyait clairement Maurice Duplessis. En effet, Tessier aurait fondé les Éditions

---

87. Lettre de J.-O. Filteau à A. Tessier, le 13 décembre 1943.
88. Lettre d'A. Tessier à Jean Bruchési, le 9 décembre 1943.
89. Dans un livre de Duguay paru chez Fides (*Dans mon jardin*, 1951), il est écrit dans la liste des autres publications de l'auteure que les deux éditions de *Comme nous sommes heureux* sont épuisées.
90. Lettre de Sarah Larkin à A. Tessier, le 22 février 1938.
91. Ce sont Raymond Douville et Clément Marchand qui prennent alors en charge le secteur éditorial de l'entreprise.

trifluviennes au début des années 1940 en espérant trouver un meilleur appui financier pour ses publications. C'est du moins ce qu'affirme Raymond Douville en entrevue : «[Tessier] trouvait qu'il n'en vendait pas assez [des livres] au gouvernement [libéral], il a donc parti ses propres éditions[92]». Il ne publiera que sept titres à cette enseigne, puis dirigera à nouveau une collection aux Éditions du Bien public, la série «Histoire régionale», au tournant des années 1950. Ce seront par ailleurs les derniers moments de sa carrière d'éditeur, même s'il servira de conseiller aux Éditions du Boréal express, dans les années 1960.

Conclusion

Les «Pages trifluviennes» ont permis aux Éditions du Bien public de se doter d'une solide réputation, dans la région du Saint-Maurice mais aussi dans les principales villes du Québec. Il est intéressant de noter que le terme même de «Mauricie», une invention de l'abbé Tessier, figure pour la première fois dans le titre d'une brochure de cette première collection[93]. À une époque de grave crise économique, des publications visant à accroître la fierté régionale sont considérées d'un bon œil par les élites locales, surtout à la veille du tricentenaire, alors que la Ville de Trois-Rivières cherche du financement pour ses festivités. Premier éditeur professionnel trifluvien, Tessier parvient à mobiliser son large réseau de relations pour convaincre des écrivains de prendre la plume, pour convaincre aussi ses amis, connaissances et admirateurs du monde du journalisme de faire la promotion des «Pages trifluviennes» dans de nombreux périodiques québécois. Pour obtenir des fonds et des commandes de livres, Tessier a su faire appel à d'autres contacts privilégiés : des politiciens influents, des libraires, des bibliothécaires, des commissaires et des inspecteurs d'écoles, etc.

Grâce à la réputation qu'il s'est forgée, Tessier est devenu, dans sa région, un intermédiaire de premier choix pour qui souhaite obtenir un emploi ou favoriser la diffusion d'un ouvrage à Trois-Rivières. Il est reconnu comme tel et plusieurs individus réclament son aide pour s'adresser à Maurice Duplessis ou à un quelconque allié régional. Cela s'avère un formidable atout lorsque vient le moment, pour l'éditeur, de demander un service. Et Tessier, qui n'est pas un timide personnage,

---

92. Raymond DOUVILLE, entrevue réalisée par Jacques Michon et Dominique Garand à Québec le 28 février 1986 (p. 10 du tapuscrit conservé par le GRÉLQ à Sherbrooke).

93. Il s'agit d'*Au cœur de la Mauricie* (1933), de Lucien Desbiens.

ne se gêne pas pour utiliser toutes les ressources accessibles par l'entremise de son réseau. Les « Pages trifluviennes » profiteront grandement de l'influence acquise au fil des ans par l'éditeur.

Titres parus dans la collection les « Pages trifluviennes »

Auteurs	Titres	Année
Tanghe, Raymond	Au pays de l'énergie (première partie signée Moïsette Olier)	1932
Marchand, Clément	Bas-Reliefs (deuxième partie signée Rodolphe Dubé)	1932
Landry, Armour	Bribes d'histoire	1932
Brouillette, Benoît	Développement industriel de la vallée du Saint-Maurice	1932
Godin, Louis-Georges	Mémorial trifluvien (première et deuxième parties)	1932
Hamelin, Eddie (Jean Véron) (abbé)	La paroisse de Champlain	1933
Boucher de la Bruère, Montarville	Chapelles et églises trifluviennes	1933
Surveyer, Édouard-Fabre	Députés des Trois-Rivières de 1792 à 1808 (coauteur : Francis-Joseph Audet)	1933
Désilets, Auguste	La Grand'Mère	1933
Vallée, Henri (abbé)	Les journaux trifluviens de 1817 à 1933	1933
Panneton, Auguste (Sylvain)	Mon petit pays	1933
Desaulniers, Joseph (abbé)	Reliques trifluviennes	1933
Dubé, Dollard	Les vieilles forges il y a 60 ans	1933
Desbiens, Lucien	Au cœur de la Mauricie (La Tuque)	1933
Trudel, Hervé (prêtre)	Batiscan (Saint-François-Xavier de) (coauteur : P.-A.-A. Bellemare)	1933
Dubé, Dollard	Légendes indiennes du Saint-Maurice	1933
Olier, Moïsette	Cha8inigane	1934
Audet, Francis-Joseph	Le comté de Maskinongé (1853-1867)	1934
Audet, Francis-Joseph	Députés des Trois-Rivières (1808-1838)	1934
Audet, Francis-Joseph	Les députés de la région des Trois-Rivières (1841-1867)	1934
Surveyer, Édouard-Fabre	Députés de Saint-Maurice et Buckinghamshire (1792-1808) (coauteur : Francis-Joseph Audet)	1934
Audet, Francis-Joseph	Députés de Saint-Maurice (1808-1838) et de Champlain (1830-1838)	1934
L'Archevêque-Duguay, Jeanne	Écrin	1934
Panneton, Auguste (Sylvain)	En flânant dans les portages	1934
Tessier, Albert (abbé)	Jacques Buteux, le premier évangélisateur de la région du St-Maurice (1934-1652)	1934
Poulin, Gonzalve (père o.f.m.)	Nérée Beauchemin	1934

Godbout, Archange (père o.f.m.)	Les pionniers de la région trifluvienne: 1634-1647	1934.
Dugré, Alexandre (père s.j.)	La Pointe-du-Lac	1934
Tessier, Albert (abbé)	Troisième centenaire trifluvien (1634-1934)	1934
Giroux, Télesphore (Pierre Dupin)	Anciens chantiers du Saint-Maurice	1935
Bourgeois, Marguerite	La Belle au bois dormant	1935
Barrette, Victor	Tableaux d'histoire trifluvienne. Quatre pièces inspirées de l'histoire trifluvienne	1935
Massicotte, Édouard-Zotique	Sainte-Geneviève de Batiscan	1936
Breton, Paul-Émile (père)	Cap-de-la-Madeleine. Cité mystique de Marie	1937
Plante, Hermann (abbé)	Saint-Justin, foyer de sérénité rurale	1937
Biron, Georges (abbé)	Deux cents ans de vie paroissiale (1738-1938). La Pointe-du-Lac	1939

Édifice de la Shawinigan Water & Power, 1934 (ASTR, cote: 0064-23-15).

Hervé Biron, crayon de Gérard Montplaisir, *Le Nouvelliste*, 20 juin 1954 (AUQTR, Fonds Hervé-Biron, photo 124).

Hervé Biron (1910-1976) : esquisse d'une biographie[1]

JEAN ROY

ERVÉ BIRON, JOURNALISTE, HISTORIEN, ROMANCIER ET POÈTE, né le 12 mai 1910 à Pointe-du-Lac, est le benjamin d'une famille de douze enfants d'Arthémis Biron, marchand général du village et maître de poste, et de Thaïs Comeau. Le 15 août 1936, il épouse Valeda Thibeault, une institutrice trifluvienne ; ils ont quatre enfants. Il est mort à Québec, le 19 mai 1976, où il est inhumé[2].

Journaliste d'abord, mais satisfait par l'exercice des lettres, et par la pratique de l'histoire plus particulièrement, sa carrière atteint sa plénitude alors qu'il est rédacteur en chef du journal *Le Nouvelliste*.

Entre 1931, qui marque son entrée modeste dans le monde du journalisme, 1954, qui est l'année de sa nomination comme rédacteur en chef du *Nouvelliste*, et 1965, qui signale son départ de Trois-Rivières pour Québec où il devient éditeur adjoint du *Journal des débats de l'Assemblée nationale*, Hervé Biron se prononce à plusieurs reprises sur les enjeux sociaux. Il est, à cet égard, un intellectuel.

D'autres traits ressortent de sa personnalité. Au moment où le jeune Biron s'interroge sur les voies de la vie religieuse, trois membres de sa famille sont en religion. Resté laïc, catholique militant, il demeure proche de l'élite religieuse du diocèse avec qui il collabore de diverses façons. Nationaliste et patriote, sa fougue des jeunes années, maintes fois exprimée, perd de son élan avec l'accès à des postes dans le métier

---

1. L'auteur remercie Fanny Le Roux et Maxime Guguy, deux assistants de recherche qui ont classé la documentation et mis sur fichier informatique la correspondance Biron. Jean Roy est historien, professeur retraité de l'Université du Québec à Trois-Rivières.
2. Les archives de l'Université du Québec à Trois-Rivières (AUQTR) conservent le Fonds Hervé-Biron. Les notes renseignent sur les dossiers consultés en donnant la cote. Existent également des dossiers de sa correspondance. La date de l'échange est alors indiquée.

de journaliste. Plus modérée, sa position politique s'apparente à celle des autonomistes et des unionistes.

Le portrait de Biron ne peut donc se faire qu'à l'aide d'une palette de couleurs aux teintes nuancées. L'homme conserve pendant une grande partie de sa vie l'inquiétude de sa jeunesse. Certainement assoiffé de reconnaissance à la suite de ses réalisations littéraires, il ne laisse rien au hasard quant à la protection de ses droits d'écrivain après la publication de ses romans *Poudre d'or* et *Nuages sur les brûlés*[3]. Son érudition et sa capacité d'analyse le rendent capable de mener de front plusieurs activités qui trouvent leurs conclusions dans une production riche et diversifiée. L'ensemble, bien qu'il soit seulement esquissé dans cet article, donne à voir et à apprécier une riche personnalité de l'élite trifluvienne.

L'approche biographique privilégie la mise en place de deux périodes. La première démarre en 1931. Hervé Biron entre au *Nouvelliste* cette année-là. Il connaît une situation précaire qui ne s'améliore pour ainsi dire qu'en 1948 lorsqu'il devient rédacteur du journal alors dirigé par Émile Jean. Pourtant, c'est durant cette période que l'éclectisme de Biron se révèle : journaliste, archiviste, historien et romancier.

La notoriété de Biron se raffermit peu à peu et il occupe ensuite divers postes au sein du journal : chef de nouvelles de nuit, rédacteur, puis courriériste parlementaire à Québec de 1950 à 1954, lorsque le nouveau propriétaire du journal, Honoré Dansereau, fait de lui son rédacteur en chef, poste qu'il quitte en 1959. Il demeure éditorialiste, et il rédige les pages littéraires depuis 1960 lorsqu'il démissionne en 1965 pour entrer dans la fonction publique à titre de rédacteur adjoint des débats parlementaires de l'Assemblée nationale.

Le façonnement de sa personnalité

L'incendie qui dévaste le magasin familial en 1915 provoque la ruine d'Arthémis Biron. À la fin du conflit, celui-ci vend la maison de Pointe-du-Lac et vient s'établir à Trois-Rivières, dans le quartier Saint-Philippe, sur la rue La Vérendrye, face au carré Victoria qui n'est alors « qu'un parc entouré d'une clôture de broche où l'on avait semé des patates et du maïs[4] ». En arrière, la commune, « une espèce

---

3. L'article de Louise Verreault traite, ci-après, de cette dimension de sa vie dans « Deux romans d'Hervé Biron ».

4. AUQTR, Fonds Hervé-Biron, *Le roman d'un adolescent*. Récit dans lequel se mêlent roman et autobiographie. Des pièces du fonds d'archives permettent de jeter un regard critique et de retenir des faits (502/1/1/3). Est également resté à l'état de manuscrit

de marais où les vaches se promenaient dans l'herbe jusqu'au cou balançant leur tête molle où ne pendait pas la clarine des vaches de chez nous». Sitôt arrivé, l'adolescent fait le tour de la ville. Il la trouve «plate», se remémorant son voyage dans la bruyante Montréal, où sa mère l'avait amené pour le vêtir de neuf en vue de sa communion solennelle.

Il a 14 ans, et son père n'aime pas son désœuvrement, non plus que ses fréquentations. Aussi lui laisse-t-il entendre qu'il va lui trouver du travail. Regardant ses biceps, Hervé se trouve plutôt inapte au travail manuel. Qu'importe, il ira travailler dans une biscuiterie-confiserie. Deux mois passent lorsque son père lui demande de faire un choix: l'école ou la continuité dans ce type d'emploi. Comme il désire le laisser, l'adolescent demande son admission au juniorat du Sacré-Cœur d'Ottawa dirigé par les Oblats. Il ne se passe pas beaucoup de temps avant qu'il ne se demande «Qu'est-ce que je suis venu faire ici?» Non pas qu'il se refuse à tout. Ainsi, il aime son professeur de littérature dont il admire les méthodes et qui sait augmenter ses «goûts pour la littérature». Il lit et écrit beaucoup. Ses textes sont parfois lus en classe et cela l'encourage: «nul ne sut autant me prodiguer les encouragements, le baume des cœurs sensibles». Mais cela ne va définitivement pas. Il écrit à ses parents, qui l'encouragent à terminer l'année et lui prodiguent des conseils sur sa santé, car c'était là son faux prétexte pour sa sortie du juniorat.

De retour dans sa chambre, rue La Vérendrye, il se forme une bibliothèque où figurent Mgr Camille Roy, Louis Fréchette, Pamphile Lemay, Lionel Groulx, Adjutor Rivard et Philippe Aubert de Gaspé qui, plus particulièrement, l'enchante. Il lit aussi la vie des saints car, malgré tout, il est «mystique: les choses extérieures ne me plaisaient que par les idées religieuses qu'elles éveillaient en moi», écrit-il. Mais la réalité le rattrape bientôt. Son père se charge d'ailleurs de le ramener sur terre et le met à nouveau devant des choix. Hervé envisage diverses situations dont la fréquentation de l'école technique, voire un retour à Ottawa. Il s'en ouvre «en cachette au directeur» du juniorat. Faute de place, la réponse est négative. Il lui vient alors l'idée d'aller chez les Franciscains qui tiennent un séminaire vocationnel dans le quartier Notre-Dame, près de l'église Notre-Dame-des-Sept-Allégresses.

L'adolescent mystique (502/1/1/8/1). Dans cette partie de l'exposé, les extraits de ces deux textes sont mis entre parenthèses, mais sans renvoi.

Hervé fait des promesses et, malgré la situation matérielle précaire de la famille, son père agrée.

Celui-ci accompagne son fils au collège, où on lui fait passer un examen d'admission. « On me donna une grammaire et un arithmétique. » « Quant aux problèmes, je dus tirer à plein collier. Ça forçait ; mais quand je tombai dans la dictée remplie de fautes, je me dis : ici je suis chez nous ; je l'échenille de la belle façon. » Il reçoit comme appréciation « passable ». Néanmoins, le directeur lui prend « la tête dans ses bras et [le] serra contre lui » et dit « Ça va faire un petit franciscain, ce garçon-là. » La réponse définitive de la direction du collège est cependant à venir. Favorable.

La bibliothèque franciscaine lui est accessible et, à sa grande surprise, il peut emprunter les œuvres de Lamartine[5]. « Pendant trois semaines, je vécus dans une ivresse perpétuelle [...] je négligeai mes classes et non seulement l'étude. » Absorbé par la lecture de la poésie lamartinienne, il n'entend plus les questions qu'on lui adresse. Il est repéré et une leçon l'attend. Voilà qu'il se présente à nouveau à la bibliothèque et il demande « quelque chose qui s'apparentait au lyrisme des *Méditations poétiques* ». Comme « le tour était préparé d'avance », on lui remet *Les deux nigauds* de la comtesse de Ségur. Il s'empresse de dissimuler le livre aux yeux de tous pour éviter l'humiliation et les sarcasmes. Fâché, toujours assoiffé de lecture, il rejoint son collègue Joseph Morin[6] qu'il décrit comme « un grand gars à la figure blême, aux cheveux blonds, au regard vague perdu au fond de deux grands yeux bleus, presque sans vie mais dont le regard s'illumine en parlant de poésie ». Plus âgé, Morin préfère Racine ; Biron penche pour Corneille et sa vertu chevaleresque. Il consacre ses nuits et ses jours à la lecture des classiques et à l'écriture des vers. Il transcrit des vers dans son *Manuscrit.*

L'apprentissage des déclinaisons latines en souffre et la vie de collège ne se déroule pas bien. Certes tout n'est pas mauvais, mais l'apprentissage

---

5. Marcel TRUDEL, *Mémoires d'un autre siècle*, Montréal, Les Éditions du Boréal express, 1987, p. 71 et ss. Trudel y raconte ses années passées au collège séraphique, où il se trouve en 1930. Il corrobore ce qu'en dit Biron sur l'accessibilité de la bibliothèque, de même qu'il sait rendre l'atmosphère des études.
6. AUQTR, Fonds Hervé-Biron, Correspondance, 19 janvier 1930. Joseph Morin est le neveu d'Édouard Lacroix, un entrepreneur de Madawaska, exploitant forestier, député fédéral, il adhère à l'Action libérale nationale en 1934, est élu député du Bloc populaire en 1944. En 1930, Joseph Morin travaille pour son oncle. À cette époque, il correspond avec Biron, qu'il appelle « Chère Muse trifluvienne », il lui envoie de courts poèmes et lui en demande en retour.

de la langue anglaise le fait enrager. La comparaison qu'il fait avec son enseignement reçu à Ottawa n'est pas à l'avantage du collège séraphique. Donc, il se rebiffe et, à son tour, il fait enrager l'enseignant. Puis c'est l'exclusion. Il dissimule et, comme pour conserver l'initiative, Hervé dit à son père qu'il quitte le collège. Mais le paternel, fâché, sait ce qu'il en est. Des tâches moins poétiques attendent le jeune homme chez un menuisier où il lui est demandé de compter «les plugs» et de les ensacher. Maintes fois distrait, le compte n'est pas juste. Alors, que de «bêtises» il se fait dire dans «cette boutique maudite».

Cela le rend plus sérieux. Il meuble son isolement. Il s'interroge à nouveau sur son état de vie et il écrit à son frère Lucien, en religion dominicain. Il consulte également son père spirituel qui est prêtre du Séminaire Saint-Joseph. Il pense à se faire religieux. Il reprend la lecture d'un livre sur La Trappe. N'ayant pas fait de cours classique, il songe à se faire «frère lais», condition qui n'implique pas de dire la messe. Au mois de mai 1929, il est admis à une retraite au monastère d'Oka pour faire plus ample connaissance avec la vie monastique. Il se présente et il lui est assigné une chambre: «Je me trouvais seul entre les quatre murs blanco. Je m'assis devant ma table et j'allumai une cigarette.» La paix du lieu l'envahit et la vie de moine lui sourit. Il a la vocation. Pourtant le cœur n'y est pas. Après quelques jours, il ne pense qu'à partir. Ce qu'il fait. Hervé Biron a 19 ans.

Il est sans emploi, mais il s'active à en trouver un. Ainsi, aussitôt qu'il apprend, au mois d'octobre 1929, qu'un nouveau journal est en voie d'organisation à Québec, il écrit au député de Trois-Rivières à l'Assemblée législative. Maurice L. Duplessis favorise un rendez-vous avec Louis Francœur qui prend la direction d'un journal en opposition au régime Taschereau. C'est sans suite. À l'hiver 1930, il n'est pas encore fixé sur son avenir. Le décès de sa mère le bouleverse et il prend quelque distance avec son amie Valeda. Mais il lui demande de l'excuser et renoue avec elle. Il continue ses recherches d'emploi, du côté cette fois de *La librairie d'Action canadienne-française* dont le gérant est Albert Lévesque, là où travaille son ami Raymond Douville. Dans sa réponse, Lévesque signale qu'il a pris connaissance du poème que Biron a signé d'un pseudonyme et qu'il serait heureux de le rencontrer lorsqu'il sera à Trois-Rivières. Mais pour l'instant il n'a rien à lui proposer sauf, si cela lui sourit, un emploi comme «voyageur» ou démarcheur. Biron continue de frapper à de nombreuses portes. Il arrive qu'une s'ouvre pour un temps limité, pour un emploi sans lendemain.

Il décide à l'automne de s'inscrire à l'école technique et de prendre un cours en automobile qu'il suit pendant huit mois. Il a l'impression de tout connaître en la matière. Il est prêt pour le travail en atelier. Mais, au bout de huit jours, on lui fait comprendre qu'il ne remplit pas les exigences. Autant dire qu'on le remercie. Au mois de mai 1931, l'inquiétude reprend à propos de son choix de vie. Il pense à nouveau à la vie cistercienne de La Trappe. Reste que le goût d'écrire et de publier est fort, permanent. Il a d'ailleurs envoyé un manuscrit à Raymond Douville qui l'encourage à poursuivre. Oui, mais encore faut-il sortir de cette précarité. Mais comment ?

Les débuts dans le journalisme

La carrière de Biron comme journaliste commence, pour ainsi dire, le 10 décembre 1931, lorsqu'il entre au service du quotidien *Le Nouvelliste*[7] dont toute la production s'effectue dans l'édifice Balcer, sur la rue Sainte-Marguerite. Il est sans expérience, d'emploi irrégulier et, vraisemblablement, son apprentissage du métier n'est pas rémunéré[8]. Au fil des mois, il lui est demandé de couvrir les réunions publiques, les services religieux, les assemblées politiques. Puis, au mois de janvier 1932, il entreprend la rédaction d'un billet quotidien intitulé « Sous les yeux du caméraman », qu'il signe du pseudonyme André Lejeune. Il s'agit là d'un travail supplémentaire à celui de « reporter ». Puis, au mois d'avril, alors qu'un journaliste a quitté le journal, il prend en charge la rubrique policière, tôt augmentée de la couverture de la gestion municipale et, à la demande du rédacteur en chef, il « écrit quelques articles de rédaction ».

Il est également actif dans le groupe qui se forme à Trois-Rivières pour fêter le tricentenaire de la ville, à la tête duquel se trouve l'abbé Albert Tessier. Il a 24 ans lorsqu'il entreprend la rédaction d'une série d'articles d'histoire qui ont pour but de préparer les fêtes de 1934. Il reçoit un mot d'Albert Plouffe, son supérieur au *Nouvelliste*, qui lui dit : « Continuez sans tarder votre série sur l'histoire trifluvienne. Entendez-vous avec l'abbé Tessier, qui vous a donné, je crois, des

---

Le Nouvelliste, 75 ans de vie régionale, 1920-1995, Trois-Rivières, ARALIN, *Le Nouvelliste*, 1995, 317 p. Document riche d'informations.

Yvon THÉRIAULT, *Souvenirs d'un nouvelliste*, Trois-Rivières, Éditions du Bien public, 1980, 121 p. Lorsqu'il postule pour un emploi, en 1948, Yvon Thériault l'interroge sur son salaire. Il se fait répondre : « J'en ai connu qui travaillent pour rien, seulement pour apprendre le métier » (p. 8).

Une lecture du monument. « Au temps où il en coûtait un demi-denier pour faire traverser un mouton sur le pont du Saint-Maurice », *Le Nouvelliste*, samedi 5 juin 1948, p. 15-19. En 1814, le bac surchargé de soldats du 81e régiment de pied coula en emportant avec lui le détachement. Le chroniqueur recueille des informations sur le monument du cimetière protestant, à l'angle des rues de Tonnancourt et Saint-François-Xavier (AUQTR, Fonds Hervé-Biron, photo 142).

informations. Arrangez-vous, mais continuez immédiatement[9]. » Biron y voit des promesses et estime que Trois-Rivières sera un point de mire jusqu'en 1935. Selon lui, « le mouvement intellectuel prend de l'ampleur ». Après avoir obtenu l'autorisation nécessaire du Procureur général de la province, Biron se lance dans des travaux de recherches historiques dans les archives notariales et judiciaires conservées au Palais de justice. C'est là, en 1933, qu'il amorce véritablement sa carrière d'historien.

Mais, en 1933, alors que la crise économique sévit, Biron n'est pas du tout rassuré sur son avenir. Son emploi au *Nouvelliste* reste d'autant plus fragile qu'il a appris par un membre de la rédaction que le patron peine à payer les salaires. Il ne peut négliger de rechercher davantage de stabilité, aussi offre-t-il ses services au journal *La Patrie*. Vainement. Cette situation lui pèse même s'il est prêt à des sacrifices pour édifier la maison qu'il désire construire avec Valeda. Il se propose d'aller voir Émile Jean, le directeur gérant, « afin qu'il fasse quelque chose pour eux ».

---

9. AUQTR, Fonds Hervé-Biron, sans date (502/9/22/2).

Tout porte à croire qu'il n'obtient pas une réponse satisfaisante. Il quitte alors le quotidien. Au mois d'avril 1934, il est le correspondant trifluvien de *L'Action catholique* de Québec. Il poursuit sa recherche d'un travail plus rémunérateur et, le mois suivant, il offre, vainement encore, ses services au *Droit* d'Ottawa. La collaboration avec *L'Action catholique* dure jusqu'en 1947. Elle se modifie à quelques reprises et elle comprend la sollicitation pour l'abonnement et les commanditaires. Promotion sans doute, puisqu'au mois septembre 1935 il est rédacteur au quotidien de Québec. Un premier article paraît dans le supplément de 1936. Naturellement, Biron désire consolider sa place et augmenter ses revenus, si bien qu'il suggère, en 1939, de centraliser à Trois-Rivières les correspondances de la région. C'est dans cette même perspective qu'il demande, en septembre 1940, à recevoir une rémunération pour les articles du supplément. Eugène L'Heureux ne peut l'envisager avant l'étude du budget de 1941. Cela amène Biron à se tourner du côté de *La Presse*. Inutilement.

À cette époque, Biron a plusieurs fers au feu. À l'exercice du métier de journaliste viennent s'ajouter de nombreuses autres activités. Il est invité à se joindre à l'équipe qui a pour tâche de préparer *L'Almanach trifluvien* de 1934. Quoique modeste, sa contribution à la publication le fait remarquer. Il est dans le giron d'Albert Tessier, qui lui ouvre les archives du séminaire où il trouve matière à ses travaux historiques. C'est à la demande de Louis D. Durant qu'il rédige un texte, encore valable aujourd'hui, sur les troubles de 1837 en Mauricie. Les journaux le publient également.

En 1937, il est invité à réciter un poème par la Société des poètes canadiens-français, en pleine renaissance. Il dut être touché, lui qui, à l'âge du collège, bourrait son cahier noir d'extraits de poèmes. Il n'a d'ailleurs pas abandonné la recherche poétique. Il a ses modèles. Il admire Francis Jammes (1868-1938), le vénérable barde d'Hasparren, dans les Basses-Pyrénées. Sa poésie «volontairement simple» s'inspire du milieu naturel où il vit : les fleurs, les oiseaux, les lièvres, les ânes. Sa poésie est comme un roman «terrien». Elle est celle d'un Virgile chrétien, d'où ce titre des *Géorgiques chrétiennes*. Car Jammes, converti au catholicisme, traduit «la salutaire inquiétude de l'âme qui cherche son Dieu et a donné le sentiment de la nature régénérée par le Christ». L'humanité de Jammes séduit Biron[10]. L'œuvre de Nérée

---

10. AUQTR, Fonds Hervé-Biron, Conférence sur l'œuvre poétique de Francis Jammes (502/3/6).

L'Herbier de chair. Le fonds d'archives d'Hervé Biron renferme une œuvre poétique principalement restée à l'état de manuscrit. *L'Herbier de chair* est une publication posthume (1977) qui explore la flore pour raconter une vie à travers 53 spécimens.

Beauchemin l'enthousiasme également. Plus tard, il n'aura que de bons mots pour l'œuvre poétique de son ami Ulrich Gingras qui, avec *Du soleil sur l'étang noir* (1933), prend, selon lui, la succession du poète de Yamachiche.

À l'aune des classificateurs, Gingras est classé parmi les poètes inspirés par le terroir. Biron ne figure nulle part dans leur palmarès. Mais il en fait partie si l'on prend en compte sa production de l'année 1939 : *Le lac, le moulin et le manoir* qu'il donne et lit à l'occasion du bicentenaire de sa paroisse natale de Pointe-du-Lac et *Les paroissiales,* une œuvre à faible tirage, publiée à compte d'auteur. Il est « jammiste » encore avec son recueil de poèmes *L'herbier de chair*, publié seulement en 1976.

Au début de la décennie 1940-1950, le nom d'Hervé Biron dit encore peu de chose en dehors de sa région. Mais cela va bientôt changer, lorsqu'il va interpeller l'historien Arthur Maheux sur ses positions d'historien propagandiste. Cela se produit à une époque troublée de notre histoire nationale.

Une mobilisation de l'histoire à l'époque de la conscription[11]

Au mois de mai 1941, la crise de la conscription divise les Canadiens. C'est à ce moment qu'Arthur Maheux publie un livre qui a pour titre

---

11. AUQTR, Fonds Hervé-Biron, Dossier Arthur Maheux (502/9/11). Volumineux dossier qui contient la documentation qui a servi à la rédaction de cette partie. BANQ, Québec, possède le Fonds Arthur-Maheux. Mais celui-ci n'est pas encore ouvert à la consultation.

Ton histoire est une épopée. Nos débuts sous le régime anglais[12]. Arthur Maheux (1884-1967) a alors 57 ans, il est prêtre, archiviste, titulaire d'histoire du Canada à la Faculté des arts de l'Université Laval. Il est largement connu pour ses publications et sa direction de revues. Il est actif et influent. Il se pose comme un ardent défenseur de l'unité canadienne. Les nationalistes québécois voient en lui le bon-ententiste militant. Son livre va justement déclencher les hostilités entre bon-ententistes et nationalistes.

Qu'écrit Biron ? Qu'affirme-t-il ?

Maheux se demande si les Canadiens français ont raison de se sentir malheureux. C'est évidemment pour répondre : non. En second lieu, il affirme que les livres d'histoire propagent la haine de l'Anglais. Pour les lecteurs de la presse, ces propos ne sont pas neufs, car l'historien a tenu les mêmes lors de ses conférences des mardis universitaires des mois de janvier et de février 1941. Les journaux en ont largement rendu compte. Et naturellement Hervé Biron en a pris connaissance. Même qu'un étudiant de Maheux lui a fait parvenir le résumé d'une conférence, en lui demandant de répondre. Biron va s'y mettre, ce qui lance un débat public très animé dont il va pourtant se retirer douze mois plus tard.

Biron est nationaliste et il lui est arrivé de débattre en faveur du séparatisme. Au nom de la religion et des traditions, de la langue, pour contrer le communisme, il dénonce le « Pacte trompeur de 1867 ». Il croit, en 1935, que la perte d'influence des Canadiens français dans le commerce, les finances et l'exploitation des richesses naturelles menace la paix intérieure. Sa méfiance s'exerce à l'endroit des peuples venus de l'Europe centrale. Il croit que les Canadiens français doivent se raidir contre l'étranger. Pour beaucoup, la déchéance est due à l'abêtissante bonne-entente. Il dénonce le peu de cas qu'on fait ici de la jeunesse, contrairement à ce qui se produit en Europe, notamment en Italie, en Allemagne, voire en Angleterre où se développe un parti fasciste.

Le déclenchement de la guerre provoque chez lui diverses réflexions[13] : isolement de la France, ignominie et détestation de l'Italie, Roosevelt comme voix de la conscience, le pape bâillonné, sympathie des Canadiens français pour la France et répulsion pour l'Angleterre qui a abandonné l'Hexagone : « Quand on entend parler

---

12. Arthur MAHEUX, *Notre histoire est une épopée. Nos débuts sous le régime anglais*, Québec, 1942, 212 p.
13. AUQTR, Fonds Hervé-Biron, Journal de guerre (502/6/3).

de la grandeur de l'Empire, on a envie de vomir. » Biron est anticons-
criptionniste, parce qu'il est anti-impérialiste[14].

Après la guerre, Biron tient un propos plus modéré. Sa fierté nationale est plus inclusive, dirait-on aujourd'hui. Il croit que la solidarité
avec les minorités du Québec trouvera son pendant dans les autres provinces où habitent des Canadiens français. Il est autonomiste et il prône
la dualité culturelle tout en défendant âprement la langue française.

En ce début de l'année 1941, il est entièrement absorbé par la
thèse de Maheux, qu'il pourfend avec toute la vigueur dont il est
capable, et même avec véhémence parfois. La démonstration de l'historien Maheux est limpide, inacceptable. Revenons-y. Selon lui, les
Canadiens n'ont aucune raison de se sentir malheureux. Voyez, dit-il,
comme l'histoire de la plupart des pays européens montre les grandes
souffrances de ces peuples au cours des siècles ; regardez ce qui se
passe encore aujourd'hui avec Hitler et Mussolini.

L'histoire canadienne ne montre rien de comparable. De plus,
continue le prêtre historien, le conquérant anglais ne s'est pas montré
aussi impitoyable qu'il l'aurait pu, compte tenu du droit international
de cette époque et des habitudes guerrières. Maheux croit qu'on a tort
de ne pas aimer les Anglais, car ils se sont montrés amis. Il en tient
pour preuve le comportement du gouverneur Murray sous le régime
militaire (1759-1760).

De plus, le Régime anglais s'est avéré plus avantageux que le Régime
français. Pour le faire voir, l'historien de Québec examine les nomi-
nations comparées de deux évêques : Mgr de Laval et Mgr Briand. Le
premier évêque de Québec est pressenti en 1659, mais élu seulement
en 1674 ; quant à Mgr Briand, il est nommé en 1765, seulement six ans
après le décès de son prédécesseur, Mgr de Pontbriand. Maheux se
sert de l'écart d'années entre les désignations pour dénoncer l'incu-
rie de la monarchie française. Alors, si le gouverneur Murray afficha
une réelle sympathie à l'endroit des Canadiens, si l'administration
de l'évêque Briand, d'où vient que l'histoire enseigne que « notre
peuple ait été malheureux ? » Et si ce n'est pas la vérité, d'où vient
cette fausse idée ?

Maheux l'impute au récit historique tel qu'il a été élaboré par les
romantiques et au relevé de quelques faits davantage propres à illustrer

---

14. C'est le discours qu'il tient dans une conférence qu'il donne quelques jours avant le
référendum du 27 avril 1942.

que l'absolutisme français est la principale cause des malheurs d'autrefois. Reste que l'essentiel de son propos réside dans sa dénonciation du peu d'objectivité des manuels d'histoire qui enseignent la haine de l'Angleterre. Voilà pourquoi il s'est donné pour but de réformer l'enseignement de l'histoire. On a compris que ce livre, *Ton histoire est une épopée*, vise à mousser l'unité canadienne. Les nationalistes canadiens-français y voient une œuvre de propagande. Ils se sentent piqués et vont réagir.

Dès sa sortie, le livre a des admirateurs et des détracteurs. Maheux a d'ailleurs établi une liste des acteurs du débat qu'il a répartis selon les affinités. La répartition est incomplète et, à l'occasion, trompeuse. L'historien de Québec ne manque pas de soutien. Ainsi, Robert de Roquebrune, l'auteur du roman *Les habits rouges*, qui conseille de déboulonner la statue de Montcalm pour y substituer celle de Murray. Il en cite d'autres, omettant cependant de signaler l'apport du journal *Le Jour* dirigé par Jean-Charles Harvey. Non pas qu'Harvey soit un de ses admirateurs, mais, comme l'auteur des *Demi-civilisés* est un fervent antinationaliste, il devient ainsi un allié objectif. Maheux ne peut certes le souligner. Il déteste l'article de Laurendeau, qui fait de lui *un historien selon le cœur de Jean-Charles Harvey*. Il est vrai que *Le Jour* interprète à sa façon la thèse de Maheux. Selon ce journal, les Français qui luttent pour leur survivance souhaitent de tout cœur la victoire des armes anglaises. Ils ne comprennent pas que le Québec reste contre la Grande-Bretagne. Il conclut de la façon suivante : « Il n'y a que dans des pays épargnés par la guerre qu'on peut se payer le luxe d'être antibritannique. » Ici, l'auteur associe les antibritanniques aux collaborateurs de Vichy qu'il appelle les « Vichyars ».

Viennent ensuite les adversaires de Maheux, « des fanatiques », tel Hervé Biron. Le portrait qu'en donne le prêtre n'est pas très chaleureux : sans formation secondaire, il est avant tout un nationaliste « toqué et intraitable » qui détourne l'histoire à ses fins. Son ignorance transpire lorsqu'il tente de démontrer que Garneau n'a pas subi l'influence des romantiques. André Laurendeau de *L'Action nationale*, Omer Héroux et Georges Pelletier du *Devoir*, l'abbé Pierre Gravel, curé de la paroisse de Saint-Roch de Québec, sont du groupe des opposants. Bref, pour Maheux, ses contradicteurs sont soit nationalistes comme Biron, sont ultranationalistes comme Laurendeau[15].

---

15. André LAURENDEAU, *Nos écoles enseignent-elles la haine de l'Anglais ?*, Les Éditions de l'Action nationale, 22 p.

Biron s'est livré à une analyse serrée du texte de son adversaire et il fait paraître un premier article dans *Le Nouvelliste* du 14 juin 1941 ; il le critique sévèrement. L'historien trifluvien affirme que les manuels d'histoire n'instillent pas la haine. Selon lui, l'histoire contenue dans ces manuels ne prend jamais le ton du plaidoyer, mais elle raconte parfois « des faits d'une inconcevable tristesse ». Sa démonstration est étoffée, le ton est plutôt impitoyable. La conclusion est tranchante : Biron trouve qu'il s'agit là « d'un mauvais livre ». Pour lui, « notre Histoire est un monument sacré qu'il ne faut pas altérer, sous peine d'enlever son âme à un peuple. Y aurait-il conspiration pour le faire ? Monsieur Maheux serait-il prêt à en faire partie ? »

Dans son livre, Maheux s'en est pris à Garneau. Il lui a reproché de ne pas avoir dénoncé les préjugés et de laisser diffuser cette histoire larmoyante qui lui fut inspirée par son romantisme. Biron prend aussitôt le parti de l'historien national et il s'attire de la part de l'abbé Émile Bégin, un confrère de Maheux à l'Université Laval, une réponse sans équivoque sur l'influence qu'eurent les romantiques français et anglais sur Garneau, ce qui amena ensuite Biron à nuancer son propos.

Mais que reproche-t-on vraiment à Garneau ? L'historien Serge Gagnon a analysé l'œuvre de Garneau et il aide à comprendre pourquoi Maheux rejette son interprétation. Garneau ne suit pas l'historiographie religieuse de ses prédécesseurs canadiens. Son histoire est laïque, libérale et nationale. Il est proche des historiens français de son époque : Guizot et Michelet. Faut-il, enfin, rappeler que Garneau vit à l'époque du printemps des peuples et de l'essor des nationalités. Sa sympathie va à Papineau. Il ne pense pas que la Conquête fut bienfaisante et protectrice. Elle ne fut pas providentielle, comme on l'enseigna par la suite pour démontrer qu'on avait échappé aux drames de la Révolution impie. Garneau appartient à la petite bourgeoisie de son époque qui dénonce l'Acte d'Union de 1840. Des contemporains de Maheux peuvent voir en lui le républicain, le démocrate, le libéral dit Serge Gagnon[16]. Autant de traits qui l'éloignent d'eux. Biron ne fait pas toute cette démonstration, mais il reconnaît en Garneau le patriote.

Le deuxième acte de ce combat idéologique commence avec l'année 1942. Maheux reprend l'initiative lors des mardis universitaires des 14 et 21 janvier. Il rédige aussi les textes qui en donnent les grandes lignes, pour les remettre aux journaux de Québec. Il prend la parole

---

16. Serge GAGNON, *Le Québec et ses historiens, de 1840 à 1920*, Sainte-Foy, Les Presses de l'Université Laval, 1978, 474 p. Voir le chapitre IV, p. 287 et ss.

après, dit-il, huit mois de silence. Il le fait parce que les critiques que son livre a suscitées «suintent la malveillance». Mais qui sont ces critiques?

Il remarque qu'aucun d'entre eux n'est historien de carrière, ce sont de jeunes gens qui n'ont pas mis les pieds dans les archives, qui n'ont pas de livre à leur crédit. Pour combler le vide, ils manient l'ironie et le sarcasme. Il note qu'un petit groupe d'ultranationalistes a d'ailleurs décidé de dénoncer son livre pour son inspiration britannique. Pourtant, si on lit bien sa conclusion, on voit qu'il s'adresse aux Canadiens anglais. Il leur dit que Murray devrait les inspirer par sa justice. Sa conclusion est, assure-t-il, nationale. Bref, ses critiques sont tendancieux, malveillants. Ils sont mal informés et les erreurs historiques pullulent dans leurs répliques, surtout chez le Trifluvien; c'est donc Biron qui est visé.

Plus graves sont les accusations d'anticléricalisme surtout chez ceux qui lui paraissent mal informés. Enfin, Maheux dit ne pas manquer de témoignages qui lui permettent de dénoncer la haine que suscite l'enseignement dans les écoles. Or, il faut précisément se prémunir contre l'attitude de haine des Allemands. Sa dernière dénonciation s'exerce à l'endroit de la création d'un trust de l'éducation, trust qui n'est pas autrement défini. Quant à lui, Maheux se dit rassuré sur ses propos d'historien, car ses pairs l'approuvent. C'est cela même qui fait augmenter la fièvre des ultranationalistes.

Biron ne peut laisser passer ces propos, qu'il trouve intolérables. Il estime, à raison, être directement mis en cause, principalement par l'accusation d'anticléricalisme. Évidemment la polémique ne peut s'arrêter là. Au mois de février 1942, Biron prépare une riposte aux affirmations de Maheux. C'est alors que celui-ci s'adresse aux préfets des études des collèges. Il leur remet une publicité en faveur de son livre, ce qui n'est pas inhabituel. Mais il joint aussi un relevé chronologique des commentaires, soit positifs soit négatifs, que son livre a suscités dans les journaux et les revues. De plus, il classe ses principaux commentateurs. Il voit en Biron un adversaire fanatique. Après l'avoir décrit, il relève les défauts de son analyse. Bien entendu, Biron finit par prendre connaissance des documents, non pas par les autorités du séminaire qui n'avaient pas voulu «contrister Biron», mais probablement par l'abbé Albert Tessier, qui lui déconseille de répondre et s'est lui-même élevé contre les façons de faire de Maheux en interpellant le recteur de l'Université Laval et en allant jusqu'à lui offrir sa démission.

Biron publie sa réponse dans *Le Devoir* du 21 mars. Il accorde une grande place aux documents diffusés par Maheux dont il cite de larges passages, dénonçant le tableau caricatural qu'il a dépeint. L'article du *Devoir* est diversement reçu. Ainsi, le maire de Trois-Rivières, Arthur Rousseau, félicite son concitoyen pour la leçon qu'il vient de donner à Maheux. Toutefois, Arthur Rousseau ne manque pas de relever quelques vérités, concernant le caractère de Biron, déjà soulignées par Maheux. Mais personne n'est parfait, d'ajouter le maire. Il n'y a donc pas à s'en formaliser. Même s'il estime Maheux « tout de même savant », il croit que le savoir est chose partagée. Il termine sa lettre en formulant le vœu que « cette âme de prêtre éprouve, un jour ou l'autre, le besoin de vivre une vie moins arrogante, plus charitable, plus conforme à la saine diplomatie[17] ».

Mais, en ce 25 mars 1942, Maheux n'a pas l'âme à la tendresse. Il ne peut laisser passer l'article de Biron. Dans une lettre qu'il lui adresse, il reprend chaque point soulevé par l'historien trifluvien. Il lui reproche, en particulier, d'avoir diffusé un document confidentiel : les commentaires qui accompagnaient la publicité de son livre. Puis, il le menace d'utiliser le même processus en publiant sa propre lettre à Biron. La menace est sérieuse car Maheux a trouvé quelques failles dans l'argumentation de son interlocuteur.

Pourtant, Biron ne s'arrête pas immédiatement. Mais on peut penser qu'il cherche une porte de sortie. Il la trouve lorsque le professeur Silcox de Toronto commente la traduction anglaise du livre de Maheux[18]. Biron peut démontrer comment Silcox s'est appuyé sur lui pour s'en prendre aux Canadiens français. Il le fait dans un article du *Devoir* du 13 juin 1942.

Alors que Maheux a peu parlé de la dispersion des Acadiens, Silcox accuse les prêtres d'avoir encouragé la résistance et d'avoir ainsi provoqué la dispersion. Silcox ajoute : « S'il y avait plus d'abbé Maheux dans les universités et l'Église de Québec, la confédération ne serait pas en semblable danger. »

Biron peut affirmer qu'il a donc raison de craindre l'utilisation qu'on va faire du livre de Maheux. Bref, les saboteurs de la paix intérieure, qu'il ne confond pas avec ceux qui prêchent la bonne-entente, sont à pied d'œuvre : « Ce sont les orangistes, les spécialistes de la

17. AUQTR, Fonds Hervé-Biron, Correspondance, Arthur Rousseau à Hervé Biron, 25 mars 1942.
18. C.E. Silcox, Editorial, « French Canada and Britain », dans *Food for Thought*, The Canadian Association for Adult Education, Toronto, vol. II, n° 9, May 1942, p. 3-5.

haine des races et les racketters de la conscription.» Biron n'a plus à
s'en prendre à Maheux, il lui suffit de souligner les retombées de sa
thèse. Plus besoin d'aller au front.

Est-ce sous les conseils des amis, dont Albert Tessier? Biron n'a
pas poursuivi les échanges publics quoique sa correspondance ne le
montre pas moins engagé, ni moins sûr de lui[19]. Reste qu'au printemps
1942, Biron rompt le combat. C'est alors qu'il ajoute à son emploi de
correspondant pour *L'Action catholique*, celui d'archiviste.

L'historien Biron

Son affrontement avec Arthur Maheux a révélé l'historien. À partir
de 1942, près de l'abbé Albert Tessier, Biron en approfondit le métier.
Il est à se demander si Tessier a connu un plus proche collaborateur.
Biron n'a pas fait son cours classique au séminaire, mais l'institution
lui devient malgré tout familière. Tessier a reconnu les nombreuses
qualités de l'historien Biron. Il l'incite à produire des sketches pour la
radio trifluvienne, des contes pour Radio-Canada. Puis il l'a introduit
dans les archives, lui donnant ainsi l'occasion d'acquérir une culture
historique et une érudition que Biron plaçait au-dessus de toutes les
qualités de l'historien, une érudition sans ostentation.

Il s'installe, pour ainsi dire, dans les archives du Séminaire
Saint-Joseph. Là, passionné par les documents, ce qui est une autre
de ses caractéristiques, il indexe et classifie l'imposant fonds Hart. Là
encore, il prépare les travaux qui vont établir sa réputation. L'histoire
occupe déjà une très grande place dans sa vie, une place qui ne se
dément plus. Néanmoins, son nom reste très attaché à la production
des années 1942-1948, même si, par la suite, il continue des recherches qu'il publiera soit dans les journaux, soit dans le *Dictionnaire
biographique du Canada*, soit dans des récits autobiographiques dont
il signera la préface ou la présentation.

Sa production historique l'amène à traiter de sujets aussi nombreux
que variés, couvrant toutes les périodes de notre histoire. Évidemment
ses comptes rendus de livres jouent un grand rôle dans cette large

---

19. Mais le débat ne meurt pas pour autant. Un autre livre de Maheux, intitulé *Pourquoi
sommes-nous divisés?*, Radio-Canada, 1943, 217 p., relancera bientôt l'affrontement
et provoquera la réponse de Lionel Groulx qui dira *Pourquoi nous sommes divisés*,
Montréal, Les Éditions de l'Action nationale, 1943, 46 p. Dans *Écho des pays froids*,
Sainte-Foy, PUL, 1996, p. 191, Louis-Edmond Hamelin cite Marcel Trudel, qui voit en
ces deux prêtres et historiens «deux postes émetteurs irréductibles». Maheux cherche
à court-circuiter Lionel Groulx dans la fondation de l'Institut d'histoire de l'Amérique
française.

distribution chronologique. La lecture critique, souvent généreuse, à laquelle il s'adonne illustre sa grande culture historique et sa connaissance du développement de l'histoire qu'il suit de près, comme en font foi ses articles dans *Le Nouvelliste*. Par ailleurs, Biron rédige quantité de textes substantiels pour d'autres journaux. Si certains sont des travaux historiques, beaucoup d'autres traitent d'un sujet d'actualité. Même dans ce cas, il croit nécessaire de faire un rappel du passé afin de mieux situer le contexte de l'événement et ainsi en faciliter la compréhension.

Pour autant, l'historien Biron n'est pas inclassable. À l'aune des catégories actuelles, on dirait qu'il pratique la biographie comme genre et que son œuvre s'inscrit assez largement dans le champ de l'histoire religieuse, sans toutefois qu'il y ait forcément recoupement. En d'autres mots, à l'occasion, la biographie sert d'approche pour une histoire plus générale. Pour voir de plus près, il faut embrasser l'œuvre «bironnienne», et au premier chef son livre sur le diocèse de Trois-Rivières, pour en noter le riche contenu[20].

Repères pour une histoire du diocèse

C'est ainsi que peut se lire *Grandeurs et misères de l'Église trifluvienne (1615-1947)*, un texte qui a plus de soixante ans d'âge et qui a d'abord été publié dans un long article du *Nouvelliste*, au mois de septembre 1947[21]. Le livre ne se présente donc pas comme une synthèse impossible, mais bien davantage comme une lecture du passé qui s'inspire d'ouvrages peu nombreux[22], de la part d'un homme qui possède une belle et grande culture historique et qui sait attirer l'attention sur des faits peu ou pas étudiés. De plus, Biron a le souci d'insérer les faits d'histoire religieuse dans un environnement d'histoire sociale: population, politique, économique. Son histoire est culturelle et non seulement institutionnelle[23]. Certes, il ne va pas en profondeur et il retient parfois sans les interroger les affirmations de l'historiographie.

---

20. Albert TESSIER et Hervé BIRON, *Vers les pays d'en haut*, Montréal, Fides, 1944, 246 p. Faute d'informations suffisantes pour éclairer la participation de Biron, l'analyse de cet ouvrage n'a pas été faite ici.

21. *Le Nouvelliste*, 20 septembre 1947; «Les Mères aux guimpes blanches», 11 octobre 1947.

22. Les Récollets à Trois-Rivières et l'histoire des Ursulines, les documents publiés dans la collection «Pages trifluviennes». Biron a abondamment puisé à même les Relations des Jésuites, les Mandements des évêques, et il a tiré profit des Rapports de l'Archiviste de la Province de Québec. Il ne donne pas de référence, estimant que les spécialistes les connaissent, les autres n'en n'ayant pas ou peu souci.

23. En rend compte son article «Tableau de l'Église trifluvienne en 1852», *Rapport de la Société canadienne d'histoire de l'Église catholique*, 1951-1952, p. 29-51.

Il n'y a pas à l'excuser. Disons seulement qu'à la sortie de son livre, la *Revue d'histoire de l'Amérique française* était encore en gestation : l'histoire, comme discipline savante, en était encore à se constituer.

Son propos lui fait survoler plus de 300 ans d'histoire, par ailleurs très inégalement répartis entre les vingt et un chapitres de l'ouvrage. Son organisation est scandée par la suite des épiscopats marquants et de l'influence de l'action du clergé. De l'époque de la Nouvelle-France, il sait refléter la discontinuité dans l'occupation de l'espace et la rareté des services religieux, en recourant, par exemple, aux recensements et à l'enquête de Mathieu-Benoît Collet et de Nicolas Boucault, en 1721, dont le rapport provoqua la création de nouvelles paroisses. Dès lors, Biron est en mesure de souligner la faiblesse de l'encadrement et des services donnés à une population éloignée, de surcroît peu nombreuse. Il attire aussi l'attention sur les conséquences réelles de l'absence ou de l'éloignement des prélats aux XVIIᵉ, XVIIIᵉ et XIXᵉ siècles. Voici un exemple : le 6 juin 1742, Mᵍʳ de Pontbriand est à Trois-Rivières, il est le premier évêque à visiter la région depuis Mᵍʳ de Saint-Vallier en 1685-1687 ; cela fait donc une soixantaine d'années que le sacrement de confirmation n'a pas été donné. Les vicaires généraux ne peuvent remplir le rôle du prélat même s'ils effectuent des tâches comme celle de l'inspection des livres des fabriques paroissiales.

À « la grande épreuve » succède l'invasion américaine en 1775-1776. Biron se sert du journal du notaire Badeaux pour révéler l'ambivalence des Trifluviens. La loyauté aux Britanniques est le fait du clergé et d'une partie de l'élite à laquelle appartient Badeaux qui tente, sans succès, de lever des combattants. L'inquiétude en gagne plusieurs et force à la neutralité, ce sur quoi on rassure l'envahisseur. D'autres « collaborent » avec lui. Trois-Rivières n'obstrue en rien la marche triomphante des Américains vers Québec. Forcée de retraiter, l'armée d'invasion quitte la région, laissant derrière elle nombre de « collaborateurs » que des « commissaires » s'efforcent ensuite d'identifier en faisant le tour des paroisses, cassant, ici et là, des officiers de milice.

Biron sait également mettre en évidence des faits qui démontrent l'inexpérience du clergé, son imprudence, voire son manque de jugement, à cette époque où l'évêque n'a pas les coudées franches pour la création de nouvelles paroisses, la Couronne britannique se réservant la délimitation des espaces religieux. C'est dans ce contexte d'un affrontement entre l'évêque de Québec et le gouverneur, au début du XIXᵉ siècle, que le curé Noiseux place son évêque dans l'embarras en proposant la création d'une paroisse pour le service des Acadiens.

L'idée vient au député de Saint-Maurice, Thomas Coffin, d'en faire une proposition du gouvernement, contribuant ainsi à raffermir le pouvoir britannique dans sa position.

Le successeur de Noiseux, Cadieux, crée lui aussi un problème à son supérieur en acceptant la présence de « notables » lors de l'élection des marguilliers de la fabrique, au lieu de recourir au seul vote des anciens et nouveaux marguilliers. Toutefois, Biron ne dit rien du vigoureux débat qui, en 1829-1830, anime la Chambre d'Assemblée sur cette question qui oppose les partisans de Papineau aux « bureaucrates ». Rien non plus sur la position du curé de Trois-Rivières, position qui tranche avec celle des autres pasteurs de la région. Son dossier étant incomplet, il ne trouve rien de vraiment remarquable dans la position de Cadieux. Selon Biron, il n'a été que « contrarié par des paroissiens qui voulaient introduire dans la tenue des assemblées de marguilliers des réformes inconciliables avec la tradition et les droits de l'Église canadienne » (p. 150-151).

La période des rébellions n'est pas éloignée. Une étude antérieure de Biron, déjà publiée, décrit les faits qui se sont déroulés à Trois-Rivières, notamment dans les paroisses du sud-ouest du district. Biron souligne la fébrilité qui règne dans Yamaska. Ce mouvement est connu de l'abbé Cooke, par ailleurs devenu grand vicaire en 1835. C'est sous son vicariat qu'« au sortir de cette tourmente » se produit, avec Mgr de Forbin-Janson, « un tournant dans la vie religieuse du Canada » (p. 155). La prédication spectaculaire de l'évêque de Nancy, la taille des foules et les concours de confession n'échappent pas à la description de notre historien qui dénote la reprise du recrutement du clergé dans le cours des années 1830.

C'est en 1852 que naît le diocèse de Trois-Rivières. Thomas Cooke en devient le premier évêque. Sa création, un fait d'une incontestable grandeur, était rendue nécessaire par la colonisation des cantons situés au sud du fleuve et l'accroissement du nombre des fidèles qui demandaient des services religieux plus rapprochés. Biron, qui a le sens du document, sait ravir ses lecteurs par des citations fort évocatrices. Ainsi, c'est au mois de janvier que Cooke effectue sa visite pastorale dans le canton de Weedon. Il fait froid à pierre fendre. Le missionnaire Venant Charest raconte : « Malgré un feu de cyclope qui rougissait le poêle et les tuyaux, le monde y grelottait et y gelait tout vivant. Pour entendre les confessions, les prêtres furent obligés d'endosser casques, mitaines et capotes et pelleteries » (p. 179). L'évêque, qui n'est pas moins gelé, donne à la nouvelle paroisse le nom de

Saint-Janvier. Son épiscopat est également marqué par l'exode des Canadiens français vers les États-Unis. Biron retient ce mandement de l'évêque qui dénonce vigoureusement «les anciens Canadiens qui reviennent dans leur patrie pour embaucher leurs compatriotes et les envoyer à la tuerie» de la guerre de Sécession.

La préférence de Trois-Rivières sur Nicolet pour la création d'un diocèse résulte en de petites et grandes misères pour Cooke. La construction de la cathédrale accule presque l'évêché à la faillite. Le projet d'un prélèvement du dixième des revenus des curés engendre une opposition vive entre lui et son clergé. La fondation du collège de Trois-Rivières, en 1860, imposée à l'évêque par l'élite locale, fermement décidée sinon à faire appel à des laïques, reçoit son accord et son appui résignés. Il ne juge pas bon de le claironner dans un mandement. Sa position est davantage transparente lors du débat à propos de la nouvelle constitution canadienne. Le rejet du régime de l'Union s'impose alors que «les adversaires de la Confédération se réfugiaient dans l'annexionnisme» (p. 197).

Déjà blessés par la fondation du collège de Trois-Rivières, les Nicolétains voient leur plaie s'ouvrir avec la création d'un second séminaire diocésain, le Séminaire Saint-Joseph. C'est en 1874. La guerre entre les parties sud et nord du diocèse est déclenchée, une misère, «sa véritable croix», que Laflèche vit, lui l'ancien élève du Séminaire de Nicolet et, un temps, son protecteur. Il est vrai que «ses idées devaient évoluer sur cette question» (p. 190).

Laflèche devenu évêque en titre, une nouvelle époque se dessine avec «le grand patriote, qui allait lancer ses croisades contre les erreurs modernes» (p. 199), sans pour autant effacer les soucis matériels causés par la dette, que le prélat combat avec un relatif succès. La proclamation du dogme de l'infaillibilité pontificale, en 1870, accroît-elle l'assurance de l'évêque? En tout cas, son appui à Rome est indéfectible, ainsi que l'épisode des zouaves pontificaux le montre. Ses prises de position contre le libéralisme, son ingérence lors des campagnes électorales, l'imminence de la division du diocèse le révèlent intransigeant, vulnérable aussi car d'autres forces jouent et finissent par l'emporter, d'où sa douloureuse rétractation dans l'affaire de l'influence indue. N'est pas moins difficile pour l'évêque l'acceptation de la décision romaine de la division du diocèse, en 1885.

Biron ne livre pas un récit chronologique de tous ces événements. C'est souvent un commentaire ou une mise en contexte d'un document qu'il juge particulièrement évocateur. L'épiscopat de Laflèche ne se termine pas lors de la division du diocèse, mais Biron ne va pas au-delà. Est-ce parce que, selon lui, «les jours du saint Évêque de Trois-Rivières se passent dans le travail silencieux»? (p. 210)

Aussi, quel contraste avec l'entrée de François-Xavier Cloutier, son successeur, défini comme «un sociologue» qui agit dans tous les domaines de la vie collective. Ici, le lecteur de Biron a droit à un relevé quasi exhaustif de l'action épiscopale à travers les mandements. L'énumération, parfois commentée, est précieuse: visites pastorales, création d'œuvres religieuses, arrivées des communautés religieuses aux charismes divers, les questions sociales à l'époque de l'industrialisation, la bonne presse, *L'Action catholique*. Biron ne manque pas non plus de souligner le leadership de l'abbé Émile Cloutier, cheville ouvrière de tout le mouvement social.

L'abondance de l'information ne laisse pas de place à l'approfondissement. Et il arrive que Biron tienne pour acquis une information provenant du mandement. Ainsi, lorsqu'il affirme que l'évêque Cloutier «se conformait à la volonté du Saint-Siège à l'effet de ne plus charger de cours les ecclésiastiques dont tous les efforts devaient être tournés vers la formation personnelle» (p. 205), il n'en a pas contrôlé la réalisation, qui vint en fait seulement plus tard, sous Mgr Comtois. De plus, comme cela arrive fréquemment, la relative proximité des événements et de leurs acteurs impose assurément une retenue, sinon une prudence de la part de l'auteur. Cela explique bien la brièveté de l'exposé sur l'ensemble du XXe siècle. Biron était entré dans «l'histoire immédiate». Il était visiblement plus à l'aise avec un passé révolu, avec les périodes plus lointaines. Son rapport aux sources, leur accessibilité, posait également moins de problèmes, peut-on croire.

L'histoire diocésaine de Biron est périodisée par celle des épiscopats, d'où la place prépondérante accordée au leadership de l'évêque. Le recours aux archives ecclésiastiques canalise le discours de l'historien mais ne le limite pas car Biron sait donner le contexte approprié aux situations qu'il décrit. De même, il insère les événements dans une trame politique et économique qui les explique et, ainsi, les fait comprendre. Biron est un biographe moderne par son approche.

Aussi, lorsque les directeurs du *Dictionnaire biographique du Canada* commencent leurs travaux pour l'édition des premiers tomes, ils ont recours à sa collaboration. Biron rédige quinze courtes biographies, dont treize sont publiées dans le volume II. Respectueux des délais fixés par la direction, il est prêt à réexaminer son texte à la lumière des questions qu'on lui soumet. Vérifications faites, il corrige s'il y a lieu. Autrement, il persiste en apportant la preuve du bien-fondé de sa position, par exemple en joignant « un photostat » de la pièce d'archive. Puis il attire l'attention de la direction du *Dictionnaire* sur la graphie des noms. Il se plie au désir d'écrire « Demeulle », mais est-elle justifiable ? Certes la signature l'autorise, mais il est fréquent qu'un personnage la modifie[24]. Sa connaissance des archives sur la période des XVIIᵉ et XVIIIᵉ siècles et sa facilité à esquisser un portrait des personnages font regretter qu'il n'ait pas publié une synthèse historique de cette période de l'histoire trifluvienne[25].

La présentation d'ouvrages

Le 7 février 1974, Albert Tessier écrit à Biron que Denis Vaugeois et lui comptent publier les mémoires et les carnets de Rodolphe Duguay. Tessier lui demande s'il accepterait de les présenter. Biron acquiesce et se met au travail. Le 16 mai suivant, il informe Tessier qu'il a remis son texte à Vaugeois. Et il s'attable cette fois pour la présentation des mémoires de son ami prêtre, dont il a déjà pris connaissance, lui suggérant même un réaménagement des chapitres. Tessier répond qu'il en aime l'idée et il lui demande de se prémunir contre les exagérations de l'amitié. À la fin du mois de juillet, Tessier revient aux informations pour savoir où il en est : « Et la préface est-elle prête ? J'ai hâte. Même exagérés les compliments me plaisent. » L'édition de *Souvenirs en vrac* d'Albert Tessier sort en 1975, celle des *Carnets intimes*, en 1978.

En fait, *Carnets intimes* exploite la correspondance dont une partie porte sur les années de formation montréalaise où le jeune artiste produit des œuvres alimentaires, où il devient l'élève de Suzor-Côté, le seul qu'ait eu le peintre d'Arthabaska, où il suit les cours d'Alfred Laliberté (45 pages) ; une seconde partie, beaucoup plus considérable (150 pages), couvre les années parisiennes[26]. Il ne reste bien que 11 pages pour introduire le lecteur au retour du peintre dans son pays, à son grand attachement à Nicolet et, plus que tout, à son admiration pour la poète Jeanne L'Archevêque-Duguay qui, en 1929, devient son épouse[27].

---

24. AUQTR, Fonds Hervé-Biron, Correspondance, Biron à madame Marika Cancelier, 21 juillet 1967.

25. *Le Nouvelliste*, dans un numéro spécial de 72 pages du 12 juin 1953, publie un volumineux texte de synthèse de Biron sur l'agriculture depuis la Nouvelle-France.

26. Le journal de ces années du peintre à Paris a été publié. Rodolphe DUGUAY, *Journal, 1907-1927*, texte intégral, présenté et annoté par Jean-Guy DAGENAIS avec la collaboration de Claire DUGUAY et Richard FOISY, Montréal, Éditions Varia, 2002, 753 p.

27. La réciprocité du sentiment se lit chez Jeanne L'Archevêque-Duguay, *Regards entre toi et moi*. Poèmes inédits accompagnés de cinq reproductions de bois gravés de Rodolphe

Biron a effectué un travail de lecture et d'annotation considérable. Historien, il dépasse la trame événementielle pour se révéler fin portraitiste. Il utilise l'expression à la fois juste et évocatrice qui fait image. En peu de mots, il fixe le décor d'une époque et le caractère des hommes qui la dominent : « l'intégriste Laflèche », « le tumultueux Marquis », Nicolet, « cette ville cléricale ». Devenu rapin à Montréal, Duguay rencontre le « bon Suzor », ce « maître bougon, mais compréhensif et généreux[28] ». Biron a bien saisi l'âme inquiète de Duguay qui s'est longuement interrogé sur son orientation en art : peintre religieux comme Ozias Leduc pour qui il avait une grande admiration, ou paysagiste comme Suzor qui lui avait imposé la traduction de la lumière et la soumission à l'émotion. Sa découverte d'une chapelle à la Vierge, « à l'arrière de Saint-Sulpice, église si décriée dans un quartier qui l'est encore davantage à cause d'un art religieux incompris et peut-être un peu conventionnel » (p. 23) émeut davantage Duguay que Notre-Dame. Son émotion grandit encore avec la découverte de Thérèse de l'Enfant-Jésus, cette petite Thérèse qui remplace dans son cœur Florette, son unique sœur décédée en 1923. Son engouement pour l'œuvre de Millet le fait désirer « bâtir des Canayens, les surprendre à leur travail, dans leurs plaisirs, comme l'a fait Millet des paysans français », comme Suzor, ajoutera-t-on et, bien sûr, Alfred Laliberté.

Attentif à lire la correspondance des sept années parisiennes, Biron relève l'esseulement qui parfois étouffe le jeune Duguay et, paradoxe, l'extraordinaire fréquence de ses rencontres, ainsi celle d'Albert Tessier le 13 janvier 1924, la vigueur de ses amitiés et l'attachement qu'il provoque. Par contre, l'angoisse permanente du jeune artiste souligne sa constante insatisfaction devant sa propre production, ce qui l'amène à dévaluer son œuvre et à faire des gestes qu'il regrette aussitôt. Par exemple, sollicité par Clarence Gagnon qui lui demande de lui envoyer deux toiles pour une exposition à Wembley, en Angleterre, il les expédie plutôt à un ami québécois. Biron écrit : « Et voilà une autre blessure faite à lui-même par cette manie qu'il avait toujours de reculer, de céder devant l'occasion, de ne pas se manifester de crainte d'échouer. » « Duguay, écrit-il finement, se présente avec une figure apparemment impassible, et d'ailleurs souriante. Mais on

Duguay, Montréal, Le temps volé éditeur, 129 p.

28. Hervé BIRON, « Un artiste canadien à Paris », Le Mauricien médical, vol. 6, n° 3, juillet-août-septembre 1966, p. 41-53.

retrouve dans ses yeux des brumes de mélancolie qui nous indiquent le prix de sa fidélité[29]» à son art, à ses choix : le paysage, Nicolet.

Biron se reconnaît dans Duguay. Artiste comme lui, il sait déchiffrer avec finesse les situations qu'il a vécues. Comme lui, il s'est interrogé sur son état de vie, il a éprouvé les mêmes soubresauts de la récession économique et a connu des expédients pour vivre. Biron aimait Duguay et c'est la raison pour laquelle il a écrit cette présentation qui visait à faire connaître le peintre de Nicolet. Aurait-il eu un regret à la sortie de ce livre ? C'eût été l'absence d'une reproduction d'une toile qui illustre « un ciel de Duguay ». La lacune est enfin comblée de nos jours grâce au lumineux ouvrage que Lévis Martin a fait paraître[30].

L'historien Hervé Biron a appris à connaître le peintre en compagnie de l'historien Tessier dont il se rapproche tôt dans les années 1930. Aussi, lorsque son mentor lui demande, quarante ans plus tard, de signer la préface de ses Mémoires, il accepte certainement avec l'enthousiasme de la reconnaissance et de la vénération amicale. Biron est entré suffisamment tôt dans la vie de son maître pour connaître de l'intérieur ses combats. Il a vu la place que l'ecclésiastique a occupée dans l'espace trifluvien et québécois, notamment en matière d'éducation. Partageant les mêmes soucis, il ressent mal les attaques à l'œuvre éducative de Tessier après 1945, lorsqu'on s'en prend à la formation donnée dans les instituts familiaux. Biron n'a pas le recul nécessaire pour interroger. Il lui suffit de croire. La distance n'y est pas.

Profil d'une carrière de journaliste

Hervé Biron est un autodidacte qui reconnaît l'influence marquante qu'eurent sur lui plusieurs personnages. Il estime avoir puisé sa formation dans des maîtres auxquels il a eu accès à l'âge de 15 ans. Il en cite trois. Plutarque, qui ne se limite pas à énumérer des noms et des faits, mais qui réfléchit sur les événements et en déduit des leçons pour le comportement des hommes. Mais, c'est un Plutarque traduit par Jacques Amyot, l'évêque d'Auxerre, qui lui a donné le goût de l'histoire, d'une histoire souriante et enrubannée, d'une histoire humaine, celle qui s'appuie sur une documentation sérieuse, qui ne fait pas étalage de son érudition. Toutefois, Amyot a recréé Plutarque non pas de façon servile, mais en apportant sa part de création. Enfin,

---

29. Hervé BIRON, « Fidélité de Rodolphe Duguay », *Le Mauricien médical*, vol. 3, n° 4, octobre, novembre, décembre 1963, p. 49-59.

30. Lévis MARTIN, *Rodolphe Duguay, Pour une mystique du paysage*, Québec, Les Presses de l'Université Laval, 2004, 340 p.

Montaigne qui a fort bien parlé d'Amyot. Montaigne, l'homme sage de Bordeaux, qui enseigne la curiosité, la méfiance des préjugés et une large ouverture aux idées des autres. Il lui a appris «la sainte et inépuisable tolérance[31]».

Mais Biron a aussi des modèles plus près de lui. Ainsi, Hector Héroux, qu'il retrouve à son retour au journal en 1947[32], comme maître et compagnon de travail, et à qui il rend hommage. Il admire sa soif de connaissance pour être ainsi plus apte à faire connaître ce qu'il pense sur l'actualité. Le portrait admiratif qu'il dépeint est celui d'un guide qui fuit la banalité et les indignations stériles, celui d'un cynique souriant ou d'un réaliste plus ou moins fataliste. À son contact, il a fait ses premières armes au nationalisme. Il souligne son respect pour les hommes de pensée et son mépris pour ceux qui fuient l'expression de leurs opinions. Finalement, révélateur de son propre idéal, Biron attire l'attention sur le séjour de Héroux au Manitoba, où celui-ci fréquenta les Oblats, «tous effrénés de lecture, les uns de Marc Sangnier et du Sillon, les autres de Maurras et de Daudet, mais tous ne rêvaient que de culture, de beaux livres et de bonne littérature». Ces influences ont façonné la conception que Biron s'est faite du journalisme et du travail du journaliste[33]. Pour lui, le journaliste doit s'abreuver aux sources de l'histoire universelle. L'historien et le journaliste ne sont pas deux êtres incompatibles, car on peut les retrouver dans la peau d'une seule et même personne. *A fortiori*, l'éditorialiste s'en rapporte constamment à l'histoire pour en comprendre les événements et les grands problèmes de l'heure.

Le journaliste

Biron est un journaliste qui analyse en profondeur les problèmes sociaux de son époque[34]. Dans une série de 14 articles parus entre

---

31. AUQTR, Fonds Hervé-Biron, Discours de remerciements prononcé lors de la réception du Grand Prix littéraire de la Société Saint-Jean-Baptiste en 1964 (502/9/16/2); présentation faite par Marcel Panneton (502/9/16/1).
32. AUQTR, Fonds Hervé-Biron, «Hector Héroux, un maître de la plume et du non-conformisme» (502/2/20). On lira le témoignage de Raymond DOUVILLE, «En hommage à Hector Héroux», dans *Le Nouvelliste, 75 ans de vie régionale, 1920-1995...*, p. 295-296.
33. *Le Nouvelliste*, 21 octobre 1964, p. 10. «Le journaliste doit s'abreuver aux sources de l'histoire. Double carrière d'écrivain-historien poète-romancier et de journaliste, qu'il a menée parallèlement. Mais l'écrivain chez lui, surtout le romancier, est un être différent du journaliste. S'il n'avait jamais fait de journalisme, il aurait été écrivain».
34. À la même époque, *Le Nouvelliste* publiait les grandes enquêtes du journaliste Yvon THÉRIAULT. Voir: *Trois-Rivières incorporée, 1857-1957*, Trois-Rivières, 1958, 87 p.,

le 24 avril et le 9 mai 1953, il soulève la question de « l'habitation familiale[35] ». Son but est clair, il désire convaincre ses lecteurs et les pouvoirs publics des bienfaits de l'acquisition d'une habitation familiale, pour l'espace vital, la liberté et l'éducation qu'elle favorise. Armé d'un point de vue moral et social, conscient de l'existence d'une crise de croissance à Trois-Rivières, il dépeint une situation et il soulève des questions qu'il adresse autant aux lecteurs qu'aux pouvoirs publics.

Notre journaliste est un bon connaisseur de la situation du logement à Trois-Rivières. Il en fait l'histoire récente et il spatialise les conditions qui prévalent en 1953. Y coexistent des quartiers résidentiels avec logements exigus, comme dans ceux de Sainte-Ursule et de Notre-Dame, des zones de taudis comme au nord-ouest de la ville, des chantiers coopératifs comme celui de Sainte-Marguerite. Statistiques à l'appui, il détaille les conditions différentes par secteurs d'habitation : espace par occupant, équipement sanitaire, électricité, installation de chauffage et combustible. Il souligne que l'augmentation du nombre de logements n'a pas suivi la croissance des mariages, ce qui oblige plusieurs couples à habiter « en chambre » dans la famille ou ailleurs.

Biron ne se contente pas de décrire, il dénonce l'existence de ces zones de taudis, tels le marché aux denrées et le secteur Notre-Dame-de-la-Paix situé au nord-ouest, vulgairement appelé « La pierre ». Dans ce cas-ci, la ville de Trois-Rivières est elle-même à l'origine de la création de ce village, puisqu'elle a vendu à vil prix les terrains et, de surcroît, elle a déménagé des taudis à ses frais[36].

Biron connaît également la législation à propos de l'habitation ainsi que les règlements, de même qu'il est en mesure de démontrer quelle

---

et *Trois-Rivières ville de reflet*, Bien public, 1954, 126 p.

35. La correspondance entre Rodolphe Laplante et Hervé Biron est abondante. Le 8 mai 1953, Laplante, qui est régisseur et secrétaire général du service de l'habitation familiale de l'Office du crédit agricole du Québec, lui témoigne sa satisfaction à propos des articles. Laplante est un ami de Biron, nationaliste comme lui. En 1948, il l'avait invité à donner une conférence pour la Société Saint-Jean-Baptiste, dont il était le président général du Québec, et lui avait manifesté sa sympathie lors du débat avec Maheux. Résidant à Québec alors que Biron était courriériste pour le compte du journal *Le Nouvelliste*, fonctionnaire du gouvernement, Laplante fournissait Biron en documents. Il lui avait également demandé de préparer un rapport sur l'agriculture, à présenter à la commission Tremblay sur les problèmes constitutionnels. Finalement, c'est Albert Rioux qui le rédigea et le présenta.

36. « Vers l'habitation familiale », *Le Nouvelliste*, 2 mai 1953. Le coût du terrain est de 10 dollars et le preneur payait un dollar par mois. Biron note qu'en 1946, dans une enquête sur l'habitation, la L.O.C. avait dénoncé cette situation.

aide financière est à la portée du citoyen. Mais aussi, il voit bien les obstacles auxquels fait face l'acheteur, le principal étant la mise de fonds initiale, aussi fait-il des suggestions.

La même capacité d'analyse du changement se remarque dans son reportage sur le projet pédagogique des pères franciscains qui quittent le collège de la rue Laviolette pour l'établissement d'un campus sur le boulevard des Forges. Il s'enthousiasme pour la création de nouvelles conditions dans l'enseignement classique[37].

Le rédacteur en chef

Le lundi 8 juillet 1939, Hervé Biron reprend la rédaction de son *Journal de guerre*[38]. Il exprime alors son rêve « de fonder un quotidien d'idées » influent, indépendant grâce à des souscriptions, porteur de l'opinion de son directeur, sans ingérence ni pression extérieures, critique, soigné dans sa présentation, promoteur des lettres et des arts, juste et transparent envers les collaborateurs, diffuseur d'une information entièrement contrôlée et non soumise aux agences de presse. Dans ce projet, il accorde tout l'espace au rédacteur en chef qui est « responsable de la tenue du journal ».

Lorsqu'il écrit ces mots, Biron n'en est qu'à la première étape d'un cursus qui peut conduire à la fonction qu'il finira d'ailleurs par remplir en 1954, sans toutefois que toutes les conditions auxquelles il rêvait soient réunies. Pour y parvenir, il aura emprunté la voie logique de la progression dans le métier par l'expérience. Elle part du premier reportage du jeune journaliste qui entre dans la salle de rédaction et se termine avec les comptes-rendus du chroniqueur municipal ou parlementaire ou avec les grands reportages. Ces travaux procurent la connaissance des administrations publiques, permettent de connaître les hommes et les institutions et donnent une expérience qui ajoutera aux événements du jour la troisième dimension qui permet de les juger[39]. Bref, lorsque Biron rédige ce texte, il ne fait que décrire sa propre expérience dans le métier.

Sa carrière de journaliste se divise en plusieurs périodes. La première va de 1931 à 1947. Elle compte pour presque la moitié de sa

---

37. AUQTR, Fonds Hervé-Biron, « Le Collège classique de l'avenir » (502/2/8).
38. AUQTR, Fonds Hervé-Biron, « Journal de guerre » (502/6/3). Document en deux parties : 30 août-30 novembre 1939 ; 10 juin-11 juillet 1940.
39. AUQTR, Fonds Hervé-Biron, « La page éditoriale » (502/2/7). Le document n'est pas daté. Mais l'auteur a dactylographié son texte à l'endos d'un document, publié par Radio-Canada, qui porte celle du 28 février 1958.

vie professionnelle dans ce secteur des médias. À ses trois années au journal *Le Nouvelliste,* où il a travaillé gratuitement pour acquérir de l'expérience et au cours desquelles il a signé des chroniques de la petite histoire du pseudonyme André Lejeune, succède un lien contractuel avec *L'Action catholique* dont il est le correspondant régional pendant 13 ans. Puis, le 10 février 1947, il rompt avec ce journal de Québec. Une autre partie de sa carrière s'ouvre, cette fois encore avec le quotidien trifluvien.

Lorsqu'il revient dans le giron du *Nouvelliste*[40], Biron en connaît la plupart des dirigeants : Jacob Nichol a acquis la propriété du journal en 1935, Émile Jean assume le poste de directeur-gérant depuis 1923, Raymond Dubé est rédacteur en chef. Mais bientôt toute la direction change. Honoré Dansereau achète le quotidien en 1952, l'année suivante, Raymond Dubé succède à Émile Jean, comme directeur-gérant et, en 1954, Hervé Biron est nommé rédacteur en chef.

Biron voyait sa tâche[41] comme le patron d'une armée des 23 rédacteurs de la salle de rédaction du quotidien et des 80 correspondants éparpillés sur le territoire de la région. Lors d'une rencontre avec les correspondants, il leur explique les rouages de son métier. Il insiste sur ses fonctions élevées et ses lourdes responsabilités, tant du point de vue intellectuel et moral que du côté matériel. Il se dit responsable des idées qu'énonce et répand le journal.

Ses premières attentions vont à la page éditoriale, il a la responsabilité de la nouvelle. L'appuient le chef des nouvelles de jour pour le traitement des nouvelles locales, le chef des nouvelles de nuit – « il n'est pas un prince des ténèbres, mais un homme éclairé, vigilant car il doit veiller à ce que le loup n'entre pas dans la bergerie, que les chefs communistes ne viennent pas faire de la propagande dans les colonnes du journal » – qui fait de même pour les nouvelles internationales et le chef des correspondants qui a un rôle semblable vis-à-vis des nouvelles régionales. S'alignent ensuite dans cette équipe les rédacteurs spécialisés : rédacteurs sportifs, rédactrices féminines, qui publient des chroniques ou des billets, un courrier du cœur, des recettes, des articles sur la mode.

Le rédacteur en chef détient l'autorité et c'est à lui que la direction s'adresse pour des rectifications, des adaptations et s'assurer que le

40. *Le Nouvelliste, 75 ans de vie régionale, 1920-1995,* Trois-Rivières, ARALIN, *Le Nouvelliste,* 1995, 317 p.
41. AUQTR, Fonds Hervé-Biron, « Le rédacteur en chef » (502/3/4).

personnel accomplit son devoir. Il fait observer la discipline, assigne le personnel à des tâches, surveille le rendement et voit à l'augmenter s'il y a lieu.

Peu d'années passent avant que la maladie l'avertisse sérieusement de son incapacité physique à remplir toutes les fonctions attachées au poste « de guide de la pensée du journal, en continuant à m'éparpiller dans les menues démarches de l'administration d'une salle de rédaction ». Il ne lui semble plus possible « de porter tous les soucis de la ville et de la région ainsi que tous ceux que nous apportent bien involontairement et avec la meilleure volonté du monde, les membres du personnel ». Il estime alors qu'il est temps « de passer à un autre une partie de ses soucis et de ses efforts ». Le remplace Fernand Gagnon, « un ami de longue date » qui fut déjà chef de la rédaction. Après 1959, Biron livre encore des éditoriaux et il s'adonne plus particulièrement à la rédaction de textes pour la page littéraire. Il s'y plaît et s'y réfugie.

Au mois d'octobre 1964, il dit espérer un changement car c'est en ignorant ce qui se produit autour de lui qu'il a pu vivre[42]. Le 14 janvier 1965, il remet sa démission pour « une situation intéressante [...][43] ». Sa lettre de démission déposée, il revient au Parlement de Québec, cette fois comme directeur adjoint du *Journal des débats*.

Conclusion

La confidence d'Hervé Biron à Raymond Douville signale chez lui un sentiment d'exaspération. À cela, il existe probablement plus d'une raison qu'il reste cependant à trouver. Admettons avec lui que la maladie lui rende trop lourde sa tâche de rédacteur en chef du quotidien et qu'il ressent l'urgence d'orienter différemment sa carrière. Pourquoi en est-il ainsi ? Cette interrogation fait porter le regard sur ses années 1954-1959. Biron met sur une piste lorsqu'il relate les circonstances de sa nomination et ses premiers pas dans l'exercice de sa fonction[44]. Très tôt, il ne lui semble pas bien avoir toutes les choses en main, comme il était en droit de s'y attendre. Il note plus particulièrement les relations verticales tendues avec un jeune loup.

---

42. AUQTR, Fonds Hervé-Biron, Correspondance, Hervé Biron à Raymond Douville, 3 octobre 1964.

43. AUQTR, Fonds Hervé-Biron, Correspondance, Hervé Biron à J. René Ferron, gérant de la rédaction, 14 janvier 1965.

44. AUQTR, Fonds Hervé-Biron, « Commentaires d'Hervé Biron concernant les conflits engendrés au journal lors de sa nomination comme rédacteur en chef du *Nouvelliste* », sans date (502/6/14).

À l'occasion du vernissage d'une exposition du peintre au Centre d'art, 7 avril 1959. André Bureau, Rodolphe Duguay et Albert Tessier (AUQTR, Fonds Hervé-Biron, photo 105).

Cela regarde les relations de travail au sein du journal. Or, on en sait malheureusement peu de choses, mis à part la signature de la première convention collective en 1951 dont Biron espère une amélioration des conditions de travail. Il refuse, cette année-là, la présidence du syndicat, ce qu'il acceptera l'année suivante. En témoigne sa signature du contrat entre les parties patronale et syndicale. Deux ans plus tard, c'est lui qui est en première ligne pour la partie patronale. Il est permis de se demander s'il est suffisamment préparé pour remplir le rôle de patron.

Alors que le nouveau directeur en chef n'occupe ce poste que depuis peu, se produit un fait d'apparence anodine, mais significatif et marquant. Il concerne cette fois la diffusion des informations lorsqu'il y a suicide. Selon Biron, la consigne demande au journaliste de ne pas utiliser le mot, donc de ne pas révéler directement le fait. Le même jeune loup trouve ridicule cette position, le clamant hautement, ce qui certainement blesse Biron qui estime sa position affaiblie. D'ailleurs, Biron remarque bien que son autorité sur ses subordonnés n'est pas complète. Que le plan des rencontres n'est pas exécuté aussi étroitement qu'il est décrit, que

La reconnaissance. Le 25 octobre 1964, la Société Saint-Jean-Baptiste décerne son Grand Prix littéraire à Hervé Biron pour l'ensemble de son œuvre. Outre une bourse, il reçoit une sculpture de Léo Arbour, représentant Ludger Duvernay (1799-1852), journaliste trifluvien, fondateur du premier journal bas-canadien, *La Gazette des Trois-Rivières*. Hervé Biron est entouré des membres de sa famille : France et son époux Edgar de Chazal, Valéda Thibault, Jeanne-Mance et Jean-Marc (AUQTR, Fonds Hervé-Biron, photo 102).

les absences du bureau sont fréquentes. Il s'en ouvre à des proches et un code de travail interne est rédigé. Mais ce code, semble-t-il, ne provoque pas grand changement. Alors, mieux vaut se montrer tolérant. Biron est très certainement un homme discipliné et dévoué. Peut-il accepter aisément qu'il n'en soit pas ainsi autour de lui ?

Cela pourrait paraître bien anecdotique en regard des changements en train de se produire dans la production du journal trifluvien. L'exemple qui vient est celui de la signature des éditoriaux qui ne commence qu'en 1959, conservant dans l'anonymat sa période à la direction. Échappent ainsi une meilleure connaissance de sa position idéologique, par ailleurs sûrement en étroit accord avec celle des propriétaires, et des points de vue critiques sur la société environnante.

Reste pourtant indiscutable son attachement à l'Église et à ses institutions. Sa proximité avec l'élite cléricale, son amitié avec Roger Brien, ancien du collège séraphique comme lui et directeur du Centre marial de Nicolet, à qui il donne une couverture de presse inconditionnelle, la place même que les faits religieux occupent dans le journal, dont il n'est cependant pas le seul signataire, teintent le portait du journaliste. Trouvera-t-on évocateur qu'à l'automne de 1961, alors qu'il rédige les pages de la rubrique littéraire, Biron sente le besoin de s'adresser à son évêque pour être relevé de l'interdiction de lire les œuvres frappées de l'Index, notamment les chefs-d'œuvre littéraires français ? Peut-on raisonnablement croire que Biron ne les a pas déjà lus ? Ou bien est-ce par prudence qu'il s'oblige à avoir cette autorisation, le personnage privé s'obligeant à faire place à l'homme public ? Est-ce vraiment inconciliable ?

Cet article aurait pu avoir pour titre : « Esquisse biographique d'un autodidacte », ce qui est bien le cas d'Hervé Biron qui, par ailleurs, n'est pas le seul de sa génération[45]. Chez lui, la soif de connaître prime. Il développe ses qualités pour l'analyse des situations et il creuse ses goûts artistiques. L'habitent sans partage une fine connaissance de la société de son temps, une profonde culture et une volonté créatrice d'œuvres littéraires.

En 1964, la Société Saint-Jean-Baptiste de Trois-Rivières lui rend hommage pour l'ensemble de son œuvre. À cette occasion pleuvent sur lui les félicitations. Mais aucun plaisir n'eût été plus grand que de voir la publication de *L'herbier de chair*[46], publication posthume, hélas ! Laissons-lui les derniers mots, émouvants, qui ferment son recueil de poèmes[47].

---

45. Un autre exemple est Fernand GAGNON, *Les billets de Maxence, 1939-1944*, Québec, Septentrion, 2009, 390 p. Guy Fournier qui fut, un temps, jeune rédacteur de nuit, signe une courte préface. À la demande du propriétaire Dansereau, Biron prit la parole pour souligner les 25 années de la collaboration de Gagnon au *Nouvelliste*. Il nous apprend que le pseudonyme de Maxence rappelle le nom – Maxime-Exupérien – qu'il reçut au début de son noviciat chez les frères des Écoles chrétiennes.

46. Hervé BIRON, *L'herbier de chair*, Sillery et Montréal, Boréal Express et Les éditions de L'Hexagone, 84 p.

47. « Le vendredi 15 mai 1976, Denis Vaugeois [et Gérald Godin sont] chez Biron, à Québec. Il lui remet son manuscrit "Herbier de chair" qu'il termine sous ses yeux. Vaugeois l'invitait à l'accompagner chez Jeanne L'Archevêque-Duguay pour choisir les photos qui allaient accompagner l'édition des carnets. Biron refusa. Il décéda le mercredi suivant. » Extrait de Rodolphe DUGUAY, *Carnets intimes*, présenté par Hervé Biron, Montréal, Boréal Express, 1978, p. 6.

La fleur de givre

À la fenêtre de janvier
Le givre imprime ses fleurs blanches
En creux ainsi qu'un négatif
Où s'impose partout le vide.
Derrière cet écran fleuri
Passe la vie froide et sifflante.

Cette gravure est un miroir
Qui me lance mon regard.
Émouvant portrait de moi-même
Échange d'ombre et de clarté
Qui va de ma chair à ma chair,
Treillis de taches et de lignes
Où le destin plante sa griffe.

Page couverture de *Poudre d'or*.

Deux romans d'Hervé Biron

LOUISE VERREAULT[1]

A PRÈS *POUDRE D'OR*[2], sorti en 1945 et l'édition de *Nuages sur les brûlés*[3], en 1948, les publications romanesques du journaliste Biron, faites à un moment charnière de sa carrière, sont terminées. Ses tiroirs contenaient pourtant d'autres manuscrits[4], dont l'un intitulé *Au carrefour*. Les ouvrages de Biron paraissent dans un contexte littéraire de création d'œuvres romanesques ; il fait partie d'une cohorte de journalistes[5] ou poètes des années 1940 chez qui la création romanesque demeure un épisode parmi d'autres activités d'écriture. L'abandon de l'écriture romancée coïncide avec le début de son nouvel emploi de rédacteur au journal *Le Nouvelliste*. Il s'adonne cependant à de nombreux travaux de critique littéraire et de nature historique.

Pourtant, en 1972, alors qu'il est âgé de 62 ans, il déclare dans une lettre expédiée à Madeleine Ducrocq-Poirier, auteure d'une thèse soutenue en Sorbonne sur « le roman canadien de langue

---

1. L'auteure remercie Fanny Le Roux, assistante de recherche, qui a mis sur fichier informatique la correspondance d'Hervé Biron. La préparation de cet article a bénéficié de l'aide financière du fonds de perfectionnement (volet rayonnement) mis à la disposition des chargés et chargées de cours de l'UQTR en vertu de leur convention collective. Louise Verreault est géographe et chargée de cours au Département des sciences humaines à l'Université du Québec à Trois-Rivières.
2. Hervé BIRON, *Poudre d'or*, Montréal, Fernand Pilon, 1945, 191 p.
3. *Id.*, *Nuages sur les brûlés*, Montréal, Éditions Fernand Pilon, s.d. [1948], 207 p.
4. Archives de l'Université du Québec à Trois-Rivières (AUQTR), Fonds Hervé-Biron, conférence de Raymond Dubé, devant les membres de la société Le Flambeau, 6 novembre 1945. Ébauches d'autres romans, laissés en manuscrits : « Le roman d'un adolescent », « Les Dudomaine », « L'adolescent mystique », « Au carrefour », le plan pour « Le triomphe d'Orphée ».
5. Madeleine DUCROCQ-POIRIER, *Le roman canadien de langue française de 1860 à 1958 : recherche d'un esprit romanesque*, Paris, Nizet, 1978, 908 p. Elle donne une liste de ces romanciers à la page 453.

française », qu'il « songe à reprendre ses romans avant d'en entreprendre d'autres[6] ». Il n'en aura pas le temps car il mourra quatre ans
plus tard. Vingt-quatre ans après la parution de *Nuages sur les brûlés*,
il avait donc toujours le goût de l'écriture romanesque, qu'il a choisi
pourtant de ne pas pratiquer durant toutes ces années. Sa robuste
stature d'intellectuel justifie le projet d'exhumer les épisodes qui ont
accompagné la création de *Poudre d'or* et de *Nuages sur les brûlés*.

L'essor de l'édition au Québec durant la guerre de 1939-1945

À la suite de la défaite de la France, en 1940, le Canada ne peut plus
acheter de livres de l'Hexagone. L'alignement conjoncturel de cette
défaite et, au Québec, de l'application de la Loi de l'instruction obligatoire de 1943 favorise une « effervescence éditoriale ». Plusieurs
nouvelles maisons d'édition, indépendantes de l'Église et des groupes
idéologiques, prennent alors place sur le marché littéraire. Elles
publient des auteurs québécois et font aussi des rééditions d'auteurs
français dont les œuvres sont tombées dans le domaine public, un
voisinage qui profite aux premiers[7]. Mais, avant 1950, ces maisons
d'édition auront déjà disparu et seuls vont demeurer les éditeurs de
livres religieux et scolaires[8].

À la faveur de cette éclosion éditoriale aussi subite qu'éphémère, les
deux romans de Hervé Biron paraissent successivement aux Éditions
Fernand Pilon, créées en 1945[9], au moment même où la France
reprend l'édition du livre français. Pendant six ans, Pilon profitera
du court répit que lui laisse la période de reconstruction que doivent
vivre les éditeurs français dépourvus de papier, d'imprimerie et de
machines efficaces[10].

---

6. AUQTR, Fonds Hervé-Biron, Biron à Ducrocq-Poirier, 6 septembre 1972.
7. Une publicité de novembre 1945 dans le *Petit Journal* propose ensemble *Poudre d'or* et trois ouvrages de Chateaubriand. De la même manière, dans *Le Devoir* et *La Presse* du 1ᵉʳ septembre 1945, la maison Pilon annonce, en préparation, *Poudre d'or* à côté de la réédition d'ouvrages de Chateaubriand et de Prosper Mérimée qui paraissent dans la collection « Pages oubliées ».
8. Michel BIRON, François DUMONT et Élisabeth NARDOUT-LAFARGE, *Histoire de la littérature québécoise*, Boréal, Montréal, 2007, p. 271. Jacques BEAUDRY, « Le commerce de l'édition Fernand Pilon, libraire-éditeur », dans Jacques MICHON, dir., *Éditeurs transatlantiques*, Montréal et Sherbrooke, Tryptique et Ex libris, 1991, p. 91.
9. La maison Fernand Pilon existe depuis 1932, c'est d'abord une librairie, cf. Jacques MICHON, dir., *Histoire de l'édition littéraire au Québec au XXᵉ siècle*, volume 2, *Le temps des éditeurs 1940-1959*, Montréal, Fides, p. 324. *Le Petit Journal*, 5 août 1945.
10. Jacques BEAUDRY, *loc. cit.*, p. 91.

Aux sources de l'écriture des deux romans

Poudre d'or et *Nuages sur les brûlés* traitent, de façon réaliste, d'épisodes de l'histoire québécoise. Le premier relate les événements d'une course à l'or dans un monde déjà ancien, au tournant des années 1850, au moment des luttes autour de l'Union et de l'abolition du régime seigneurial. Celui de la petite société colonisatrice des années 1930 de *Nuages sur les brûlés*, pourtant pas si lointain, est déjà révolu en 1950. Chez Biron, deux thèmes principaux sont récurrents : celui du départ, de l'exil volontaire en temps de crise politique ou économique, et celui de la révolte d'hommes jeunes face à médiocrité d'un environnement social qui freine l'avancement personnel. L'écrivain a souligné lui-même la prédominance de ces thèmes dans une lettre adressée à Ducrocq-Poirier[11]. Les conséquences des excès d'alcool d'un personnage en possession d'autorité incontestable, rude envers les membres de l'équipage, comme le capitaine Lewis à la barre du *Francis Depau* dans *Poudre d'or* ou celui du père égoïste et alcoolique dans *Nuages*, figurent parmi les moteurs des intrigues romanesques. Les deux livres s'inscrivent aussi dans un espace géographique : aux dimensions de l'Amérique entière pour le premier, alors qu'il est ramené à celles du Québec régional pour le second. Dans les deux romans, le héros partage étroitement les aventures ou la vie quotidienne avec un groupe de compatriotes. Les crises de natures diverses, familiale, économique ou sociale, servent de déclencheurs à l'action, de point de départ du récit.

L'inspiration pour Poudre d'or

Le thème de *Poudre d'or* est celui de l'exil, du départ vers la recherche de l'or dans les cours d'eau et les placers de la Californie, départ parfois sans retour. Ce roman s'accompagne d'une bibliographie contenant les récits de la course à l'or de deux Québécois qui ont vécu la première époque de la ruée vers l'or de la Californie, en 1849. Il s'agit vraiment d'une fièvre de la recherche du précieux métal, qui jette sur la mer puis sur les sentiers de l'Ouest américain des Européens et des Nord-Américains[12]. L'un des récits, *Sur mer et sur terre*[13], est publié à

---

11. AUQTR, Fonds Hervé-Biron, Correspondance, Biron à Ducrocq-Poirier, 6 septembre 1972.
12. Liliane CRÉTÉ, *La vie quotidienne en Californie au temps de la ruée vers l'or (1848-1856)*, Paris, Hachette, 1982, 317 p.
13. Ernest CHOUINARD, *Sur mer et sur terre*, Québec, Le Soleil, 1919, 250 p.

Dessin par Philéas Verchères de Boucherville : « Isle du beau Chêne (Fackland Island), vue de la mer à bord du *Francis Depau*, 13 mars 1850 » (ASTR, cote : 0032-02221).

Dessin par Philéas Verchères de Boucherville : « Rochers vus en mer à bord du *Francis Depau*, Cap Horn, 16 mars 1850 » (ASTR, cote : 0032-02221).

Québec par Ernest Chouinard[14], rédacteur à la retraite du journal *La Justice*. Il relate la course à l'or vers San Francisco d'un cultivateur de Kamouraska, Pierre Chérard, issu d'une famille de navigateur. Celui-ci avait choisi de faire la course afin de conserver la terre kamouraskoise grevée de dettes. Sa course dura trois ans à partir de l'automne 1849. Son aventure, racontée dans une série de lettres que Chérard a adressées à son épouse, a inspiré Biron, ainsi que le récit autobiographique de Philéas Verchères de Boucherville[15], dont il a pris connaissance dans les archives du Séminaire de Trois-Rivières et qu'il a entièrement retranscrites. Verchères avait quitté New York le 31 décembre 1849, il y fut de retour le 28 avril 1852, ne prit pas le temps de s'y attarder et regagna son foyer six jours plus tard. Les premiers «argonautes» européens et de l'est du continent nord-américain, de l'époque de 1849-1850, rejoignaient la Californie par la mer, au départ de New York. Des navires doublaient le cap Horn, d'autres cherchaient le cap dans les dédales du détroit de Magellan. Enfin ils atteignaient San Francisco après une escale bien méritée à Valparaiso.

Poudre d'or raconte la course du convoi de vingt-neuf Québécois qui s'embarquent à bord d'un vieux trois-mâts : le *Francis Depau*. Les «argonautes» arrivent à San Francisco le 17 juin 1850, après un voyage de six mois. Ils rejoignent une colonie canadienne dont plusieurs membres sont des commerçants florissants. Les passagers du *Francis Depau* devront d'abord trouver de l'or. Parmi eux, se détache le personnage du médecin Louis de Vieuxpont, qui a quitté la seigneurie ancestrale car il ne pouvait supporter le genre de vie qu'y impose son père, mauvais seigneur, dur et malhabile avec les censitaires et gestionnaire endetté. Ces gens se mettent à la tâche, dans l'arrière-pays californien, afin de rechercher la poudre d'or qui les enrichira.

Dans la première partie du roman, Biron raconte diverses péripéties de la traversée maritime. Dans la seconde, Louis de Vieuxpont et ses trois compagnons sociétaires ont recueilli suffisamment d'or pour éteindre leurs dettes. Mais tout est perdu au jeu par l'un deux, Joseph, qui est l'oncle de Louis. Celui-ci sombre alors dans l'alcool et le jeu et ne trouve la rédemption qu'en fondant un hôpital qui le fait bien

---

14. Ducrocq-Poirier ne considère pas l'ouvrage de Chouinard comme un roman. *Sur terre et sur mer* juxtapose les considérations et les commentaires de l'auteur sur la situation économique des années 1850 et les malheurs sociaux avec une série de lettres du protagoniste Chérard ; il ne contient pas de dialogue ni d'intrigue psychologique.

15. Philéas Verchères DE BOUCHERVILLE, «Souvenirs d'un voyage en Californie» dans *Les Soirées canadiennes*, Québec, Brousseau Frères, 1865, p. 9-290.

vivre. Une lettre de sa mère lui apprend la mort du père ; c'est le choc. Il regrette son égoïsme et revient au Bas-Canada où il doit renoncer à l'héritage de la seigneurie laurentienne, vendue pour cause de dettes. Médecin et cultivateur sur une terre qu'il achète, il fonde un foyer avec son amoureuse, Louise Blouin, simple fille d'habitant.

Avant la parution de *Poudre d'or*, de nombreux récits qui abordent le même sujet sont parus sous forme de lettres, de nouvelles, de récits ou d'articles de journaux[16]. Mais, sous la forme romanesque, le thème est pour ainsi dire neuf : seul Léo-Paul Desrosiers l'a abordé ainsi[17]. À travers l'aventure de ses héros, Biron exprime ce qu'il a perçu d'oppressif dans l'air du temps à cette époque, au Canada français. Biron est aussi un historien chevronné qui n'a pas hésité à affronter le puissant abbé Maheux[18]. Largement documenté[19], l'écrivain respecte le contenu de ses sources tout en l'utilisant pour faire rebondir l'action : par exemple, dans une lettre écrite le 3 mars 1850 à sa femme restée à Kamouraska, Chérard raconte qu'un marchand, venu à bord du navire pour recevoir le prix pour des denrées fraîches, a échappé par quinze brasses de fond le sac contenant deux cents louis ainsi que le courrier des passagers. Biron reprend cette idée à son compte et en fait la conclusion de son roman. Le sac de poudre d'or que Louis de Vieuxpont lance, depuis le navire du retour, *Le Panama*, vers l'oncle Joseph qui le supplie de l'aider, tombe entre le navire et le quai. Il n'y a plus de retour possible pour Joseph, puni pour son alcoolisme. Le patronyme du héros de Vieuxpont est aussi un clin d'œil à l'histoire seigneuriale trifluvienne. Une seigneurie nommée Vieuxpont avait été concédée en 1649, à Trois-Rivières, à Michel LeNeuf. Une rue trifluvienne en perpétue le souvenir. De la même manière, l'écrivain utilise le nom du navire sur lequel avait navigué Verchères de Boucherville pour aller à San Francisco, le *Francis Depau*. L'historien se fait aussi géographe : il consulte les cartes ; il est attentif à la description du trajet maritime[20] du *Francis Depau* vers la côte brésilienne. Pour atteindre cette côte

---

16. Guildo ROUSSEAU, *L'image des États-Unis dans la littérature québécoise (1775-1930)*, Sherbrooke, Éditions Naaman, 1981, p. 125-149.

17. Léo-Paul DESROSIERS, *Nord-Sud*, Montréal, Éditions du « Devoir », 1931, 1943, 217 p.

18. Voir l'article de Jean Roy, dans ce recueil.

19. AUQTR, Fonds Hervé-Biron, Loranger à Biron, 23 juillet 1943. Dans cette lettre, Marguerite Loranger informe Biron qu'elle continue de chercher pour lui, à la bibliothèque nationale ainsi que « dans d'autres grandes bibliothèques », des ouvrages sur la Californie.

20. *Souvenirs d'un voyage en Californie*, p. 20.

très décalée vers l'Ouest par rapport à la position géographique de l'Amérique du Nord, la navigation à voile utilise alternativement la route des vents d'ouest puis celle de l'alizé, en circulation d'est, ce qui explique le détour de la navigation vers le continent africain, au large des Açores et des îles du Cap-Vert[21]. Pour s'imprégner de l'atmosphère du Far West américain, Biron voit le plus possible des westerns au cinéma[22].

L'inspiration pour Nuages sur les brûlés

Le 30 mai 1962, à la demande d'un ami, Jean-Louis Caron, Biron est le conférencier[23] invité au Club artistique de Nicolet pour la présentation du film produit par l'ONF : *Les brûlés*. Il raconte alors que, durant les années 1930, il a vu partir par le chemin de fer qui desservait l'Abitibi des centaines de chômeurs mauriciens. Ceux-ci allaient poursuivre la colonisation au Témiscamingue, à la rivière Solitaire « comme on disait[24] ». Ils allaient faire de la terre dans les brûlés pratiqués dans les forêts à l'extrême nord du Témiscamingue, au sud de la ville de Rouyn dans le canton de Montbeillard[25]. Les colons de cette « troisième étape » de la colonisation de l'Abitibi et du Témiscamingue fondent ainsi plusieurs paroisses qui terminent la jonction entre le Vieux-Témiscamingue et la région au sud de Rouyn[26]. Cette colonisation tardive suivait la construction, en 1927, d'une route qui permettait d'atteindre Angliers et sa gare à partir de Rouyn, désenclavant ainsi le nord du Témiscamingue qu'il restait à coloniser.

En 1945, lors de la semaine de la fête de la Saint-Jean-Baptiste, Biron a l'occasion de faire un voyage d'environ une semaine à Montbeillard. Il est accompagné du journaliste et ami Fernand Gagnon du *Nouvelliste*.

21. *Poudre d'or*, p. 79-80.
22. AUQTR, Fonds Hervé-Biron, conférence de Raymond Dubé devant les membres de la société Le Flambeau, 6 novembre 1945.
23. AUQTR, Fonds Hervé-Biron, manuscrit de la conférence, cote : 102/16/22. À l'avenir, la référence sera notée entre parenthèses.
24. *La Rivière Solitaire* est le titre du roman de Marie Le Franc (1934) qui évoque l'installation de colons de la ville de Hull à la rivière Solitaire. Un chapitre décrit bien le voyage en train des familles vers la dernière gare du Témiscamingue, située à Angliers.
25. Désigné en 1907, ce canton s'étend à une dizaine de kilomètres au sud-ouest de Rouyn-Noranda, en Abitibi. Les premières familles de défricheurs s'y installent en 1932 grâce au plan Gordon ; cf. *Noms et lieux du Québec : dictionnaire illustré*, Commission de toponymie du Québec, 1996, p. 448.
26. Odette VINCENT, dir., « Évolution du peuplement de l'Abitibi-Témiscamingue », carte 14, p. 247, dans *Histoire de l'Abitibi-Témiscamingue*, Québec, éditions de l'IQRC, 1995, 763 p.

Village de Rivière-Solitaire, Rollet. De ses voyages au Témiscamingue et en Abitibi, Biron avait ramené plusieurs photos (AUQTR, Fonds Hervé-Biron, Album, photo 44).

Notre romancier rencontre, dix ans après leur établissement, des anciens chômeurs et citadins de Trois-Rivières, devenus colons avec leurs familles. À la fenêtre du modeste presbytère de la paroisse Saint-Ignace dans la municipalité de Fréchette[27], en cette aurore de juin, s'étend devant lui un immense abattis d'énormes troncs calcinés. Du brûlé surgissent des chants d'oiseaux. L'inspiration pour l'écriture de *Nuages sur les brûlés* vient de naître.

De ce voyage, il rapporte de la documentation et de nombreuses photographies prêtées par le curé Richard Stampfler. Il peut aussi s'en remettre à l'actualité et à la couverture de la presse sur le mouvement de la colonisation. Il possède, dans ses dossiers, un exemplaire du *Guide du colon*[28] ainsi qu'une monographie sur la colonisation à Sainte-Anne-de-Roquemaure[29]. Biron, travailleur intellectuel qui s'accordait peu de repos, a voulu exprimer l'admiration qu'il portait

---

27. Fréchette porte depuis 1979 le patronyme de Cloutier en l'honneur de Mᵍʳ François-Xavier Cloutier, troisième évêque du diocèse de Trois-Rivières, cf. *Noms et lieux du Québec: dictionnaire illustré*, Commission de toponymie du Québec, 1996, p, 142.

28. AUQTR, Fonds Hervé-Biron, *Le guide du colon, province du Québec*, ministère de la Colonisation, Québec, 1944, cote: 102/15/23/10.

29. AUQTR, Fonds Hervé-Biron, Donat-C. Noiseux, *Dix années de colonisation à Sainte-Anne-de-Roquemaure*, 1943 (102/15/2/19).

La forêt recule ou un brûlis (AUQTR, Fonds Hervé-Biron, photo 004).

à ces familles que la crise économique vouait à l'inaction. Dans son roman, les colons conçoivent la dureté de leur existence, ils n'en sont pas dupes. Biron fait entendre le témoignage du sens qu'ils ont choisi de donner à un nouveau mode de vie.

Le milieu social est recréé par des personnages hauts en couleur, des familles de colons : les Hamelin, les Plante, les Lacourse, le marchand et usurier Langlois, Latulipe, le cuisinier colon qui se suicidera lorsqu'il perdra le lot qu'il n'a jamais mis en valeur, le vieux défricheur Lamothe dont le fils préfère travailler à la mine de Rouyn, enfin le curé colonisateur. Les intrigues amoureuses se nouent entre les jeunes garçons et filles. Les personnages féminins sont étroitement liés à un milieu familial ; quoique plus présents que dans le premier roman de Biron, ils n'occupent pas le premier plan comme dans celui de Marie Le Franc. Les femmes de *Nuages* gèrent la vie quotidienne à la colonie, mais elles n'en sortent à peu près pas. Elles aiment chez leurs hommes « l'esprit de travail » ; sans elles, l'espace communautaire paroissial, centré sur la famille terrienne, pourrait-il s'organiser ? Elles ont déjà connu la pauvreté à la ville. Les exigences de l'organisation d'un nouveau milieu rural qui nécessite leurs disponibilités ne les effraient pas.

Le pivot dramatique de l'action s'articule autour du personnage de Lacourse, père de famille alcoolique, qui s'accapare le revenu accumulé par ses deux fils durant l'hiver dans les chantiers. Il les prive du numéraire nécessaire à leur établissement sur un lot. Le vice de Lacourse le fait s'endetter à la ville proche de Rouyn. Il tombe sous la coupe du marchand, lequel exige des deux fils le remboursement de ces dettes au moyen d'un travail illicite de coupe de bois de sciage dans une réserve forestière. Ce bois est très recherché pour construire les bâtiments nécessaires à un établissement familial décent, puisqu'il est absent des brûlés dévastés. Les colons s'installent dans les éclaircies dégagées par l'exploitation forestière. Le bois est revendu à prix fort par le marchand Langlois. Freddie Lacourse, pris sur le fait, passe quelques mois en prison et décide de s'installer à Rouyn. Le décès, dans un accident minier, de son rival Lamothe auprès de la belle Armande, fille du colon Hamelin, le ramène à la colonie, où il acquiert le lot vacant de Latulipe. Il pourra enfin fonder sa propre famille. Nul ne lui tiendra rigueur de son séjour en prison, conséquence d'une action qui a sauvé sa famille et résultat d'une injustice envers les colons, qui n'ont pas accès au bois de construction.

Hervé Biron et les réalités du métier d'écrivain

L'envoi premier d'un manuscrit

Biron aurait-il préféré publier *Poudre d'or* aux éditions de l'Arbre, maison laïque fondée en 1940 et dirigée par Robert Charbonneau? Le 16 avril 1945, il leur envoie le manuscrit d'un «roman d'aventures», qui est refusé très rapidement[30]. Charbonneau estime que le roman «chevauche plusieurs genres, ce qui le rend peu susceptible de plaire à un public», et que Biron est plus doué pour le roman de type historique. La critique de *Notre temps*[31], Julia Richer, ainsi que Rodolphe Laplante, de la revue *L'Action universitaire*[32], destinent ce roman à la jeunesse comme la réédition française de 1947 qui l'accompagnera d'illustrations[33]. Cet avis n'est pas unanime: Léon Franque[34] de *La Presse* et le chroniqueur du *Petit Journal*[35] le considèrent comme un roman historique.

---

30. AUQTR, Fonds Hervé-Biron, Correspondance, Charbonneau à Biron, 18 avril 1945.
31. *Notre temps*, 29 novembre 1945.
32. *L'Action universitaire*, décembre 1945, p. 31-32.
33. Le 7 août 1946, Alphonse Loiselle, de la maison Pilon, rappelle que des démarches sont toujours en cours avec deux éditeurs français pour une édition illustrée de *Poudre d'or*. Elle paraît en 1947 aux Éditions Paul Dupont, 4 bis, rue du Bouloi (Paris 1ᵉʳ), illustrée par sept croquis de Fernand Tholy, cf. Beaudry, *loc. cit.*, p. 91.
34. AUQTR, chronique *Littérature et Beaux-Arts*, *La poudre d'or*, s.l., s.d.
35. *Le Petit Journal*, 28 octobre 1945, *roman historique par Hervé Biron.*

De la même manière, en 1946, Biron expédie aux éditions Fernand Pilon le manuscrit de *Nuages sur les brûlés,* après avoir essuyé un refus de publication chez Fides. Le comité des lectures « reconnaît les qualités littéraires… mais… préférerait qu'un autre éditeur » s'en charge. Il argumente que la présence de sacres et de jurons dans l'écriture l'empêche de signer l'ouvrage du nom de Fides en couverture. « Dans le cas de votre roman, cela pourrait "jurer[36]" » précise-t-on, non sans ironie. C'est un exemple de frein à la liberté d'expression de l'écrivain qu'imposaient les éditeurs spécialisés dans le livre religieux et scolaire. Il était inutile d'y présenter un manuscrit dont l'écriture collait à la réalité[37]. Au début de 1947, Biron soumet le texte en lecture à une amie de son épouse, sœur Sainte-Hildegarde, ursuline. Elle apprécie beaucoup le livre et en admire l'écriture, mais « il y a trop de vapeurs de bière » et elle regrette aussi un « juron lancé par une bouche sacerdotale[38] ». Malgré ces critiques, Biron ne renoncera pas. En 1972, il considérera que l'utilisation dans le dialogue de la « langue populaire, brutale et souvent incorrecte des milieux populaires urbains : shack, praille, pitoune… qui, avec les jurons, a beaucoup choqué à l'époque[39] », était une innovation dans la technique du roman québécois : « […] cela devient aujourd'hui très en vogue », conclura-t-il.

Les discussions avec la maison Pilon

Le cas de *Poudre d'or*

Le directeur de la section éditoriale chez Fernand Pilon est Alphonse Loiselle, journaliste à *La Patrie,* romancier et connaissance de longue date de Pilon[40]. Il connaît la publication de *Vers les pays d'en haut.* Sachant que Biron vient de terminer un roman, il le sollicite le 30 mars 1945 afin qu'il offre son manuscrit aux éditions Pilon[41]. Le 18 avril, jour du refus par les éditions de l'Arbre, Loiselle presse Biron

---

36. AUQTR, Fonds Hervé-Biron, correspondance, Fides, services des éditions Fides à Biron, 6 mai 1947.
37. La même maison émet des réserves, pour cause de « crudités », d'une publication de *Ballades de la petite extrace* (1945) du poète Alphonse Piché, qui refusera cette censure ; cf. Jacques BEAUDRY, *loc. cit.,* p. 102.
38. AUQTR, Fonds Hervé-Biron, Correspondance, sœur Sainte-Hildegarde à Biron, 19 janvier 1947.
39. AUQTR, Fonds Hervé-Biron, Correspondance, Biron à Ducrocq-Poirier, 6 septembre 1972.
40. Jacques BEAUDRY, *loc. cit.,* p. 89.
41. AUQTR, Fonds Hervé-Biron, Correspondance, Loiselle à Biron, 30 mars 1945.

de lui faire parvenir son manuscrit. Le 14 août, Loiselle fait parvenir le contrat d'édition pour un tirage de 1 500 exemplaires, avec l'exigence que Biron publie sous son véritable nom. Ce contrat consiste en l'achat du manuscrit pour 100 $, et une remise de 75 exemplaires à l'auteur[42].

Jacques Beaudry explique la répartition des coûts de l'impression. À l'époque, le livre se vendait 1,25 $ au détail. La vente au prix de gros grugeait 50 % de ce prix et le distributeur demandait 20 % sur la somme restante. Il fallait ensuite payer l'imprimeur, acquitter les frais du service de presse et régler l'auteur[43]. L'éditeur ne faisait donc pas vraiment de profit avec ses ventes. Le 1ᵉʳ septembre, l'ouvrage est en préparation. Biron choisit d'illustrer la page couverture d'un trois-mâts toutes voiles dehors, une gravure de Maurice Gagnon, employé au journal *La Patrie*. Ce navire rappelle la longue navigation de six mois des coureurs d'or québécois. Le livre inaugure la collection « Les Alouettes », en compagnie d'un essai sur l'art du critique Dominique Laberge[44].

Le 16 octobre, Biron exprime avec raison sa déception à la réception d'un exemplaire du livre. Le volume contient de nombreuses fautes de frappe et d'orthographe et des erreurs typographiques. Le 18, Alphonse Loiselle minimise la présence d'erreurs et en renvoie la responsabilité à Biron : « [...] dans la copie de votre manuscrit, il se peut très bien qu'il se soit glissé quelque erreur. » Il semble que les « incorrections linguistiques étaient le fléau ordinaire des ouvrages canadiens, même les plus huppés[45] ». Biron, soigneux, a dû mal supporter cette absence de rigueur éditoriale. C'est toujours l'auteur qui est blâmé pour ces incorrections ; du reste, un critique qui signe l'Illettré lui reprochera de savoir « imparfaitement sa langue[46] ».

En janvier 1946, Loiselle lui écrit qu'il a vendu plus d'un millier d'exemplaires de *Poudre d'or*, mais que le livre se vend mal à Trois-Rivières. À cela, Biron lui répond que les libraires trifluviens ont la haine du livre. Au moment de la publication de *Nuages sur les brûlés*, Loiselle lui rappelle à nouveau que la vente de livres est difficile à

42. Le livre de Biron, un in-16° (19 x 12 cm) de 192 pages, broché avec couture, se détaillait 1,25 $; cf. Jacques BEAUDRY, *loc. cit.*, p. 90.

43. *Ibid.*, p. 90.

44. *Ibid.*, p. 89.

45. AUQTR, Fonds Hervé-Biron, Alceste, *Le Devoir*, 1ᵉʳ décembre 1945, spicilège (502/9/22/4/2).

46. AUQTR, Fonds Hervé-Biron, l'Illettré, *Les Canadiens français et la fièvre de l'or*, « L'Autorité », 24 novembre 1945, spicilège (502/9/22/4/2).

Trois-Rivières, les libraires ne font pas de commandes et l'agence de distribution Jalbert ne fait aucun effort[47]. On croirait entendre Benjamin Sulte qui reprochait aux Trifluviens d'être paresseux! Revenons à janvier 1946. La mésentente couve entre Biron et Loiselle. Ce dernier a fait parvenir 150 exemplaires de *Poudre d'or* à Biron au coût de 0,50 $, soit une remise de 40 % pour une commande inférieure à 300 exemplaires, comme il est convenu dans le contrat. Biron les a vendus au Secrétariat de la province, dont Jean Bruchési est le sous-ministre, au prix de 1,25 $ chacun, soit le prix du marché, sans en prévenir l'éditeur. À la mi-novembre 1945, Biron a obtenu en effet de Jean Bruchési une recommandation d'achat auprès du Secrétariat de la province pour « un certain nombre d'exemplaires de [...] *Poudre d'or*[48] » qui s'est concrétisé dans cet achat de 150 volumes[49].

La réponse de Biron vient ferme : cette commande gouvernementale lui a été accordée parce qu'il est un auteur et, à ce titre, lui seul peut profiter du budget spécial dit « encouragement à la littérature » ; d'autre part, le Secrétariat achète directement des éditeurs une certaine quantité d'ouvrages de parution récente. Biron en profite pour rappeler qu'il attend toujours une réponse à ses demandes répétées concernant les détails de la mise en page et de la vente des exemplaires du roman et qu'il a l'intention de protéger ses droits[50]. Finalement la discussion est close au début de février. Loiselle rappelle que la démarche de Biron auprès de Jean Bruchési lui a déplu mais que l'incident est chose du passé. Il révise avec Biron l'état de la comptabilité de ses droits d'auteur et l'informe que l'édition de son roman est presque épuisée[51].

Après la parution, en 1948, de *Nuages sur les brûlés*, l'écrivain ne peut vendre directement au Secrétariat de la province car le Secrétariat a acheté directement, en septembre, cent volumes auprès de la maison d'édition[52]. Jean Bruchési lui écrit qu'il avait cependant recommandé l'achat de deux cents exemplaires et lui suggère de s'entendre avec la maison d'édition[53]. Il ne semble pas qu'il y ait eu une suite à cette affaire, d'ailleurs Loiselle n'est plus chez Pilon. Biron semble avoir

47. AUQTR, Fonds Hervé-Biron, Correspondance, Loiselle à Biron, 3 septembre 1947.
48. AUQTR, Fonds Hervé-Biron, Correspondance, Bruchési à Biron, 15 novembre 1945.
49. AUQTR, Fonds Hervé-Biron, Correspondance, Bruchési à Biron, 10 janvier 1946.
50. AUQTR, Fonds Hervé-Biron, Correspondance, Biron à Loiselle, 21 et 28 janvier 1946.
    Biron a produit 2 textes de la lettre du 28 janvier.
51. AUQTR, Fonds Hervé-Biron, Correspondance, Loiselle à Biron, 8 février 1946.
52. AUQTR, Fonds Hervé-Biron, Correspondance, Bruchési à Biron, 9 septembre 1948.
53. AUQTR, Fonds Hervé-Biron, Correspondance, Bruchési à Biron, 23 octobre 1948.

renoncé à discuter de ce point directement avec Fernand Pilon, un homme d'affaires aguerri.

Le cas de *Nuages sur les brûlés*

La première mention de l'éventuelle parution d'un deuxième roman de Biron apparaît dans une lettre de Loiselle du 7 août 1946 dans laquelle il mentionne l'existence d'un manuscrit intitulé *Terres neuves*[54] et aussi la préparation d'un conte illustré pour enfant[55]. Six mois plus tard, Loiselle réitère à Biron la demande de trois copies du manuscrit d'un roman qui s'intitulera finalement *Nuages sur les brûlés* avec *la colonisation au Témiscamingue*, en sous-titre. Loiselle veut aussi proposer le manuscrit à ses éditeurs affiliés, en France[56]. Le 2 juillet 1947, il écrit à Biron sur un ton amical, et en le tutoyant, qu'il vient de terminer la lecture attentive de son deuxième volume. Il est admiratif du contenu et de l'écriture. Il le trouve meilleur que *Poudre d'or* et confirme qu'il a « bien l'intention d'éditer ce volume et d'en faire une superbe présentation (sans coquilles) » précise-t-il[57]. Le 7 août, le roman est chez l'imprimeur.

Au début de septembre, les relations entre Biron et les éditions Pilon s'enveniment. Biron veut reprendre son manuscrit car Pilon l'a retenu deux mois durant sans donner de nouvelles[58]; Loiselle l'avise : « Si vous décidez de reprendre votre manuscrit, il faudra déduire une somme pour la composition chez l'imprimeur[59]. » Loiselle mentionne l'étonnement de Fernand Pilon, les difficultés de l'édition au Canada avec le retour de l'importation du livre français et fait remarquer que la maison a été « chic avec M. [Alphonse] Piché et avec Mlle Adrienne Choquette[60] ».

Le litige concerne les conditions de versements des futurs droits d'auteur. Selon Biron, les éditions Pilon ont commandé l'impression sans son consentement et sans faire de proposition pour les redevances. L'écrivain revendique la propriété de l'ouvrage ainsi que les droits de traduction et d'adaptation. C'est la première mention qui

---

54. Hervé BIRON, « Le Calvaire des colons » dans *Alerte*, bulletin de la Société Saint-Jean-Baptiste, juin 1946, vol. 3, n° 6, p. 5-7, fragment inédit de *Terres neuves*, roman en préparation.

55. Cette dernière parution est rejetée le 22 octobre 1946.

56. AUQTR, Fonds Hervé-Biron, Correspondance, Loiselle à Biron, 15 janvier 1947.

57. AUQTR, Fonds Hervé-Biron, Correspondance, Loiselle à Biron, 2 juillet 1947.

58. AUQTR, Fonds Hervé-Biron, Correspondance, Biron à Loiselle, 4 septembre 1947.

59. AUQTR, Fonds Hervé-Biron, Correspondance, Loiselle à Biron, 3 septembre 1947.

60. AUQTR, Fonds Hervé-Biron, Correspondance, Loiselle à Biron, 3 septembre 1947.

est faite d'une éventuelle adaptation de l'ouvrage pour le cinéma[61]. Ils avaient déjà discuté entre eux de cette éventualité mais sans le mentionner dans la correspondance[62]. Le 9 septembre, Loiselle fait parvenir une nouvelle proposition de contrat, qui est acceptée par Biron. Ce dernier aurait voulu vendre *Nuages* pour 150 $ mais recevra 100 $ avec un versement de cent volumes. Le contrat est du même type que celui de l'édition de *Poudre d'or*. Le 27 février 1948, le livre est sous presse[63]. Le 19 avril, les Éditions Pilon amorcent le processus de publicité et la diffusion de l'ouvrage en demandant à Biron de réitérer sa collaboration, comme lors de la publication de *Poudre d'or*. L'édition est faite de manière plus soignée que *Poudre d'or*, et a l'heur de plaire à Biron.

Le travail de l'éditeur et la critique du roman

Le cas de *Poudre d'or*

Pour amorcer la publicité des romans dans les journaux et les revues de l'époque, Loiselle sollicite du romancier un compte rendu du roman accompagné d'une photographie récente. Le compte rendu est reproduit avec les annonces de parution dans les journaux sélectionnés, à partir du 16 octobre jusqu'au 30 novembre 1945[64] dans le cas de *Poudre d'or*. Le supplément du dimanche de *L'Action catholique*, *Le Nouvelliste*, *Le Droit* et *The St. Maurice Valley Chronicle* le complètent avec l'ajout de la photo de Biron. La maison Pilon poursuit son travail en faisant paraître dans les journaux, entre le 8 novembre et le 22 décembre[65], des publicités accompagnées d'une photo de l'auteur et en faisant la part belle au *Devoir*, qui bénéficie de quatre publicités avant Noël et d'une dernière le 30 mars 1946. La maison Pilon complète son travail par des annonces faites auprès des libraires. Le 20 novembre 1945[66], à la demande de Biron, dans une lettre datée

---

61. AUQTR, Fonds Hervé-Biron, Correspondance, Biron à Loiselle, 4 septembre 1947.
62. AUQTR, Fonds Hervé-Biron, Correspondance, Loiselle à Biron, 9 septembre 1947.
63. Il paraît sans date, sans copyright, ni achevé d'imprimer. Le tirage est de 1 500 exemplaires sur papier coquille et vingt de luxe sur Byronic Text India numérotés à la main, cf. Jacques BEAUDRY, *loc. cit.*, p. 114.
64. *L'Action catholique*, *Le Nouvelliste*, *Le Devoir*, *Le Petit Journal*, *La Chronique*, *The St. Maurice Valley Chronicle*, *Le Bien public*, *Le Canada*, *La Boussole*, *La Vallée de la Chaudière*, *L'Évènement*, *La Tribune*, *La Voix du peuple*, ainsi qu'un journal de Montmagny.
65. *Le Nouvelliste*, *Notre temps*, *Le Devoir*, *Le Travailleur*, un journal de Worcester au Massachusetts.
66. AUQTR, Fonds Hervé-Biron, Correspondance, Loiselle à Biron, 20 novembre 1945.

du 12 courant, Loiselle expédie en service de presse *Poudre d'or* aux revues *Le Canada français, L'Enseignement secondaire, L'Amérique française* et *Culture*.

De son côté, Biron fait plusieurs envois dédicacés à des récipiendaires sélectionnés. *Poudre d'or* est expédié à l'écrivain Léo-Paul Desrosiers, aussi conservateur à la bibliothèque de la ville de Montréal, aux journalistes Harry Bernard du *Courrier de Saint-Hyacinthe*, André Roy de *L'Action catholique* et Omer Héroux rédacteur au *Devoir*. Le sous-secrétaire Jean Bruchési, le haut fonctionnaire Omer-Jules Désaulniers, inspecteur général des écoles primaires au Département de l'instruction publique, et J.-A. Noël, également fonctionnaire, accusent réception d'un exemplaire dédicacé ainsi que Rodolphe Laplante, qui travaille à l'Office du crédit agricole. Ce dernier se réclame de l'amitié de Biron et lui recommande de ne pas abuser de la distribution gratuite de son ouvrage[67]. Biron semble avoir suivi son avis ; aussi peut-on penser que les envois dédicacés visent surtout la cible du Département de l'instruction publique, là où les auteurs peuvent tenter de vendre directement leur production et en tirer un petit profit. Le journaliste et écrivain Harry Bernard a également favorisé la diffusion de *Vers les pays d'en haut* et de *Souvenirs d'un voyage en Californie* vers la bibliothèque Huntingdon de San Marino, en Californie, dont il est familier[68].

La critique

La majorité des critiques paraissent dans les journaux. La forme en est généralement celle d'un compte rendu du roman, auquel l'auteur ajoute certains commentaires à partir de lectures ou de son expérience personnelle et qu'il conclut par de courts paragraphes d'appréciation de la qualité du roman et du style de l'écrivain. Rappelons ici la bévue commise par Pierre de Grandpré, en 1969, lors de l'édition du tome II de son *Histoire de la littérature française du Québec*. Non seulement confond-il *Poudre d'or* et *Nuages sur les brûlés*, mais il attribue aussi au roman sur la colonisation, qu'il n'a pas lu, une intention de glorification du terroir alors que Biron soulignait la dureté de la vie et l'isolement des colons[69].

À la fin de l'automne, des critiques se manifestent dans divers journaux. Ils s'entendent sur la vivacité, la souplesse et la sobriété

67. AUQTR, Fonds Hervé-Biron, Correspondance, Laplante à Biron, 19 novembre 1945.
68. AUQTR, Fonds Hervé-Biron, Correspondance, Bernard à Biron, 7 janvier 1946.
69. AUQTR, Fonds Hervé-Biron, Correspondance, Biron à Grandpré, 25 mai 1969.

du style[70]. Raymond Douville souligne l'heureux choix de Biron d'un thème inexploité de la jeune littérature romanesque québécoise. L'Illettré[71] est du même avis pour le choix du thème, mais reproche à l'écrivain « d'être trop près de ses sources, de ne pas les dramatiser suffisamment et de ne pas posséder suffisamment la technique du roman ». Ce critique étale sa fatuité en consacrant le tiers du texte à faire le compte rendu de la biographie que Blaise Cendrars a consacré à Johann August Suter, sans jamais en citer l'auteur. Il semble prendre un certain plaisir à confronter l'intrigue élaborée par le romancier débutant avec la biographie de Suter. De son côté, le critique du *Devoir* se réjouit de la publication du roman d'un auteur qui n'a pas encore atteint la « maîtrise, mais il a du talent... un conteur vivant et souple. C'est toujours une galerie de portraits variés qu'il fait défiler sous nos yeux ravis[72] ». Guy Jasmin, du journal *Le Canada*, qui n'a pas beaucoup apprécié le roman, concède cependant « qu'il ne faut pas désespérer d'un romancier qui... commence avec un certain nombre d'atouts solides dans son jeu ». Il est amusant de lire les premiers paragraphes de Guy Jasmin, qui se dit un homme du « siècle de la vitesse et de l'électricité ». Estimant que Biron imagine un parcours et une durée fantaisistes au périple maritime qu'il impose à ses chercheurs d'or, il ne comprend pas la nécessité de cingler vers l'Afrique pour atteindre la côte brésilienne. Selon lui, Biron est « dépourvu de notions sur la navigation et de sens de la mesure[73] ». Dollard Morin souligne à juste titre la nouveauté du sujet dans la littérature québécoise[74]. Rodolphe Laplante considère le récit trop court, mais l'écrivain, comparé à Léon Ville, a du talent, il doit continuer de l'exploiter en nous présentant des récits de notre passé[75]. André Roy de *L'Action catholique*, qui connaît Hervé Biron, souligne la qualité de la recherche effectuée par l'auteur et qui « n'a pas nui à l'intensité de l'action[76] ». Paul de Martigny aime le

---

70. AUQTR, Fonds Hervé-Biron, extraits de critiques de *La Boussole*, *L'Action catholique*, *Le Petit Journal*, *Le Droit*, *Le Canada*, *Notre temps*, *La Presse*, spicilège (502/9/22/4/2).

71. AUQTR, Fonds Hervé-Biron, l'Illettré, « Les Canadiens français et la fièvre de l'or », *L'Autorité*, 24 novembre 1945, spicilège cote : 502/9/22/4/2. Ce texte figure aussi dans *L'Homme libre* du 29 novembre 1945.

72. AUQTR, Fonds Hervé-Biron, Alceste, « Poudre d'or », *Le Devoir*, 1er décembre 1945, spicilège (502/9/22/4/2).

73. AUQTR, Fonds Hervé-Biron, Guy Jasmin, « Poudre d'or », *Le Canada*, 26 novembre 1945, spicilège (502/9/22/4/2).

74. Dollard MORIN, *Le Petit Journal*, 11 novembre 1945.

75. Rodolphe LAPLANTE, *L'Action universitaire*, décembre 1945, p. 31-32.

76. AUQTR, Fonds Hervé-Biron, André Roy, *L'Action catholique*, 10 novembre 1945, spicilège (502/9/22/4/2).

livre, il en recommande la lecture. Il apprécie le style clair et «certaines expressions... tout à fait canadiennes... ce qui donne à l'aventure un attrait de plus[77]». La revue *Culture* de mars 1946 donne un compte rendu du roman, elle cite les critiques du *Devoir* et de *L'Action universitaire*[78]. Ces textes sont non seulement intéressants par rapport au contenu du roman, ils sont aussi révélateurs de la qualité et des compétences de la critique de l'époque. Trois ans plus tard, l'appréciation la plus fine lui viendra d'un mot d'Adrienne Choquette : «Je me souviens bien du mouvement coloré de certaines pages de "Poudre d'or". Le reportage historique est votre affaire, ne reniez pas ce qu'il vous imposera[79].»

Le cas de *Nuages sur les brûlés*

La Coupe vide (1948) d'Adrienne Choquette sera le seul succès de librairie de la maison Pilon. Devant des résultats financiers dérisoires, Fernand Pilon publie en 1950 un dernier ouvrage : *Voie d'eau* d'Alphonse Piché. Déjà, à l'automne de 1947, Loiselle avait signalé les difficultés de l'édition au Canada avec le retour de l'importation du livre français, aussi les démarches publicitaires pour *Nuages* paraissent plus modestes. Les archives Biron et Pilon n'en gardent pas trace. Des publicités ont été faites dans *La Presse* et *Notre temps* en mai. *Nuages* a été expédié «aux grands journaux et plusieurs des revues et journaux hebdomadaires[80]». Des comptes rendus sont publiés entre le 1ᵉʳ mai et le 26 juin 1948. De son côté Biron envoie des exemplaires dédicacés à P.-B. Kimball à Trois-Rivières, à Willie Chevalier au *Soleil*, à Paul Michaud à l'Institut littéraire de Québec, et au sénateur Jacob Nicol, propriétaire du *Nouvelliste*, esprit curieux, passionné de lecture.

La critique

Le 3 mai 1948, la première critique paraît dans *Notre temps*; suivent celles du *Nouvelliste*, du *Bien public* et du *Soleil*. Une première mention d'une critique radiophonique est signalée : celle de G.-E. Marquis, conservateur de la bibliothèque de la Législature de la province de Québec, à CHRC le 9 mai 1948. Le 8 juin, Marquis envoie directement

---

77. AUQTR, Fonds Hervé-Biron, Paul de Martigny, *La Patrie*, 28 octobre 1945, spicilège (502/9/22/4/2).
78. *Culture*, «chronique franco-américaine», p. 57.
79. AUQTR, Fonds Hervé-Biron, Correspondance, Choquette à Biron, 30 novembre 1948.
80. AUQTR, Fonds Hervé-Biron, Correspondance, Loiselle à Biron, 3 mai 1948.

26 novembre 1948, rencontre à Trois-Rivières, à l'occasion de la réédition, par Fernand Pilon, de *La Coupe vide* d'Adrienne Choquette. Henri Beaulac, illustrateur de *La Famille Grenouille* d'Albert Bolduc, et de *Vers les pays d'en haut*, de Tessier et Biron, Adrienne Choquette, romancière qui avait travaillé au poste CHLN dans les années 1930, Hervé Biron et Alphonse Piché (AUQTR, Fonds Hervé-Biron, photo 079).

à Biron le texte de deux recensions radiophoniques. Le 1er juin, c'est Fernand Pilon qui s'adresse à Biron, puisque Loiselle ne travaille plus chez cet éditeur.

Biron a été déçu des critiques. Il a conservé peu d'extraits dans ses dossiers personnels. Les critiques n'ont pas vu l'antagonisme qu'il soulevait entre l'idéal du retour à la terre que proposait l'Église et les réalités de la modernité comme le chômage, la pauvreté et le travail pour l'industrie. Le terrain dans lequel il plante les désespoirs et les désillusions des colons n'est pas un simple décor, il fait partie de la réalité. Jean-Pierre Houle[81] lui « reproche de perpétuer une tradition

---

81. *Le Devoir*, 26 juin 1948, Université de Sherbrooke, Greliq, Fonds Fernand-Pilon.

littéraire qu'il voudrait voir disparaître, il le considère comme un auteur régionaliste, faisant de la publicité pour le ministère des Terres et Forêts». Biron l'intéresse davantage «quand il se fait polémiste ou qu'il raconte les grandeurs et les misères de l'Église trifluvienne». Guy Jasmin est aussi sévère : «Le roman n'a pas de valeur littéraire... est le récit inégal de noires sordidités et de dévouements naïfs... sujet insuffisamment travaillé. Il lui souhaite de mieux réussir...[82]» Léonard A. Turcotte n'est pas enthousiasmé : «La vertu est absente comme la poésie. La grossièreté des colons répugne, il y a un réalisme de mauvais goût[83].» Une ligne est plus positive de la part du *Bulletin critique du livre français :* «Roman parfois émouvant qui illustre de façon véridique la conquête de la terre au Canada[84].»

Adrienne Choquette lui écrit le 30 novembre, à la suite d'une réception chez Pilon quelques jours plus tôt[85] à l'occasion du lancement de *La Coupe vide ;* Pilon a reçu les auteurs de sa maison dont font partie évidemment les Trifluviens. Elle lui conseille de ne pas trop prendre au sérieux les «papiers» de ces «messieurs de la critique». Elle lui rappelle que «son talent est une chose tangible maintes fois démontrée» et ajoute, de façon très directe, de se mettre à l'œuvre pour un autre roman, comme elle le fait elle-même[86]. Dix jours plus tard, il n'a pas encore fait parvenir *Nuages* à Adrienne ; craint-il son jugement? L'appréciation la plus chaleureuse vient de son ami Raymond Douville : «Raymond Douville dit de ton dernier qu'il est le fils de l'amour vrai», lit-on dans une lettre du décorateur Henri Beaulac du 29 juin 1948. Le 4 mai précédent, Paul Michaud, jeune libraire de Québec[87], a acquis cent exemplaires de *Nuages* par l'entremise d'un ami de Biron, Rodolphe Magnan. Il compte présenter cet ouvrage en vedette pour septembre à son club des vedettes[88]. Si peu de Trifluviens ont lu *Nuages*, un certain nombre de Québécois

---

82. *Le Canada*, 16 août 1948, Université de Sherbrooke, Greliq, Fonds Fernand-Pilon.

83. *Lectures*, mars 1949, Université de Sherbrooke, Greliq, Fonds Fernand-Pilon.

84. *Bulletin critique du livre français*, octobre 1948, Université de Sherbrooke, Greliq, Fonds Fernand-Pilon.

85. Jacques BEAUDRY, *loc. cit.*, p. 116.

86. AUQTR, Fonds Hervé-Biron, Correspondance, Choquette à Biron, 30 novembre 1948.

87. Fondateur de l'Institut littéraire de Québec, incorporé en 1951 en Institut littéraire du Québec, cf. *Histoire de l'édition littéraire au Québec au XXᵉ siècle*, volume 2, Fides, 1999-2004, p. 326.

88. AUQTR, Fonds Hervé-Biron, Correspondance, Paul Michaud à Rodolphe Magnan, 4 mai 1948.

l'apprécieront peut-être grâce aux pratiques du futur fondateur de l'Institut littéraire du Québec qui offre des livres à l'état neuf à très bas prix par l'entremise de son club de lectures.

Le 16 décembre Pilon remercie Biron de lui faire parvenir les photos probablement prises lors de la soirée en hommage à Adrienne Choquette. Le 22 mars 1949, celle-ci écrit à Biron : « Pilon m'a demandé de vos nouvelles, je ne savais que lui répondre. » Le 30 octobre 1951, Fernand Pilon invite Biron à l'inauguration, présidée par Maurice Duplessis, d'un Salon du livre, où il tiendra un stand et présentera ses livres. C'est le dernier échange épistolaire entre eux dont les archives de l'UQTR gardent la trace.

La carrière cinématographique de *Nuages sur les brûlés*

Si Biron est peu connu en tant que romancier, encore moins de gens savent que *Nuages* a servi de base au scénario du premier grand film du cinéaste de l'Office national du film (ONF) Bernard Devlin, *Les brûlés* (1958), divisé en épisodes pour la télévision canadienne.

Déjà le 17 mai 1948, la firme de René O. Boivin, logée rue Sainte-Catherine à Montréal, avait sollicité Biron pour obtenir l'exclusivité d'un contrat d'option de tous ses droits de traduction, d'adaptation, de distribution à la radio, à la télévision et au cinéma pour *Nuages*. Biron ne répond pas.

En mai 1949, Bernard Devlin, réalisateur, producteur et scénariste à l'ONF, fait approuver par Hervé Biron le scénario d'une fiction à partir de *Nuages sur les brûlés*. Il remercie aussi ce dernier de lui avoir fait parvenir le disque de la chanson *Je suis un vingt sous de Valcartier*[89] et le texte d'une autre chanson plus connue : *Quand on part pour les chantiers*.

Devlin veut intituler le film *L'Abatis*, car il compte profiter de la renommée de l'ouvrage du même titre de Félix-Antoine Savard. Il compte offrir le rôle vedette à Félix Leclerc « afin d'accrocher le destin de son film à celui du chanteur[90] ». L'ONF verse 350 $ à Biron pour l'usage de *Nuages* à des fins cinématographiques. Il est prévu que l'écrivain soit présent lors du tournage du film en Abitibi. Le tout reste à l'état de projet : l'ONF doit en effet rogner constamment le budget car on y craint les critiques des contribuables et celles des

---

89. S'agit-il d'une chanson de Roland Lebrun : *Le vingt cennes de Valcartier ?* Cf. *Nuages sur les brûlés*, p. 125.

90. AUQTR, Fonds Hervé-Biron, manuscrit de la conférence, à Nicolet, du 30 mai 1962 (102/16/22).

Quatre interprètes de la série *Les brûlés* de l'ONF : Pierre Dufresne, Roland D'Amour, Aimé Major et Félix Leclerc (AUQTR, Fonds Hervé-Biron, photo 075).

compagnies commerciales de cinéma[91] ; finalement, en 1952, *L'Abatis* sortira en court métrage de 16 minutes, abordant la question de la colonisation de l'Abitibi.

En 1957, Bernard Devlin, qui fut aussi un pionnier de la production télévisuelle, fait une adaptation cinématographique de *Nuages sur les brûlés* pour la série nommée *Panoramique*. Les huit épisodes sont présentés en novembre, décembre 1957 et janvier 1958 à la télévision de Radio-Canada. La plupart des personnages ainsi que leurs caractères sont tirés du roman. Le réalisateur ne donne pas le crédit de l'origine romanesque du scénario dans le générique de la série présentée à la télévision. Le 27 juillet 1958, Biron communique avec Guy Roberge, commissaire de l'ONF à Montréal. Il fait valoir que la

---

91. AUQTR, Fonds Hervé-Biron, Correspondance, Raymond Garceau à Biron, 5 juin 1951.

somme versée en 1949 concerne le tournage de l'*Abatis*. Il estime
devoir être rémunéré pour une adaptation télévisuelle de *Nuages*.
En avril 1959, Fernand Dansereau, directeur de production à l'ONF,
demande à Biron de réviser le contenu des huit scénarios de Bernard
Devlin, ce qu'il accepte. L'ONF fait projeter à sa résidence la série télévisuelle. Le montage final sera projeté pour Biron dans les studios de
l'Office national du filM. Il s'agissait de la « quatrième mutation d'un
amas de pellicules[92] » d'où jaillira un film de 114 minutes intitulé *Les
Brûlés*. La version en langue anglaise est offerte en 1962 sous le titre
biblique : *The Promised Land*.

Biron, qui a apprécié le film tiré de son roman même s'il estime les
dialogues assez faibles, reproche principalement à cette réalisation
d'avoir situé l'action en Abitibi alors que le canton de Montbeillard et
les paroisses qui y sont créées se situent au Témiscamingue. Il s'agit là
d'un détail pour le cinéaste, mais d'une question de première importance pour le romancier aussi historien, qui sait que les conditions
faites aux colons, particulièrement en regard de la coupe forestière,
étaient différentes dans les deux régions. Le colon abitibien dispo-
sait de conditions d'établissement plus avantageuses que celui du
Témiscamingue, car l'État lui permettait de pratiquer la coupe forestière sur ses lots sans payer de droit de coupe. Le fait que Freddie
Lacourse soit emprisonné, durant trois mois, pour avoir coupé du
bois sur une réserve forestière « appartenant à l'Anglais » est plausible
parce que la famille Lacourse s'est établie au Témiscamingue, là où le
bois appartient à un concessionnaire forestier[93]. Cet épisode de coupe
forestière illicite est au cœur de l'action du roman.

Biron avait aussi perçu lors de ses voyages en Abitibi-Témiscamingue
la différence paysagère entre ces deux régions liées par la toponymie.
Par la disposition de la ligne de partage des eaux, le Témiscamingue
appartient au bassin versant laurentien alors que l'Abitibi est
hudsonnienne. La juxtaposition des bassins versants fonde ainsi une
exploitation différentielle de la coupe forestière. Le bûcheron abitibien,
qui peut bûcher sur son lot, transporte le bois à vendre jusqu'au chemin
de fer, puisqu'il n'est pas question de flottage vers la baie d'Hudson. À
l'égard de la géographie, les journalistes mauriciens ont su profiter des
leçons de lecture du paysage, prodiguées sur le terrain par le maître

---

92. AUQTR, Fonds Hervé-Biron, manuscrit de la conférence, à Nicolet, du 30 mai 1962
(102/16/22).
93. Odette VINCENT, *op. cit.*, p. 209 et 219.

de la géographie régionale, Raoul Blanchard. Durant ses voyages québécois, nombreux lors des années 1930 jusque vers 1954, avec une pause durant la guerre, Blanchard avait pu arpenter la Mauricie et les Laurentides, accompagné souvent de journalistes du *Nouvelliste*[94]. Les archives Biron conservent une photo de Blanchard, datée de 1937, dans sa tenue caractéristique de terrain, qui met en valeur ses infatigables « jambes de coq[95] ». Grâce à ses liens avec Albert Tessier, familier de Blanchard, Biron connaît le géographe, à qui il adresse d'ailleurs les remerciements d'usage à la suite de sa causerie[96] devant les membres de la société trifluvienne Reflets en octobre 1945.

Conclusion

La convergence de plusieurs éléments a façonné une réalité complexe peu propice à la création diligente d'une œuvre littéraire variée chez l'auteur trifluvien. Biron pouvait-il s'accommoder du désintérêt que les Trifluviens portaient à la lecture des auteurs locaux, de la critique plutôt avare de compliments et de l'absence de revenus de la vente d'un ouvrage ? Il est certain que la pratique quotidienne de son métier de journaliste lui laissait peu de temps pour documenter méticuleusement un ouvrage, comme il aimait le faire. Ainsi, il n'avait pas compté son temps pour revoir l'écriture cinématographique de *Nuages*. Biron avait certes encore le goût d'écrire des ouvrages de fiction, il respectait cette forme d'écriture, il désirait la pratiquer avec rigueur. Il gardait peut-être, pour les heures de la retraite, des moments consacrés à l'écriture d'autres romans, mais il n'en a pas eu le temps.

94. Yvon THÉRIAULT, *Souvenirs d'un nouvelliste*, Éditions du Bien public, Trois-Rivières, 1980, p. 79.

95. Louis-Edmond HAMELIN, « Commencer une géographie du Québec par la Gaspésie », *Gaspésie*, XXVI, 3, 1988, p. 21.

96. AUQTR, Fonds Hervé-Biron, « À Reflets, le géologue (*sic*) Blanchard a parlé hier de la Résistance », *Le Nouvelliste*, 24 octobre 1945, spicilège (502/9/22/4/2).

4ᵉ PARTIE

De nouvelles formes de la vie culturelle

J.-Antonio Thompson, 1938 (ASTR, cote: FN-0609, Fonds Harvey-Rivard, n° négatif: 4349).

J.-Antonio Thompson :
l'essor de la musique classique à Trois-Rivières, 1916-1960

AMÉLIE MAINVILLE[1]

L E NOM DE J.-ANTONIO THOMPSON est familier à tous les Trifluviens. Depuis trente ans, c'est celui de la plus belle salle de spectacles de leur ville. Mais que sait-on vraiment de cet artiste ? Arrivé à Trois-Rivières à 20 ans après plusieurs années de formation musicale à Montréal et à Québec, il consacrera toute sa carrière au développement de la musique classique dans la ville et deviendra rapidement un des principaux acteurs de la dynamique culturelle locale.

Cet article porte sur la place de J.-Antonio Thompson dans la vie musicale trifluvienne entre 1916, année de son arrivée dans la ville, et le moment de sa retraite progressive durant les années 1950. L'étude du parcours de cet artiste d'exception permet de connaître l'activité multiforme de cet animateur du milieu culturel, mais aussi de mettre en lumière les caractéristiques de la vie musicale trifluvienne elle-même et les conditions grâce auxquelles elle s'est développée à cette époque.

Durant le premier tiers du XXe siècle, la carrière trifluvienne de J.-Antonio Thompson se déploie d'abord dans un contexte peu favorable à la diffusion de la musique classique, alors que les ensembles musicaux permanents sont peu nombreux, les réseaux de diffusion déficients et l'aide étatique, presque inexistante. À son arrivée à Trois-Rivières, la vie culturelle est largement dominée par la présence d'artistes amateurs qui produisent une musique de divertissement et

---

1. Amélie Mainville est détentrice d'une maîtrise en études québécoises de l'Université du Québec à Trois-Rivières et diplômée en sciences de l'information de l'Université de Montréal. Historienne et bibliothécaire, elle a publié récemment *La Vie musicale à Trois-Rivières, 1920-1960* (Septentrion, 2009).

de circonstance. Mais cela change puisqu'à partir de 1935 le milieu artistique semble doté d'une vitalité croissante grâce aux actions entreprises, entre autres, par J.-Antonio Thompson pour favoriser l'essor de la musique de concert. Cette période d'effervescence est suivie, dès 1950, du déclin du modèle de production culturelle observé depuis le début du XXᵉ siècle, et qui coïncide avec le retrait progressif de J.-Antonio Thompson des scènes trifluviennes après plusieurs décennies de travail au profit de l'art musical.

L'arrivée de J.-Antonio Thompson à Trois-Rivières : organiste à Notre-Dame-des-Sept-Allégresses

Né à Montréal en 1896, Joseph-Antonio Thompson s'initie tôt à la pratique musicale. À l'école primaire de Pointe-Saint-Charles, le jeune Thompson participe à la petite maîtrise de l'école et apprend la technique du piano. À l'adolescence, il étudie l'orgue et perfectionne son art pianistique en marge de ses études classiques au Collège séraphique de Montréal[2]. Après plusieurs années de formation auprès des professeurs montréalais Élie Savaria et Jean-Noël Charbonneau, puis avec Arthur Bernier à Québec, il s'installe à Trois-Rivières en 1916 à la suite de son embauche comme organiste à la paroisse Notre-Dame-des-Sept-Allégresses.

Il accompagne alors en musique les activités de cette paroisse. À cette époque, c'est essentiellement ce rôle d'accompagnement qui, à l'église, est confié à la musique. Les prestations de la chorale ou de l'organiste rehaussent l'éclat des cérémonies et des fêtes religieuses. En plus d'apporter une touche musicale aux offices en s'exécutant à l'orgue, J.-Antonio Thompson accompagne la chorale Notre-Dame lors des cérémonies liturgiques et participe aussi à la gestion des affaires courantes du chœur, notamment à titre de secrétaire de son conseil d'administration[3].

Toutefois, ces fonctions à la paroisse Notre-Dame ne permettent pas à l'organiste de faire vivre sa famille grandissante, si bien que le musicien est dans l'obligation de diversifier ses activités. Dès ses premières années à Trois-Rivières, il consacre donc une partie importante de son temps à l'enseignement et à la direction d'ensembles amateurs.

---

2. Marcel ROUX, « Le témoignage de Marcel Roux sur J.-Antonio Thompson », *Le Nouvelliste*, 19 mars 1974, p. 12.

3. « Élections à la chorale Notre-Dame », *Le Nouvelliste*, 17 octobre 1923, p. 4 ; « Belle fête de la musique à la chorale Notre-Dame », *Le Nouvelliste*, 4 décembre 1923, p. 4.

J.-Antonio Thompson : un professionnel parmi des amateurs (1916-1934)

Durant le premier tiers du xxe siècle, à Trois-Rivières, la vie musicale repose principalement sur le travail des amateurs, qui pratiquent bénévolement l'art musical en marge de leur activité professionnelle principale. À une époque où les moyens d'écoute modernes comme la radio et le disque sont encore relativement peu répandus, un grand nombre de Trifluviens consacrent leur temps de loisir à apprendre le chant ou un instrument.

Un professeur de musique polyvalent

À cette époque, la venue d'un professeur qualifié comme J.-Antonio Thompson constitue un apport appréciable dans une ville comme Trois-Rivières où l'enseignement musical offert demeure relativement incomplet. En effet, seule une formation de base est alors offerte à la population trifluvienne, principalement par des professeurs privés et par le monde scolaire. Dans le domaine privé, un grand nombre de professeurs donnent des leçons de musique, mais on ignore souvent le niveau de formation de ces musiciens qui, pour la plupart, n'enseignent que le piano[4]. La rareté des professeurs spécialisés dans d'autres domaines est attribuable en grande partie au faible nombre d'élèves, ce qui ne permet pas aux éducateurs de recevoir un salaire suffisant pour vivre de leur enseignement[5]. De plus, le coût élevé de ces cours limite aussi l'accès à l'apprentissage musical[6]. Cependant, il existe d'autres alternatives pour les jeunes mélomanes des milieux modestes, notamment dans les écoles. En effet, la plupart des établissements scolaires proposent une formation chorale et instrumentale parfois intégrée au cursus scolaire, mais le plus souvent offerte en dehors de l'horaire de cours usuel.

Dès son arrivée, J.-Antonio Thompson s'intègre à cette structure d'enseignement musical et donne des leçons tant dans les institutions scolaires qu'en cours particuliers. Ainsi, il initie les élèves du collège séraphique, de l'Académie De La Salle et du Séminaire de Trois-Rivières aux rudiments du piano et du solfège. Ses compétences de

---

4. La majorité des publicités recensées dans *Le Nouvelliste* concernent des cours de piano.
5. « L'Association lyrique des Trois-Rivières », *Le Bien public*, 29 mai 1919, p. 2.
6. *Ibid.* ; Bibliothèque et Archives nationales du Québec, Centre d'archives de la Mauricie et du Centre-du-Québec (à l'avenir BANQ), Fonds Anaïs-Allard-Rousseau, P16, 3A14-6103A, 23-3, *Lettre de Jean Belland à Anaïs Allard-Rousseau*, 7 septembre 1948.

Opéra *Si j'étais roi*, Académie De La Salle, 19 février 1917

(ASTR, Fonds du Séminaire, 0064-58-06).

pédagogue profitent aussi au grand public puisque les Trifluviens de tous les âges peuvent suivre des cours particuliers à son studio ou encore s'inscrire aux leçons de solfège offertes par le Secrétariat de la province. En effet, dès 1930, le gouvernement provincial finance des cours de solfège et d'harmonie un peu partout à travers le Québec. J.-Antonio Thompson en est d'emblée nommé responsable pour la ville de Trois-Rivières. Présentés dans les publicités comme particulièrement utiles pour les membres des chorales et des fanfares, ces cours sont néanmoins ouverts à tous puisque chaque citoyen peut retirer des bénéfices de cet enseignement qui «ouvre des horizons dans le domaine musical» et «permet aussi de juger avec plus de justesse de la valeur de toutes ces pièces que l'on entend chaque jour tant à la radio que sur nos scènes publiques[7]».

Au fil des ans, J.-Antonio Thompson forme donc un grand nombre de musiciens dans les écoles, à son studio personnel ou lors des leçons de solfège du gouvernement. Une fois leurs cours terminés, ces élèves sont nombreux à vouloir mettre en pratique leurs connaissances musicales tout en poursuivant leur formation. Ceux qui envisagent une carrière professionnelle doivent cependant s'exiler à Montréal ou dans d'autres grandes villes pour perfectionner leur art, car Trois-Rivières ne possède alors aucune institution d'enseignement supérieur en musique. Aux autres qui pratiquent la musique en dilettante, la participation à un groupement amateur constitue la principale avenue qui s'offre. J.-Antonio Thompson continue alors de les faire progresser dans leur cheminement artistique en s'engageant activement auprès des formations amateurs de la ville.

Directeur de formations musicales amateurs

Les musiciens bénévoles formés dans les écoles ou en cours particuliers se produisent régulièrement sur les scènes de la ville, soit en participant aux activités des nombreuses chorales scolaires ou paroissiales, soit en devenant membres d'une des deux fanfares municipales: l'Union musicale et la Philharmonie De La Salle. Ces artistes amateurs s'engagent dans la vie culturelle locale afin de produire une musique de circonstance et de divertissement destinée à toute la population. La réalisation de cette mission d'animation musicale par des amateurs nécessite toutefois le concours d'artistes détenant une

---

7. «Les cours de solfège vont commencer le mois prochain», *Le Nouvelliste*, 26 septembre 1938, p. 3 et p. 10.

formation approfondie comme J.-Antonio Thompson, dont les talents de direction sont mis à profit par différents groupements.

Les Compagnons de Notre-Dame : une incursion du côté du théâtre

Dès 1920, J.-Antonio Thompson apporte sa contribution au milieu culturel amateur en participant à la fondation de la troupe de théâtre les Compagnons de Notre-Dame. Par la suite, il prend part aux activités du groupe en tant qu'interprète, mais aussi comme musicien. En effet, il prépare des arrangements musicaux pour la troupe, en plus d'occuper le poste de directeur musical à la fin des années 1920[8]. Malgré le rôle important qu'il occupe au sein de ce groupe théâtral, c'est surtout son travail auprès des musiciens de la Philharmonie De La Salle qui le fera mieux connaître du public trifluvien.

La Philharmonie De La Salle

La Philharmonie De La Salle est fondée en 1920 afin de permettre aux anciens élèves de l'Académie De La Salle de poursuivre l'étude et la pratique musicales entreprises durant leur scolarité. Après une première décennie d'existence ponctuée par de nombreux changements de chefs, le conseil de la fanfare nomme J.-Antonio Thompson au poste de directeur musical du groupe en octobre 1930. La direction de la Philharmonie représente à cette époque une fonction importante car, durant le premier tiers du XXe siècle, les fanfares amateurs constituent, avec les chorales, les principales animatrices de la vie musicale trifluvienne.

En effet, la Philharmonie De La Salle participe à presque tous les événements de la vie publique : manifestations religieuses, célébrations civiques, activités de loisirs populaires. Sous la direction de J.-Antonio Thompson, la fanfare apporte une touche solennelle à la Fête-Dieu ou à celle du Sacré-Cœur en accompagnant les processions religieuses dans les rues de la ville[9]. Les musiciens se font aussi entendre lors des attractions organisées pour la Saint-Jean-Baptiste

---

8. Marcel ROUX, « Le témoignage de Marcel Roux sur J.-Antonio Thompson », *Le Nouvelliste*, 19 mars 1974, p. 12 ; Marcel ROUX, « Propos sur J.-A. Thompson », *Cahiers de l'Association pour l'avancement de la recherche en musique du Québec*, n° 11, septembre 1989, p. 50 ; Louis Philippe POISSON, *Les Compagnons de Notre-Dame ou 50 ans de théâtre amateur*, Trois-Rivières, Éditions les Nouveaux Compagnons, 1980, p. 30 et p. 57.

9. ASTR, Fonds Philharmonie De La Salle des frères des Écoles chrétiennes (à l'avenir, Fonds Philharmonie De La Salle), FN-0650-2.01, assemblée du 13 juillet 1932 et du 30 septembre 1933 ; FN-0650-5.59-07, photographie de la Philharmonie à la fête du Sacré-Cœur.

La Philharmonie De La Salle, 24 juin 1939 (ASTR, cote 0650-5-50. Photographe: J.-Georges Proulx).

(parades de chars allégoriques, courses de chevaux, feux d'artifice)[10]. Le groupe musical anime parfois des événements sportifs comme les séances de lutte qui se déroulent régulièrement à l'aréna[11]. En somme, la Philharmonie De La Salle contribue à l'animation des événements en tous genres qui rythment la vie urbaine.

De plus, chaque dimanche des mois de mai à septembre, la fanfare donne un concert extérieur gratuit dans un des parcs de la ville, le plus souvent au parc Champlain. Ces spectacles en plein air constituent un loisir musical démocratique qui profite à tous les Trifluviens. En effet, la gratuité de ces événements et la proximité géographique des lieux où ils se déroulent – près des quartiers ouvriers – contribuent à rendre ces concerts accessibles à l'ensemble de la population. La formule conviviale des spectacles extérieurs favorise aussi la participation des citoyens peu familiers avec les concerts professionnels en salle: pendant que certains spectateurs écoutent attentivement la musique, d'autres

---

10. « Pour fêter la Saint-Jean-Baptiste », *Le Nouvelliste*, 8 juin 1923, p. 5 ; « Notre fête nationale sera magnifiquement fêtée », *Le Nouvelliste*, 11 juin 1928, p. 3.

11. ASTR, Fonds Philharmonie De La Salle, FN-0650-2.01, assemblée du 17 mai 1933, du 30 septembre 1933 et du 9 octobre 1933.

discutent entre eux, tandis que des enfants courent et crient sans gêne dans le parc durant l'exécution[12]. Enfin, les répertoires privilégiés visent aussi à attirer un vaste auditoire puisque les programmes de ces spectacles sont composés à la fois d'œuvres légères et d'autres plus sérieuses : des marches, des airs populaires et des mouvements de danse côtoient des transcriptions pour fanfare d'extraits d'œuvres des maîtres classiques tels Bizet, Beethoven ou Wagner. Ce loisir accessible et décontracté semble plaire aux Trifluviens qui assistent nombreux à ces prestations hebdomadaires.

La réalisation d'activités musicales par des artistes bénévoles nécessite toutefois beaucoup de préparation, assumée à la fois par le conseil d'administration et le directeur de la fanfare. Composé de membres élus en assemblée générale annuelle, le conseil d'administration est responsable d'assurer le fonctionnement quotidien : correspondance, achat du matériel, recherche de financement, par exemple. Le directeur musical, quant à lui, n'est pas élu, mais plutôt choisi par le conseil en fonction de ses compétences. Au sein de la Philharmonie, J.-Antonio Thompson sélectionne le répertoire de la fanfare, enseigne les pièces aux instrumentistes et dirige les répétitions de groupe ainsi que les concerts.

De leur côté, les musiciens consacrent deux soirées par semaine aux répétitions de la fanfare, auxquelles s'ajoutent, durant la saison estivale, un concert hebdomadaire dans les parcs ainsi que plusieurs sorties et parades spéciales. Le temps de non-travail des artistes amateurs est donc sacrifié en grande partie au bénéfice de la société artistique. Malgré tout, un grand nombre de Trifluviens s'engagent volontiers dans la pratique musicale : au milieu des années 1930, 75 instrumentistes évoluent sous la gouverne de J.-Antonio Thompson au sein de la Philharmonie De La Salle[13].

La participation bénévole de ces musiciens permet de produire des spectacles à peu de frais, mais les activités du groupe entraînent tout de même certaines dépenses de fonctionnement puisque la fanfare doit, par exemple, acheter des instruments, des partitions et des costumes pour tous ses membres. Ces dépenses représentent

---

12. « L'Union musicale ouvre ce soir la saison des concerts de l'été », *Le Nouvelliste*, 24 mai 1934, p. 3 ; « Programme de l'Union musicale ce soir au parc Champlain », *Le Nouvelliste*, 31 mai 1934, p. 3 ; BANQ, Fonds Union musicale de Trois-Rivières, P47, 33A13-3601A, assemblée du 2 mai 1956.

13. ASTR, Fonds Philharmonie De La Salle, FN-0650-2.03, *Lettre du secrétaire de la Philharmonie De La Salle au maire Atchez Pitt et aux échevins*, 5 décembre 1935.

parfois des sommes considérables : au début des années 1930, les dirigeants de la Philharmonie estiment que le renouvellement de son instrumentation coûtera 6 280 $, montant qu'il faut ajouter aux 2 500 $ nécessaires à la confection des uniformes[14]. La production artistique d'un groupe comme la Philharmonie est donc rendue possible en partie grâce au travail bénévole des musiciens, mais le succès et la longévité des sociétés artistiques s'expliquent aussi par le soutien actif de la communauté immédiate.

À une époque où les gouvernements fédéral et provincial soutiennent peu le secteur culturel, les instances de la ville collaborent sans trop se faire prier avec les organisations artistiques. Le conseil municipal, les commissions scolaires et les paroisses perçoivent bien le rôle primordial des groupes amateurs qui contribuent à l'animation des institutions et des événements spéciaux tout en proposant des divertissements culturels dont profitent tous les citoyens. Constituée principalement d'anciens élèves de l'Académie De La Salle, la Philharmonie bénéficie de l'aide offerte par cette institution scolaire qui lui fournit un local de répétition. Aux premières heures de la Philharmonie, l'Académie avait aussi prêté des instruments et avancé certaines sommes pour permettre au groupe de démarrer ses activités[15]. Le principal bailleur de fonds de la fanfare demeure toutefois le conseil municipal qui lui verse, à partir de 1925, une subvention annuelle destinée principalement au paiement du salaire du directeur musical[16]. Des subventions spéciales sont aussi négociées pour des dépenses ponctuelles, comme le renouvellement de l'instrumentation. Finalement, les citoyens de la ville complètent les revenus de la Philharmonie en participant à des activités-bénéfices organisées par les musiciens[17].

---

14. ASTR, Fonds Philharmonie De La Salle, FN-0650-2.03, *Lettre de la Philharmonie au maire et aux échevins,* 2 mars 1931.

15. ASTR, Fonds Philharmonie De La Salle, FN-0650-2.02, *Notes laissées par le F. Hippolyte au directeur de la Philharmonie,* document non daté ; FN-0650-0650-2.03, *Lettre d'Alfred Champoux, président de la Philharmonie De La Salle, au maire Robichon et aux échevins,* 15 février 1934.

16. ASTR, Fonds Philharmonie De La Salle, FN-0650-5.54, *Notes sur la Philharmonie à l'intention de George Morissette,* [1929 ?].

17. ASTR, Fonds Philharmonie De La Salle, FN-0650-2.01, assemblée du 2 février 1928 et du 17 novembre 1930.

Les fêtes du tricentenaire : l'apogée de la dynamique musicale amateur

En 1934, les fêtes du tricentenaire de Trois-Rivières constituent en quelque sorte l'apogée de la dynamique musicale amateur, basée sur la participation bénévole des musiciens et sur la collaboration de toute la communauté. De grandes célébrations sont organisées à cette occasion pour commémorer la fondation de la ville : des chanteurs ambulants entonnent des airs canadiens dans les rues, le monument Le Flambeau est érigé en grande pompe en l'honneur des « héros et pionniers de l'histoire trifluvienne », des feux d'artifice illuminent le ciel[18]. La principale attraction des fêtes demeure toutefois les « pageants » historiques, des représentations théâtrales qui attirent des foules atteignant jusqu'à 10 000 personnes durant les mois de juillet et d'août 1934[19]. Durant ces spectacles à grand déploiement, des figurants recréent des scènes du passé trifluvien, accompagnés d'une imposante chorale de 700 voix dirigée par l'abbé Joseph-Gers Turcotte et constituée de presque tous les chanteurs de la ville. La Philharmonie de J.-Antonio Thompson, quant à elle, est responsable d'interpréter les 50 pièces qui composent l'accompagnement musical des « pageants[20] ».

Durant ses premières années à Trois-Rivières et jusqu'au tricentenaire, J.-Antonio Thompson se consacre donc principalement à former et à diriger les musiciens amateurs de la ville. Ces bénévoles formés dans les groupes scolaires, paroissiaux ou municipaux produisent un art de divertissement ou d'accompagnement qui anime le quotidien des institutions, rythme la vie urbaine et rehausse l'éclat des fêtes comme celles du tricentenaire. La vie musicale qui en découle est essentiellement populaire : des musiciens locaux issus de tous les milieux présentent des spectacles destinés à toute la population et puisent dans des répertoires accessibles, malgré l'intégration de quelques œuvres plus sérieuses à leurs programmes. Ces transcriptions pour fanfare de musiques classiques constituent souvent le seul contact du public trifluvien avec les répertoires plus sérieux car, à cette époque, la musique de concert peine à faire sa place sur les scènes locales.

---

18. « Pour le tricentenaire », *Le Nouvelliste*, 11 juin 1934, p. 3 ; « Grande manifestation de la jeunesse trifluvienne au Flambeau », *Le Nouvelliste*, 3 juillet 1934, p. 3 ; « Feu d'artifice admiré par 20 000 personnes », *Le Nouvelliste*, 23 juillet 1934, p. 3.

19. « Près de 10 000 personnes ont assisté à la représentation des pageants, samedi », *Le Nouvelliste*, 6 août 1934, p. 3 ; « Pageants historiques », *Le Nouvelliste*, 19 juillet 1934, p. 8.

20. « Pièce de musique qui est dédiée à M. Gorman », *Le Nouvelliste*, 10 août 1934, p. 3.

Promoteur de la musique de concert

En marge de cette vie artistique amateur, la musique de concert demeure peu diffusée à Trois-Rivières dans le premier tiers du xxᵉ siècle. Définie comme une musique «qui se suffit à elle-même, par opposition à la musique de divertissement, d'accompagnement, de circonstance[21]», la musique de concert se fait rare dans la ville.

Des imprésarios trifluviens organisent quelques spectacles d'artistes professionnels en tournée, mais ils sont peu nombreux à vouloir courir le risque financier que représentent ces événements[22]. Même si elle passe d'un peu de plus de 20 000 à 35 000 habitants entre les recensements de 1921 et 1931, la population de Trois-Rivières reste largement inférieure à celle de Québec ou de Montréal et, par conséquent, les mélomanes y sont aussi moins nombreux que dans les grands centres. Après avoir déboursé les sommes nécessaires au cachet des artistes, à la location de la salle et à la publicité, les imprésarios ne savent jamais avec certitude si le nombre de billets vendus permettra de compenser les dépenses encourues. S'ajoutent à ces contraintes démographiques les lacunes des infrastructures de diffusion. La salle de l'hôtel de ville – la seule disponible pour accueillir les concerts classiques jusqu'à la fin des années 1920 – ne contient que 400 places, ce qui oblige les imprésarios à augmenter le prix des billets pour s'assurer de couvrir leurs dépenses[23]. Ces prix élevés limitent la fréquentation des concerts aux couches aisées de la population. Afin d'assurer la rentabilité de leurs entreprises, les imprésarios tentent donc de programmer des concerts qui répondent aux attentes de ce public particulier qui démontre une préférence pour les artistes de renommée internationale et le répertoire classique léger, comme celui qui est présenté par la Troupe française d'opérette (opérettes, opéras bouffes, opéras-comiques). Jusqu'au milieu des années 1930, les spectacles professionnels de musique de concert sont donc relativement rares et ne sont fréquentés que par une frange limitée de la population.

Pour rendre ce type de musique plus accessible, des concerts auraient aussi pu être offerts par des artistes professionnels locaux, ce qui aurait permis de présenter des événements à moindre coût. Toutefois, durant les années 1920-1930, peu de musiciens professionnels habitent

---

21. Odette VINCENT, *La vie musicale au Québec: art lyrique, musique classique et contemporaine*, Sainte-Foy, Éditions de l'IQRC, 2000, p. 156.

22. «L'Association lyrique des Trois-Rivières», *Le Bien public*, 29 mai 1919, p. 2.

23. J.-Antonio THOMPSON, *Cinquante Ans de vie musicale à Trois-Rivières*, Trois-Rivières, Éditions du Bien public, 1970, p. 17-18.

la ville. L'absence d'institution d'enseignement musical supérieur oblige les artistes à s'exiler pour aller se perfectionner à l'extérieur et ceux qui espèrent entreprendre une carrière dans ce domaine reviennent rarement à Trois-Rivières une fois diplômés.

Il faut dire que les conditions d'exercice du métier sont loin d'être idéales. Un musicien désireux de vivre de son art à Trois-Rivières doit alors multiplier ses activités, comme en témoigne l'horaire chargé de J.-Antonio Thompson, qui est alors un des rares musiciens professionnels dans la ville. Dès 6 h le matin, l'organiste se rend à l'église Notre-Dame pour les messes matinales. Sa journée est ensuite dédiée aux cours qu'il donne dans différentes institutions scolaires, auxquels s'ajoutent des leçons particulières à son studio personnel entre 16 h et 18 h. En soirée, il remplit ses engagements auprès des artistes amateurs de la ville, que ce soit pour diriger une répétition de la Philharmonie De La Salle ou pour enseigner le solfège aux étudiants inscrits aux cours du Secrétariat de la province[24]. Malgré la pluralité de ses occupations, il poursuit son perfectionnement personnel – il obtient un diplôme de l'Université Laval en 1923 (lauréat orgue) – et consacre aussi une partie de son temps à la composition et à la préparation de récitals.

J.-Antonio Thompson compose plusieurs œuvres destinées aux groupements qu'il dirige : entre autres, il harmonise des airs canadiens et compose des marches pour la Philharmonie De La Salle[25]. À côté de ces musiques de circonstance créées spécifiquement pour répondre aux besoins de l'organisation amateur, J.-Antonio Thompson crée aussi des œuvres plus personnelles qu'il présente au public trifluvien à l'occasion de son récital d'orgue annuel. Il propose alors ses interprétations des maîtres de l'orgue auxquelles il ajoute quelques-unes de ses créations originales, comme au concert d'avril 1928 dont le programme inclut une fugue en *la* mineur de son cru[26].

Les critiques qui font le compte rendu de ses concerts louangent ses talents d'interprète, reconnaissant son « excellente technique », son « souci des nuances » et sa « parfaite compréhension des œuvres

---

24. Marcel ROUX, « Propos sur J.-A. Thompson », *Cahiers de l'Association pour l'avancement de la recherche en musique du Québec*, n° 11, septembre 1989.

25. ASTR, Fonds Philharmonie De La Salle, FN-0650-2.01, assemblées du 1er juin 1931 et du 16 septembre 1931 ; « Pièce de musique qui est dédiée à M. Gorman », *Le Nouvelliste*, 10 août 1934, p. 3.

26. « Programme du concert de M. Thompson », *Le Nouvelliste*, 14 avril 1928, p. 3 ; « Beau succès du concert de M. Thompson », *Le Nouvelliste*, 16 avril 1928, p. 3.

de maîtres[27] ». Malgré ses qualités d'artiste, les récitals de J.-Antonio
Thompson reçoivent peu d'appui du public trifluvien durant les
premières années : lors de son premier concert, seuls sept spectateurs
se déplacent pour entendre son programme de musique sacrée[28]. Les
auditoires connaissent une croissance progressive, mais les récitals
continuent de toucher un nombre relativement restreint de spectateurs
en comparaison avec les foules qui se massent pour entendre les
chorales et les fanfares de la ville. D'autres artistes professionnels
trifluviens comme l'organiste Bernard Piché vivent la même situation.
En 1934, Piché présente une série de concerts gratuits consacrés
principalement au répertoire de Bach qui n'attirent en général
qu'une vingtaine d'auditeurs[29]. Les répertoires sérieux privilégiés par
ces musiciens correspondent peu au goût des mélomanes de la ville
qui préfèrent les styles musicaux légers. Au lendemain d'un concert
d'orgue de J.-Antonio Thompson, un journaliste souligne d'ailleurs que
les œuvres « dans un genre plus facile et moins élevé » – *Pastorale* de
Widor, *Angélus* de Bonnet, *Berceuse et Carillon* de Vierne – semblent
avoir été celles qui ont été les mieux appréciées des spectateurs[30].

   Le public trifluvien, friand d'œuvres légères et des spectacles à
caractère populaire produits par les amateurs de la ville, est encore peu
sensibilisé aux répertoires plus savants, ce qui en limite la diffusion.
Bien sûr, J.-Antonio Thompson approfondit chaque jour l'éducation
musicale des Trifluviens, que ce soit en enseignant ou encore par ses
concerts d'orgues, puisant alors dans des répertoires plus sérieux.
Ces efforts, toutefois, n'atteignent qu'une partie restreinte et déjà
sensibilisée de la population : les artistes amateurs et les mélomanes
qui assistent à ses concerts. À partir de 1935, la conscientisation du
public trifluvien à la musique d'art deviendra une des principales
préoccupations des promoteurs trifluviens de la cause musicale. De
concert avec un petit groupe d'artistes qualifiés récemment arrivés à
Trois-Rivières, J.-Antonio Thompson se prépare alors à jouer un rôle
plus actif dans l'éducation musicale de ses concitoyens.

27. « Beau succès du concert de M. Thompson », *Le Nouvelliste*, 16 avril 1928, p. 3 ;
    A.M. Portelance, « Concert à Notre-Dame des Sept Allégresses », *Le Nouvelliste*,
    28 novembre 1934, p. 2.
28. J.-Antonio THOMPSON, *Cinquante ans de vie musicale à Trois-Rivières*, Trois-
    Rivières, Éditions du Bien Public, 1970, p. 33.
29. Michelle QUINTAL, « Un maître de l'orgue méconnu : Bernard Piché », *Sonances*,
    octobre 1986, p. 36-42 ; « Le récital de Bern. Piché à la cathédrale », *Le Nouvelliste*,
    22 novembre 1935, p. 3.
30. « Beau succès du concert de M. Thompson », *Le Nouvelliste*, 16 avril 1928, p. 3.

J.-Antonio Thompson et l'essor de la musique de concert : 1935-1950

Entre 1935 et 1950, la scène musicale trifluvienne connaît de profonds changements qui transforment le paysage artistique. Bien sûr, les groupements amateurs continuent de se produire lors des événements publics en tous genres. Cependant, cette forme d'art musical, jusqu'alors prédominante, laisse place à un essor rapide de la musique de concert grâce à différentes mesures d'éducation du public, mises en place par une nouvelle génération d'artistes professionnels trifluviens.

En effet, durant les années 1910 à 1930, plusieurs musiciens qualifiés s'installent à Trois-Rivières : J.-Antonio Thompson, mais aussi Bernard Piché, organiste récipiendaire du Prix d'Europe 1932, ainsi qu'Anaïs Allard-Rousseau, musicienne accomplie formée à l'École supérieure de musique des sœurs Sainte-Croix et auprès de professeurs privés. Cette nouvelle génération de musiciens se préoccupe de la diffusion d'une musique de concert de qualité et s'inspirera des idées propagées dans la métropole à la même époque.

Au milieu des années 1930, des artistes montréalais se montrent sensibles à la nécessité d'élargir le public des concerts classiques afin d'assurer la survie à long terme des organismes artistiques créés à cette époque dans la métropole, comme la Société des concerts symphoniques de Montréal (SCSM) et les Variétés lyriques. Dès 1935, le musicien Wilfrid Pelletier conçoit différents projets destinés à démocratiser l'accès à la musique d'art. Cette année-là, il met sur pied les Matinées symphoniques, une série de récitals éducatifs pour la jeunesse. Lors de ces événements, les prestations musicales sont accompagnées d'explications sur les instruments, les œuvres et leurs auteurs qui permettent aux jeunes auditeurs de se familiariser avec la musique entendue. Trois ans plus tard, Pelletier inaugure aussi les concerts au Chalet de la montagne, des concerts de la SCSM sur l'esplanade du mont Royal à l'intention d'un auditoire élargi[31].

Inspirés par ces expériences montréalaises, les musiciens professionnels trifluviens entreprennent aussi l'éducation du public à la bonne musique et J.-Antonio Thompson sera un des principaux promoteurs de ce renouvellement de la culture musicale locale. Compte tenu des obstacles à la présentation de concerts professionnels déjà évoqués, il met d'abord à profit le travail des musiciens amateurs

---

31. Cécile HUOT, *Wilfrid Pelletier : un grand homme une grande œuvre*, Montréal, Guérin, 1996.

auprès desquels il est engagé. Au fil des ans, il réoriente leurs activités vers les concerts en salle et modifie en partie leurs répertoires.
Ce faisant, il dote ces artistes bénévoles d'un nouveau rôle : celui de
médiateurs entre le public trifluvien et les œuvres savantes.

Une idée novatrice : les concerts intérieurs de fanfare comme
« initiation pratique à la bonne musique »

Dès janvier 1936, J.-Antonio Thompson entreprend donc d'éduquer
les mélomanes trifluviens en inaugurant des concerts intérieurs de
fanfare[32]. Ces prestations présentées durant la saison hivernale à
l'auditorium de l'Académie De La Salle encouragent les musiciens de
la Philharmonie à poursuivre leur travail de perfectionnement après
la fin des spectacles extérieurs. Toutefois, ces concerts sont surtout
conçus comme un moyen de développer le goût musical. Sous la
direction de J.-Antonio Thompson, le répertoire de la Philharmonie
accorde progressivement davantage de place aux œuvres des maîtres
tels Bach, Beethoven, Kreisler, Tchaïkovski ou Wagner. Lors des
concerts hivernaux, le directeur de la fanfare adopte aussi une
formule novatrice basée sur l'écoute commentée : avant chaque pièce,
il présente un court commentaire informatif sur le compositeur et
son œuvre afin d'optimiser l'appréciation musicale des spectateurs.
Ces explications permettent de mieux connaître les compositeurs,
de comprendre le sens de leurs créations et préparent les auditeurs à suivre l'interprétation des musiciens[33]. Comme le rappellent
certains articles parus dans le *Nouvelliste*, ces concerts commen-
tés constituent en quelque sorte une « initiation pratique à la bonne
musique[34] » pour la population trifluvienne. Au rythme de deux ou
trois concerts intérieurs annuels, ce sont des centaines de Trifluviens
qui profitent d'une formation musicale élémentaire rendue accessible
à tous par la modicité du coût d'entrée à ces soirées, fixé à des prix
dits populaires ou gratuits.

---

32. J.-Antonio THOMPSON, *Cinquante ans de vie musicale à Trois-Rivières*, Trois-
Rivières, Éditions du Bien public, 1970, p. 54.
33. ASTR, Fonds Philharmonie De La Salle, FN-0650-5.30, commentaire du concert
du 1ᵉʳ décembre 1948 ; « Le concert donné hier soir par la Philharmonie D.L.S. », *Le
Nouvelliste*, 11 mars 1936, p. 3 ; « L'éducation musicale des Trifluviens », *Le Nouvelliste*,
9 mars 1938, p. 3 et p. 5 ; « Un grand concert du Chœur mixte et de la Philharmonie »,
Le Nouvelliste, 28 février 1945, p. 3.
34. « Une initiation à la musique », *Le Nouvelliste*, 5 mars 1938, p. 3 ; « Grand concert, ce
soir, à l'auditorium de la Salle », *Le Nouvelliste*, 22 avril 1941, p. 7.

Fondateur du Chœur mixte

J.-Antonio Thompson poursuit aussi son œuvre d'éducation à travers le mouvement choral. Dans la foulée des fêtes du tricentenaire, le musicien s'associe à Dollard Dubé, avec qui il fait la recension d'environ 200 vieilles chansons de la Mauricie qu'il fait interpréter, entre autres, par les Chevaliers du Guet, un quatuor dont il est le fondateur[35]. Sa principale réalisation dans le domaine de la musique vocale demeure toutefois la création d'un chœur mixte de 80 voix. Fondé en 1941, ce groupe vocal se distingue des chorales paroissiales ou scolaires qui remplissent essentiellement un rôle d'animation du quotidien institutionnel. La chorale mixte, que l'on renomme bientôt le Chœur Thompson, poursuit un but strictement artistique de diffusion musicale. Bien qu'il accompagne aussi quelques événements spéciaux, notamment le congrès eucharistique de 1941, le chœur se produit surtout lors de concerts, souvent présentés conjointement avec la Philharmonie De La Salle. Ces spectacles sont préparés avec soin par J.-Antonio Thompson, qui voit en cette chorale la concrétisation d'un de ses rêves, « la plus belle réussite de toute sa carrière[36] ». Dès ses premières prestations en 1941, l'ensemble présente des œuvres comme l'*Alleluia* du *Messie* de Haendel et *Ouvrez vos portes éternelles*, extrait de la *Rédemption* de Gounod, offertes par un groupe vocal dont on dit qu'il « chante comme une seule voix[37] ».

À la même époque, les préoccupations de J.-Antonio Thompson quant à l'éducation du public sont partagées par d'autres groupements vocaux nouvellement créés. Désormais, le Chœur Thompson partage les scènes de la ville avec l'Orphéon, un chœur d'hommes fondé en 1936, le chœur des Petits Colibris, une chorale d'enfants fondée en 1937 par Anaïs Allard-Rousseau et le chœur de la société Le Flambeau, fondé en 1938. Toutes ces chorales espèrent sensibiliser la population à la bonne musique en présentant des œuvres sérieuses et en apportant une attention particulière à la qualité des prestations :

---

35. « Pour conserver le répertoire de nos chansons mauriciennes », *Le Nouvelliste*, 6 février 1936 p. 3 ; Rosario BLANCHET, « Les Chevaliers du Guet », *Le Nouvelliste*, 26 janvier 1939 p. 3 et 12 ; Marcel ROUX, « Propos sur J.-A. Thompson », *Cahiers de l'Association pour l'avancement de la recherche en musique du Québec*, nº 11, septembre 1989, p. 50.

36. ASTR, Fonds Philharmonie De La Salle, FN-0650-5.23, Cicéron, « Modestie qui touche à la sublimité », *Le Nouvelliste*, coupure de presse non datée ; R. H., « On réentendra bientôt la belle chorale de 80 voix mixte de M. J.-A. Thompson », *Le Nouvelliste*, [15 mai 1941 ?].

37. « Grand concert, ce soir, à l'auditorium de la Salle », *Le Nouvelliste*, 22 avril 1941, p. 7 ; « Magistral concert de la Philharmonie et triomphal début du chœur Thompson », *Le Nouvelliste*, 23 avril 1941, p. 3.

contrairement aux chorales paroissiales, par exemple, qui se produisent chaque semaine, ces chœurs donnent peu de concerts publics et soignent la présentation et le contenu de leurs récitals[38]. Ainsi, à partir du milieu des années 1930, les membres des chorales amateurs démontrent eux aussi une volonté de mieux faire connaître et aimer la musique classique à leurs concitoyens.

Organisateur de concerts d'amateurs

Les mélomanes de la ville accueillent ces initiatives avec enthousiasme, particulièrement les spectacles conjoints de la Philharmonie De La Salle et de la chorale mixte. Ceux-ci font systématiquement salle comble à l'auditorium de l'Académie, qui contient entre 800 et 900 places[39]. Même si ces concerts n'ont pas toujours la tenue des événements professionnels – des spectateurs parlent durant l'exécution –, il semble que l'interprétation des maîtres par des musiciens locaux ait pu jeter un premier pont entre l'art musical savant et le grand public trifluvien, comme l'illustre le compte rendu d'un spectacle conjoint de la Philharmonie et du Chœur Thompson, paru dans *Le Nouvelliste* en 1942 :

> Nous avons été élevés, pour ainsi dire, avec la Philharmonie De La Salle. Partout, elle a recueilli nos applaudissements et elle s'est enthousiasmée de notre ferveur. Le professeur Thompson a mis la popularité de la Philharmonie au service de la Musique en préparant des concerts de plus en plus beaux pour nous convertir définitivement aux grandes œuvres. Et il a complété l'organisation par laquelle il répand le goût de la musique avec cette chorale mixte que nous avons entendue avec tant de plaisir [...].
> Nous remarquions au programme des noms, comme ceux de Wagner, de Thomas, de Beethoven, et de Bach, ces noms qui font peur à une grande partie du public lorsque celui-ci écoute à domicile un appareil de radio [...]. Tels qu'interprétés par la Philharmonie et par le Chœur mixte, ces génies ont un air de parenté qui nous les fait mieux aimer à tous[40].

---

38. « R. Choquette et l'Orphéon », *Le Nouvelliste*, 14 avril 1938, p. 3 ; Orphée, « L'Orphéon », *Le Nouvelliste*, 22 mars 1939, p. 3 ; ASTR, Fonds Albert-Gaucher, FN-0459, « L'Orphéon donnera sa première audition ce soir à l'Académie », coupure de presse non identifiée.
39. Sénèque, « Au sortir du concert de la Philharmonie De La Salle et de la Société chorale mixte », *Le Nouvelliste*, 11 février 1942, p. 3 ; « Concert le 14 avril prochain », *Le Nouvelliste*, 1ᵉʳ avril 1943, p. 7 ; « Un grand concert du Chœur mixte et de la Philharmonie », *Le Nouvelliste*, 28 février 1945, p. 3.
40. Sénèque, « Au sortir du concert de la Philharmonie De La Salle et de la Société chorale mixte », *Le Nouvelliste*, 11 février 1942, p. 3.

La Philharmonie De La Salle et la chorale mixte Thompson, 1945 (ASTR, cote 0650-5.59.22).

Issus du même milieu que les spectateurs, les musiciens amateurs font paraître les œuvres moins inaccessibles et ils initient une large part de leurs concitoyens à la musique de concert. Toutefois, la qualité du rendement offert par ces amateurs n'est évidemment pas celle des musiciens professionnels. Les animateurs du milieu musical trifluvien auraient sans doute préféré éduquer le public à la bonne musique en présentant des artistes issus de l'élite artistique mondiale. Mais, comme on l'a vu précédemment, les concerts professionnels sont plutôt rares à Trois-Rivières en raison des risques financiers encourus par les organisateurs. À cette époque, ce phénomène est observable dans la plupart des villes petites et moyennes du continent. Aux États-Unis, des promoteurs entendent résoudre le problème grâce à un nouveau système de production de concerts qui sera importé à Trois-Rivières à la fin des années 1930 : les sociétés des concerts.

Initiateur des sociétés de concerts à Trois-Rivières

Durant les années 1920, des organisateurs de concerts américains conçoivent un mode de production de spectacles novateur permettant d'inviter, sans encourir de déficit, des artistes de grande renommée sur les scènes des villes de taille modeste. Le système des sociétés de concerts repose principalement sur le principe des auditoires préalablement recrutés. Les organisateurs de ces sociétés lancent d'abord une campagne d'abonnement afin de recruter des membres qui versent, dès leur inscription, une cotisation annuelle donnant accès à une série de récitals saisonniers. Le choix des artistes invités est ensuite effectué en tenant compte des sommes déjà amassées et des cachets demandés par les musiciens disponibles, facilitant ainsi l'atteinte de l'équilibre budgétaire pour les organisateurs de ces événements artistiques[41].

À Trois-Rivières, deux sociétés fondées sur ce principe se succèdent et assurent la tenue de concerts professionnels de manière presque continue à partir de la fin des années 1930. La première, la Société des concerts, est fondée en 1938. Elle est affiliée à un organisme new-yorkais – les Community Concerts de la Columbia Concerts Corporation – qui offre une aide logistique aux communautés désireuses d'implanter ce système de production de spectacles. En échange, les sociétés doivent sélectionner tous les artistes qui composent leurs programmes saisonniers parmi ceux qui sont offerts par la Columbia Concerts Corporation. Dissoute en 1939 en raison des difficultés d'embauche et de transport des artistes durant la guerre, la Société des concerts est remplacée en 1942 par les Rendez-Vous artistiques, une société indépendante fondée par Anaïs Allard-Rousseau et gérée localement. En se libérant de l'affiliation américaine, les promoteurs des Rendez-Vous artistiques espèrent présenter davantage de musiciens canadiens-français, ceux-ci étant sous-représentés dans les listes d'artistes de la compagnie Columbia, selon J.-Antonio Thompson et plusieurs autres animateurs du milieu culturel.

Les objectifs de la Société des concerts et des Rendez-Vous artistiques sont sensiblement les mêmes puisqu'on cherche à faire connaître la musique classique en proposant des séries de concerts présentés par des artistes professionnels, à des prix abordables. Lors de la première saison de la Société des concerts, l'abonnement qui coûte alors cinq dollars permet d'assister à quatre récitals de grande valeur: le trio Kneisel-Alden-Turner (violon-violoncelle-piano), le

---

41. Mabel H. LAINE, « Community concerts », dans Helmut KALLMANN, Gilles POTVIN et Kenneth WINTERS (dir.), *Encyclopédie de la musique au Canada*, Montréal, Fides, 1993, p. 703-705 ; BANQ, Fonds Anaïs-Allard-Rousseau, P16, 3A14-6103B, 28-1, dépliant promotionnel de la Société des concerts.

duo Mildred Dilling et Marcel Hubert (harpe et violon), Anna Kaska (mezzo-soprano du Metropolitan Opera) et Nino Martini (ténor du Metropolitan Opera)[42].

Le succès de ces saisons de concerts qui ne génèrent habituellement aucun profit nécessite la collaboration du milieu trifluvien. Dès la première année, en 1938, la Chambre de commerce prête ses locaux au comité organisateur de la Société des concerts tandis que les médias écrits (*Le Nouvelliste, The Chronicle*) accordent des espaces publicitaires gratuits[43]. Au-delà de ces gestes d'aide ponctuels, la gestion des affaires courantes de ces organismes (choix des artistes, recrutement, location des salles) repose surtout sur le travail bénévole d'un petit groupe de musiciens et mélomanes de la ville. Parmi les personnalités qui collaborent à la mise en place de ces sociétés se trouve J.-Antonio Thompson qui, bien qu'il collabore à la Société des concerts, participe plus activement aux activités des Rendez-Vous artistiques. Membre fondateur de cette société, il contribue notamment à l'effort de recrutement en prenant la parole pour les Rendez-Vous à la radio locale et prend part à la gestion quotidienne du système comme membre du comité du choix des artistes jusqu'en 1945[44]. Chaque saison, ce comité s'assure de sélectionner des musiciens professionnels de haut niveau, capables de sensibiliser les mélomanes trifluviens à la bonne musique.

Les spectacles offerts par ces artistes de carrière sont privilégiés à ceux des amateurs comme moyen d'éducation, car ils correspondent de près aux attentes des promoteurs locaux quant à la qualité de leurs programmes et de leur interprétation, comme en témoignent les « impressions de concert » de J.-Antonio Thompson publiées au lendemain d'un récital du pianiste réputé Egon Petri[45]. Dans cet article paru en 1943 dans le *Nouvelliste*, il mentionne d'abord la qualité du choix des œuvres entendues, parmi lesquelles figurent des pièces de

42. « La Société des concerts groupe 686 adhérents - Quatre concerts », *Le Nouvelliste*, 28 février 1938, p. 3.

43. « La campagne de recrutement de la S. des concerts de T.-R. », *Le Nouvelliste*, 22 février 1938, p. 3 ; « La Société des concerts obtient l'appui des journaux locaux pour sa grande campagne de recrutement », *Le Nouvelliste*, 20 octobre 1938, p. 4.

44. « À CHLN », *Le Nouvelliste*, 7 octobre 1942, p. 3 ; « M. G-H Hamel président des Rendez-Vous artistiques », *Le Nouvelliste*, 30 septembre 1942, p. 3 ; ASTR, Fonds Les Rendez-Vous artistiques, FN-0512, assemblée du comité du 25 septembre 1944 et assemblée générale du 12 septembre 1945.

45. J.-Antonio THOMPSON, « Impressions de concert », *Le Nouvelliste*, 13 janvier 1943, p. 5.

Bach, Liszt, Franck, Medtner et Brahms. Selon lui, le choix de ces œuvres de « haute facture et de profonde inspiration » démontre que « Petri n'est pas le pianiste de concert qui cherche premièrement à plaire à son public... son idéal se place plus haut, il veut éduquer et faire aimer[46] ». J.-Antonio Thompson ajoute que ces œuvres, si judicieusement choisies, ont aussi été interprétées « dans la vérité absolue de leur conception et de leur exécution[47] ». Parce qu'ils ont reçu une formation supérieure qui leur permet de bien comprendre les œuvres et de bien les interpréter, ces artistes de carrière sont perçus comme ayant le pouvoir de mieux faire apprécier les grands maîtres[48].

Afin de développer le goût du public pour la musique d'art, la direction des sociétés de concerts privilégie donc l'embauche d'artistes professionnels ayant déjà acquis une solide réputation. Malgré le prestige des artistes invités, le prix d'abonnement modéré rend ces événements accessibles : fixé à 5 $ dollars en 1938, le montant de l'abonnement augmente peu au fil des ans (5,65 $ en 1945)[49]. Outre le prix raisonnable, d'autres mesures indiquent que les organisateurs cherchent à démocratiser l'accès aux concerts classiques en initiant un public encore peu familier avec le répertoire et le rituel du concert professionnel. Par exemple, les programmes des spectacles contiennent une présentation détaillée des artistes et des œuvres interprétées, ce qui facilite la compréhension et l'appréciation des pièces. Les organisateurs publient aussi dans les programmes et les publicités des concerts des indications quant au comportement attendu des spectateurs : les retardataires ne seront admis que durant les pauses, les auditeurs sont priés d'attendre la fin des pièces avant d'applaudir[50]. D'ailleurs, ces mesures visant à rendre le concert classique plus accessible semblent porter leurs fruits. Plus d'un millier de Trifluviens s'abonnent aux sociétés de concerts à la fin des années 1940 et plusieurs d'entre eux renouvellent leur abonnement

---

46. *Ibid.*
47. *Ibid.*
48. « Splendide performance d'Anna Kaskas », *Le Nouvelliste*, 10 mai 1938, p. 3 et p. 10 ; J.-G. TURCOTTE, « L'ensemble à cordes de Jean Deslauriers », *Le Nouvelliste*, 5 mars 1943, p. 8 ; « Le récital Fisher », *Le Nouvelliste*, 22 mars 1945, p. 5.
49. ASTR, Fonds des Rendez-Vous artistiques, FN-0512, assemblée générale du 30 avril 1945.
50. « Les Rendez-Vous artistiques groupent plus de 725 membres », *Le Nouvelliste*, 3 novembre 1942, p. 3 ; « Le concert de Deslauriers et d'Oscar Natzke ce soir », *Le Nouvelliste*, 27 février 1943, p. 5.

année après année, témoignant ainsi de leur satisfaction à l'égard des activités proposées[51].

Acteur central de l'effervescence musicale

Durant les années 1930 et 1940, le renouvellement des activités des groupes amateurs, la présence plus fréquente d'artistes professionnels grâce aux sociétés de concerts et, de manière plus générale, la diffusion accrue de la musique de concert contribuent à créer une vitalité artistique sans précédent qui dynamise les scènes de la ville.

Le succès à la fois artistique et populaire remporté par les sociétés de concerts stimule la création d'autres organismes du même type, dont le plus important est sans doute le Club André-Mathieu. Fondé par Anaïs Allard-Rousseau, ce club présente des séries de concerts éducatifs pour la jeunesse inspirés du modèle des Matinées musicales de Wilfrid Pelletier à Montréal. Dès la première saison en 1943, 850 écoliers trifluviens bénéficient d'une initiation au monde du concert professionnel grâce à cette société[52].

Les promoteurs de la ville multiplient aussi les projets artistiques à saveur locale qui permettent de faire connaître les talents trifluviens. Des associations comme Le Flambeau invitent des artistes amateurs à se produire lors de leurs réunions usuelles[53]. L'organisation plus ponctuelle de galas rassemblant plusieurs artistes d'horizons variés permet aussi de faire connaître les chanteurs et les instrumentistes[54]. Toutefois, la principale réalisation de cette période demeure sans conteste la création d'un orchestre symphonique trifluvien[55]. Fondé en 1943 par le violoniste Joseph Gélinas, l'Orchestre symphonique de Trois-Rivières (OSTR) ouvre alors une nouvelle voie pour la diffusion d'un répertoire jusque-là peu interprété sur les scènes trifluviennes,

---

51. ASTR, Fonds des Rendez-Vous artistiques, FN-0512, procès-verbaux des assemblées du comité exécutif; «Les Rendez-Vous artistiques ont terminé leur recrutement», *Le Nouvelliste*, 8 octobre 1943, p. 3.
52. BANQ, Fonds Anaïs Allard-Rousseau, P16, 3A14-7503A, 43-4, reportage musical du 18 octobre 1943.
53. ASTR, Fonds de la Société d'arts, sciences et lettres «Le Flambeau», FN-0255-02, procès-verbaux des assemblées du comité.
54. «Les artistes du gala annuel trifluvien le vingt février», *Le Nouvelliste*, 24 janvier 1936, p. 3; «Le grand gala des raquetteurs ce soir à la salle Notre-Dame», *Le Nouvelliste*, 23 février 1938, p. 3.
55. «L'Orchestre symphonique au Capitol», *Le Nouvelliste,* 20 novembre 1943, p. 7; «Le concert de l'Orchestre symphonique retardé au 19», *Le Nouvelliste*, 8 avril 1949, p. 5; «De tous les arts, celui qui s'est le plus développé est la musique», *Le Nouvelliste, cahier spécial édition souvenir. 25ᵉ anniversaire 1920-1945*, 18 décembre 1945, p. 13 et p. 28.

le répertoire symphonique. La création de cet ensemble instrumental encourage aussi le développement des artistes de la ville, qui profitent des nouvelles opportunités que représentent les concerts de l'OSTR pour faire valoir leurs talents d'interprètes. Au sein de cet orchestre, des instrumentistes hautement qualifiés[56] côtoient d'ailleurs des musiciens qui n'ont reçu que la formation offerte dans les groupes amateurs de la ville. C'est qu'à cette époque la ville ne possède toujours pas d'institution d'enseignement supérieur en musique.

Toutefois, à partir de 1942, la fondation d'un conservatoire de musique par le gouvernement provincial donne un nouvel espoir aux artistes trifluviens. Après l'ouverture de la filiale montréalaise du conservatoire en 1943, puis celle de Québec l'année suivante, des promoteurs réclament l'implantation d'une succursale de cette institution dans la ville, ce qui permettrait aux musiciens de poursuivre leur formation tout en incitant des professeurs à s'installer à Trois-Rivières pour y travailler. Même s'il faut attendre encore plusieurs années avant l'ouverture du conservatoire trifluvien[57], ce projet donne espoir aux artistes et alimente le dynamisme culturel qui caractérise ces années.

Bien qu'il ne soit pas toujours directement engagé dans l'organisation de tous ces nouveaux projets, J.-Antonio Thompson participe activement à cette effervescence des scènes locales. Par exemple, il est invité à plus d'une reprise par la société Le Flambeau comme conférencier, concertiste, ou encore comme directeur d'une prestation des Chevaliers du Guet devant les membres de l'association[58]. Il partage aussi son savoir en donnant des conférences, notamment à l'occasion d'une série de causeries artistiques organisées par l'École familiale en 1942. L'organiste expose alors aux auditeurs « les avantages qu'elle [la musique] procure, le moyen d'y reconnaître le vrai du faux, le populaire du vulgaire, et ce qu'il convient de faire pour son développement et son rayonnement[59] ». Il accompagne ses propos d'une interprétation de deux compositions personnelles : *Paysage* et *Récit légendaire*.

---

56. Par exemple, la violoniste Gwyneth Gray, de Louiseville, a reçu sa formation musicale à la Royal Academy of Music de Londres. « Gwyneth Gray », *Le Nouvelliste*, 11 mai 1945, p. 12.
57. Le conservatoire n'ouvrira finalement ses portes qu'en 1964.
58. ASTR, Fonds de la Société d'arts, sciences et lettres « Le Flambeau », FN-0255-02, assemblée du 19 janvier 1939, du 20 janvier 1939 et du 16 avril 1942 (Rapport général des activités pour 1942).
59. « La musique est le fruit de plusieurs sciences réunies », *Le Nouvelliste*, 17 avril 1942, p. 3.

À partir du milieu des années 1930, J.-Antonio Thompson contribue donc à la mise en place de différentes mesures de diffusion et de démocratisation musicale, tout en encourageant les nombreux projets mis de l'avant par d'autres promoteurs qui poursuivent des objectifs similaires. Alimentée par des professionnels de la musique comme J.-Antonio Thompson, cette vitalité culturelle est aussi relayée partout dans les médias locaux, qui se font un devoir d'encourager la cause musicale.

L'apport des médias locaux

Fondé en 1920, le journal *Le Nouvelliste* opte dès ses premières années pour une politique active d'encouragement des chanteurs et des instrumentistes de la ville. Le quotidien publie régulièrement des articles qui font état de leurs activités artistiques et ses chroniqueurs semblent enclins à rendre compte favorablement de leur travail. Des espaces publicitaires sont aussi mis à la disposition de certains organismes culturels gratuitement ou à bas prix.

En 1937, la ville de Trois-Rivières se dote aussi d'un poste de radiodiffusion local, CHLN, et J.-Antonio Thompson en est le premier directeur musical. Affiliée au journal *Le Nouvelliste* et dirigée par un des principaux animateurs du milieu culturel, la station accorde évidemment une place de choix aux artistes trifluviens. Des groupes comme les Petits Colibris, l'Orphéon ou les Chevaliers du Guet sont invités à s'y produire. En tant que directeur artistique, J.-Antonio Thompson planifie le contenu des émissions, mais il participe aussi lui-même aux prestations radiodiffusées. Il accompagne certains solistes, présente des récitals de piano et dirige des ensembles instrumentaux ou vocaux[60].

Ce nouveau médium de diffusion comporte de nombreux avantages pour les artistes qui profitent dorénavant d'une nouvelle vitrine pour se faire connaître. J.-Antonio Thompson y voit d'ailleurs une source de motivation importante pour les chanteurs et les instrumentistes de la ville car, selon lui, « nombreux sont les musiciens qui ont laissé de côté leur culture musicale, faute de pouvoir exploiter leur talent, faute de moyen d'extérioriser leurs sentiments artistiques plus loin que l'horizon étroit d'un salon ou d'un petit studio. L'ouverture

---

60. « Son excellence Mgr A. O. Comtois et l'hon. Joseph Bilodeau vont présider, demain, l'ouverture officielle du poste du "Nouvelliste" », *Le Nouvelliste*, 16 octobre 1937, p. 13-14 ; René Lord, « Un concert en hommage à J.-A. Thompson », *Le Nouvelliste*, 15 mars 1975, p. 13.

d'un poste radiophonique à Trois-Rivières élargit cet horizon trop borné et donne à tous et chacun l'opportunité de se faire entendre au loin[61]». Dans l'ouvrage qu'il écrira plusieurs années plus tard sur la vie musicale trifluvienne, il souligne aussi l'utilité de la radio comme moyen d'éducation : «Grâce à des auditions choisies, expliquées, annotées et présentées avec amour et délicatesse, le peuple apprend à aimer les belles œuvres... car, plus on connaît le *beau*, plus aussi on l'aime[62].» Le directeur artistique de la station profite donc des nouvelles possibilités offertes par la radio pour accroître la diffusion de la musique sérieuse, sensibiliser le public à la musique d'art et encourager les talents locaux.

Des honneurs mérités

Durant les années 1930 et 1940, J.-Antonio Thompson travaille sans relâche pour élargir la diffusion de la musique classique et en démocratiser l'accès, que ce soit en préparant les concerts intérieurs de la Philharmonie et du chœur mixte, en organisant des sociétés de concerts, en ouvrant les ondes de la radio aux artistes locaux ou en participant aux projets lancés par d'autres promoteurs.

En marge de ce travail auprès des amateurs d'art de la ville, il consacre toujours une partie de son temps à la composition et à la présentation de concerts. Au fil des ans, le milieu professionnel de la musique reconnaît d'ailleurs son expertise et la qualité de son travail. Dès les années 1930, J.-Antonio Thompson est nommé membre de l'Académie de musique du Québec et participe plusieurs fois à l'évaluation des candidats du concours du Prix d'Europe[63]. En 1949, le musicien trifluvien est aussi invité à participer à la Commission interdiocésaine de musique et de chants sacrés et, quelques années plus tard, il reçoit de Pie XII la médaille *Pro Pontifice et Ecclesia* en guise de reconnaissance pour le travail accompli dans le domaine de la musique liturgique[64]. Finalement, en 1950, à la suite de l'évaluation de plusieurs

---

61. J.-Antonio THOMPSON, « La radio, moyen unique de découvrir et d'encourager une foule de musiciens », *Le Nouvelliste*, 16 octobre 1937, p. 13-14.

62. J.-Antonio THOMPSON, *Cinquante ans de vie musicale à Trois-Rivières*, Trois-Rivières, Éditions du Bien public, 1970, p. 54.

63. « M. A. Thompson sur le jury du prix d'Europe », *Le Nouvelliste*, 16 juin 1943, p. 3 ; Marcel ROUX, « Le témoignage de Marcel Roux sur J.-Antonio Thompson », *Le Nouvelliste*, 19 mars 1974, p. 12.

64. « Félicitations du conseil au prof. Thompson », *Le Nouvelliste*, 27 septembre 1950, p. 3 ; Marcel ROUX, « Le témoignage de Marcel Roux sur J.-Antonio Thompson », *Le Nouvelliste*, 19 mars 1974, p. 12.

de ses compositions, il obtient un doctorat en musique de l'Université de Montréal[65]. Ses qualités d'interprète sont aussi bien connues à l'extérieur des murs de la ville puisque des paroisses canadiennes et américaines requièrent ses services pour inaugurer leurs orgues[66]. Ces succès de l'organiste trifluvien sont dignement célébrés par ses concitoyens. Ainsi, en 1950, la Philharmonie De La Salle organise un concert hommage pour son chef de musique en l'honneur de l'obtention de son doctorat tandis que le conseil municipal fait paraître des félicitations dans le *Nouvelliste*[67].

Travailleur inlassable depuis son arrivée à Trois-Rivières en 1916, J.-Antonio Thompson récolte donc des honneurs mérités à une époque où, au tournant des années 1950, il s'apprête toutefois à ralentir le rythme de ses activités pour des raisons de santé. Le retrait progressif du musicien s'effectuera dans un contexte où la vie musicale trifluvienne montre, elle aussi, des signes de ralentissement importants.

Une retraite progressive qui coïncide avec le déclin de l'amateurisme : 1950-1960

Malgré le succès des nombreux projets culturels mis en place durant les décennies précédentes, la dynamique musicale qui a fait vivre les scènes trifluviennes depuis les débuts du xxe siècle amorce progressivement son déclin à partir de 1950. Prenant appui jusqu'à ce moment sur la participation bénévole des artistes et des promoteurs de la cause artistique, la vie musicale perd rapidement de son intensité lorsque l'esprit de l'amateur faiblit. À cette époque, le dévouement et le travail désintéressé au profit de l'avancement des arts sont des valeurs qui trouvent de moins en moins d'adeptes.

À la veille des années 1960, l'immobilisme des sociétés musicales dans un monde qui se modernise rapidement est probablement une des causes principales du recul de l'amateurisme. Au Québec comme ailleurs dans le monde, la période qui suit la Deuxième Guerre mondiale s'accompagne de transformations qui bouleversent les modes de vie. La prospérité économique découlant des besoins de reconstruction et de rattrapage facilite l'accès à des biens de consommation jusque-là

65. Jacques HURRAY, « Musique et spectacles », *Le Nouvelliste*, 30 septembre 1950, p. 4-5 ; Marcel ROUX, « Le témoignage de Marcel Roux sur J.-Antonio Thompson », *Le Nouvelliste*, 19 mars 1974, p. 12.

66. René LORD, « Un concert en hommage à J.-A. Thompson », *Le Nouvelliste*, 15 mars 1975, p. 13.

67. ASTR, Fonds Philharmonie De La Salle, FN-0650-2.01, assemblée du 13 septembre 1950 ; « Félicitations du conseil au prof. Thompson », *Le Nouvelliste*, 27 septembre 1950, p. 3.

réservés aux mieux nantis (automobile, télévision, appareil radio). Les formes de loisirs s'en trouvent transformées et de nouveaux passe-temps culturels entrent rapidement en concurrence avec la pratique musicale amateur[68]. Cette dernière semble d'ailleurs de moins en moins adaptée à cette nouvelle modernité avec ses activités et ses répertoires pratiquement inchangés depuis des décennies (marches paramilitaires des fanfares, accompagnement des événements religieux, etc.).

À cette époque, les groupes musicaux amateurs commencent à éprouver des difficultés de recrutement et de rétention de leurs membres : les Trifluviens sont alors moins nombreux à vouloir consa-crer leurs temps libres à la pratique de l'art musical. La Philharmonie De La Salle, par exemple, accuse une diminution sensible de ses effec-tifs : ayant compté jusqu'à 75 musiciens au milieu des années 1930, la fanfare rassemble une quarantaine de membres actifs durant les années 1950[69]. Ceux-là montrent aussi moins d'assiduité aux acti-vités du groupe. Le nombre insuffisant de musiciens présents aux activités de la fanfare nuit parfois à la qualité du rendement offert et empêche même la tenue de certaines prestations[70]. Pour contrer cette désaffection, la direction de la Philharmonie tente de s'adapter aux nouvelles habitudes de vie des membres. Par exemple, les concerts hebdomadaires estivaux, présentés le dimanche soir depuis 1920, se déroulent plutôt les mardis à partir de 1951 afin d'accommoder les instrumentistes désireux de profiter de leurs fins de semaine de congé pour sortir de la ville. À la demande des musiciens, des pièces plus modernes sont aussi intégrées au répertoire de la fanfare. Malgré ces mesures pour stimuler la participation, les résultats semblent peu visibles. À l'occasion d'une assemblée générale tenue en mai 1953, J.-Antonio Thompson déplore le manque d'assiduité des instrumen-tistes et tente de les sensibiliser à l'importance d'assister nombreux et sur une base régulière aux répétitions : « Venir 10 et recommencer toujours pour ceux qui ne viennent qu'une fois de temps en temps n'est

68. Roland HÉROUX, « Une merveilleuse saison prend fin à l'Heure du concert », *Le Nouvelliste*, 18 mars 1958, p. 12 ; Jacques HURAY, « Musique et spectacles : À quand notre salle de spectacles ? », *Le Nouvelliste*, 3 septembre 1960, p. 12.
69. ASTR, Fonds Philharmonie De La Salle, FN-0650-2.03, *Lettre du secrétaire de la Philharmonie De La Salle au maire Atchez Pitt et aux échevins*, 5 décembre 1935 ; FN-0650-3.04, tableau des présences 1952-1953.
70. ASTR, Fonds Philharmonie De La Salle, FN-0650-2.01, *Rapport des activités de la Philharmonie pour 1948-1949*; FN-0650-3.03, Gérard Lacombe, secrétaire de la Philharmonie, *Lettre circulaire*, 8 juillet 1952.

pas intéressant. Dites-vous donc : "Je suis indispensable au corps dont je fais partie. Tout le monde a besoin de moi." C'est un devoir pour chacun s'il veut faire partie d'un groupe qu'il en soit et qu'il fasse les sacrifices pour y être[71]. » Durant les années 1950, les artistes amateurs semblent de moins en moins enclins à faire ces sacrifices, d'autant plus que le public est aussi moins nombreux à venir les écouter.

Car, tout comme les musiciens, les mélomanes trifluviens profitent alors de nouveaux loisirs devenus plus accessibles comme la télévision, le disque et la radio. Sollicité par ces nouveaux divertissements, le public assiste en moins grand nombre aux spectacles amateurs. Les concerts intérieurs de la Philharmonie De La Salle, qui remplissaient habituellement les 800 à 900 places de l'auditorium De La Salle, sont applaudis par seulement une centaine d'auditeurs en 1958[72]. À la même époque, les effectifs des Rendez-Vous artistiques n'atteignent plus le seuil minimal de 1 000 membres nécessaire au bon fonctionnement de la société[73]. Tout comme leurs concitoyens musiciens, les mélomanes de la ville doivent faire des choix parmi une gamme élargie de nouveaux loisirs, parfois au détriment des activités musicales. Aux effets globaux associés à la modernisation et à l'entrée dans la société de consommation s'ajoutent des facteurs plus proprement trifluviens, notamment le désengagement des autorités municipales.

Au tournant des années 1950, la générosité traditionnelle de la Ville à l'égard de ses artistes se transforme rapidement en ce qu'un chroniqueur du *Nouvelliste* qualifie alors de « régime d'austérité[74] ». Le montant des subventions versées aux groupes artistiques, inchangé depuis les années 1930, ne permet plus d'assumer les coûts du matériel nécessaire à la production musicale (instruments, costumes), qui n'ont cessé d'augmenter au fil des ans[75]. Une des explications conjoncturelles de ce revirement dans la politique municipale de soutien aux arts pourrait être le changement de maire en 1949. Arthur Rousseau est en effet défait cette année-là, après avoir dirigé le conseil municipal

---

71. ASTR, Fonds Philharmonie De La Salle, FN-0650-2.01, assemblée générale du 4 mai 1953.
72. « Brillant concert avec la Philharmonie et ses invités », *Le Nouvelliste*, 18 décembre 1958, p. 24.
73. Jacques HURAY, « Musique et spectacles : En avant le théâtre ! », *Le Nouvelliste*, 26 octobre 1957, p. 9-10 ; « Pas de saison des Rendez-Vous en 1959 », *Le Nouvelliste*, 3 juin 1958, p. 3.
74. Jacques HURAY, « Musique et spectacles », *Le Nouvelliste*, 8 avril 1950, p. 5.
75. « Le conseil désire la fusion de nos deux fanfares municipales », *Le Nouvelliste*, 7 novembre 1958, p. 3.

durant huit ans. Marié à Anaïs Allard-Rousseau, une des principales personnalités du milieu musical trifluvien, Arthur Rousseau était sans doute sensibilisé à l'importance de soutenir les groupements artistiques, tandis que ses successeurs des années 1950 ont moins de raisons personnelles d'encourager la vie musicale.

C'est dans ce contexte de déclin de la vie artistique que J.-Antonio Thompson se retire progressivement des scènes trifluviennes, après une carrière tout entière consacrée au développement de la musique classique dans la ville. À partir de 1955, il ralentit en effet le rythme de ses activités sur les conseils de son médecin et abandonne la direction de la Philharmonie De La Salle et celle de son chœur mixte[76]. Ce dernier s'éteint à la suite du départ de son directeur-fondateur, après avoir connu une période de veille à la fin des années 1940, suivie d'une brève renaissance vers 1950.

Ce déclin de l'esprit de l'amateur affecte de la même manière l'ensemble du milieu musical trifluvien durant la décennie 1950-1960. Outre le Chœur Thompson, un grand nombre d'organismes culturels trifluviens disparaissent ou connaissent d'importantes difficultés. L'OSTR, fondé en 1943, s'éteint après 10 années de production symphonique locale[77]. Du côté des chœurs institutionnels, plusieurs écoles abandonnent la pratique chorale et la plupart des ensembles paroissiaux connaissent une réduction importante de leurs effectifs[78]. S'ajoute à ce déclin général de la vie musicale trifluvienne la disparition des sociétés spécialisées dans la présentation d'artistes professionnels puisque les Rendez-Vous artistiques cessent leurs activités à la fin des années 1950.

En somme, les organismes qui ont animé la vie musicale disparaissent les uns après les autres sans être remplacés. On assiste alors à la fin d'une époque presque révolue de la vie musicale, qui prenait appui principalement sur le travail bénévole des artistes et des organisateurs et sur le soutien de la communauté immédiate. Les années 1960 seront celles qui verront émerger une nouvelle logique de production culturelle, déjà perceptible durant la décennie précédente avec la création

76. Jacques HURAY, «Musique et spectacles: un grand musicien se retire», *Le Nouvelliste*, 1ᵉʳ octobre 1955, p. 10.
77. «L'Orchestre symphonique suspend temporairement ses activités», *Le Nouvelliste*, 25 septembre 1953, p. 3.
78. Jacques HURAY, «Musique et spectacles: la crise du chant choral», *Le Nouvelliste*, 24 novembre 1956, p. 10; *idem*, «Musique et spectacles: Un devoir impérieux», *Le Nouvelliste*, 22 décembre 1956, p. 34; *idem*, «Musique et spectacles: un chœur renaît», *Le Nouvelliste*, 27 avril 1957, p. 10 et 13.

d'organismes comme les Jeunesses musicales du Canada (JMC). Fondées après le regroupement de plusieurs sociétés de concerts pour la jeunesse de la province, dont le Club André-Mathieu de Trois-Rivières, les JMC obtiennent leur affiliation au mouvement mondial des Jeunesses musicales en 1949. En regroupant leurs efforts au sein d'une organisation nationale, les petites associations qui constituent les fondements des JMC peuvent alors solliciter un soutien financier auprès des gouvernements provincial et fédéral pour asseoir les activités du nouvel organisme. En recherchant l'aide des gouvernements supérieurs plutôt que le traditionnel soutien municipal et en s'attardant surtout à l'éducation musicale des jeunes, les JMC témoignent déjà d'une réorientation de la dynamique culturelle, qui prendra son essor définitif durant les années 1960 avec l'intervention plus décisive de l'État dans le développement des arts.

Durant cette période de réorientation de la vie musicale, J.-Antonio Thompson n'en continue pas moins d'accomplir certaines de ses activités malgré sa retraite partielle. Ainsi, il demeure responsable des cours de solfège du Secrétariat de la province jusqu'en 1970 et touche l'orgue à la paroisse Notre-Dame jusqu'à son décès en 1974. Il consacre aussi une partie de son temps à la création de nouvelles œuvres. Toutefois, à partir du milieu des années 1950, il ne sera plus un acteur aussi central de cette dynamique culturelle qu'il a contribué à alimenter pendant plusieurs décennies, et qui s'estompe alors progressivement au profit d'une nouvelle forme de vie musicale.

Conclusion

Entre le début du XXᵉ siècle et les années 1950, le milieu musical trifluvien fait preuve d'une vitalité étonnante grâce, entre autres, au travail bénévole des artistes et des organisateurs trifluviens, au soutien de la communauté immédiate et à l'action de musiciens professionnels dévoués comme J.-Antonio Thompson. Durant toute sa carrière, ce dernier a su animer les scènes locales et mettre en place des mesures originales pour favoriser le développement de la musique classique dans la ville.

À son arrivée à Trois-Rivières en 1916, J.-Antonio Thompson s'intègre d'abord au milieu artistique existant, alors caractérisé par la prépondérance des artistes amateurs. J.-Antonio Thompson forme, dirige et accompagne les musiciens appartenant à des groupes paroissiaux, scolaires et municipaux. Ceux-ci proposent un art d'accompagnement et de divertissement destiné à l'animation du quotidien institutionnel et des événements en tous genres qui rythment le quotidien des Trifluviens. Les caractéristiques de ces manifestations artistiques – gratuité, répertoires légers et rituel convivial – les rendent accessibles à toute la population, tandis que les prestations d'artistes professionnels, plus sérieuses, demeurent des activités marginales fréquentées par un public restreint. Les risques financiers associés à l'embauche de musiciens de carrière, le prix élevé des billets et l'insuffisance du nombre de mélomanes initiés au grand art entravent la diffusion de cette musique.

À partir du milieu des années 1930, J.-Antonio Thompson et un petit groupe de musiciens qualifiés instaurent un ensemble de mesures destinées à accroître la diffusion de la musique de concert et à en démocratiser l'accès. En réorientant les activités des groupements amateurs qu'il dirige vers les prestations en salle et en intégrant des commentaires sur les œuvres et leurs compositeurs aux présentations des spectacles, J.-Antonio Thompson procure en quelque sorte une éducation musicale élémentaire accessible à tous les citoyens de la ville. Avec l'avènement des sociétés des concerts qu'il contribue aussi à mettre en place, le public trifluvien bénéficie, à des prix modérés, de séries de spectacles professionnels puisant dans des répertoires plus sérieux. La diffusion accrue de la musique classique et la présence régulière d'artistes professionnels stimulent les animateurs du milieu culturel trifluvien qui multiplient les projets mettant en valeur des talents locaux : organisation de galas, création du premier orchestre trifluvien, etc. J.-Antonio Thompson participe à cette effervescence, notamment en préparant des programmes de qualité pour la station CHLN et en permettant aux artistes trifluviens de s'y produire. En marge de ces activités, il poursuit une carrière de compositeur et de concertiste qui lui vaut, à la fin des années 1940, la reconnaissance du milieu musical.

Jusqu'à cette époque, le succès des projets à vocation artistique repose toujours sur le bénévolat des acteurs, sur l'aide des instances locales et sur l'encouragement prodigué par le public trifluvien. À partir des années 1950, la modernisation de la société québécoise et l'accessibilité accrue des moyens d'écoute modernes détournent les musiciens et le public des activités artistiques amateurs et contribuent au lent déclin de la vie culturelle telle qu'elle avait été depuis le début du siècle. Ce ralentissement s'amorce au moment même où J.-Antonio Thompson se retire progressivement après avoir dédié toute sa carrière au développement de l'art musical dans la ville.

L'étude du parcours de J.-Antonio Thompson à Trois-Rivières montre en effet que ce dernier s'est particulièrement illustré par la longévité de son engagement dans le milieu artistique. Il est organiste à la paroisse Notre-Dame pendant près de 60 ans (entre 1916 et 1974), directeur de la Philharmonie De La Salle durant 25 ans (1930-1955), responsable des cours de solfège du Secrétariat de la province pour une période de 40 ans (1930-1970) et enseignant durant la majeure partie de sa carrière. Avec un tel bilan, il n'est pas étonnant que l'empreinte qu'il a laissée sur les musiciens et les mélomanes de la ville ait été profonde.

Au terme de cette longue carrière, J.-Antonio Thompson a donc laissé un riche héritage derrière lui. Ses élèves ont été nombreux et certains d'entre eux ont poursuivi une carrière professionnelle dans le domaine musical (entre autres, Émilien Allard, Gabriel Charpentier, Jean-Yves Landry). Le professeur Thompson a su transmettre sa passion pour la musique à ses élèves, mais aussi aux membres de sa famille. Ses fils Marcel et Mgr Claude Thompson ont suivi le chemin tracé par leur père et sont devenus à leur tour des acteurs centraux du milieu artistique trifluvien, le premier comme professeur et organiste à la cathédrale de Trois-Rivières, et le second comme professeur, compositeur, directeur des Petits Chanteurs de Trois-Rivières et fondateur de l'école associée à ce chœur d'enfants[79]. Tous ces musiciens trifluviens, que l'on appelait souvent les « disciples du professeur Thompson[80] », ont donc continué à faire vivre la musique dans la ville bien après le retrait puis le décès de l'organiste de Notre-Dame.

Parmi les legs moins connus du musicien, notons aussi qu'il a laissé environ 65 compositions (motets, cantiques, messes, harmonisations de pièces folkloriques), dont l'oratorio *Les Sept Paroles du Christ* qui fut interprété partout à travers la province et même jusqu'en Europe[81].

---

79. « Une manécanterie trifluvienne », *Le Nouvelliste*, 2 avril 1958, p. 14; « Marcel Thompson n'est plus », *Le Nouvelliste*, 6 septembre 2002, p. 9; Gilles POTVIN et Michelle QUINTAL, « Thompson », dans Helmut KALLMANN, Gilles POTVIN et Kenneth WINTERS (dir.), *Encyclopédie de la musique au Canada*, Montréal, Fides, 1993, p. 3261-3263.

80. Sénèque, « Au sortir du concert de la Philharmonie De La Salle et de la Société chorale mixte », *Le Nouvelliste*, 11 février 1942, p. 3; « La saison artistique se termine en beauté avec les disciples du professeur Thompson », *Le Nouvelliste*, 22 avril 1942, p. 3; ASTR, Fonds Philharmonie De La Salle, FN-0650-5.20, A. G., « Hommage de la Philharmonie à sainte Cécile », *Le Nouvelliste*, [23 novembre 1938?].

81. Marcel ROUX, « Le témoignage de Marcel Roux sur J.-Antonio Thompson », *Le Nouvelliste*, 19 mars 1974, p. 12.

Et c'est bien pour rappeler l'importance de cet héritage découlant de toute une vie consacrée à la musique que la Ville de Trois-Rivières a choisi, en 1979, de renommer le Théâtre Capitol pour lui donner une nouvelle appellation: la Salle J.-Antonio-Thompson. Ce faisant, la Ville a voulu souligner l'œuvre de ce musicien qui a su faire vivre les scènes locales, qui a participé à l'éducation artistique de plusieurs générations de Trifluviens et qui a contribué, par son travail de longue durée, à construire «les assises où appuyer tout un avenir de musique[82]».

---

82. « La saison artistique se termine en beauté avec les disciples du professeur Thompson », *Le Nouvelliste*, 22 avril 1942, p. 3.

Histoire des salles de cinéma de Trois-Rivières

MARIO BERGERON[1]

L ES HISTORIENS DE LA CULTURE se sont intéressés au cinéma sans pour autant tenir suffisamment compte des salles de cinéma. Or, ces lieux de diffusion, bien qu'ils soient indissociables du spectacle cinématographique, ont leur propre histoire. Des entrepreneurs, dont des Trifluviens, ont rapidement compris l'engouement naissant pour le 7ᵉ art et ils ont investi dans des bâtiments adaptés aux besoins du spectacle. Certains ont connu l'échec, d'autres ont résisté jusqu'à tard dans le xxᵉ siècle. Tous ont cherché à adapter leurs salles aux changements qui se produisaient dans l'industrie. L'histoire des salles de cinéma s'inscrit également dans celle du patrimoine matériel trifluvien alors que le choix du lieu de leur implantation renseigne sur l'occupation de l'espace.

Cet article vise précisément à relever ces faits qui enrichissent l'histoire des salles de cinéma à Trois-Rivières. Chacune a droit à une description. L'ensemble fait ressortir le dynamisme qui habitait les entrepreneurs ainsi que la réponse des spectateurs à l'offre qui leur était faite. Enfin, cet exposé repose sur des informations prises principalement dans les journaux. Ceux-ci fournissent beaucoup de renseignements sur les établissements et leur sort.

Avant les salles, il y avait du cinéma !

Les étapes techniques d'un processus qui s'accélère à partir de 1890, et qui a mené à la création du film sur pellicule projeté sur un écran

---

1. Mario Bergeron est historien et écrivain. Il détient une maîtrise et un doctorat en études québécoises de l'Université du Québec à Trois-Rivières. Il est aussi l'auteur de *Des trésors pour Marie-Lou*, Chicoutimi, éditions JCL, 2003, 390 p., et de quelques autres romans historiques.

pour une clientèle, sont bien connues. Les mêmes phases de développement se remarquent aussi à Trois-Rivières puisque des vues
animées y sont montrées moins d'une année après la première pro-
jection des frères Lumière, à Paris, en décembre 1895. En effet, du 17
au 26 novembre 1896, des représentants de l'entreprise Lumière ont
visité Trois-Rivières pour donner vingt séances dans le local désaf-
fecté du restaurant National, rue Notre-Dame (face à l'actuel bureau
de poste). Des spectacles « d'images qui bougent » ont ensuite eu lieu
à Trois-Rivières chaque année sauf en 1906, et ce, même si la première
salle trifluvienne, le Bijou, n'a ouvert ses portes qu'en 1909. De plus,
la ville a été le sujet d'un film et un résidant a même agi comme projectionniste. Bref, de 1896 à 1909, Trois-Rivières ne possédait pas de
salle, mais il y avait du cinéma.

La plupart des représentations avaient lieu dans la salle de théâtre
de l'hôtel de ville, mais la population a aussi eu droit à des séances en
plein air, au jardin Laviolette, ou même chez les ursulines, qui, à l'occasion, prêtaient un de leurs locaux. Qui organisait ces séances ? Des
projectionnistes ambulants d'origine canadienne, américaine, britannique et française. Nous pouvons compter parmi eux un dresseur
de chevaux, un prestidigitateur, ainsi que trois troupes de vaudeville
qui présentaient des films entre leurs numéros. Les noms des compagnies de certains de ces projectionnistes peuvent porter à sourire :
Verisocope, Zeoscope, Théâtrographe, Waragraph, Dominonoscope,
London Bioscope et l'Historiographe.

Cette dernière compagnie, qui était française, parcourait le Québec
en tous sens pour présenter des films tant dans les villes que dans les
villages. Elle était dirigée par madame la comtesse Marie Tréourret
de Kerstat et par son fils, le vicomte Henry de Grandsaignes d'Hauterives. Avec de tels noms, il va de soi qu'une aura de respectabilité
flottait autour de ce duo, d'autant plus que l'Historiographe remettait
toujours une partie de ses profits au clergé. Cette compagnie est venue
à Trois-Rivières à quatre reprises entre 1900 et 1904[2].

À quoi ressemblait un spectacle cinématographique à cette époque ?
Par bien des aspects, à une représentation de lanterne magique. Les
images étaient commentées par un conférencier et la fanfare de l'Union
musicale s'exécutait[3] à la fin de chaque film – ceux-ci étaient très

2. Pour en savoir davantage : Serge DUIGOU et Germain LACASSE, *Marie de Kerstat,
l'aristocrate du cinématographe*, Quimper, Resac, 1987, 143 p.
3. Sur la présence des conférenciers de compagnies itinérantes et des premières salles de cinéma :
Germain LACASSE, *Le bonimenteur de vues animées*, Québec, Nota Bene, 2000, 229 p.

Salle de théâtre de l'hôtel-de-ville, vers 1900 (ASTR, cote 0064-10a-11).

courts! Les productions de Gaumont, de Pathé et de Méliès faisaient partie de la programmation de l'Historiographe. Les Trifluviens ont ainsi pu voir le célèbre *Voyage dans la lune* de Méliès. Parmi les autres productions célèbres: *The Great Train Robbery*. Le Waragraph présentait des films documentaires sur la guerre en Afrique du Sud. Les combats de boxe du champion Fitzsimmons ont ravi les Trifluviens à deux reprises. Un *Petit Chaperon rouge*, quelques *Passions du Christ* et la *Case de l'Oncle Tom* ont aussi été applaudis[4].

L'année 1906 marque une transition. À Montréal, à la suite de l'ouverture de la salle de Léo-Ernest Ouimet, les théâtres de vues animées se mettent à pousser comme des champignons, tout comme à Québec, alors que de modestes salles, surnommées Nickelodeons, se donnent pignon sur rue dans toutes les grandes villes américaines. Bref, l'idée d'un lieu fixe pour présenter des films commence à faire

---

4. Un livre complet sur les premiers films et les projectionnistes ambulants: Charles MUSSER, *The Emergence of Cinema: The American Screen to 1907*, New York, C. Scribner, 1990, 613 p.

son chemin[5] et les projectionnistes ambulants disparaissent graduellement. On le voit bien à Trois-Rivières en 1907 et 1908, alors que deux projectionnistes, dont Joseph Leprohon, un employé du port, s'installent plusieurs fois dans la salle de théâtre de l'hôtel de ville.

Cependant, avant Leprohon, deux autres Trifluviens avaient donné des représentations cinématographiques. Dès 1900, l'électricien Eugène Godin avait présenté des films, dont on ignore les titres, avec l'aide de son projecteur lumière, tandis qu'en 1907 le docteur Normand s'est servi de films lors d'une conférence sur l'hygiène. Pour sa part, Joseph Leprohon se manifeste pour la première fois le 20 août 1907 et, comme tous ces pionniers avaient de la suite dans les idées, son projecteur porte le nom de Lavioletteoscope. Leprohon présente des films de façon régulière en 1907, 1908 et 1909, même s'il doit faire face à un compétiteur acharné, dont il dénonce la présence au Conseil municipal[6]: Hilaire Lacouture, de Sorel, muni, il va de soi, de son Lacouturoscope.

Le spectacle proposé par Lacouture est plus complet que celui de Leprohon. Le Sorellois se présente à la salle de théâtre de l'hôtel de ville avec des comédiens, des chanteurs; il offre même des films sonores en décembre 1907 (probablement des images synchronisées à la lecture d'un disque). Lacouture parcourt les rives nord et sud entre Sorel et Trois-Rivières. À Berthier, il montre ses films à l'hôtel de son beau-frère, J.-Arthur-Robert. Sans doute que, lors d'une de ces visites, Lacouture parle avec ferveur du public trifluvien. C'est à ce moment que débute l'histoire des salles de cinéma à Trois-Rivières. Mais, avant d'aborder cette nouvelle époque, il faut dire quelques mots du film qu'on y tourne en ce début de siècle.

Pas dans les circonstances les plus glorieuses, cependant! Le soir du 20 juin 1908, alors que Trois-Rivières vient d'être ravagée par un immense incendie, Léo-Ernest Ouimet arrive de Montréal avec sa caméra. La ville étant alors privée d'électricité, il devient impossible de tourner quoi que ce soit. Le lendemain, Ouimet filme les décombres, en partant du parc Champlain, et en parcourant la rue des Forges jusqu'au fleuve. Quelques jours plus tard, il présente son film

5. Sur les premières salles de Montréal: André GAUDREAULT, Germain LACASSE et Jean-Pierre SIROIS-TRAHAN, *Au pays des ennemis du cinéma*, Montréal, Nuit blanche, 1996, 215 p.

6. «[...] me protéger contre les étrangers qui cherchent à s'introduire ici et emporter l'argent chez eux et par ce fait me priver d'une partie de mes bénéfices». *Lettre de Joseph Leprohon au Conseil de ville de Trois-Rivières*, 27 octobre 1908.

à son Ouimetoscope et en imprime des copies, qui circulent partout au Québec. Ce film n'existe plus, mais les curieux peuvent en lire une description détaillée dans l'édition du 27 juin 1908 du journal *Le Canada*.

Les salles à l'époque du cinéma muet (1909-1928)

Six salles de cinéma ouvrent leurs portes à Trois-Rivières entre 1909 et 1928. L'élan initial, dans les petites villes du Québec, survient à la suite du succès des salles montréalaises. Joliette, Salaberry-de-Valleyfield, Hull, Saint-Jérôme, Terrebonne et Sorel inaugurent leurs premiers cinémas entre 1907 et 1909. Trois-Rivières s'intègre à ce mouvement. En plus d'être projetés à l'aréna Laviolette, ou sous les tentes des compagnies foraines visitant l'Exposition agricole, ou encore dans la salle de théâtre de l'hôtel de ville, des films sont donc désormais présentés aussi dans des salles conçues spécialement pour le cinéma. Le spectacle cinématographique de cette époque est composé de plusieurs films, de numéros variés de vaudeville et de burlesque, puis chaque salle possède son orchestre, souvent une petite formation de quatre ou cinq musiciens. Au début, la tradition du conférencier persiste, mais elle se perd à mesure que les films deviennent plus longs et qu'apparaissent les intertitres. Les salles sont alors ouvertes six jours par semaine, en après-midi et en soirée. Interdiction le dimanche : ordre du clergé! La programmation peut changer jusqu'à trois fois par semaine.

Le 25 juin 1909, Hilaire Lacouture et J.-Arthur Robert écrivent au Conseil municipal pour demander l'autorisation de construire une salle de vues animées et se plaindre de la taxe exigée par les élus. Robert ne sait sûrement pas à ce moment-là que cette lettre va changer sa vie et celle de ses descendants. La famille Robert sera en effet associée aux salles de cinéma trifluviennes jusqu'en 1966. Le 28 juillet 1909 débute la construction du Bijou, dans la rue des Forges. L'ouverture a lieu le 28 octobre. Nous ignorons malheureusement le titre d'un des films présentés, mais nous connaissons par un journal local le talent du jongleur qui s'est produit sur scène ce soir-là pendant que le projectionniste changeait de bobine. Le Bijou ressemble alors aux modestes salles du temps, avec ses 200 places. Ce cinéma fermera ses portes en 1914. Le local accueillera ensuite de nombreuses entreprises, dont le Café Child's pendant une longue période[7].

---

7. Ce local existe toujours et est situé au 363, rue des Forges.

Le deuxième cinéma de Trois-Rivières, le Casino, n'a qu'une courte histoire, mais aux rebondissements multiples. Cette petite salle, située au 17 rue du Platon (aujourd'hui le segment de la rue des Forges entre Notre-Dame et le fleuve) a existé de 1911 à 1919, a connu trois changements de noms, un déménagement et de nombreux locataires, sans doute parce que le propriétaire, Georges Morissette, n'a cessé d'augmenter le loyer du local.

Le public y entre par des portes à arches, le mot Casino tracé au-dessus d'elles par des ampoules électriques. La salle ne contient probablement pas plus de cent à deux cents places. Dès les premiers jours, les films de la compagnie américaine Universal tiennent l'affiche. En 1913, le Casino déménage au 4 de la rue Hart, et se change en Laviolette, avant de retrouver son berceau l'année suivante et de redevenir le Casino. La salle sera aussi connue sous les noms de Classic, en 1918, et de cinéma Passe-Temps, en 1919, sous la gouverne de nul autre qu'Hilaire Lacouture. Ce sera d'ailleurs la première fois qu'une salle sera identifiée comme cinéma, de préférence à théâtre. La salle sera transformée en lieu d'amusements en 1920, puis en petit hôtel. Beaucoup de Trifluviens ont connu ce lieu sous le nom de Club Saint-Louis.

Un autre cinéma oublié : le Victoria, inauguré le 29 mai 1916 et propriété de trois citoyens de la ville de Québec. La salle des grandes premières. La première à quitter le centre-ville, car elle est sise au 113, rue Bonaventure entre les rues Royale et Saint-Denis. La première à avoir des loges et à s'annoncer dans les journaux en utilisant des photographies de vedettes. La première, enfin, le 3 mai 1918, à disparaître dans un incendie, provoqué par l'inflammation d'une pellicule. Cette catastrophe fait alors craindre le pire aux Trifluviens, qui ont encore en mémoire le grand incendie de 1908. Avec le Victoria disparaissent aussi onze édifices voisins. En plus de films, le Victoria a proposé à son public de nombreux chanteurs, dont Hector Pellerin, le plus important vendeur de disques de l'époque.

Abordons un terrain plus connu avec le Gaieté, dont le local existe toujours en 2009 et qui a réjoui le public trifluvien pendant plusieurs décennies. En 1913, J.-Arthur Robert réalise que le succès de son Bijou lui pose tout de même un problème : la salle est trop petite. Conséquemment, il se porte acquéreur d'un local voisin abritant une mercerie et le transforme en cinéma comptant 414 sièges. L'inauguration a lieu le 4 octobre 1914. Le Gaieté de la décennie 1910-1920 présente les meilleurs films à Trois-Rivières, dont le légendaire

La meilleure maniere de passer
une Agreable Soiree d'Hiver !
C'EST DE VOUS RENDRE AU

Theatre Gaiete

VOUS VOUS AMUSEREZ ET SEREZ SATISFAIT

Les Représentations sont dés plus
morales et peuvent intéresser Jeunes et Vieux, Petits et Grands.
Chaque représentation du "Gaieté"
consiste en un bon programme de
Vues excellentes et en un Acte de
Vaudeville de première classe. -:-

Tous les jours : Matinée, 2 hrs. = Soirée, 7 h. 45

Nouvelles Vues tous les deux jours
Nouveau Vaudeville tous les trois jours

Programme Special pour les Fetes
TOUJOURS LES PRIX POPULAIRES

En 1915, la publicité journalistique des salles de cinéma présentait rarement les titres des films. Le Gaieté assure sa distinguée clientèle que les représentations sont des plus morales. Bien sûr, les spectacles de vaudeville étaient aussi importants que les films (*Le Courrier*, 23 décembre 1915).

AU THÉÂTRE IMPÉRIAL
LUNDI ET MARDI

"THE SHEIK"
WITH AGNES AYRES AND
RUDOLPH VALENTINO
A
GEORGE MELFORD
PRODUCTION
a Paramount Picture

Un drame passionnant dans lequel vous verrez
AGNES-AYRES
l'héroine de ''Forbidden Fruit'' et
RUDOLPH VALENTINO
le héros des ''4 Horsemen''.
Cette vue ne la cède en rien à ces deux chefs-
d'oeuvre sus mentionnés.
En plus une comédie en deux parties.
MATINÉE--Représentation à 2.00 hrs.
SOIRÉE--   ''   ''   7.00 et 9.00 hrs.

Au cours des années 1920, la publicité pour les salles de cinéma est fort belle, utilisant des dessins, gracieuseté du distributeur Famous Players. Ici, L'Impérial propose une image classique du séducteur Rudolph Valentino. En plus du film principal, le public avait droit à une comédie en deux parties (*Le Nouvelliste*, 14 janvier 1922).

Birth of a Nation de D.W. Griffith, accompagné d'un orchestre de trente musiciens. Le Gaieté propose aussi, en 1922, douze films français muets puis, le 14 septembre 1925, une expérience de films sonores d'actualités.

À quelques pas du Gaieté niche L'Impérial, au 68, rue des Forges. Ce cinéma ouvre ses portes le 13 octobre 1919 dans un local qui avait abrité l'Hôtel Frontenac. Le propriétaire en est l'Américain Tommy Trow, qui possède aussi le cinéma Royal à Drummondville. Son partenaire, Alain Gauvreau, sera le gérant de L'Impérial jusqu'en 1950. Au moment de son inauguration, le lieu compte 700 sièges. C'est la première salle de cinéma de Trois-Rivières à présenter un film parlant, le 20 avril 1929 : *Submarine*, réalisé par Frank Capra. Pour l'occasion, du tapis est installé dans les allées afin d'atténuer le bruit des pas.

En 1927, J.-Arthur Robert décide que le temps est venu pour lui de redevenir le maître du cinéma à Trois-Rivières, en ouvrant une salle prestigieuse face à L'Impérial. La construction du Capitol dure près d'une année. À l'ouverture, le 7 avril 1928, le public est ébloui par la riche décoration intérieure, les loges, le balcon, les 1 200 sièges. Du jamais vu ! À peine un an plus tard, le 10 juin 1929, la salle présente son premier film sonore. Bien que la famille Robert soit propriétaire du Capitol et du Gaieté, ces deux salles sont sous la gouverne du distributeur géant Famous Players, responsable de la venue de tous les films américains au Canada.

Je m'en voudrais de ne pas évoquer brièvement le National, aujourd'hui oublié. Il s'agit du premier cinéma de Cap-de-la-Madeleine, et même mieux, de la première et seule salle de quartier du Trois-Rivières métropolitain, puisqu'elle était située loin d'une artère commerciale. Sise rue Bellerive, elle a laissé peu de traces. Les films qu'on y présentait étaient déjà vieux de plusieurs années. Cela indique que les propriétaires n'avaient sans doute pas une fortune à consacrer à la programmation et que la salle ne devait compter que peu de sièges. Le fait le plus étonnant trouvé sur le National est qu'on y souhaitait la bienvenue aux enfants, alors que l'entrée des cinémas leur était interdite par une loi provinciale. La salle a ouvert ses portes en 1921 et est disparue dans un incendie le 22 décembre 1922.

Jusqu'aux années 1930, une soirée au cinéma durait autour de trois heures. Entre les films étaient présentés des numéros de vaudeville, des pièces de burlesque, des exécutions musicales ou chantées. Comme amuse-gueule : des films d'actualités relatant les grandes nouvelles internationales, et parfois remplacés par un documentaire. Tout cela pour 20 à 25 cents dans les années 1910 et 20 à 30 cents dans la décennie suivante, moins encore en matinée ! De quelle façon se comportait le public ? Sûrement avec civilité ! En revanche, la presse ne pouvait s'empêcher de souligner les écarts de conduite. S'il est malheureux de ne rien savoir du public ayant assisté à la première séance du cinématographe à Trois-Rivières, on sait par contre que le local de l'ancien restaurant National a été alors très fréquenté : « Il y a foule tous les soirs [...] chacun s'empresse d'aller admirer les splendides vues animées [...] et chacun en revient enchanté[8]. » Et nos rebelles ? En 1904, lors d'une visite de l'Historiographe : « Dans les galeries, il y avait des individus qui s'amusaient à cracher sur les spectateurs du parterre[9]. » Au cours du même séjour, une partie du public bêle quand il voit des moutons sur l'écran, dans une séquence des Rois mages. Le vicomte d'Hauterives en profite pour remettre les voyous à l'ordre : « Je suis heureux de constater que toutes les bêtes ne sont pas sur le tableau (l'écran)[10]. » En 1907, des spectateurs agités interrompent les descriptions du conférencier, lors d'une séance d'Hilaire Lacouture. Enfin, en 1918, le Classic met en garde les indésirables et assure le public que ces vilains ne franchiront pas la porte d'entrée.

---

8. *Le Trifluvien*, 20 novembre 1896, p. 3.
9. *Le Trifluvien*, 11 novembre 1904, p. 4.
10. *Ibid.*

Quels drames! En réalité, le public du temps du cinéma muet était turbulent. Il n'y avait alors rien de plus bruyant qu'une salle de cinéma. Par exemple, un spectateur à la vue faible et éloigné de l'écran devait se faire répéter les intertitres par son voisin, d'où un murmure constant dans les salles. Les images, appelant à des émotions, créaient un brouhaha. Personne ne se privait pour éclater de rire ou pour dire sa façon de penser au fourbe s'en prenant à la belle héroïne. L'arrivée des films parlants changera cette attitude. Dorénavant, il ne faudra plus seulement regarder les films, mais aussi les écouter. Les «Silence!» et «Chut!» feront leur entrée en scène.

1930-1960 : l'âge d'or des salles de cinéma

Au trio solidement établi de L'Impérial, du Gaieté-Rialto et du Capitol s'ajoute en 1932 une quatrième salle, le Cinéma de Paris (d'abord connue sous le nom de Palace). Cela complète le quatuor incontournable pour les amateurs pendant l'âge d'or du cinéma à Trois-Rivières, entre 1930 et 1960.

En 1930, les frères Simon et Alexandre Barakett se portent acquéreurs d'un édifice érigé en 1928 et situé au 957 de la rue Saint-Maurice. L'idée d'établir une salle de cinéma loin du centre-ville mais tout de même sur une artère commerciale importante leur paraît séduisante. La rue Saint-Maurice est alors la route nationale, desservie par le transport en commun. De plus, elle avoisine la gare et, enfin, elle est située au carrefour de plusieurs quartiers ouvriers, où habite le principal public des cinémas. Hélas! Les deux associés ne savent pas qu'ils ouvrent le Palace à un très mauvais moment, alors que 3 200 citoyens s'apprêtent à être réduits au chômage, précisément au cours des trois années d'existence de ce cinéma, entre 1930 et 1932.

Le Palace, avec ses 800 sièges, s'apparente à L'Impérial. C'est une salle indépendante, ce qui veut dire qu'elle ne dispose que d'un mince budget et doit se contenter des miettes offertes par Famous Players, principalement des westerns de série B de la Columbia. Le Palace est la dernière salle trifluvienne à présenter des films muets, cependant en petit nombre. Les rares films prestigieux à l'affiche du Palace ont préalablement été vus dans les trois autres salles de la ville. Le ton du lieu est cependant donné dès ses premiers mois d'existence par la présence de concours d'amateurs et de nombreux numéros de vaudeville. Cependant, ouvriers et commis ne s'y pressent guère. La situation frise tant la catastrophe que les frères Barakett font appel, à la fin de l'été 1931, à Alexandre Silvio, de Montréal, vétéran des

La devanture du Cinéma de Paris, en janvier 1949. Le film québécois *Un homme et son péché* attira alors une foule imposante, comme la plupart des productions locales de cette époque (collection personnelle de l'auteur, don de Jacques Paquette).

cinémas depuis le début du siècle, et qui a la réputation de rétablir les salles en décadence.

Silvio est un personnage haut en couleurs. Son nom figure plus souvent sur la publicité, conçue à Trois-Rivières, que ceux des vedettes de l'écran. Se surnommant « le roi des cadeaux », il procède à de multiples tirages chaque soir : des billets de cinq dollars et de la nourriture (pommes, poulets, jambons), ce qui reflète bien la réalité de la crise économique. Il fait aussi appel à des comédiens de burlesque de Montréal et le Palace devient ainsi la dernière salle trifluvienne à disposer d'une troupe attitrée. Ti-Pit, Fifine, Ti-Clain, Ti-Phonse, Poléon et Délima sont ses vedettes, avec des pièces aux titres populaires, tels *Tape dans l'tas, Essaye à m'avoir, Ti-Pit se plante, Fifine prend une bauche* et ma favorite : *Move ton berlot*. Le Palace est aussi la seule salle du temps à dérouler le tapis rouge au père Noël. Les autres cinémas ont commencé à remplacer ce genre de spectacles par un dessin animé, alors appelé « caricature animée » ou « cartoon ».

Janvier 1949, bienvenue au Cinéma de Paris! Le jeune Jacques Paquette, vêtu impeccablement, s'occupait de déchirer les billets d'entrée et agissait aussi comme placier. Il étudiait alors au Séminaire Saint-Joseph et il travaillait à la salle chaque fin de semaine. À noter, l'affiche annonçant le prochain programme (collection personnelle de l'auteur, don de Jacques Paquette).

Tristement, le malheur s'abat sur le Palace quand, le 23 février 1932, un incendie endommage la scène et détruit l'écran. La salle rouvre ses portes au début d'avril, sans succès, malgré les efforts désespérés de Silvio et de sa troupe. Las de tant de problèmes, les frères Barakett décident alors de louer leur salle à la nouvelle compagnie montréalaise France-Film, spécialiste dans l'importation de films français. Alexandre Silvio, ses cadeaux, Ti-Pit et Fifine disent adieu au Palace, alors que les Trifluviens saluent le Cinéma de Paris. Le grand coup d'éclat du Palace? Avoir engagé La Bolduc à deux reprises. Notons qu'un des comédiens de la troupe, Eddy «Poléon» Gélinas, était un Trifluvien et qu'il fera sa marque à la radio de CKAC avec sa propre émission, mettant parfois en vedette les anciens camarades du Palace: on se souvient de lui sous le surnom de Ti-Pit Raccourci, célèbre pour son patois «Crime-Soda».

Les débuts du Cinéma de Paris sont aussi laborieux que ceux du Palace, la situation des chômeurs des quartiers avoisinants n'ayant pas changé. La salle doit même fermer ses portes pendant un certain temps. Mais France-Film, formé en 1932 par la fusion de deux des trois modestes compagnies de distribution des films français existant au Québec, reste en 1934 la seule dans ce marché spécialisé; c'est alors que le Cinéma de Paris prend réellement son envol et se dote d'un gérant, Josaphat Lapolice, qui sera à la barre jusqu'au début des années 1950. Proposant un mode publicitaire très dynamique, cette entreprise, présidée par J.-A. DeSève, connaît des années fastes. En plus du Cinéma de Paris, France-Film possède trois salles à Montréal, autant à Québec et une autre à Sherbrooke, et a signé des ententes avec des dizaines de salles de villes moyennes du Québec. Le Cinéma de Paris, à l'affût des nouveautés du film français, connaît de très belles années. Notons que, pour entretenir le vedettariat de comédiens alors inconnus du public, France-Film possède sa propre revue de cinéma. Les Québécois apprennent à aimer Fernandel, Jean Gabin, Gaby Morlay et Danielle Darrieux.

Retournons vers la rue des Forges, alors qu'un incendie détruit une partie de l'intérieur de L'Impérial, le 20 décembre 1935. Le propriétaire de cette salle, Tommy Trow, qui habite à Trois-Rivières, en profite pour augmenter le nombre de sièges à près de mille, grâce à l'ajout d'un balcon. C'est aussi à ce moment qu'on introduit les bancs doubles, propices aux amoureux désirant se tenir les mains en toute liberté. L'Impérial offre de beaux risques en ces années. Déjà, cette salle avait été la première à programmer des films français, avant même le Cinéma de Paris; la première aussi à mettre à l'affiche des films américains doublés. Son indépendance face au distributeur Famous Players lui permet de choisir les films, au lieu de se faire imposer ce que la compagnie envoie. À cause de la variété de leurs styles et de leur provenance, L'Impérial représentera entre 1930 et 1960 un des meilleurs endroits de Trois-Rivières pour voir des films. De plus, pendant toute la période, ce cinéma s'engagera davantage que les autres dans la communauté locale et québécoise. Olivier Guimond fils, âgé de seize ans, y fait ses débuts sur scène, en 1930. Dans les années suivantes, le public pourra y voir des parades de mode commanditées par des marchands de la ville, y entendre des émissions de radio produites par CHLN et L'Impérial préférera les comédiens du Québec à ceux de France et des États-Unis.

Pour sa part, le Gaieté devient le Rialto en janvier 1931, sans doute parce que le premier nom paraissait vieillot. La petite salle est étroitement liée au Capitol. Famous Players y envoie les films qu'elle n'oserait pas présenter à sa grande salle, si bien que le Rialto acquiert ainsi une réputation qui fera son charme. Les productions de série B,

Le théâtre Rialto, 1930. Publicité en anglais pour le cinéma, bilingue pour le bureau d'emploi à l'étage et son voisin le marchand d'habit (ASTR, cote: 0064-58-14).

les films à épisodes s'y succèdent de semaine en semaine, sans oublier les westerns de second rang, ce qui donne à la salle son surnom de « Théâtre de poussières », évoquant les galopées du shérif poursuivant des brigands dans les plaines de l'Ouest. Ai-je oublié l'horreur ? Les films d'épouvante de l'Universal trouvent leur niche au Rialto.

Le théâtre Capitol, 1934 (ASTR, cote : 0064-58-11).

Quant au Capitol, c'est la salle de prestige et heureusement, seule dans ce cas à Trois-Rivières, elle n'a pas connu les affres d'un incendie. Famous Players lui réserve les films les plus populaires d'Hollywood, dont beaucoup de productions de la MGM. Ainsi, le 26 avril 1940 a lieu la grande première locale d'*Autant en emporte le vent* (pour le prix d'amission ronflant de 75 cents), le film qui sera le plus souvent présenté en sol trifluvien : seize occasions. Il faut dire que, même si nous n'en sommes plus à changer la programmation deux fois par semaine

Pour *Le trésor secret de Tarzan*, cette publicité présente six dessins du héros de la jungle combattant un animal sauvage, affrontant des bandits, sans oublier la scène romantique avec sa compagne Jane. « Il a fallu deux ans pour capter ces mille émotions » (*Le Nouvelliste*, 21 février 1942).

comme dans les années 1920, il est rarissime avant 1950 qu'un film tienne l'affiche plus d'une semaine. Le Capitol est aussi la salle la plus anglophone de la ville, bien qu'on ait pu y voir en 1933 une rareté, c'est-à-dire *King Kong* en version sous-titrée. C'est d'ailleurs le moment de rappeler que l'arrivée du cinéma sonore a posé problème au public francophone de Trois-Rivières, qui a dû s'habituer à la langue anglaise, présente sur tous les écrans, sauf au Cinéma de Paris. En plus de proposer du cinéma, le Capitol prend en ces années la relève de la salle de théâtre de l'hôtel de ville comme principal lieu de spectacles à Trois-Rivières. Le public y entend de l'opéra et de la musique classique, y voit du ballet international, sans oublier que les plus prestigieux artistes de la scène française s'y produisent, tels Maurice Chevalier, Édith Piaf, Charles Trenet, en plus de la vedette du grand écran Bourvil. Très peu de spectacles québécois passent par cette salle, la revue *Fridolin* de Gratien Gélinas étant l'exception.

Le 17 décembre 1939, le monde du cinéma de Trois-Rivières pleure le décès de J.-Arthur Robert, qui avait tant fait pour ce divertissement avec son Bijou, son Gaieté, le Rialto et le Capitol. Mais il avait très bien préparé la relève avec ses fils.

Après la guerre, l'âge d'or du cinéma continue, mais la donne change peu à peu. Les difficultés du Cinéma de Paris s'accentuent, après avoir commencé pendant le conflit. La France occupée, il a été en effet impossible à France-Film de faire venir des nouveautés. Le Cinéma de Paris n'a donc présenté pendant cinq ou six ans que des films des années 1930, dont les copies étaient sans doute usées. Après la guerre, le distributeur montréalais commande une multitude d'œuvres produites pendant l'Occupation. Il y a donc un décalage entre ce que le public d'ici voit et l'actualité du cinéma français. À ce problème, il faut ajouter que le monopole de France-Film s'évanouit quand de nouvelles compagnies signent des ententes de distribution avec L'Impérial d'une part et avec un nouveau cinéma, le Champlain, à Cap-de-la-Madeleine. Enfin, l'après-guerre voit déferler sur le marché les films américains doublés en français. Bref, le Cinéma de Paris n'a plus le lustre d'avant. Le déclin se poursuit dans les années 1950 après le départ du gérant Lapolice : la salle propose alors des productions françaises vieilles de trois, quatre ou cinq années, auxquelles s'ajoutent des films de second rang en provenance d'Espagne, d'Italie et du Mexique. Pour compenser, elle présente aussi à l'occasion quelques spectacles, dont ceux de Tino Rossi, de Luis Mariano, d'André Claveau et des Compagnons de la chanson. Les films de la première vague de cinéma québécois, *Un homme et son péché, La petite Aurore l'enfant martyre, Le curé de village*, etc., passent par le Cinéma de Paris. D'ailleurs, le film initial de cette séquence, *Le père Chopin*, devient la première production à tenir l'affiche plus de quinze jours en sol trifluvien : trois semaines, à partir du 15 mai 1945. Enfin, au début des années 1960, le Cinéma de Paris perdra carrément sa vocation de foyer du film français et commencera à offrir des produits américains.

Pendant ce temps, les autres cinémas consolident leur emprise, chacun à sa façon. Le Rialto, qui est endommagé par un incendie le 2 février 1945, sort des rénovations augmenté d'un balcon et pourvu, au sous-sol, d'un commerce qui en étonnerait plus d'un aujourd'hui : un salon de barbier. Une petite coupe, monsieur, avant le début du film ? Sa direction n'hésite pas à y montrer ces incroyables films de monstres et de mutants de série Z et à y passer en reprise les longs métrages prestigieux présentés au Capitol quelques mois auparavant. Le Capitol propose d'ailleurs très peu de films français et est le dernier cinéma à présenter des produits en anglais doublés en français, aussi tardivement qu'en 1957, alors qu'ils circulaient chez les compétiteurs depuis une dizaine d'années. Quant à L'Impérial, il devient en 1953 le premier cinéma de la ville doté de l'air climatisé.

Traversons le pont Duplessis pour nous rendre à Cap-de-la-Madeleine, qui connaît un essor démographique important. Le Madelon ouvre ses portes le 15 février 1947. Située sur l'artère commerciale du boulevard Sainte-Madeleine (qui est aussi la route nationale), propriété de l'homme d'affaires local James G. Kelley, cette salle de près de six cents places offre un coup d'œil inédit : les bancs y sont placés en courbe, au lieu d'en traditionnelles rangées militaires. Le Madelon est aussi la première salle à s'équiper d'un écran géant, en novembre 1953, pour projeter les films en cinémascope. N'étant pas affilié à Famous Players ni à France-Film, le Madelon offre principalement des films en reprise.

Pour sa part, le Champlain est aussi situé sur la route nationale (21, rue Fusey). Cette salle s'apparente esthétiquement au Madelon et compte autant de places. Chose rare, de son ouverture le 7 janvier 1948 jusqu'en 1950, elle est gérée par une femme, Germaine Daoust. Propriété de Léo Choquette, un ancien employé de France-Film qui possède alors une vingtaine de salles dans des villes moyennes, il ne faut pas s'étonner du succès initial du Champlain. Le doublage d'une œuvre américaine pouvant prendre deux années, à cette époque, Choquette fait fi de cette nouveauté et offre les meilleurs films de nos voisins du Sud immédiatement, mais en anglais. Il s'associe aussi aux nombreuses compagnies de distribution pour mettre à l'affiche les films les plus récents de France et d'Italie. De plus, le Champlain présente beaucoup de spectacles de talents locaux et d'événements impliquant la communauté (Miss Cap-de-la-Madeleine est couronnée dans la salle, en 1956). Il mise enfin sur une publicité très dynamique.

Jusqu'au début des années 1950, la fréquentation des salles augmente sans cesse, suivant en cela une tendance remarquée partout au Québec. Pour s'en tenir à Trois-Rivières, sans le Cap-de-la-Madeleine, nous comptons 503 000 entrées en 1939 pour les quatre salles, 991 000 en 1946 ; l'année suivante, le million est atteint pour la première fois, ce qui se répète en 1949, en 1952 et en 1953[11]. Dans une ville comptant alors autour de 45 000 citoyens (incluant les personnes ne se rendant pas au cinéma : religieux, enfants, vieillards), ça fait beaucoup ! Il faut dire que les prix restent très bas, entre 35 et 40 cents dans les années 1940 et de 50 à 75 sous pendant les prospères années 1950. Mais les temps s'apprêtent à changer.

---

11. Yvan LAMONDE et Pierre-François HÉBERT, *Le cinéma au Québec : essai statistique historique (1896 à nos jours)*, Québec, Institut québécois de recherche sur la culture, 1981, tableau 39.

Impossible de parler du cinéma au Québec sans évoquer la censure. La plupart des films de l'explosive Brigitte Bardot n'ont pas été présentés ici à leur sortie. Ainsi, c'est avec quatre années de retard que le Cinéma de Paris présente ce film de second rang dans lequel joue l'actrice (*Le Nouvelliste*, 7 février 1959).

La télévision, qui arrive en 1952, entre rapidement dans tous les foyers et fait immédiatement du tort au cinéma[12]. Avant elle, aller voir un film était une activité quotidienne pour la majorité de la population. Désormais, les chiffres de fréquentation régressent d'année en année : 923 000 entrées en 1954, mais 427 000 seulement en 1962[13]. Il serait cependant injuste d'accuser seulement la télévision. Les emplois stables de ces prospères années invitent de nombreuses personnes à acheter une automobile, ce qui permet de varier les sorties. De plus, à Trois-Rivières, la vie nocturne connaît des années d'or, avec l'ouverture de boîtes.

Pour reconquérir le public, le milieu du cinéma lui propose ce qu'il n'a encore jamais vu. D'abord, le cinémascope, c'est-à-dire les grands écrans, non plus carrés mais rectangulaires. Après le Madelon, toutes les salles de Trois-Rivières adoptent aussi l'écran large, entre 1952 et 1956. Puis la généralisation du film en couleurs : exceptionnel avant 1950, il devient

12. En 1953, 9,7 % des Québécois possédaient un téléviseur et il y eut 55 millions d'entrées dans les cinémas. En 1960, 88,8 % des gens possèdent un appareil et il y eut seulement 25 319 000 entrées. *Ibid.*, tableau 156.

13. *Ibid.*, tableau 38.

alors monnaie courante. Enfin, quelques sujets plus sensationnels : des drames sociaux réalistes et durs, le « film noir » avec son climat de violence, sans oublier des comédiennes à la sexualité débordante (Marilyn Monroe, Brigitte Bardot). « Une atmosphère étourdissante où le vice frôle le plaisir » d'annoncer le Champlain, le 5 octobre 1957. « Ce film qui défie toutes les comparaisons ne sera jamais montré à la télévision », de nous avertir limpidement le Cinéma de Paris, le 15 janvier 1955. Malgré tous ces efforts, le déclin est bel et bien amorcé.

Le déclin : 1960-2009

Depuis le dernier demi-siècle, le spectacle cinématographique se cherche. Changement de vocations des salles, déménagements, multiplication des écrans mais diminution du nombre de sièges. Beaucoup d'initiatives ont été tentées et le sont encore pour attirer le public. À Trois-Rivières, les films sont désormais toujours présentés en français ou au moins sous-titrés en cette langue. Au cours de la semaine du 13 janvier 1962, aucun film américain n'est à l'affiche. Une rare exception !

Les quatre salles de Trois-Rivières et les deux salles de Cap-de-la-Madeleine connaissent toutes des difficultés et des réorientations après 1960. Le Rialto, d'abord. Le 26 juin 1963, il est vendu par la famille Robert au distributeur Art-Films, qui le rebaptise Baronnet et commence à y offrir les meilleurs films européens. Un destin qui balance comme une pendule l'attend ensuite : 1972, le Midi-Minuit, spécialiste de films érotiques ; 1976 à 1978, le Cinéma Lumière ; le Midi-Minuit revient en août 1979 ; en 1984 et 1985 apparaît le Cinéma du Centre. Abandonné de 1985 à 1996, on y présente de nouveau brièvement quelques films. Puis le local abrite la salle de spectacles Le Maquisart de 1997 à sa fermeture, en 2006. Le local existe toujours en 2009.

Le Capitol survit très bien à la décennie 1960-1970, mais en 1966 la salle est vendue par la famille Robert à la United Amusement Corporation, qui la vend à son tour à la Ville de Trois-Rivières le 9 avril 1979. Celle-ci change son nom et la rénove, ce qui permet de redécouvrir plusieurs riches décorations de 1928. Ce trésor du passé garde son air d'une époque révolue et deux équipes hollywoodiennes, charmées par ce décor, tournent des séquences de films en 1998 et 1999 dans ce qui est désormais la salle de spectacles J.-Antonio Thompson.

Les films du jeune chanteur espagnol Joselito étaient des productions déjà vieilles de plusieurs années quand elles déferlèrent sur le Québec. À l'affiche du cinéma Madelon, dans la ville de Cap-de-la-Madeleine (*Le Nouvelliste*, 16 mars 1963).

Pour sa part, L'Impérial, toujours propriété de Tommy Trow, ferme ses portes en juin 1981; l'édifice est rasé par un incendie le 10 mars 1982.

Le dernier survivant de l'époque glorieuse, le Cinéma de Paris, demeure un lieu fréquenté au cours des années 1960 et 1970, même s'il a perdu sa vocation première de foyer du film français. Le 19 octobre 1984, la salle est divisée en deux, afin de présenter plus de films. Le 18 octobre 1986, France-Film la vend à Cinéplex Odéon. Le Cinéma de Paris brûle le 11 mai 1990. L'exploit du Cinéma de Paris, au cours de cette période? En 1970, le film québécois *Deux femmes en or* tient l'affiche pendant vingt et une semaines consécutives. Un record!

Le 23 mars 1963, le Madelon disparaît dans un immense incendie et n'est pas reconstruit. Le Champlain reste alors pour un temps la seule salle de Cap-de-la-Madeleine et fait figure de petit cinéma de quartier. Il ferme en octobre 1980, pour rouvrir brièvement entre février et mai 1982. Peu après, le vestibule est comblé par un commerce et la salle devient un bar.

Depuis les années 1970, les salles commerciales se sont restructurées en complexes de plus en plus vastes. La salle double du centre commercial Les Rivières, par exemple, qui présente des films populaires américains dès son ouverture, le 14 octobre 1971, jusqu'à sa fermeture, en juin 1984. Puis, le Fleur de Lys, situé dans le centre commercial de Trois-Rivières-Ouest. Son ouverture a lieu le 17 juin 1972. Brièvement, en 1975, la salle devient le Pussycat, spécialiste en films d'épiderme. Le Fleur de Lys connaît beaucoup de transformations au cours de la décennie 1990-2000 afin de devenir un complexe de plusieurs écrans. Toujours dans un centre commercial, à Trois-Rivières-Ouest, celui des quatre salles de L'Impérial existe de juillet 1989 à octobre 1997. Puis son propriétaire préfère se concentrer sur le complexe de sept écrans du Cinéma du Cap, qui ouvre ses portes le 15 novembre 1996 au centre commercial les Galeries du Cap. Au moment d'écrire ces lignes, en 2009, il ne reste que ce complexe et celui du Fleur de Lys.

Malgré toutes ces adaptations et ces transformations, la fréquentation n'a cessé de diminuer, comme en témoignent les fermetures de tant de salles, anciennes et même nouvelles. La généralisation des magnétoscopes domestiques, au début des années 1980, et l'arrivée du DVD constituent de nouvelles difficultés pour les salles de cinéma. Conséquemment, le prix des billets d'entrée ne cesse d'augmenter. Et pourtant, le spectacle demeure toujours unique dans une véritable salle, et est enrichi par les réactions du public, ce qui procure des sensations impossibles avec le «cinéma maison[14]».

Conclusion

Divertissement populaire par excellence, le cinéma a fait entrer l'univers de l'image dans l'imaginaire de chacun. L'évolution des lieux de présentation des films à Trois-Rivières concorde avec celle de la majorité des petites villes du Québec. L'époque du cinéma muet suscite l'enthousiasme avec l'ouverture de petites salles et, graduellement, le cinéma entre dans les mœurs. L'arrivée des films sonores, en 1929, change la donne et pose le problème de l'anglicisation, alors que les productions ne sont pas traduites. En réaction à ce fait, un distributeur montréalais, France-Film, importe des œuvres de France, jusqu'alors absentes de nos écrans. À Trois-Rivières, le réseau des salles se stabilise avec le Capitol, le Rialto, L'Impérial et le Cinéma de Paris.

Après la Seconde Guerre mondiale, deux autres salles s'ajoutent, à Cap-de-la-Madeleine, le Champlain et le Madelon, répondant ainsi à la demande d'un milieu urbain à la démographie croissante. En même temps, les compagnies de distribution se multiplient et permettent à des cinématographies d'autres nationalités qu'américaine et française d'être visionnées sur le territoire québécois.

C'était sans compter sur l'arrivée d'un ennemi: la télévision! Dès les années 1950, le déclin de la fréquentation des salles de cinéma survient pour ne jamais disparaître. Des salles trifluviennes qui ont appartenu longtemps aux mêmes propriétaires changent de main, avant de fermer définitivement. Le loisir cinéma se métamorphose et prend d'autres formes que la seule sortie du public vers une salle.

---

14. Cet article est un résumé de mon mémoire de maîtrise: Mario BERGERON, *Société québécoise, salles de cinéma au Québec et à Trois-Rivières: quatre aspects*, Trois-Rivières, Université du Québec à Trois-Rivières, 1999, 275 p.

1896, l'Exposition agricole de Trois-Rivières vient de naître. Deux femmes acrobates s'exécutent sur un appareillage rudimentaire sous les yeux des spectateurs réunis dans les estrades de l'hippodrome, le tout au son de la musique de la fanfare de l'Union musicale. À l'arrière à gauche, le pavillon agricole, à droite, le pavillon commercial (ASTR, cote : 0064-56-02).

L'Exposition agricole de Trois-Rivières

MARIO BERGERON[1]

XPOSER, AU XIXᵉ SIÈCLE, est dans l'air du temps. L'époque victorienne
est celle de l'image, du désir de montrer. Au début, les expositions sont nationales. Elles deviennent internationales avec celle de
Londres, en 1851. Ces événements d'envergure vont se répéter de façon
soutenue jusqu'au début du xxᵉ siècle[2]. Leur popularité incite des pays
et leurs régions à organiser à leur tour leurs propres expositions. Au
Québec, les premières expositions provinciales ont lieu au cours de
la décennie 1850-1860. L'une d'entre elles se tient à Trois-Rivières, en
1856, là où se trouve aujourd'hui le cimetière Saint-Louis. Par la suite,
elles auront pignon sur rue à Montréal. Cependant, depuis longtemps
déjà, des comtés présentaient des expositions agricoles de petite
envergure afin de récompenser les cultivateurs et les éleveurs les plus
méritants. La première à Trois-Rivières a eu lieu en 1819. En 1885,
la région des Cantons-de-l'Est décide de réunir à Sherbrooke toutes
ces modestes expositions de comté. En plus de l'agriculture sont présentées les nouveautés du monde de l'industrie et du commerce, et
on y propose des divertissements. Le succès exceptionnel de la communauté des Cantons-de-l'Est devient alors la référence pour toutes
les expositions régionales à venir. Si Sherbrooke réussit, pourquoi pas
Trois-Rivières ?

On emboîte le pas, en effet. Si bien que, depuis 1896, des générations de Trifluviens et de Mauriciens ont foulé un terrain qui, par la

1. Mario Bergeron est historien et écrivain. Il détient une maîtrise et un doctorat en études
   québécoises de l'Université du Québec à Trois-Rivières. Il est aussi l'auteur de *Des
   trésors pour Marie-Lou*, Chicoutimi, éditions JCL, 2003, 390 p., et de quelques autres
   romans historiques.
2. Brigitte SCHROEDER-GUDEHUS et Anna RASMUNEN, *Les fastes du progrès. Le guide
   des expositions universelles 1851-1992*, Paris, Flammarion, 1995, 253 p.

force des choses, est devenu « le terrain de l'Expo ». Joie des enfants et bon plaisir de leurs parents depuis la période pionnière, l'Exposition a servi l'agriculture régionale et québécoise, tout comme elle a constamment proposé de sains divertissements à son public, qui est sa raison d'existence. Pendant longtemps, elle fut aussi le premier « centre commercial » de Trois-Rivières. Autant de faits sur lesquels l'attention est attirée dans cet article, qui livre les circonstances ayant donné naissance à l'Expo, explique pourquoi il fut décidé de tenir un tel événement à Trois-Rivières, puis retrace les changements qui ont marqué celui-ci en plus d'un siècle d'existence.

Cet article est un résumé de ma thèse de doctorat, présentée à l'Université du Québec à Trois-Rivières en 2006[3]. La recherche se fonde sur le dépouillement de tous les articles des journaux de Trois-Rivières, de la Mauricie et des Bois-Francs concernant l'Exposition. Quelques

---

3. Mario BERGERON, *Changements sociaux et culturels du Québec à Trois-Rivières par la voie d'un événement rassembleur. Le cas de l'Exposition de Trois-Rivières, de 1896 à 2005*, Trois-Rivières, Université du Québec à Trois-Rivières, 2006, 400 p.

Courses à l'hippodrome de Trois-Rivières, fin du XIXe siècle (ASTR, cote : 0064-56-03).

documents complémentaires ont été consultés à l'hôtel de ville de Trois-Rivières et je m'en voudrais de ne pas remercier l'actuelle direction de l'Expo pour son aide. Enfin, près de deux cent cinquante ouvrages sur l'agriculture, le commerce, les foires, les expositions et les divertissements ont été lus. S'il existe quelques ouvrages sur des événements semblables au Canada et aux États-Unis, aucune autre recherche de ce type n'a été entreprise au Québec.

La période des débuts

En 1887, puis de nouveau en 1892, des propositions viennent de la Chambre de commerce et d'hommes d'affaires trifluviens. Le projet prend finalement son envol grâce à des politiciens du gouvernement provincial. En effet, le 18 juin 1895, le ministre Louis-Olivier Taillon se présente à l'hôtel de ville de Trois-Rivières en compagnie de Louis Beaudoin, député de Nicolet et ministre responsable de l'Agriculture. Ils viennent rencontrer les maires des principaux centres de la région pour leur suggérer d'imiter les Cantons-de-l'Est. Un comité en faveur de cette proposition se forme immédiatement ; il est présidé par Philippe-Élisée Panneton, premier citoyen de la « cité » de Laviolette. L'équipe Panneton multiplie les rencontres privées avec les notables des municipalités régionales ainsi que les réunions publiques. Tout le monde se montre favorable. En avril 1896, une aide financière est demandée au gouvernement canadien. Le 26 mai, les Trifluviens font l'acquisition du terrain du parc Saint-Louis, tout autour de l'hippodrome. Car ce site est finalement préféré à la commune, c'est-à-dire l'espace aujourd'hui occupé par une partie du quartier Saint-Philippe.

La première édition se tient entre le 14 et le 19 septembre 1896. Son nom : Exposition canadienne de la Vallée du Saint-Laurent. Le prix d'admission ? Vingt-cinq sous ! 25 000 entrées, alors que Trois-Rivières ne compte qu'environ 9 000 habitants, et en plus l'Exposition n'ouvre ses portes que le matin et l'après-midi. Il n'y a pas d'électricité sur le terrain, une lacune qui sera comblée dès 1897. Pas de cabinet d'aisance non plus ! Ce petit service ne sera fourni qu'à partir de 1902. La piste de courses de l'hippodrome s'impose comme lieu de rassemblement. Les spectacles se donnent au centre de la piste, au son de la fanfare de l'Union musicale. Les pavillons consacrés à l'agriculture, tout comme celui du commerce et de l'industrie, sont situés au fond de cette piste. Le joyau architectural du site est sans conteste le pavillon agricole parrainé par le gouvernement fédéral. De forme octogonale, il donne à voir les plus beaux produits de la ferme. Les animaux à corne et les chevaux sont exposés à l'extérieur. Ce sera d'ailleurs le cas jusqu'en 1936. Les cultivateurs et les éleveurs de la région ainsi que plusieurs d'autres parties du Québec se disputent de nombreux prix, la plupart étant simplement des rubans assortis de sommes minimes. Quant au pavillon industriel, il se révèle d'emblée trop petit pour accueillir les commerçants. Il sera agrandi à plusieurs reprises au cours des années suivantes. James Edmund Flynn, premier ministre du Québec, tient même à être présent à cette première édition[4]. Ce beau succès autorise les plus grands espoirs.

Survol d'un siècle

Sauf en 1902, 1908 et durant les années de la Deuxième Guerre mondiale, de 1940 à 1945, l'Expo est présentée chaque année. Un tel exploit ne repose pourtant que sur onze organisateurs en plus d'un siècle. Cette longue histoire se divise en cinq sous-périodes, qui correspondent à des époques de l'évolution sociale du Québec.

Les années 1896 à 1915 correspondent à la période des apprentissages. L'Exposition est alors organisée et administrée par l'Association agricole du district des Trois-Rivières qui, comme son nom

---

4. D'autres premiers ministres l'ont imité : du Québec, Félix-Gabriel Marchand en 1897 et Adélard Godbout en 1935 ; du fédéral, sir Wilfrid Laurier en 1900. Bien sûr, Maurice Duplessis n'a pas manqué de venir souvent : la mémoire collective se souvient des pièces de dix cents qu'il distribuait aux enfants. Le dernier premier ministre à visiter l'Expo fut Jean Lesage, en 1965.

ne l'indique pas, ne compte personne du monde agricole mais se compose plutôt de notables de la ville. En ces premières années, l'accent est mis surtout sur l'agriculture. Signe de la volonté des organisateurs de surprendre le public et de lui plaire : en 1904, à trois reprises, ce sont des automobiles et non des chevaux qui courent sur la piste de l'hippodrome et, en 1906, le conseil municipal donne enfin l'autorisation de vendre de l'alcool sur le site. L'édition de 1910 connaît un immense succès grâce à son intégration à un événement touristique du nom de Fêtes du retour. Il s'agit d'une invitation adressée à toute la population du Québec à venir constater comment Trois-Rivières s'est bien remise de l'immense incendie qui l'a détruite en grande partie deux ans plus tôt ; des journaux de Montréal réservent alors à l'Expo d'importants articles. Des démonstrations d'aéroplanes enthousiasment les visiteurs en 1911, 1913 et 1914. À partir de 1905, l'événement, organisé d'abord en septembre, déménage en août et y restera jusqu'en 1976.

L'augmentation des foules d'année en année fait de la période 1916-1932 l'âge d'or de l'Expo. Le monde forain des États-Unis, qui se développe rapidement, est certes une des causes de cette popularité[5]. L'ère des manèges mécaniques débute véritablement après la Première Guerre mondiale ; l'Expo devient un terrain de jeu des plus prisés par la génération des années folles. Placé sous l'administration

En temps de guerre, la propagande s'infiltrait partout. La vignette bilingue était une gracieuseté du gouvernement du Canada et l'Exposition « de la Vallée du Saint-Laurent » l'a utilisée pour ce guide des prix en vue de l'édition 1917 (AVTR).

---

5. Joe McKENNON, *A Pictorial History of the American Carnival*, Sarasota (Florida), Carnival Publishers of Sarasota, 1972, 400 p.

NOCES D' ARGENT
Exposition de la Vallée du St. Laurent
du 20 au 25 août 1923
A l' occasion de la 25 ième année jubilaire
la Commission de l' Exposition de
- - - TROIS-RIVIERES - - -
fera son possible pour créer un évènement
extraordinaire; elle compte sur l' appui de tous,
Hon. Dr. L. P. Normand, Président   Dr. J. H. Vigneau, Gérant

Déjà 25 années! Pour cette grande occasion, la direction de l'Exposition offre au public ce superbe souvenir: une carte postale de velours, représentant une jolie paysanne (AVTR).

de la ville de Trois-Rivières, l'événement est alors organisé par le vétérinaire Joseph-Hector Vigneau, homme de progrès et d'idées qui y sera associé pendant plus de cinquante ans. Les installations sont améliorées et agrandies au cours de la décennie 1910-1920. L'Expo ouvre enfin le soir à partir de 1916, et aussi le dimanche à partir de 1928 en dépit des vives protestations du clergé. Signe des temps, en 1916 un premier stationnement automobile est disponible sur le terrain. De plus, c'est en 1931 que sont installées les premières enceintes sonores. Mais la grande dépression frappe et la Ville abandonne en 1932 cette grande foire locale.

La difficile troisième période s'étend de 1933 à 1939, en pleine crise économique. Refusant de céder au découragement provoqué par l'abandon du soutien municipal, quelques ruraux réussissent en 1933 à offrir au public une exposition très modeste. Le succès les réconforte ensuite chaque année; ils accomplissent même le tour de force d'éviter tout déficit budgétaire. En 1937, des hommes d'affaires de Trois-Rivières prennent leur relève. La même année, grâce à son programme de grands travaux publics, le gouvernement du Québec emploie des chômeurs pour la construction de nouveaux édifices[6]. Sauf le pavillon avicole, toutes les anciennes installations sont alors démolies[7]. L'exposition de 1938 se déroule dans les nouveaux

6. Ceux-ci sont encore sur le site.
7. Le pavillon avicole sera démoli en 1991.

bâtiments, même si plusieurs ne sont pas tout à fait achevés. Avec ces installations modernes, l'avenir paraît bien doré, mais c'est compter sans la guerre...

Le conflit et ses conséquences économiques chez les gouvernements du Québec et du Canada ont causé une parenthèse de six années dans l'histoire de l'Exposition. Les budgets du temps de guerre puisaient à même ceux d'autres secteurs et les expositions avaient besoin, pour survivre, de ces subventions gouvernementales. Ainsi, pour 1940, la tenue de l'exposition avait été prévue à Trois-Rivières et ses dates avaient été annoncées, même si les soldats avaient pris possession du terrain depuis l'automne 1939. L'armée canadienne avait donné son autorisation ; on avait convenu que, lors de l'événement, les soldats laisseraient simplement la place nécessaire aux exposants. Cependant, en avril, le ministère de l'Agriculture annonce l'annulation de trois expositions : celles de La Chute, d'Ormstown et de Trois-Rivières. La situation demeurant la même au cours des années suivantes, l'armée canadienne prend alors l'initiative de modifier les pavillons. Les civils n'ont plus accès qu'au stade de baseball. Plus que la présence des militaires sur le terrain, ce sont les circonstances entourant la guerre (censure, retrait des subventions) qui entraînent l'annulation des éditions de 1940 à 1945. La situation était la même pour plusieurs grandes expositions du Canada, leurs installations devenant idéales pour l'armée canadienne. Ainsi, à Vancouver, les pavillons ont été utilisés comme camp d'internement pour les citoyens d'origine japonaise. Au Québec, le gouvernement ne gardera que la grande exposition provinciale, tenue dans la capitale. Fait intéressant, la population trifluvienne et mauricienne n'est pas entièrement privée des trois éléments de l'Expo au cours de ces années, alors qu'une publicité dynamique invite la population à se rendre aux petites expositions agricoles de comté (Louiseville, Saint-Barnabé, Saint-Stanislas). Les commerçants se dirigent vers l'aréna de Shawinigan, où une exposition industrielle existait depuis 1936 (cet événement présentait aussi des divertissements). Quant aux forains, des compagnies canadiennes installent leurs manèges et leurs tentes au marché à foin (1941), sur le terrain de l'usine Wabasso (1942) et au port (1943). À la fin des hostilités, la municipalité reprend possession des bâtiments et, de nouveau, s'occupe de l'organisation de l'Exposition[8]. Celle-ci va connaître son second âge d'or.

---

8. La Ville de Trois-Rivières s'occupera d'organiser l'Expo jusqu'en 1989.

La prospérité d'après-guerre bénéficie à l'Exposition : elle dispose d'un budget plus substantiel, ce qui lui permet d'offrir davantage à un public plus nombreux et plus à l'aise. Voici l'ère des jeunes couples aux nombreux enfants : le baby-boom ! L'organisation de l'Exposition est entre les mains de Charles P. Rocheleau et de Henri-Paul Martin. En 1956, entre en scène Jean Alarie, un personnage marquant, certes un des plus grands organisateurs de spectacles populaires de l'histoire de la ville. Son équipe et lui renouvellent sans cesse les activités. Les idées ne leur manquent pas ! Grands spectacles à la piscine (1951-1985) ponctués de quelques événements originaux comme des courses de canots, de la pêche et un studio flottant installé par la station de radio CHLN, en 1957 ; grands spectacles également au stade de baseball, immense bingo au Colisée à partir de 1959, parades dans les rues (de 1957 à 1962), prestations d'artistes québécois, concours, recours à un slogan à partir de 1966 : autant d'initiatives destinées à séduire le public. Cependant, l'agriculture semble un peu perdante dans ce qui est devenu l'incontournable Semaine de divertissements à Trois-Rivières, l'événement de l'été.

Les années 1970 ne freinent pas l'ardeur de Jean Alarie, même si les subventions sont coupées et que les spectacles coûtent de plus en plus cher. Au cours de la décennie 1980-1990, il a recours à diverses stratégies, comme l'admission gratuite, pour maintenir une moyenne de 100 000 entrées. Hélas ! Les années de prospérité sont choses du passé, l'Exposition accumule de très lourds déficits, si bien que Trois-Rivières décide d'en abandonner l'organisation en 1989, pour se concentrer plutôt sur un festival appelé à devenir celui de l'Art vocal et de Festivoix.

Une autre mort annoncée pour l'Expo ! Mais, comme en 1932, ce sont les ruraux qui prennent la relève. En 1991, Marie Désilets devient l'administratrice de l'événement[9]. Pendant quelques années, elle poursuit, de façon plus modeste, la tradition des spectacles prestigieux. Mais l'aide gouvernementale va en diminuant. En 1998, Loto-Québec l'empêche de continuer à tenir un casino, qui rapportait un bon profit. L'Expo se métamorphose progressivement, si bien qu'à partir du nouveau siècle ce sont des artistes amateurs, en majorité de la Mauricie, qui assurent les divertissements. L'organisation est entre les mains d'éleveurs, la partie agricole revient à l'avant-scène, pendant que le pavillon commercial agonise. Les assistances records

---

9. Elle l'est encore en 2009.

ne sont plus au rendez-vous, car l'Expo est désormais en compétition avec une foule de nouveaux festivals. Quoi qu'il en soit, même plus modeste, l'Exposition reste toujours présente et sait ravir les visiteurs. Avec les courses de chevaux et des sports tels le hockey et le baseball, elle demeure le plus ancien événement populaire de rassemblement à Trois-Rivières. Elle le doit à l'accent mis conjoncturellement sur les grands secteurs d'intérêt.

Les secteurs de l'activité

L'agriculture

L'agriculture est la raison d'être de l'Exposition, même au cours des années où elle ne semble pas tenir la tête d'affiche. Les exposants tiennent à montrer leurs plus beaux spécimens. De tout temps, exceller dans leur domaine a représenté leur premier objectif. La façon d'exposer a évolué certes, mais pas réellement la raison de le faire[10].

De nos jours, le visiteur citadin regarde les animaux d'un œil curieux, sans trop insister. Il se dit simplement que la vache est belle. Cependant, lors des premières expositions, la situation se présente sous un jour différent. Le jugement sur ladite vache peut devenir plus long et donner lieu à une discussion animée. En 1896, les exposants les plus méritants remportent le nombre impressionnant de 350 rubans. Chaque catégorie animale présente une hiérarchie de classes, avec ses sections. Par exemple, la classe numéro un des chevaux se compose de six sections : étalon pur sang, étalon de trois ans, de deux ans, pouliche de trois ans, de deux ans, jument poulinière avec son petit. Six catégories animales sont en compétition, avec chacune leurs sections : chevaux, bovins, porcs, espèces ovines, volailles et troupeaux. Tout cela laisse deviner un grand nombre d'animaux : plus de 800 bêtes en 1910. Les objets exposés comprennent également les produits de la ferme. Au cours des années d'enfance de l'Expo, le plus beau spectacle n'est pas signé par les acrobates ou les musiciens, mais la parade des animaux primés, avec leurs propriétaires très fiers à leurs côtés.

Les femmes montrent leur artisanat dès l'édition de 1896. Le troisième étage du pavillon octogonal du gouvernement canadien leur

---

10. Il existe plusieurs ouvrages sur l'histoire de l'agriculture au Québec où il est souvent question des expositions. Voir entre autres : Colette CHATILLON, *L'histoire de l'agriculture au Québec*, Montréal, Éditions L'Étincelle, 1976, 125 p., et Gérard FORTIN, *La fin d'un règne*, Montréal, Hurtubise HMH, 1971, 391 p.

À proximité de la grande roue, ces éleveurs posent fièrement avec leurs bœufs, avant de parader devant les juges. Une photographie de 1948 (Archives de l'Exposition agricole de Trois-Rivières).

est réservé. On en compte une centaine, la plupart venant de milieux villageois. Les prix qu'elles se partagent récompensent leur habileté d'artisane : broderies, tricots, tissages, etc. La compétition s'ouvre même aux enfants de moins de quatorze ans et aux grands-mères. L'expérience se répète d'année en année avec un franc succès. Enfin, soulignons l'arrivée, en 1919, des Cercles de Fermières, présents jusqu'au début des années 1970[11]. Les cercles vont favoriser la présentation de nouveaux produits : les conserves, les confitures, les liqueurs, les légumes du potager.

---

11. Au-delà de l'histoire des Cercles de Fermières, le livre suivant analyse le rôle de la femme en milieu rural : Yolande COHEN, *Femmes de parole. L'histoire des Cercles de Fermières du Québec, 1913-1990*, Montréal, Le Jour éditeur, 1990, 315 p.

Si les premières éditions de l'Expo laissent une place importante aux agriculteurs et aux éleveurs de la Mauricie et des régions avoisinantes, la situation change au cours de la décennie 1920-1930 lorsque de riches éleveurs provenant de l'extérieur, parfois même d'autres provinces canadiennes, viennent montrer des animaux et des produits de grande qualité. En rehaussant la compétition, ils laissent peu de chances aux gens de la région de gagner des prix. La situation se renverse dans les années 1930, car les administrateurs décident d'interdire l'Expo aux éleveurs provenant de trop loin. À la même époque, on commence à décerner des prix aux jeunes gens de la campagne, initiative toujours de mise aujourd'hui.

Au cours des années 1950, 1960 et 1970, l'agriculture ne semble plus tenir le haut du pavé à l'Expo, éclipsée par les spectacles, le pavillon commercial et le village forain. Dans le Québec de ces décennies, les fermes sont moins nombreuses mais plus imposantes et davantage spécialisées. Si le nombre d'exposants agricoles diminue, la qualité des animaux et des produits ne cesse de s'accroître. En 1975, une petite ferme, destinée aux enfants qui peuvent circuler librement et sans danger parmi des bébés animaux, devient aussitôt un des grands attraits de l'Expo. À partir de 1989, alors que des éleveurs deviennent les organisateurs de l'Exposition, l'agriculture retrouve toute sa place. Connu depuis quelques décennies comme l'Exposition de Trois-Rivières, l'événement ajoute alors le qualificatif « agricole » à son nom. Les produits de la terre sont mis en valeur grâce à un volet agroalimentaire. Enfin, depuis les années 2000, les animaux sortent de leur enclos et différentes compétitions sont rendues plus accessibles aux visiteurs. Stimulation d'échanges enrichissants entre gens de la campagne, éléments éducatifs destinés au grand public, l'agriculture conserve ainsi sa raison d'être à l'Expo de Trois-Rivières.

Le pavillon commercial

Pendant la première moitié du xxe siècle et durant une dizaine de jours au cours de l'été, le pavillon commercial devient le premier « centre d'achats » de Trois-Rivières. Bien sûr, avec ses magasins très divers, la ville présente une activité commerciale relative à son importance démographique. Mais le tout « sous un même toit » à l'abri des intempéries, c'est à ne surtout pas rater ! D'autant plus qu'à cette grande occasion des commerçants d'autres villes arrivent avec des nouveautés. Et puis, l'idée d'exposer devient prestigieuse alors que les stands sont restreints : le commerçant n'apporte alors que la crème de ses

En 1948, le pavillon commercial donnait tant de choses à voir sous un même toit!
S'affichent l'École technique, le magasin J.L. Fortin, l'agence de communication Bell,
en anglais, bien sûr (Archives de l'Exposition agricole de Trois-Rivières).

produits. C'est d'ailleurs à son avantage car des récompenses sont accordées aux meilleurs stands[12].

Pendant l'Expo et aussi deux semaines avant son ouverture, les journaux trifluviens débordent de publicité. Les marchands vantent leurs produits comme « modèle d'exposition » et invitent le public à visiter leurs boutiques. Cette publicité vise les familles rurales qu'elle cherche à attirer vers les commerces des rues Notre-Dame et des Forges, qui ont certes un peu plus à offrir que le magasin général du village[13].

Le pavillon commercial s'ouvre comme un grand « catalogue » vivant, encore plus attrayant que ceux d'Eaton et de Simpson. Il est appelé aussi « la bâtisse industrielle » car, jusque tard dans les années 1950, les grandes entreprises de Trois-Rivières et de la Mauricie y tiennent leurs stands. Un aspect éducatif figure souvent à leurs programmes. Par exemple, en 1956, la Crémerie de Trois-Rivières illustre les étapes de mise en marché des produits laitiers. Le stand le plus fidèle demeure celui de la compagnie d'électricité Shawinigan Water and Power qui renouvelle sa présentation d'année en année.

Le stand même connaît une évolution. Pendant de nombreuses années, il est un petit univers en soi, un monde fermé où le public se voit invité à entrer et à se sentir un peu comme chez lui. Tous les stands sont décorés de peintures, de fleurs, de fanions, équipés de chaises ou de fauteuils. À partir de la décennie 1950-1960, les stands perdent un peu de leur personnalité. De longs comptoirs sont jetés à même le sol, créant une barrière entre le responsable derrière et le visiteur devant. Dans des espaces clos s'accumulent aussi les appareils ménagers, alors qu'une trentaine d'années plus tôt un nombre minimal de ces appareils, mais les plus beaux, suffisaient pour intéresser les curieux.

Le pavillon commercial sait créer l'événement. De nombreux concours, des parades de mode, des musiciens, l'animation des stations de radio et de télévision ne sont que quelques exemples pour illustrer l'incessant feu d'artifice qui caractérise le bâtiment industriel. C'est là que les visiteurs entendent pour la première fois

---

12. Relatant tous les aspects de la grande exposition de Toronto, le livre suivant consacre plusieurs chapitres à son côté commercial et industriel : Keith WALDEN, *Becoming Modern in Toronto. The Industrial Exhibition and the Shaping of a Late Victorian Culture*, Toronto, University of Toronto Press, 1997, 430 p.

13. Une publicité d'un dentiste suggère par exemple aux mères de famille de la campagne de profiter de leur visite à Trois-Rivières durant la semaine de l'Expo pour faire examiner les dents de leurs enfants.

la radio, en 1922; là qu'ils voient une démonstration de télévision en primeur, en 1952, quelques semaines avant l'ouverture de la station de Radio-Canada. Le déclin du pavillon s'amorce au début des années 1960, les commerçants disposent désormais de beaucoup d'autres moyens pour rejoindre leur public. Les stands de services gouvernementaux, un peu ternes, arrivent au même moment. Au début de la décennie 2000-2010, les exposants quittent le pavillon et s'installent plutôt sous des tentes près du village forain: ils espèrent ainsi attirer de nouveau un public qui se rendait de moins en moins dans la «bâtisse industrielle».

Aller voir les animaux ou entrer dans le pavillon commercial répond à un désir précis du public, alors que s'amuser dans les manèges ou applaudir un spectacle semble aller de soi. Pour des générations de visiteurs, l'Exposition sert avant tout à s'amuser à bon marché. Cet aspect du divertissement populaire connaît une évolution étonnante en un siècle, mais les organisateurs des années 2000 poursuivent le même but que leurs devanciers de 1896: faire naître des sourires.

Les divertissements

Les divertissements donnent à l'Expo sa pleine visibilité. Qui pense Expo pense manèges! Et pourtant, en 1896, ne tournait qu'un modeste carrousel. Il y avait très peu de manèges avant 1918: un *whip*, une grande roue et toujours les chevaux de bois. Leur nombre augmente à partir de la décennie 1920-1930, mais sans dépasser la dizaine. Ce que le public voit surtout: des tentes à profusion! Les mystérieuses danseuses de l'Orient ou de l'Arabie, les avaleurs de flammes et les lanceurs de couteaux, sans oublier les curiosités humaines – la femme sans bras, l'homme squelette, les femmes à barbe – signalées inévitablement sur le placard criard de la tente par l'indication «It's alive![14]» À ces tentes s'ajoutent une multitude de stands de jeux d'adresse plus ou moins truqués.

Mais les manèges, quand s'imposent-ils vraiment? Pas dans les années 1930. La direction de l'Expo de Trois-Rivières n'a pas le budget nécessaire pour faire appel à une compagnie foraine réputée. C'est donc une innovation d'après-guerre: à partir de 1946, la prestigieuse compagnie canadienne Conklin revient d'année en année installer les siens. Dès lors, toutes les compagnies foraines seront d'origine canadienne,

---

14. Un livre extraordinaire présente cet univers fascinant: Robert BOGDAN, *Freak Show. Presenting Human Oddities for Amusement and Profit*, Chicago, University of Chicago Press, 1988, 322 p.

sauf deux, dans les années 1970. Outre Conklin, c'est Beauce Carnaval, présente depuis le milieu des années 1980, qui demeure la plus fidèle[15].

Pendant un temps, les engins mécaniques les plus osés se multiplient, vivant en harmonie avec l'univers des tentes, dont le nombre diminue peu à peu et qui disparaissent finalement dans les années 1970. Les jeux d'adresse demeurent nombreux, du moins jusqu'à ce que la société Loto-Québec décide de les contrôler, à la fin de la même décennie. Alors, le manège, déjà prince, devient roi pour le bonheur des petits, des jeunes, et des autres « qui osent ».

Le spectacle le plus en vue des premières années de l'Expo est la course de chevaux, programmée jusqu'en 1981. Le début du siècle est l'époque des ascensions en ballon et du monde du cirque : acrobates, équilibristes, jongleurs, trapézistes, écuyères casse-cou, animaux savants[16]. Tous ces artistes sont d'origine américaine, la plupart font partie de compagnies établies à New York. S'agit-il de véritables cirques ? Rarement ! Le premier est un cirque du type « épopée de l'Ouest américain », en 1909. Dès la fin des années 1930, le public peut s'émerveiller grâce aux spectacles à grand déploiement offerts par la compagnie de George Hamid, de New York : numéros d'adresse, musique, troupes de danseuses à la sauce Broadway. Après la guerre, Hamid présente à Trois-Rivières une compagnie de danse réputée : les Roxyettes. Ces jeunes femmes aux costumes colorés connaissent alors un succès éclatant. Le stade ne peut contenir tout le public désireux de les applaudir. Hamid met fin à sa collaboration avec la direction de l'Expo au milieu de la décennie 1950-1960. Quelques compagnies lui succèdent avant l'arrivée de véritables cirques, la plupart d'origine canadienne, jusqu'au milieu des années 1980.

Entretemps, l'équipe de l'organisateur Jean Alarie innove, en ayant recours à des artistes populaires québécois. Quelques folkloristes tiennent l'affiche au cours des années 1950, mais c'est à partir de 1964 que les vedettes du monde du disque font la joie du public. Les Classels sont le premier groupe québécois à se produire à l'Exposition. La liste serait longue à évoquer. Quelques exemples ? Ginette Reno, la Bottine souriante, Robert Charlebois, Offenbach, Jean Lapointe, Fernand Gignac (à quatre reprises, au cours de quatre décennies différentes),

---

15. L'histoire de Beauce Carnaval a été écrite par son fondateur : Florian VALLÉE, *Du rêve à la réalité. Une entreprise beauceronne, un arbre devenu grand*, Saint-Georges, Éditions Manèges, 2000, 127 p.
16. Christiane PY et Cécile FERENCZI, *La fête foraine d'autrefois. Les années 1900*, Lyon, La Manufacture, 1987, 302 p.

La foule lors de l'édition 1964 de l'Exposition. Les mécaniques les plus extravagantes de la compagnie Racine voisinaient les chevaux de bois et la traditionnelle grande roue (BANQ, Trois-Rivières, *Le Nouvelliste*).

Beau Dommage, Diane Tell et tant d'autres! Les amateurs de country ne sont pas oubliés: Georges Hamel se produit une douzaine de fois. Au cours des années 1990, les humoristes entrent en scène, prenant la suite du légendaire Olivier Guimond. Bien sûr, une telle liste peut paraître prestigieuse! Sauf que le budget pour attirer de tels artistes à l'Expo ne cesse de s'amoindrir. Vers la fin des années 1990, la direction revient à la simplicité et offre ainsi à des artistes et des animateurs de la Mauricie une occasion de se faire connaître.

Le public de l'Exposition

Un événement crée toujours un public. Il influence son attitude et son comportement, reflets d'un code d'éthique propre à chaque époque. Des photographies des visiteurs de l'Expo, prises au cours des trente dernières années, montrent des personnes vêtues légèrement. Au contraire, lors des premières années du xxe siècle, les hommes portent veston et cravate, les femmes leurs robes du dimanche et les enfants, leurs plus beaux atours. Ce qu'ont en commun ces deux groupes de photographies : la joie sur les visages.

Les documents pour évaluer le nombre d'entrées pour toutes les expositions demeurent lacunaires. Pour certaines années, des sources très fiables livrent quelques statistiques compilées par les employés

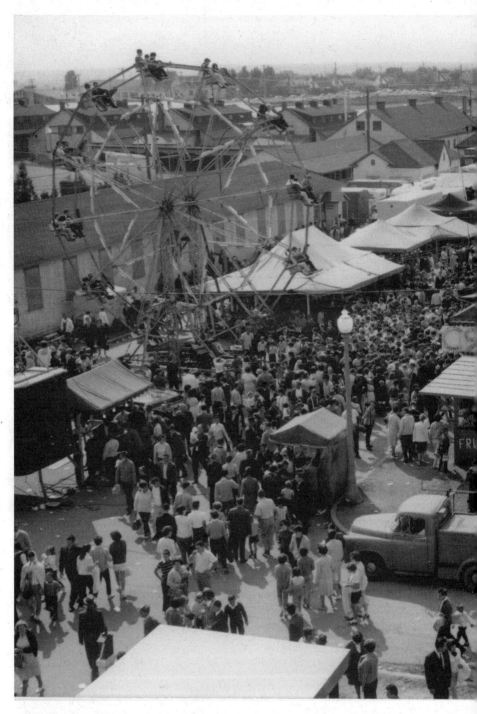

La compagnie foraine canadienne Racine savait y faire, avec, tout au fond à droite,
une montagne russe apportant le grand frisson à la nouvelle génération de 1964

(BANQ, Trois-Rivières, *Le Nouvelliste*).

aux barrières. Pour d'autres, l'historien doit se fier aux chiffres publiés dans les journaux en sachant que les administrateurs ont intérêt à les gonfler. La fréquentation augmente une première fois quand l'événement passe du mois de septembre au mois d'août, dans les premières années du XXᵉ siècle. Les bénéficiaires de ce changement sont les écoliers. Tant que l'Expo n'est ouverte que pendant cinq jours, comme on le voit par exemple entre 1917 et 1922, le lundi et le vendredi sont jours de faible fréquentation, alors que les foules les plus imposantes sont celles du mercredi et du jeudi. Le mercredi est depuis longtemps fête municipale : beaucoup d'entreprises locales ferment leurs portes afin que leurs employés puissent se rendre à l'Expo. Les foules augmentent considérablement à partir de 1928, quand les barrières s'ouvrent aussi le samedi et le dimanche. En 1968, la mise en service du pont Laviolette, qui permet à la population de la rive sud de venir plus facilement, fait grimper les entrées à 153 182, contre 92 000 l'année précédente. Le record date de 1987, avec 158 000 entrées, certainement grâce à la gratuité cette année-là.

Entre 1959 et le début des années 1990, le journal *Le Nouvelliste* se fait un plaisir d'interroger des visiteurs sur divers aspects de l'Exposition. Il s'agit des seuls témoignages du grand public auxquels le chercheur peut référer. Une compilation d'une centaine de témoins presque également répartis entre les hommes et les femmes montre que le public goûte majoritairement les divertissements (88 témoignages), puis le pavillon commercial (12), puis l'agriculture (10). Qu'en était-il antérieurement ? L'historien doit alors se rapporter à des témoignages extérieurs à propos d'événements semblables à ceux de la foire trifluvienne[17] et interpréter les informations des journaux d'époque. Pour les divertissements, il a été possible de bénéficier des trois précieux documents que sont les rapports de vente de billets de trois compagnies foraines en 1921, 1922 et 1923. Les billets déchirés par les commis dans les petites boîtes face aux manèges ou aux tentes ne l'étaient pas innocemment. La compagnie foraine devait payer une taxe d'amusement et, pour connaître la somme à débourser, chaque entrée payante était compilée. L'analyse de onze journées réparties sur ces trois années montre un impressionnant total de visiteurs qui soit montent dans un manège, soit visitent une tente : 116 104 entrées.

---

17. Le livre suivant, sur les expositions de l'Ouest canadien, s'est beaucoup penché sur cette question : David C. JONES, *Midways, Judges and Smooth-Tongues Fakirs. The Illustrated Story of Country Fairs in the Prairie West*, Saskatoon, Western Producer Prairie Books, 1983, 155 p.

Le chiffre des entrées pour ces trois éditions (mais pour 15 jours, au lieu de 11) se situe autour de 150 000. Cela prouve que, dès le début des années 1920, le public se rendait sur le terrain du coteau surtout pour s'amuser et voir des spectacles.

D'après les témoignages des articles du *Nouvelliste*, le pavillon commercial ne récolte, pour sa part, que douze mentions, la plupart concentrées dans les années 1960 et 1970. Mais avant ces décennies ? Le fait que le pavillon commercial soit agrandi plusieurs fois indique une demande de la part des exposants et du public. Au cours des années 1920, le journal anglophone de la ville, le *St. Maurice Valley Chronicle*, insiste beaucoup sur le pavillon industriel. Dans un article du 17 août 1923, un journaliste fait remarquer que la foule qui se rue vers le pavillon commercial représente un pouvoir d'achat incomparable. Les nombreuses photographies du pavillon, au cours de la décennie 1950-1960, laissent toujours voir un public considérable.

L'agriculture fait-elle figure de parent pauvre dans les goûts du public ? Le corpus d'opinions ne compte que 10 témoignages. La majorité de ceux-ci concernent la petite ferme, où, comme on l'a dit, les enfants peuvent circuler parmi les jeunes animaux. Et pour la période précédente ? Se retrouvent encore des mentions sur l'intérêt moindre du public pour l'exposition agricole. Il faut toutefois nuancer pour les premières décennies du XXᵉ siècle. L'essor démographique de Trois-Rivières, entre 1896 et 1930, est certainement dû, en partie, à l'immigration de ruraux. On peut donc présumer que, pour des raisons évidentes, ce public s'est intéressé aux éléments de l'agriculture.

Pour plusieurs, l'Expo de Trois-Rivières est avant tout un événement aimé par les enfants. Sans doute que beaucoup d'adultes obéissent à l'insistance de leur progéniture. Il est vrai que le terrain du coteau vibre au son des exclamations des petits et qu'une soirée éclate en mille couleurs grâce à l'excitation des adolescents. En a-t-il toujours été ainsi ? Pas du tout ! La première mention d'enfants dans une publicité de l'Expo date de 1917, soit plus de vingt ans après la première édition. Sans qu'on puisse apporter à cela une explication définitive, il semble que, pour les dirigeants des premières éditions de l'Exposition, cet événement était une affaire d'adultes et de jeunes déjà sur le marché du travail. Cependant, rien ne s'adressait aux enfants. Ce n'est qu'au cours de la décennie 1920-1930 que ceux-ci sont mentionnés dans les articles de journaux ou figurent dans la publicité, mais pas de façon substantielle. Quant aux compagnies foraines, ce n'est qu'après la Seconde Guerre mondiale qu'elles offrirent des manèges spécifiquement pour les enfants. Antérieurement, les jeunes devaient se contenter du carrousel et, à la rigueur, de la grande roue.

Et que raconte l'histoire à propos de la «Journée des enfants»? La première date de 1929. Cet événement se répète de façon sporadique au cours des années 1930 et ne devient une tradition qu'après 1946. En 1965, on en ajoute une seconde. D'ailleurs, depuis 1950, les enfants sont devenus les rois de l'Expo. Les photographies de visages amusés se bousculent dans *Le Nouvelliste*, voisinant des articles quelque peu bonbon d'adultes se déguisant en enfants, le temps de quelques lignes. La compagnie foraine Conklin présente son «Kiddie Land», un secteur de manèges destinés aux petits. En 1951, un spectacle de la compagnie Hamid est réservé aux jeunes: 4 000 enfants envahissent le stade de baseball. Effets de changement dans les mœurs face aux enfants et, conséquemment, dans les politiques des organisateurs de l'Exposition.

Conclusion

Pourquoi, enfin, les gens se rendent-ils à l'Exposition? Pour s'amuser, pour apprendre ou découvrir, pour passer du bon temps, pour briser les habitudes du quotidien. Partout la foule donne naissance à la sociabilité. Il devient plus facile d'aborder une personne inconnue dans l'ambiance d'un rassemblement que dans la vie de tous les jours. Le premier témoignage de sociabilité relatif à l'Expo date de 1897 et il mérite d'être cité: «Il y a de tout dans cette foule. Les employés de la compagnie, toujours affairés, coudoient les paisibles visiteurs de la campagne, les montreurs de curiosités, tout ce petit peuple qu'entraîne après soi toute démonstration publique, ahurissant de leurs cris de jeunes couples qui semblent réellement, au milieu de ce vacarme, filer le parfait amour. Jeunes et vieux, riches et pauvres, gens de toutes conditions sociales fraternisent dans un commun amour pour la cité trifluvienne[18].»

Plaisirs de la foule, des odeurs, des rires, des faits cocasses, de l'émerveillement des petits et des grands qui regardent les enfants, des «dangers» des manèges, des étincelles des spectacles, des rencontres inattendues, des amours adolescentes qui se concrétisent, des attentes juvéniles qui se réalisent, des exposants commerciaux qui fraternisent avec des futurs clients, des ruraux recevant un conseil

---

18. Journal *Le Trifluvien*, 7 septembre 1897, p. 5.

précieux d'un confrère qu'ils ne connaissent pas, la sociabilité vécue lors d'une visite de l'Exposition est demeurée semblable au cours de cette centaine d'éditions. Quelques façons de visiter l'Expo se sont modifiées au gré de l'évolution des mœurs, mais les sourires de jadis rejoignent ceux d'aujourd'hui, épousant de leur forme la tradition de bonheur et de joie relative à cette partie importante de l'histoire de Trois-Rivières : l'Expo !

Table des matières

REJETE
DISCARD

CET OUVRAGE EST COMPOSÉ EN WARNOCK PRO CORPS 10.8
SELON UNE MAQUETTE RÉALISÉE PAR PIERRE-LOUIS CAUCHON
ET ACHEVÉ D'IMPRIMER EN AOÛT 2009
SUR LES PRESSES DE L'IMPRIMERIE MARQUIS
À CAP-SAINT-IGNACE, QUÉBEC
POUR LE COMPTE DE GILLES HERMAN
ÉDITEUR À L'ENSEIGNE DU SEPTENTRION